Au bon plaisir d'apprendre

DU MÊME AUTEUR

Les jeux-cadres de Thiagi (avec Sylvain Thiagarajan), Éditions d'Organisation
Former sans s'ennuyer, 2e édition 2005, Éditions d'Organisation
Modèles de jeux de formations (Les jeux - cadres de Thiagi), avec Sylvain Thiagarajan, 2e édition 2004, Éditions d'Organisation

Bruno Hourst

Au bon plaisir d'apprendre

(Re)trouver la faculté d'apprendre avec le sourire

Illustrations d'Olivier Latyk

2e édition

InterEditions

Retrouvez tous nos ouvrages sur le site :

http://www.intereditions.com

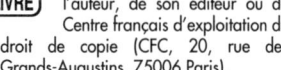

Ma reconnaissance toute particulière à Annette Cam

Remerciements

Mes remerciements à ceux qui m'ont aidé de leurs conseils dans la rédaction
de ce livre, à ceux qui ont accepté de relire un chapitre particulier
ou l'ensemble du manuscrit :

Bruno Bouin, Véronique Cezard, Agnès Deschamps, Graciela Di Sarli,
Isabelle Filliozat, Micheline Flak, mon épouse Marie-Pascale Hourst,
mon frère Michel Hourst, Martine Lemonnier, Freddy Potschka,
Jacques et Jacqueline Valois.

Mes remerciements également à tous ceux qui m'ont soutenu
de leurs encouragements et de leur amitié tout au long de cette aventure.

Mes remerciements enfin à Olivier Latyk,
qui a su rendre avec talent l'esprit de ce livre à travers ses illustrations.

Table
des matières

Prélude

Dieu fut plutôt brutal lorsqu'Il chassa Adam et Ève du Paradis terrestre pour avoir mangé une pomme de trop.

Selon les chroniqueurs de l'époque, Dieu aurait dit :

« Tu travailleras à la sueur de ton front » – pour Adam,

« Tu enfanteras dans la douleur » – pour Ève,

et autres gentillesses.

Malgré sa colère du moment, il semble cependant qu'Il *n'ait pas dit* : « Tu apprendras dans la souffrance. »

Oubli de sa part ? Non, bien entendu, sinon Dieu ne serait pas Dieu. On imagine plutôt qu'il Lui resta un brin de sympathie pour cette insupportable créature qu'Il avait créée, ce qui Lui aurait fait penser : « Bon, il leur restera *au moins* le plaisir d'apprendre. »

Pas de chance, des anges mal intentionnés ou voulant faire du zèle auprès de leur patron semblent avoir convaincu Adam et Ève qu'ils devraient *aussi* apprendre dans la souffrance. Et cela a duré, duré… Et cela dure toujours.

Pourtant les preuves sont là, la bande vidéo de la scène est sans ambiguïté : Dieu a laissé ouverte la porte de ce plaisir d'apprendre au premier couple de l'humanité et à sa descendance. C'est-à-dire à vous et moi.

*

Depuis cette triste affaire, « Comment apprendre ? » est toujours resté un sujet d'actualité. Car transmettre des connaissances est un des impératifs de survie pour l'homme, pour vivre dans son époque comme pour évoluer dans le temps : sans transmission de savoir, point d'histoire, point d'évolution sinon infiniment longue et aléatoire.

On peut cependant avoir le sentiment que les progrès faits dans ce domaine-là

n'ont pas été aussi fulgurants que dans les domaines de la médecine, de l'astro-
nautique ou des arts ménagers : pour beaucoup d'entre nous, *apprendre* reste un
processus lourd et pénible que nous vivons (ou que nous avons vécu) plutôt mal
que bien à l'école, et dans lequel nous hésitons à nous relancer une fois adulte.

Pourquoi ce livre ?

Si on s'intéresse un instant à la manière dont nous apprenons et à la manière
dont nous transmettons un savoir, cette situation n'est pas vraiment réjouissante.
Curieusement, on a même le sentiment diffus que les solutions choisies *aggra-
vent* souvent les problèmes plutôt que de les résoudre : on a beau augmenter les
budgets, les heures de cours, les formations d'enseignants ou de formateurs, nous
avons l'impression que les choses ne s'arrangent pas vraiment. Alors on accuse –
car il faut bien un responsable – ceci ou cela, le gouvernement ou la société, la
télévision ou le chômage.

Pourtant, et c'est sans doute cela le plus surprenant, les outils existent, permettant de surmonter nombre de problèmes d'enseignement et d'apprentissage.
Certains existent depuis fort longtemps, et sont disponibles. Et ils ne nécessitent
ni une maîtrise en sciences de l'éducation ni quatre années de formation pour
être compris et progressivement intégrés, quel que soit l'âge des apprenants, et
(presque) quelle que soit la matière étudiée.

Ce livre veut tenter, à sa manière, de faire découvrir ou redécouvrir une
manière d'apprendre plutôt simple, plutôt naturelle, demandant moins d'efforts,
créant le plaisir d'apprendre des choses nouvelles, et – en conséquence – plus
efficace. Tout cela n'est pas rien, on l'admettra volontiers.

Car apprendre, dans toute sa richesse, ne consiste pas à remplir son cerveau de
connaissances : apprendre est un élément essentiel au développement de la personnalité, et fonde tout être humain. Chacun d'entre nous sait qu'un mauvais rapport avec « l'apprendre » peut gâcher radicalement et définitivement une part
essentielle de notre vie, car cela nous touche au plus profond de nous-même.

Ce livre, pour qui ?

On n'apprend pas qu'à l'école, bien entendu. Pourtant, notre scolarité nous
marque tout particulièrement, à la fois par les diplômes que nous en retirons (et
que nous transformons en général en travail) et par la *relation* que nous avons
avec tout ce qui est appris. Et cette relation n'est pas toujours bonne. Pour soi, on
regrette de ne pas avoir appris ceci ou cela, ou d'avoir gardé un si mauvais souvenir de telle ou telle matière enseignée à l'école ; comme parent, on souhaite
avoir des enfants épanouis par leur scolarité – cas relativement rare, au demeu-
rant ; enfant, on rêve d'aller à l'école avec plaisir tous les matins ; formateur, on
aimerait mettre sur pied des stages passionnants, efficaces et enrichissants ; etc.

Tout ce qui est proposé ici est plutôt simple à comprendre, mais loin d'être simpliste. Ce n'est pas un livre pour spécialistes, avec tous les avantages – et les inconvénients – que cela implique.

Ce livre s'adresse à tous ceux qui souhaitent retrouver une relation de sympathie naturelle avec ce qu'ils doivent ou veulent apprendre.

Ce livre s'adresse aussi et bien entendu aux enseignants, aux professeurs, à ceux dont la vie est consacrée à la transmission d'un savoir et qui sont soumis à d'innombrables difficultés et tensions.

Des écoles fonctionnent dans le monde selon les principes qui vont être décrits ici. Elles fonctionnent plutôt bien, et parfois même incroyablement bien. Et sans beaucoup d'argent, sans de lourdes transformations matérielles : presque en douceur, pour la plus grande satisfaction des élèves, des enseignants et des parents.

Du côté des formateurs, les États-Unis servent souvent de référence : que les formateurs sachent que de nombreuses entreprises américaines (entre autres) ont remodelé leurs cours de formation selon les principes qui vont être décrits ici. Et elles s'en vantent.

*

Peu de gens, même âgés, disent : « Je ne veux plus apprendre. » Car apprendre, en raccourcissant un peu (mais pas tant que ça), c'est *vivre*.

À l'inverse, rien de plus terrible qu'un jeune qui refuse d'apprendre, et nous devons toute la reconnaissance du monde à ceux qui savent redonner ce plaisir et ce goût d'apprendre.

Que peut-on attendre de ce livre ?

Peut-être, tout simplement, redécouvrir le simple et bon plaisir d'apprendre, comme le suggère le titre.

Mais n'attendez pas ici une méthode fermée, ou une pédagogie complexe. C'est une approche ouverte qui vous est proposée. Il s'agit d'essayer de retrouver les *fondements* de ce qui fait que l'on apprend bien. Une fois ces fondements établis, à chacun sa route et à chacun son chemin, l'essentiel étant d'avancer.

Mais ce livre a une autre ambition, qui n'est pas mince : il s'agit aussi de réfléchir sur le « pourquoi » on apprend. Car – sauf cas bien précis et indispensables – rien de plus contraire à ce qui fait l'originalité de l'espèce humaine que d'apprendre quelque chose sans que cela ait un *sens*.

D'où vient ce livre ?

Ce livre, évidemment, doit beaucoup aux travaux d'un grand nombre de personnes, et pas uniquement dans le champ de la pédagogie et des techniques d'apprentissage.

Au départ, il y a cependant une personne clé, un Bulgare, le Dr Georgi Loza-nov, qui a osé remettre en cause certaines idées préconçues en ce qui concerne la manière d'apprendre, avec des résultats particulièrement intéressants.

Ses travaux et ses recherches ont franchi l'Atlantique du temps de la guerre froide, et ont servi de point de départ à un vaste mouvement anglo-saxon souvent appelé « *Accelerative Learning* » (je reviendrai sur cette expression particulière-ment mal choisie). Au début, cette approche a intéressé au premier chef des for-mateurs d'entreprises américaines. Des écoles ont également tenté – et conti-nuent – l'aventure, certaines avec un succès considérable.

L'Australie et le Liechtenstein sont les seuls pays pour l'instant où cette approche ait été proposée dans un système d'enseignement public.

Y a-t-il des risques à lire ce livre ?

La question peut faire sourire, mais mérite que l'on s'y arrête un instant.

Je dirai d'abord qu'il y a – *évidemment* – des risques à lire ce qui va suivre. Car c'est comme lorsque l'on tire un fil : allez savoir ce qui va venir derrière…

Pour moi, tirer un tout petit fil qui traînait dans ma tête depuis longtemps m'a amené quelques mois plus tard dans les Blue Mountains australiennes, pour suivre une formation et faire un travail de recherche. Et ce livre est également une conséquence d'avoir tiré ce petit fil.

Donc, lorsque l'on tire un fil, il y a des risques, il faut le savoir. Et nul ne peut dire quel fil vous risquez de trouver ici coincé entre deux pages.

Mais je dirai aussi que (grâce au ciel) il n'y a *aucun* risque à lire ce qui va suivre. Vous y trouverez peut-être beaucoup d'enthousiasme mais aucun secta-risme, sauf pour les personnes qui prennent un malin plaisir à confondre enthou-siasme et sectarisme.

La structure de cette approche est ouverte : aucun risque d'enfermement dans une chapelle, un parti, une association, une méthode ou une secte. Si un parti, une secte ou une association souhaite utiliser telle ou telle idée, rien ne l'en empêche, bien entendu. Mais ne confondons pas l'outil et celui qui s'en sert.

Pourtant, je dirai qu'il y a, finalement, *beaucoup* de risques à continuer votre lecture. Car une fois que l'on *sait* certaines choses, il est difficile de faire comme si on ne savait pas.

Ainsi, par exemple, des professeurs ont changé radicalement leur manière d'enseigner en découvrant cette approche. On peut ajouter qu'ils ne s'en plai-gnent pas, bien au contraire (leurs élèves non plus, d'ailleurs). Il y a donc des risques de ce côté-là, sachez-le.

Mais ne vous en faites pas, les risques sont *extrêmement limités* : si nécessaire, la pesanteur vous retiendra, c'est une grande constante de l'Univers.

Faut-il tout casser ?

C'est la tentation universelle lorsque quelque chose ne fonctionne pas : d'abord trouver un responsable, ensuite vouloir tout casser, aller même jusqu'à rêver d'une « bonne révolution pour repartir à zéro » ou d'une « bonne petite guerre ».

On trouve assez peu cette envie de tout détruire dans le champ de l'apprendre : plutôt une sorte d'hébétude devant ce qui apparaît (pour qui veut bien prendre un peu de recul) comme un gigantesque gaspillage d'intelligence, de temps, d'argent et de richesses humaines.

Tout ce qui est nécessaire pour mieux apprendre existe, toutes les pièces du puzzle sont là : l'argent, les bonnes volontés, le désir d'apprendre, les outils. Le tout est d'en faire un meilleur usage, en mettant à leur juste place des pièces de puzzle trop souvent dispersées, mal connues ou mal exploitées.

Alors l'image apparaît : on se met à mieux apprendre, plus facilement, avec plaisir, et pour la vie.

Quelques mots clés pour entrer dans ce livre

Cette manière de concevoir « l'apprendre » s'appuie sur un certain nombre d'idées, qui peuvent servir de clés pour mieux comprendre ce livre et lui donner sa cohérence.

Le premier mot clé, justement, est le mot **cohérence**.

Nous avons maintenant à notre disposition des connaissances nouvelles permettant de comprendre pourquoi telle ou telle manière d'apprendre manque de cohérence avec, par exemple, le fonctionnement naturel du cerveau. Une fois ce manque de cohérence expliqué, à chacun d'en tirer le parti qu'il souhaite.

Cette idée de cohérence n'implique pourtant pas une seule approche, qui serait « l'approche idéale pour apprendre ». Bien au contraire : elle donne sens et richesse à la diversité.

Deuxième mot clé : le mot **amour**.

Rien de plus usé que ce mot, mais osons-le tout de même.

Apprendre, ce n'est pas tirer dans deux directions opposées, comme le meunier et l'âne. Apprendre, comme pourrait dire l'ami Antoine, c'est regarder ensemble dans la même direction, c'est une sorte d'histoire d'amour à trois : celui qui apprend, ce qui est appris, et celui qui transmet le savoir (directement ou à travers un livre).

Et cela est différent – mais le mot *amour* est bien imprécis – avec le fait d'« aimer » (ou de ne pas aimer) son professeur, ou d'« aimer » (ou de ne pas aimer) le grec, le piano, les mathématiques ou l'histoire ancienne.

Apprendre est une relation humaine dans toute sa richesse, où le courant circule sans que l'un ou l'autre des participants à cette histoire d'amour prenne toute la place.

Troisième mot clé : le mot **équité**.

L'équité, c'est le sentiment de ce qui est naturellement juste et injuste. C'est l'appréciation de ce qui est dû à chacun par une sorte de justice naturelle. Certaines personnes ont le sentiment d'avoir été exclues de la connaissance sans raisons vraiment « justes ».

Ce qui va être proposé ici souhaite aller dans le sens de l'équité, c'est-à-dire donner ou redonner à chaque personne *ce qui lui est dû* dans sa relation à l'apprendre.

Quatrième mot clé, et peut-être le plus important : le mot **respect**.

Ce petit mot, assez usé lui aussi, peut avoir d'immenses conséquences.

La dérision, la moquerie et le dénigrement sont des comportements de plus en plus souvent encouragés et applaudis, et deviennent presque la norme. Par contre, le respect est souvent considéré comme un comportement suranné, alors qu'il est peut-être l'ultime limite qui différencie l'homme de l'animal.

Lorsqu'il s'agit d'apprendre et de transmettre un savoir, le respect doit tenir une place centrale : le respect des richesses et des capacités de chacun ; le respect du rythme d'apprentissage et de l'évolution de chaque apprenant ; le respect de soi-même ; le respect et l'écoute de l'autre ; le respect des sentiments de l'autre ; etc. D'innombrables problèmes d'apprentissage viennent de ce manque de respect-là.

Le respect, n'en doutons pas, nécessite de se mouiller. C'est une forme d'action, c'est une manière d'être. Car on peut attendre indéfiniment que *l'autre* vous respecte avant de le respecter. Et on peut trouver d'innombrables raisons dans le comportement de l'autre pour ne pas le respecter.

Le non-respect est comme la colère : cela s'entretient indéfiniment lorsque l'on y est deux. Le respect est une démarche individuelle, où l'on engage une part essentielle de ce que l'on est.

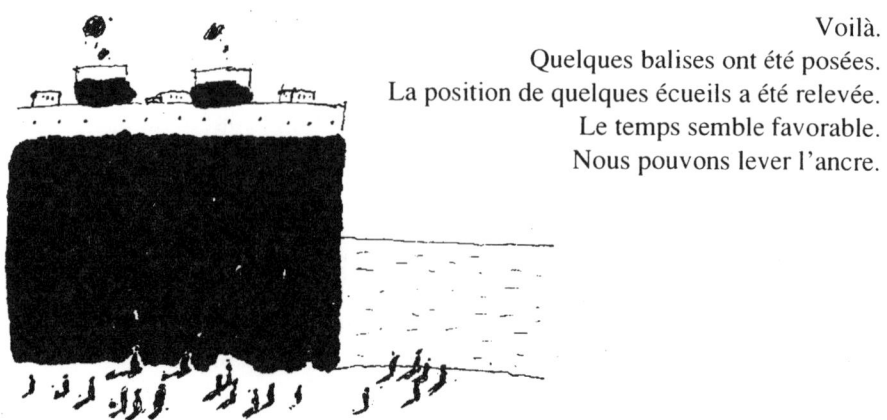

Voilà.
Quelques balises ont été posées.
La position de quelques écueils a été relevée.
Le temps semble favorable.
Nous pouvons lever l'ancre.

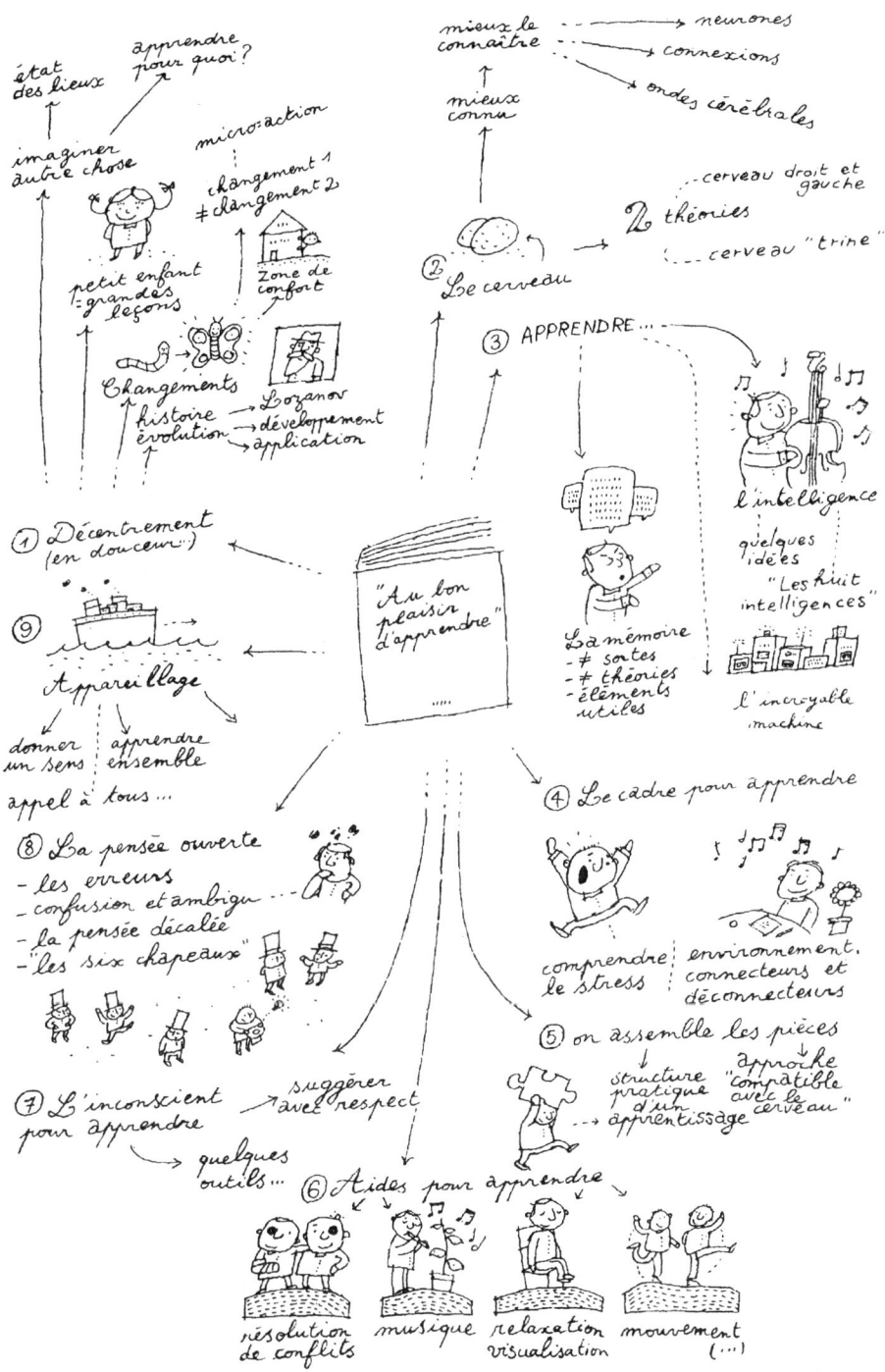

L'illustration ci-dessus est un topogramme, représentation imagée de la structure du livre.

Pour une meilleure compréhension, il est suggéré au lecteur de rehausser chaque branche principale (issue du centre) par une couleur différente.

La technique du topogramme sera détaillée plus loin.

CHAPITRE 1

Imaginer une autre réalité

Un professeur québécois en sciences de l'éducation rencontre une petite fille de huit ans, qui lui demande :

« Monsieur, tu crois en la réincarnation ?

– Euh (cherchant dans ses connaissances en psychologie la réponse la plus appropriée), il y a des personnes qui y croient. Et d'autres qui n'y croient pas. Mais, ajoute-t-il, pourquoi me poses-tu cette question ?

– Je voudrais savoir si, dans une autre vie, je serai obligée de refaire le primaire. »

PETIT ÉTAT DES LIEUX

Quelques idées bien ancrées

Les mathématiques – vous vous en souvenez peut-être – s'appuient sur ce que l'on appelle des *postulats* : idées non démontrées sur lesquelles on construit un édifice mathématique, par exemple *deux parallèles ne se coupent jamais*. La difficulté, lorsque l'on a vécu, raisonné, réfléchi avec ces postulats, c'est qu'il est difficile (du moins au départ) de remettre en cause ces idées et de raisonner avec d'*autres* postulats – et si deux parallèles se coupaient, comme les méridiens terrestres ? C'est ainsi qu'on a inventé la géométrie sphérique.

En ce qui concerne le *« comment apprend-on ? »*, il y a un certain nombre de postulats, d'idées admises par tous (ou presque) sur lesquels se sont bâtis notre système scolaire et toute notre relation à « l'apprendre ».

Faisons, pour commencer, un petit inventaire non exhaustif de quelques-uns de ces postulats. Inventaire rapide et quelque peu caricatural, mais qui ne manque pas d'utilité.

D'abord la **mémoire**.

Interrogez qui que ce soit autour de vous, lancez le sujet lors d'un dîner ennuyeux : c'est un sujet qui ne laisse personne indifférent. « J'ai une mauvaise mémoire, je note tout sur mon agenda électronique », dira le cadre dynamique ; « Il faut entraîner la mémoire, et c'est dommage que les enseignants… », dira le colonel en retraite ; « Je perds la mémoire, je vieillis », dira la grand-mère qui nous enchante de ses souvenirs ; etc.

« Avoir de la mémoire » semble être un don des dieux, distribué avec parcimonie à quelques heureux élus le jour de leur naissance. Développer sa mémoire devient pour beaucoup un rêve épisodique qui pousse à acheter, un jour, l'un des innombrables ouvrages sur le sujet. On y présente en général l'auteur ayant acquis, lors d'un voyage en train, une fabuleuse mémoire en quelques heures.

Mais il semble y avoir une telle différence entre ces « génies » de la mémoire et *soi*… La bonne mémoire, c'est pour les autres, comme l'intelligence, la beauté, le talent artistique et le reste : désespérant !

Nous reviendrons sur le sujet de la mémoire un peu plus longuement. Mieux comprendre certains principes de fonctionnement de la mémoire peut considérablement aider à apprendre, sans cependant vous promettre des performances à inscrire au *Livre des records*. Rien cependant ne vous empêchera de faire comme cet Américain qui a appris par cœur l'annuaire complet de Los Angeles (noms, prénoms, adresses, numéros de téléphone) et déclare que ce n'est pas très difficile, que presque n'importe qui peut faire pareil, ou d'apprendre *La Légende des siècles* en attendant votre autobus du matin.

Ensuite, il y a l'**intelligence**.

Nous considérons souvent que les capacités d'intelligence sont plus ou moins fixées dès l'enfance, et que les possibilités de les développer ensuite sont très limitées. En bref, on est intelligent ou l'on ne l'est pas, et voilà tout : « Cette petite, elle est intelligente, elle ira loin », « Lui, il n'a pas inventé la poudre : complètement bouché », etc.

L'école contribue d'ailleurs à ancrer cette idée dans la tête, autant par la structure du système scolaire que par la bonne foi des professeurs chargés de trier, progressivement, ceux qui sont « intelligents » de ceux qui le sont moins. Avec quelques excès, ici ou là.

Cette idée qu'il y a des personnes plus intelligentes que d'autres correspond bien à une certaine réalité que nous percevons : tout le monde ne peut pas être Premier ministre ou professeur d'université, forcément intelligents de par leur fonction.

Mais nous avons bien l'intuition que ce n'est pas aussi simple que cela, que l'intelligence ne se mesure pas uniquement au nombre des diplômes, à la réussite matérielle et sociale, ou aux résultats de tests de QI. Nous essaierons d'y voir plus clair un peu plus loin.

Il y a également quelques **merveilleuses dichotomies**.

Une dichotomie, c'est la séparation en deux éléments que l'on oppose : le jour et la nuit, le corps et l'esprit, le matériel et le spirituel, etc. Les anciens Grecs, et en particulier Aristote, nous ont appris les règles de ce petit jeu, qui continue de faire rage deux mille quatre cents ans après eux.

Dans le champ qui nous intéresse, il y a quelques merveilleuses dichotomies, si pratiques pour classer : on est matheux *ou* littéraire, manuel *ou* intellectuel, technicien *ou* artiste, etc.

Il n'y a pas si longtemps, on était pourtant à la fois matheux *et* littéraire, technicien *et* artiste, intellectuel *et* manuel. Léonard de Vinci est bien entendu l'exemple le plus cité. Mais d'autres personnes, célèbres (comme Einstein, Descartes, ou Bergson) ou tout à fait inconnues (peut-être votre voisin ou votre petit neveu) ont su ou savent sortir de ces merveilleuses dichotomies dans lesquelles on prend plaisir à s'enfermer et à enfermer les autres. J'aime bien l'exemple de cette jeune fille qui, après avoir été déclarée « mauvaise en mathématiques » au lycée, a passé un bac littéraire, a ensuite fait une licence de philosophie, qu'elle a fait suivre aussitôt par une maîtrise de mathématiques : une sorte de pied de nez à tous les enfermeurs d'apprendre ce qui est intéressant.

L'ennui, c'est lorsqu'une étiquette vous suit toute votre vie. Car une fois que l'on vous a persuadé que vous étiez littéraire, ou artiste, ou n'importe quoi d'autre, il est difficile d'en sortir.

Proposons un autre postulat : tout enfant à la naissance est matheux *et* littéraire *et* manuel *et* intellectuel *et* artiste, et bien d'autres choses. Il possède en puissance des « intelligences multiples » qui ne demandent qu'à être développées toute sa vie.

*

Prenons d'autres idées également bien assises sur leurs positions et qui risquent d'être un peu ébranlées dans les pages qui suivent, en particulier sur la manière d'apprendre :

« *Pour apprendre, il faut beaucoup travailler.* »

Pourtant des personnes apprennent vite et bien en travaillant peu (un vrai scandale). Comment font-elles ?

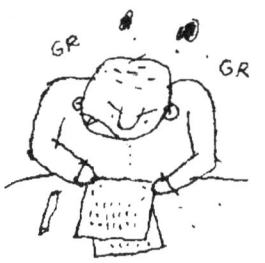

« Apprendre est difficile, et nécessite de faire des efforts. »

Ce n'est pas l'avis (s'ils pouvaient l'exprimer) des petits enfants, qui apprennent pourtant des choses très compliquées sans même y prendre garde.

Et nous reviendrons sur le mot *effort*.

« Apprendre, c'est sérieux, ce n'est pas une partie de plaisir. »

On n'apprend pas mieux lorsque l'on s'ennuie. Nous allons découvrir – ou redécouvrir – que l'on apprend bien mieux lorsque l'on y trouve du plaisir, au sens fort du mot. Attendez un peu si vous êtes tenté de rejeter dès maintenant cette idée : elle est vraiment intéressante.

« Plus la pression sur l'élève est forte, plus l'élève apprend bien. »

Il y a un principe de physique bien connu qui devrait faire réfléchir : « La force de réaction est proportionnelle à la force de pression. » Cela signifie, par exemple, que plus on exerce une pression sur quelqu'un qui apprend, plus la force de réaction (c'est-à-dire de rejet) est forte.

« Apprendre est la responsabilité exclusive de celui qui apprend. »

Surtout à l'école, cela signifie que si l'élève ne sait pas, c'est qu'il a mal appris, ou n'a pas assez travaillé, ou pas été assez attentif, ou pas assez consciencieux, ou n'y a pas mis assez de volonté, etc. Ce genre de remarques remplit en général l'essentiel des bulletins scolaires.

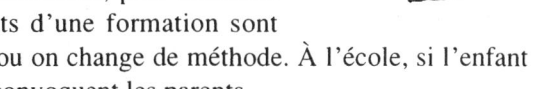

Ce point, curieusement, est différent dans la formation en entreprise, où l'on fera plus facilement porter la responsabilité d'un échec sur le formateur, plus rarement sur l'apprenant : si les résultats d'une formation sont mauvais, on vire le formateur, ou on change de méthode. À l'école, si l'enfant n'apprend pas, les professeurs convoquent les parents.

« C'est à l'école qu'il faut apprendre à travailler dur et à se battre, parce que l'on vit dans un monde qui est dur, pénible et sans pitié. »

Considérer que la souffrance est utile et nécessaire pour apprendre est une perversion qui nous vient de très loin (des Grecs essentiellement) et dont certains font l'un des fondements de tout système éducatif. Cette idée sera ici totalement combattue, comme inutile et ayant généré d'innombrables et vaines souffrances. Ce qui ne signifie pas qu'il ne faille pas apprendre à vivre dans le monde où nous vivons, bien au contraire. Mais pas de cette manière-là.

Chaque fois qu'élèves et enseignants descendent dans la rue, c'est pour demander *plus* d'argent, *plus* d'heures de cours, *plus* de locaux, etc. Curieusement, ils ne demandent jamais (ou bien rarement) *autre chose*, une *autre* manière d'apprendre et d'enseigner, qui soit moins désespérante. Peut-être est-ce parce qu'ils n'imaginent pas que cela puisse exister ?

Du côté des résultats

Des études le prouvent, le système scolaire français est l'un des meilleurs du monde, bien meilleur en particulier que le modèle américain. Cela signifie, en gros, que nous avons *bien* appris et que nos enfants apprennent *bien*.

Soit, si les statistiques le disent.

Mais dans la réalité de tous les jours, nous avons souvent bien du mal à admettre cette excellence : nous avons autour de nous (et dans notre mémoire) tant d'exemples de tensions, d'échecs, de médiocrité et de souffrances. Et pour des résultats où semble planer beaucoup d'hypocrisie. Car comment expliquer la terrifiante complaisance avec laquelle nous acceptons ce genre de choses :

• avoir assisté, du moins physiquement, à des milliers d'heures de cours de langue et être incapable d'oser dire quelques mots dans cette langue ;
• avoir suivi ou subi des milliers d'heures de mathématiques et être incapable de faire une proportion, d'avoir le souvenir d'une belle démonstration de géométrie, ou de résoudre une équation du premier degré ; et avoir en plus un dégoût viscéral du mot « mathématiques » ;
• avoir fait des milliers d'heures de français, avoir étudié les plus grands auteurs, et ne limiter ses lectures qu'à des bandes dessinées ou des romans-photos ; etc.

*

Les maladies de l'apprentissage :
que fait l'inspection du travail ?

Voilà une triste réalité dont on parle bien peu, ou que l'on accepte comme
« normale » : ces maladies que l'on pourrait qualifier de *didactogènes*, des maladies créées par l'école et dont il reste ensuite des traces indélébiles dans notre
personnalité.

Un professeur ne s'intéresse que rarement à la manière dont ses élèves vivent,
par exemple, un contrôle important. Pour un certain nombre d'entre eux, cela se
traduira souvent par : angoisse les jours précédents ; travail de révision systématique et répétitif ; manœuvres dilatoires pour contourner le problème (essayer de
connaître les sujets à l'avance) ; mauvaise nuit la veille du contrôle ; incapacité à
se nourrir convenablement, parfois vomissements quelques minutes avant le
contrôle. Puis panique à la moitié du contrôle (temps qui se met à filer, résultats
contradictoires, questions dans lesquelles on s'enferre), soulagement à l'issue,
suivi de désespoir (comparaison de ses résultats avec ceux de ses camarades),
attente plus ou moins anxieuse des résultats (malgré une attitude détachée ou bla-
sée), poussées d'adrénaline à l'annonce des résultats (renforcées parfois par le
sadisme du professeur qui fait durer le « suspens »), puis incapacité à
tirer les leçons des erreurs faites. Jusqu'au prochain contrôle.

Nul doute que lorsque l'on est sorti du système scolaire,
on évite au maximum de revivre ce genre d'expériences
détestables. Ce qui nous ferme souvent la
porte de nouvelles connais-
sances : nous avons déve-
loppé la *peur* d'apprendre.

*

Tout parent sait que la grande majorité des maladies bénignes de leur enfant
(grippe, bronchite, maux de tête et de ventre, etc.) ont un lien étroit avec le rapport qu'entretient l'enfant avec l'école.

En ce qui concerne les problèmes de vision, de nombreuses études ont été
faites sur le développement considérable de myopies à l'école. Les causes généralement relevées sont :

• une utilisation trop tôt et d'une manière trop intensive et exclusive de la
focalisation des yeux (dû à un travail essentiellement fait devant une table), au
détriment de la vision périphérique ;
• l'influence directe de la tension nerveuse et du stress sur le durcissement
des muscles oculaires, conduisant à la myopie.

On a par ailleurs fait une constatation curieuse dans des écoles appliquant les
principes qui vont être décrits ici : on y note souvent une élévation générale du

niveau de santé des élèves, un absentéisme plus faible et même parfois inversé (un élève vraiment malade vient tout de même à l'école), et une diminution de l'utilisation des drogues.

APPRENDRE, DANS QUEL BUT ?

Lorsque l'on parle d'apprendre, on s'intéresse essentiellement aux *résultats pratiques,* que cela soit à l'école ou dans une entreprise, et c'est bien normal. Mais on en est venu ainsi, progressivement, à l'idée qu'apprendre, outre une obligation nécessaire de la vie, n'avait d'importance que par ces résultats : je vais chez Berlitz pendant cent heures, et j'acquerrai tel niveau d'anglais ; je suis les cours de maths, et je saurai résoudre une équation différentielle le jour du bac ; etc.

On s'intéresse moins à la *manière dont on a appris* et aux répercussions sur notre personnalité. Est-ce que ces cent heures chez Berlitz me donneront envie de continuer à apprendre l'anglais ? Aurai-je plus confiance en moi (outre le fait de pouvoir mieux m'exprimer en anglais) ? Est-ce que je saurai me débrouiller seul ensuite pour continuer à apprendre et progresser ? Cela me donnera-t-il le goût d'apprendre d'autres langues étrangères ?

On peut admettre – mais on sent alors que les implications risquent d'être importantes – que personnalité et apprentissage sont intimement liés, qu'il n'est pas indifférent d'apprendre ou de ne pas apprendre, qu'il n'est pas indifférent d'apprendre bien ou d'apprendre mal, d'apprendre avec souffrance ou avec plaisir. Que l'on n'apprend pas comme on remplit un programme d'ordinateur, ou comme on gave les oies. Que les *résultats* ne sont pas forcément la seule finalité lorsque l'on apprend.

*

Il est intéressant d'aller voir ce que les entreprises espèrent actuellement des jeunes qui sortent du système scolaire. D'après différentes études, on attend d'eux des compétences assez classiques, et d'autres plus surprenantes.

On souhaite d'un jeune qu'il sache :

- réunir, analyser et organiser des informations,
- planifier et organiser une action,
- utiliser des idées et des techniques mathématiques,
- utiliser la technologie moderne,
- savoir poser un problème et le résoudre ;

mais aussi qu'il sache :

- travailler avec d'autres et en groupe,
- communiquer des idées et des informations,
- prendre des initiatives et résoudre des conflits,
- apprendre d'une manière indépendante,

- réfléchir d'une manière « décalée »,
- s'adapter à de nouvelles tâches,
- accepter la responsabilité de ses propres actions,
- être en bonne forme physique.

À défaut d'apprendre tout cela à l'école, il faudra bien l'apprendre à un autre moment, pour le plus grand profit des innombrables organismes de formation. Ou vivre sans.

On pourrait faire également une étude – mais à qui s'adresser ? – sur les compétences demandées par, disons, l'humanité au jeune sortant du système scolaire. On pourrait souhaiter qu'il sache :

- écouter vraiment,
- réfléchir avec générosité,
- connaître ses forces et ses faiblesses sans y être enfermé,
- respirer correctement,
- se concentrer complètement avec facilité,
- refuser sans mépriser,
- jouer à peu près proprement de quelques instruments de musique, en plus de savoir communiquer en deux ou trois langues étrangères,
- et, pourquoi pas, savoir chanter et danser,
- vivre en bonne entente avec son corps,
- pratiquer un humour sans moquerie ni dérision, etc.

Là, les organismes de formation sont plus rares. Mais imaginons que l'on développe ces qualités *en même temps* que l'on apprend l'anglais, l'informatique, l'histoire ou la guitare. Alors, « apprendre » retrouve toute sa dignité.

Ce n'est plus la caricature que l'on en donne trop souvent, l'acquisition pure et simple de savoirs, la recherche exclusive de résultats. Apprendre redevient un élément fondateur de l'être humain. On apprend pour se bâtir soi-même, pour vivre aussi complètement que possible ses richesses propres, et pour faire vivre à l'humanité ces richesses. Une autre réalité s'ouvre à nous.

LE PRINCIPE DE RÉPÉTITION

La difficulté pour imaginer une telle réalité n'est pas le manque d'argent, de moyens ou de temps. Nous savons bien que la réelle difficulté est *en nous*, et tient essentiellement dans un principe bien connu des psychologues, le principe de la *répétition*.

Combien de comportements, d'attitudes physiques et mentales refaisons-nous et imposons-nous aux autres, qui ne sont que de simples répétitions, parfois légèrement maquillées mais jamais remises en cause, de ce que nos parents ou nos professeurs ont fait avec nous ? Un parent aura toujours tendance à élever son enfant comme lui-même a été élevé. Un professeur enseignera généralement à la manière de ses anciens professeurs, surtout s'il est passé directement des bancs de l'école à l'estrade du professeur. Et il est très difficile d'imaginer une autre manière de faire, une *autre réalité*.

Lorsque l'on découvre la puissance de ce principe, on en reste abasourdi et fasciné. Car remettre en cause ces répétitions, c'est vérifier pièce par pièce la structure qui nous construit, et c'est décider si finalement cette structure nous convient ou non. Et si elle nous convient, c'est également se poser la question : convient-elle aux autres, à mes enfants, à mes élèves, à mes collègues... Cela peut mener très loin, on s'en doute.

ENVISAGER UNE AUTRE RÉALITÉ

Après de nombreux siècles où la « réalité » était définie essentiellement par la religion, nous vivons un temps où l'économie est la référence absolue et omni-présente. Les publicitaires, grands prêtres de notre époque, fixent la vérité, mani-pulent nos esprits, décident de ce qui doit faire notre bonheur.

L'être humain ne se conçoit plus qu'à travers la possibilité d'avoir un travail rémunéré et la nécessité de consommer. Le chômage, dans l'imaginaire collectif, a remplacé la peste. Au « Repentez-vous ! » des hommes de Dieu répond mainte-nant le « Consommez ! » des publicitaires et des hommes politiques.

L'école a tendance à jouer également à ce jeu-là, avec des dérives conster-nantes et sûrement dangereuses. Considérer l'école comme servant essentielle-ment à nous préparer à tenir notre place dans le système économique est extrê-mement réducteur, et déprécie fondamentalement ce qui fait notre humanité.

Certains se plaignent que les jeunes n'ont plus le « sens » de la vie, ils s'éton-nent, tempêtent contre les sectes, les gourous, et cherchent des responsables. Et si l'un des sens premiers de l'homme était d'*apprendre*, d'une manière naturelle, en cohérence et en harmonie avec ce qu'il est réellement ? Les exemples abondent de jeunes en rupture d'école et de société qui se remettent tout simplement à *vivre* lorsqu'on leur redonne le goût d'apprendre. Car ils trouvent alors un *sens* à leur vie.

Ce livre voudrait (avec modestie) proposer une autre façon de considérer notre relation à l'apprendre, de faire ce petit décalage qui peut changer beaucoup. De ne pas tenir pour définitivement acquis l'état des lieux, et d'oser imaginer une réalité où *apprendre* soit bien autre chose que se préparer à ne pas être chô-meur ; où *apprendre* contribue à donner sens à la vie.

Bon, assez causé, il est temps d'entrer dans le vif du sujet. Et à tout seigneur tout honneur.

Place à celui qui sait apprendre merveilleusement bien sans effort, à celui qui joue en apprenant et apprend en jouant, place à celui que nous avons été et qui a encore tant à nous apprendre : le petit enfant.

CHAPITRE 2

Petit enfant et grandes leçons

LES LEÇONS DE JULIE

Rien de plus banal qu'un enfant qui joue, qui court, qui crie, qui invente des jeux avec d'autres enfants. Et pourtant, pour qui est un peu attentif, d'innombrables richesses sont cachées derrière ces activités, en particulier sur la manière dont on apprend *bien*.

Plutôt que de longs développements sur ce que peut nous apprendre le petit enfant, nous avons préféré mener l'enquête sur le terrain. La famille X a bien voulu nous ouvrir les portes de son théâtre familial.

Questions et soupirs
Pièce en un acte
et un tableau.

Monsieur et Madame X

Pierre, 11 ans
Julie, 3 ans,
qui zozote

La scène se passe dans le salon des X, lors d'une soirée en famille.

PIERRE – Papa, tu veux bien signer mon bulletin ?

MADAME X – Mon chéri, ne dérange pas ton papa, il doit travailler, et ce n'est pas facile.

PIERRE – Ah… Papa, qu'est-ce que tu fais de difficile ?

MONSIEUR X – Je fais de l'anglais, fiston, parce que j'en ai besoin pour mon travail.

PIERRE – Mais… tu n'as pas déjà appris l'anglais à l'école ? Moi, ça fait déjà deux ans que je fais de l'anglais, même que la prof…

MADAME X – Mon chéri, laisse ton papa. Bien sûr qu'il a eu des cours d'anglais à l'école. Mais…

JULIE – Maman, quand ze serai grande, moi aussi ze pourrai apprendre des choses difficiles comme papa ?

MADAME X – Bien sûr, ma chérie, quand tu iras à l'école tu pourras apprendre des choses très difficiles comme papa. Maintenant, va jouer dans ta chambre. Allez, ouste. Pierre, viens ici. Tu en fais une drôle de tête.

PIERRE – Maman, combien de temps il faudra que je continue à apprendre ? Même papa est encore obligé d'apprendre, à son âge ? Pfhhhh… C'est déprimant, déjà qu'il faut faire ça toute la journée à l'école.

JULIE – Moi ze veux apprendre, comme papa et comme Pierre. Comment on fait pour apprendre, maman ? Tu m'apprends à apprendre, maman ? Tu m'expliques comment on fait, tu sais comme tu as fait l'autre zour pour les bébés, avec les abeilles et les fleurs, même que z'ai pas tout compris.

MADAME X – Il me semble t'avoir dit de filer, Julie chérie. Il faut que je parle avec ton frère, laisse-nous un instant tranquille, tu veux bien. Pierre, dis-moi ce qui ne va pas à l'école.

PIERRE – Je m'ennuie, j'ai des mauvaises notes, on me dit que je suis nul, j'en ai assez. Alors continuer comme ça des années, et être encore obligé d'apprendre comme ça toute la vie, quelle galère…

JULIE – Maman, est-ce que z'aurai des mauvaises notes, moi aussi ?

MADAME X – Julie, si tu restes là, tu ne dis rien, d'accord ? Pierre, à l'évidence tu n'es pas nul, il y a des tas de choses que tu sais faire. Et tu as déjà appris des tas de choses.

PIERRE – Moi ? Rien, je ne sais rien faire. Regarde mon bulletin, c'est nul.

MADAME X – Bon. Tu dis que tu ne sais rien faire, ce n'est pas vrai. Regarde Julie. Elle sait déjà énormément de choses, même si cela nous paraît naturel.

JULIE – Voui, ze sais me laver les dents et ze sais gronder ma poupée.

MADAME X – Dis-moi, Pierre, tu te souviens quand Julie est née. Qu'est-ce qu'elle savait faire à ce moment-là ?

PIERRE – À part téter, dormir et crier, pas grand-chose…

MADAME X – Et maintenant, qu'est-ce qu'elle sait faire ?

PIERRE – Ben, je sais pas, se laver les dents toute seule, gronder sa poupée et me casser les pieds quand je fais mes devoirs…

MADAME X – Elle sait faire infiniment plus de choses, mais nous ne nous en apercevons pas. Depuis sa naissance et comme tous les enfants, elle a eu une fringale d'apprendre aussi grande que celle de ses six tétées journalières, une curiosité infinie à découvrir le monde, et sans traîner. Elle n'apprend pas comme on apprend à l'école, bien sûr, mais elle apprend énormément.

PIERRE – Par exemple ?

MADAME X – Eh bien, par exemple, à trois ans, elle connaît déjà remarquablement bien une langue « étrangère », le français, mieux en tout cas que la majorité des Français ne savent parler l'anglais après plusieurs milliers d'heures de cours et d'efforts. N'est-ce pas chéri ? Pas de réponse, bon, laissons-le travailler. Et cela sans apprendre de règles de grammaire par cœur, sans faire le tri entre les mots utiles et ceux qui ne le seraient pas. Sans livre, sans programme, sans examen, uniquement en jouant, en parlant avec nous, avec tous ceux qui l'entourent.

JULIE – Moi, ze sais parler le français, même si ze zozote un peu.

MADAME X – Pierre, à cinq ans tu connaissais déjà 90% des mots que tu emploieras dans ta vie. Et si l'on parle plusieurs langues à la maison, comme chez ton copain Paulo, on apprend naturellement plusieurs langues, tout aussi facilement et sans effort.

PIERRE – Ah bravo ! Et maintenant je suis nul en anglais. Tu peux m'expliquer pourquoi ? Pourtant, j'ai l'impression de faire des efforts, mais rien ne rentre. Quoi d'autre ?

MADAME X – Dans ses trois premières années, Julie a déjà appris des choses d'une grande complexité comme ramper, puis se mettre debout, marcher, se laver les dents, se servir d'une cuillère pour manger, dessiner, faire des pliages. Elle sait reconnaître un éléphant d'un mouton, même si c'est moi qui le dessine. Elle a déjà de nombreuses connaissances techniques sur la pesanteur, sur l'imbrication des formes, elle comprend des symboles, elle a des notions subtiles d'emploi de la langue française, elle a déjà acquis des comportements sociaux plutôt complexes…

PIERRE – Mais elle *n'apprend pas* à faire tout cela ! Elle passe son temps à bouger, à jouer, à faire des Lego, à poser des questions et à traîner dans nos jambes.

MADAME X – Bien sûr que si, elle apprend, mais pas comme on apprend à l'école. Et elle apprend des choses très complexes. C'est également ce que tu as fait, d'ailleurs, et que tu continues de faire. Tu as su jouer aux échecs à quatre ans, tu savais faire du calcul mental élaboré à cinq ans. Quand tu fais une régate avec tes copains, que tu lis tes livres sur les dinosaures, lorsque tu construis un hélicoptère avec tes Lego techniques, lorsque tu fais de la guitare, tu apprends.

PIERRE – J'ai pas l'impression d'apprendre, dans ces moments-là. Pour moi, apprendre, c'est à l'école, c'est des devoirs, des contrôles, des notes, des bulletins, des profs…

MADAME X – Bon. Attends. Quand tu étais petit, qu'est-ce qui était important pour toi ?

PIERRE – Ben, il y avait les histoires que tu me racontais, les chansons que l'on chantait ensemble. Et puis je jouais avec Paulo, Mathieu et tous les copains. On s'inventait des histoires, on jouait à des jeux de société, on faisait des Lego. Et puis tu m'apprenais à faire des gâteaux. On riait, on pleurait, on se disputait et on se réconciliait. Je passais mon temps à dessiner, à imaginer des histoires. Tu te souviens, quand je transformais n'importe quel carton en bateau, en théâtre, en maison ?… Et puis il y avait toujours de la musique à la maison : « *Madamina, il catalogo é questo…* », tu te souviens, dans *Don Giovanni*. D'ailleurs, tu ne m'as toujours pas expliqué ce que cela voulait dire…

MADAME X – Une autre fois. Quoi d'autre ?

PIERRE – Je sais pas. J'étais bien dans ma chambre pour faire plein de trucs, c'est pas comme la classe maintenant, c'est moche, c'est triste, les tables, les murs sans rien dessus. Fini la musique, on ne peut plus bouger, sauf aux récrés. On ne peut pas parler, sinon bonjour les 100 lignes. Et puis il y a les contrôles, les notes, tout ça.

JULIE – Maman, c'est quand que z'irai à l'école ?

MADAME X – Bientôt, ma chérie. Pourquoi veux-tu déjà aller à l'école ?

JULIE – Pour apprendre comme Pierre et Papa. Dis Maman, est-ce que tu vas encore à l'école, toi et Papa ?

MADAME X – Non, nous n'allons plus à l'école.

JULIE – Alors vous zapprenez plus rien ?

MADAME X – Mais si, ma chérie, on peut apprendre même quand on ne va plus à l'école, tu sais.

PIERRE – Bonne question, Julie. Comment faites-vous pour apprendre, vous les vieux ?

MADAME X – Dis donc, Pierre, un peu de respect pour les « vieux ». Disons que lorsqu'on grandit, on apprend d'une manière différente de celle qu'on avait étant enfant.

PIERRE – Et on apprend mieux ?

MADAME X – Hum, je ne me suis jamais posé la question. C'est comme ça. On va à l'école, on apprend ses leçons, on fait ses devoirs, on écoute les professeurs, et puis on passe des examens. Ensuite on travaille, on apprend un métier. Ce n'est pas toujours génial, mais c'est comme ça.

PIERRE – Je ne comprends pas ! D'un côté tu me dis qu'un petit enfant comme Julie apprend merveilleusement bien, tranquille, sans stress, et d'un autre côté, tu me dis qu'il faut apprendre autrement tout le reste de la vie, sans jeu, sans musique, sans mouvement… Pas très logique, tout ça.

MADAME X – Oui…, c'est vrai que ce n'est pas très logique. Mais j'imagine que c'est nécessaire.

PIERRE – Maman, est-ce qu'il y a des choses que tu aimerais encore apprendre ?

MADAME X – Oh, tu sais… à mon âge… J'aimais bien les mathématiques, surtout la géométrie, mais on m'a dit qu'il valait mieux que je fasse du secrétariat. La musique, aussi, j'ai toujours rêvé de faire du violon, mais je n'étais pas bonne en musique, je chantais faux paraît-il. Et puis – tu vas te moquer de moi – j'aurais bien aimé apprendre le chinois, mieux connaître la Chine.

PIERRE – Qu'est-ce qui t'en empêche ?

MADAME X – Apprendre le chinois... Tu plaisantes... Cela demande beaucoup de travail, de temps, d'efforts...

PIERRE – Pourtant, d'après ce que tu m'as dit, j'imagine qu'un petit enfant chinois apprend sa langue maternelle sans efforts...

MADAME X – Sans doute, mais quand on grandit, on ne peut plus apprendre comme un enfant, en jouant, en s'amusant.

PIERRE – Pourquoi ?

MADAME X – Euh... Chéri ! Tu peux venir, une minute ? Pierre demande pourquoi on ne peut plus apprendre quand on est grand de la même manière que quand on est petit.

MONSIEUR X – Oui, j'ai suivi votre conversation. Pas moyen de travailler tranquille dans cette maison.

JULIE – Papa, Papa. Maman m'a dit que bientôt z'irai à l'école, tu sais, et que z'apprendrai plein de choses comme toi, même si tu vas plus à l'école.

MADAME X – Julie, va faire couler ton bain. Et fais attention à l'eau chaude. Quel est votre avis, alors, môsieur qui apprenez l'anglais, sur la manière d'apprendre ? Pourquoi apprend-on au collège, au lycée et ailleurs d'une manière totalement différente que lorsque l'on est petit ?

MONSIEUR X – Élémentaire, ma chère. J'imagine qu'un professeur aura peur de perdre le contrôle de sa classe, tout simplement, s'il introduit des jeux, du mouvement, et un environnement agréable dans sa salle de classe. Et puis cela lui demanderait de s'impliquer plus directement, forcément, de revoir la manière dont il considère ses élèves et la relation qu'il a avec eux.

L'ENVIRONNEMENT DU PETIT ENFANT LORSQU'IL APPREND

Son *environnement physique* est voulu par les parents pour être agréable, coloré ; il s'y trouve en sécurité ; il est riche et stimulant ; on y trouve musique, dessin, art, chant ; il est ouvert à de nombreuses personnes de tout âge.

Son environnement *affectif* et *émotionnel* est fait de beaucoup d'attention, d'amour, de plaisir mutuel, de chansons, d'histoires racontées, de mouvement. On lui montre, on lui explique, on lui parle, on rit avec lui. Le langage des parents est essentiellement positif et suggestif, encourageant. On reprend ses « erreurs » en l'encourageant, et non en tant qu'erreurs. Qui douterait que son enfant ne marchera pas un jour, ou ne saura pas se servir d'un verre ou d'une cuillère ? Ce sont pourtant des choses extrêmement complexes à réaliser.

Ici, peu de stress, beaucoup d'émotions simples, de fêtes, d'encouragements, beaucoup d'humour et de gaieté, de rires ou de pleurs.

Encouragé et soutenu avec respect (il ne s'agit pas ici de le « forcer » comme on force une plante), un petit enfant pourra bien souvent nous surprendre par ses capacités et ses possibilités.

MADAME X – C'est donc impossible ?

MONSIEUR X – Bien sûr que non, j'ai lu un article là-dessus. Il y a des écoles par exemple où les professeurs créent, comment dire, un « état d'esprit » particulier dans leur classe et dans leur école en employant justement des jeux, du mouvement, de la musique, en faisant faire des exercices de relaxation régulièrement. Dans les salles de classe il y a des tapis ou de la moquette, des fleurs, une décoration agréable. L'article parlait de classes en Australie et aux États-Unis, mais cela doit bien exister en France et en Europe.

PIERRE – Ouahou... ! ! Elles sont où, ces écoles, on déménage tout de suite, et tu m'inscris.

MADAME X – Mais, mon chéri, je pense qu'il s'agit d'écoles primaires uniquement.

MONSIEUR X – Non, non, pas du tout, il y a des collèges et des lycées qui fonctionnent comme cela, et même certains cours dans des universités. Et d'après l'article, ni les professeurs ni les élèves ne s'en plaignent, bien au contraire. Les parents non plus, évidemment. Mais il faudrait voir ça de plus près, ça semble trop beau pour être vrai. C'est peut-être une exagération de journaliste, tu sais.

MADAME X – Si cela existe vraiment, j'imagine que ces classes doivent être un sacré bordel...

JULIE – Maman, c'est quoi un brodel, Papa il dit toujours ce mot quand il voit la chambre de Pierre et il veut pas que moi ze le dise.

MADAME X – Dis moi, Julie, tu devrais être dans ton bain, non ? File.

MONSIEUR X – Toujours d'après l'article, pas du tout. Contrairement à ce que l'on pourrait penser, c'est une manière d'enseigner qui semble demander beaucoup de rigueur. J'imagine qu'on peut la caricaturer facilement, en imaginant un professeur-clown faisant le pitre pour faire rire ses élèves, ou bien une sorte de Club Med avec Gentils Organisateurs et le reste. Mais je suis persuadé que l'on peut être très détendu et apprendre très sérieusement.

MADAME X – On peut rêver. Et dans ta boîte, comment ça se passe ? Comment font les formateurs ?

MONSIEUR X – J'en discutais justement la semaine dernière avec Jendru et Diran, tu sais, les deux responsables de la formation. Je venais de lire l'article dont je te parle, alors, bien sûr, je n'ai pas résisté au plaisir de les titiller. Jendru, tu le connais, il a sauté au plafond. Rendre l'environnement des stages plus agréable, faire des jeux, du dessin, bouger, ça ne fait pas sérieux, tu penses. Mais qu'est-ce qu'on se rase aux séminaires qu'il fait !

MADAME X – Et Diran ?

MONSIEUR X – Diran était d'un autre avis, comme toujours. Il nous a dit que chez Duroc, notre concurrent direct, ils ont fait venir des formateurs en techniques de (comment disent-ils ?) de *gestalt formation*, formés dans les plus grandes universités américaines. Je me demande combien ça leur a coûté... Si j'ai bien compris, ils proposent – à prix d'or, sûrement – de former le personnel d'une manière plus ou moins analogue à celle dont tu parlais tout à l'heure, en adaptant évidemment… Je sais… ! On va proposer Julie comme formatrice, on va se faire des montagnes d'or et on pourra acheter une grande maison à retaper dans le Périgord, d'accord chérie ?

MADAME X – On va peut-être attendre encore un an ou deux, qu'elle ait fini de faire ses dents. Et qu'en disent ceux qui suivent ce genre de formations ? Ils apprécient, j'imagine ?

MONSIEUR X – Pas toujours. Tu sais, faire faire des « jeux » mal adaptés à certaines personnes peut être aussi méprisant que les considérer comme incapables d'apprendre. Et, si j'ai bien compris, rien n'est absolu, rien n'est acquis d'avance dans cette manière de former. Ce qui donne ici des résultats exceptionnels sera ailleurs sans intérêt, ou très mal vécu. C'est du moins ce que racontait Diran, qui semble avoir creusé la question. Le formateur doit être très à l'écoute des personnes qu'il a en face de lui, il doit les *respecter* totalement.

PIERRE – Papa, quel est ton avis à toi ? Par exemple, tu aimerais apprendre autrement qu'en écoutant tes cassettes et en rabâchant ton vocabulaire anglais, comme tu le fais à la maison ? Cela te plairait, à toi, d'apprendre l'anglais ou ton marketing avec des jeux, de la musique, de la moquette et des petites fleurs ? Tu n'aurais pas l'impression d'être ridicule ? Et tu accepterais de me mettre dans une école qui fonctionne comme ça ?

MONSIEUR X – Je pense que cette manière d'apprendre ne se réduit pas à la moquette ou aux petites fleurs, d'abord. Ensuite, la question n'est pas : « Est-ce que ça se fait ? » ou « Serais-je ridicule ? » La vraie question, c'est : « Est-ce que moi, ou mes enfants, ou mes élèves si j'étais enseignant, ou mes collègues si j'étais formateur, apprendraient mieux de cette manière ? Et surtout, est-ce qu'ils découvriraient ainsi le goût pour ce qu'ils apprennent, et les outils pour continuer à apprendre par eux-mêmes ? » Et ça pour n'importe quoi, les mathématiques, la biologie, le persan, l'informatique ou la résistance des matériaux.

MADAME X – Tiens, finalement, moi j'apprendrais bien le chinois comme ça.

JULIE – Maman, ze voudrais apprendre le sinois moi aussi.

MADAME X – D'accord, ma chérie. Donc, Julie et moi on aimerait bien apprendre le chinois comme ça. Et, tant qu'à faire, aussi la géométrie, le violon, l'informatique, le basket, l'histoire médiévale, et piloter un avion. Pour commencer. D'accord mon chéri ?

MONSIEUR X – Hum… Qu'est-ce que tu nous as préparé de bon pour le dîner,

ma chérie ? J'ai une faim de loup. Tiens, Julie part finalement prendre son bain. Comme quoi le plus improbable peut arriver dans cette maison.

PIERRE – Et mon bulletin, Papa, tu le signes ?

MONSIEUR X – Dis donc, tu ne vas pas recommencer avec ton histoire de bulletin. Où faut-il que je signe ? Quoi ! ? Tu n'as la moyenne nulle part, sauf en sport ! Dis donc, c'est nul, tout ça, faudrait voir à faire des efforts, mon grand, sinon pas question de partir en vacances avec Paulo !

PIERRE – Oui, papa. *(Soupir.)*

JULIE – *(off)* Maman tu viens me zavonner ?

MADAME X – Oui, j'arrive ma chérie. *(Soupir.)*

MONSIEUR X – Bon, en attendant le dîner, je vais réviser ma liste de vocabulaire anglais. *(Soupir.)*

PREMIÈRES LEÇONS

Regarder vivre et apprendre un petit enfant peut nous donner nos premières leçons :

• les possibilités de tout être humain, en sommeil à sa naissance, semblent infiniment plus vastes qu'on ne l'imagine ;

• un environnement physique, affectif et émotionnel agréable, riche et stimulant joue un rôle primordial dans l'apprentissage et le développement intellectuel de l'enfant ;

• les jeux, le mouvement et la musique tiennent une place fondamentale dans cet environnement ;

• cet environnement réduit au minimum toutes formes de menaces et de stress inutiles ;

• l'enfant apprend quand il *fait* par lui-même quelque chose ;

• l'enfant apprend par les très nombreuses interactions avec l'extérieur ;

• avec le petit enfant, on considère les erreurs comme des aides à l'apprentissage, et non comme des fautes à sanctionner.

PERMETTRE AUSSI AU PETIT ENFANT D'APPRENDRE BIEN

Le petit enfant nous sert de point de départ, et c'est un modèle particulièrement brillant à suivre.

Mais connaître les possibilités naturelles du petit enfant peut également être riche d'enseignements sur ce qui est *souhaitable* à tout enfant pour qu'il puisse développer ses facultés physiques, mentales et affectives.

Nous devons faire en sorte que tous les enfants puissent tirer parti au mieux de cette période où l'on apprend vraiment bien, essentiellement en évitant de les enfermer dans un carcan : après, nous le savons tous, les choses se passent plus difficilement. Car nous leur imposons souvent des restrictions arbitraires, sans même y prendre garde, en leur évitant ceci (censé être trop difficile) ou cela (où il y a un risque qu'ils se fassent mal). Il nous arrive également de brider leurs émotions, leurs sentiments, leur capacité d'apprendre, leur imagination, avec la meilleure bonne foi.

Voici certains éléments qui ont une grande influence sur le développement du petit enfant :

L'importance des mouvements croisés. Ils permettent de développer les connexions entre les deux hémisphères cérébraux (avancer la jambe gauche en reculant la main droite est un mouvement croisé). En particulier, *ramper* est un ensemble complexe de mouvements croisés dont on a montré l'importance pour le développement des facultés mentales du petit enfant.

Devenu adolescent ou adulte, certaines difficultés d'apprentissage (et autres) pourront être dissoutes grâce à une rééducation basée sur un certain nombre de mouvements croisés, avec parfois des résultats spectaculaires. Nous en reparlerons au chapitre 17.

L'importance des stimulations. Lorsque l'on est parent il est parfois difficile d'admettre que l'enfant est ouvert à tout et que ses capacités d'assimilation sont extraordinaires. Nous lui transmettons bien souvent nos propres limitations.

Dans un contexte affectif normal, le petit enfant n'a aucun *a priori* sur ce qu'il entend, comme sur ce qu'il fait, goûte ou touche. Il peut apprécier le roquefort autant que le gruyère. Il peut écouter un opéra de Mozart aussi bien qu'une comptine (on voit des enfants de trois ans aller à l'Opéra sans s'ennuyer une minute). Au départ, la musique indienne est pour lui aussi intéressante que la musique baroque.

Des stimulations riches, présentées d'une manière naturelle, développent les facultés mentales du tout-petit. Mais dès que cela est artificiel (par exemple si le parent déteste ce qu'il fait écouter, regarder ou goûter), si l'enfant a le sentiment d'être forcé (« mets encore une fois ta cassette de *Don Giovanni*, ma chérie »), dès que le plaisir de la découverte n'est plus là, inutile d'insister : plus la pression est forte, plus la réaction sera forte… La surstimulation, c'est-à-dire la stimulation imposée, est plus mauvaise que de ne rien faire du tout.

Lorsqu'il sera un peu plus grand, la maternelle jouera un rôle important en continuant à proposer à l'enfant des stimulations riches, souvent avec beaucoup de talent et de bonheur.

L'importance d'un « retour d'information » immédiat. Lorsque le petit enfant essaye quelque chose, il sait tout de suite si « cela marche » ou non, il peut en tirer les conséquences immédiates et ainsi apprendre directement de ce qu'il fait. Par exemple, il tire une ficelle et déclenche un bruit de clochette ; il empile deux cubes de travers, qui dégringolent ; il s'accroche à un pied de table, et se met debout.

Tirer parti de l'action que l'on vient de faire (ce que l'on appelle souvent le feed-back) est une part essentielle de tout processus d'apprentissage.

L'importance de la médiation. Il est important de préciser que si le petit enfant a des capacités exceptionnelles pour apprendre, ces capacités ne peuvent se développer que par le rapport à d'autres personnes, et particulièrement par la médiation avec des adultes.

La médiation, c'est lorsque le parent aide l'enfant à filtrer, à structurer et à donner de la signification à tous les stimuli qu'il reçoit. Ainsi lorsqu'il explique ou commente des comportements, des événements ou des sentiments, le parent permet à l'enfant de progressivement structurer ses capacités mentales, relationnelles et affectives, et de mettre au point des stratégies d'action pour de très nombreuses situations.

Inversement, lorsque cette médiation a manqué ou a été insuffisante, le jeune ou l'adulte aura à la fois beaucoup de mal à apprendre, et beaucoup de mal à résoudre les innombrables difficultés et problèmes auxquels il sera confronté dans sa vie [1].

*

L'enfant a beaucoup à nous apprendre : c'est une constatation banale et très ancienne, mais dont nous sommes loin de tirer tous les enseignements. Et, comme me disait récemment Julie : « Moi, ze veux tout apprendre, et puis le reste aussi. »

> Quand je serai grande j'veux être heureuse,
> Savoir dessiner un peu,
> Savoir m'servir d'une perceuse,
> Savoir allumer un feu,
> Jouer peut-être du violoncelle,
> Avoir une belle écriture,
> Pour écrire des mots rebelles
> À faire tomber tous les murs !
>
> Si l'école permet pas ça
> Alors je dis : « Halte à tout ! »
> Explique-moi, Papa
> C'est quand qu'on va où ?

> Paroles Renaud Séchan, extraites de *C'est quand qu'on va où ?*,
> © 1995 Mino Music/Warner Chappell Music France.

UNE APPLICATION : JOUER POUR APPRENDRE

Il est bien admis que le petit enfant apprend beaucoup à travers le jeu. En maternelle, très généralement l'emploi des jeux est courant. En primaire, la place qui leur est donnée commence à diminuer, et cette diminution s'accélère à l'ap-

---

1. Les notes numérotées sont regroupées à la fin du livre, par chapitre.

proche du collège. Au collège, l'emploi du jeu comme outil d'apprentissage devient exceptionnel. Et au lycée ou en faculté, la simple idée de faire des jeux pour apprendre fait frémir d'indignation.

Curieusement le jeu, sous une forme ou une autre, retrouve droit de cité dans l'entreprise : un paradoxe de plus [2]...

> Récemment, je parlais avec les responsables du département « Clientèle » d'une société. Les sept personnes du groupe essayaient vainement de définir les valeurs nécessaires à leur travail et de déterminer les relations entre elles. Je proposai d'utiliser un jeu pour les aider dans leur recherche. Ils rejetèrent aussitôt l'idée, faisant remarquer que les jeux réduisent les concepts importants à un niveau élémentaire et trivial. Finalement, ils acceptèrent d'essayer. Trois minutes après, ils étaient tous fascinés par le jeu. Au bout de quarante minutes, ils refusèrent d'arrêter pour faire une pause-café. Ils terminèrent en exprimant « une profonde compréhension des relations entre les différentes valeurs de leur travail » [3].

Parfois, la difficulté essentielle vient du mot « jeu » lui-même. Le jeu étant par définition une activité ludique, et apprendre considéré comme une activité sérieuse, on peut refuser de joindre les deux. Si le mot gêne, changeons le mot. Appelons cela une « activité pédagogique alternative » ou une « application interactive des concepts », ou toute autre expression.

Pourquoi les jeux permettent de mieux apprendre

Les bénéfices que l'on peut tirer à introduire des jeux dans un apprentissage sont très importants. En voici quelques-uns.

- *Les jeux réduisent l'anxiété* souvent associée à l'apprentissage, et augmentent le plaisir d'apprendre. Les erreurs sont considérées comme des phases du jeu, et n'empêchent pas de continuer. Lorsque l'on joue, on est dans un état d'esprit détendu et positif, et on apprend alors bien plus efficacement.
- Lorsque l'on joue, *on participe plus volontiers* et on met en pratique plus facilement les notions étudiées. Le nombre de réponses faites par un apprenant au cours d'un jeu est en général bien plus grand que dans tout autre mode d'instruction.
- Le retour d'information est un facteur très important pour un apprentissage efficace. Dans le cours du jeu, *les joueurs ont un feed-back immédiat*, venant des autres joueurs, ou des cartes, etc.
- On a tendance à oublier rapidement ce qui a été appris. Le jeu est un moyen de *mettre en application ce qui a été appris* à travers une pratique active. C'est également un excellent moyen de *réviser*.
- Le jeu développe naturellement les interactions entre ceux qui apprennent. Il *favorise ainsi une meilleure cohésion d'un groupe*.
De plus, l'élève est parfois moins gêné ou anxieux de poser une question à un camarade plutôt qu'au professeur. Et un camarade pourra expliquer dans un

langage qui sera parfois mieux compris que celui du professeur. Ce point est particulièrement utile dans les apprentissages très techniques.

• Dans un jeu, on peut apprendre à manier des concepts très abstraits à travers des règles concrètes et des artifices de jeu. Le jeu devient ainsi une *métaphore* ou une *analogie*, qui pourra être tout particulièrement appréciée.

• En plus de son aspect intellectuel, le jeu a en général une *implication émotionnelle positive*. Nous verrons combien il est important de laisser leur place aux émotions lorsque l'on apprend.

Utilisation de jeux

Une fois admise l'utilité potentielle du jeu, le champ d'utilisation de jeux dans l'enseignement ou la formation est très vaste, quels que soient le sujet, la matière, l'âge et le nombre des participants [4].

Avec des jeux, on peut réfléchir sur la notion de jeu, résoudre des conflits, faire des révisions, faire un « remue-méninges » (brainstorming), apprendre à se servir d'un ordinateur, remplacer des réunions inutiles et/ou inefficaces, résoudre des problèmes, rompre la glace dans une réunion, ordonner des idées par ordre d'importance, évaluer des connaissances, tirer les conséquences d'une action (faire un « debriefing »), présenter une notion, apprendre à travailler ensemble, comprendre un raisonnement mathématique, etc.

Convaincre d'employer des jeux

Il faut d'abord convaincre l'enseignant, le parent ou le formateur de l'utilité du jeu pour apprendre. Le cours magistral (ou la conférence) est la forme d'enseignement la plus largement répandue car présentant de nombreux avantages : on peut transmettre un contenu important en peu de temps, à un grand nombre de personnes ; cela peut être efficace (l'information est transmise) ; cela correspond à ce qu'attend le professeur (tranquillité, pas ou peu de remise en cause du contenu) et également à ce qu'attendent les élèves, parfois avant le contenu lui-même (tranquillité, passivité).

L'emploi de jeux est souvent exclu de leur enseignement par les professeurs parce qu'ils ont peur de perdre le contrôle de leurs élèves. Il est juste de dire qu'un jeu, par définition même, contient une part d'imprévu. C'est cet imprévu, entre autres, qui crée le plaisir du jeu. Cela doit être accepté par le professeur, ainsi qu'un certain niveau de bruit et un comportement différent des élèves.

Il ne faut pas non plus négliger la réticence des élèves à « jouer ». Certains auront peur de perdre la face s'ils perdent, d'autres seront jaloux des gagnants, etc. Il s'agit ici de proposer des jeux où gagner ou perdre n'a que peu d'importance, l'essentiel étant de jouer.

Il pourra également y avoir une réticence face au « programme » à couvrir : le jeu pourra être considéré comme une perte de temps, une occupation futile réservée aux enfants, une activité inutile. Et comment imaginer, après quinze années –

ou trente, ou plus – où l'on nous a dit que l'on n'apprend qu'en faisant des efforts, comment imaginer que l'on puisse apprendre en jouant et en s'amusant ?

Jeux-cadres

Enseignants et formateurs pensent souvent qu'il faut une grande créativité pour inventer un jeu : pas forcément. Avec l'approche du jeu-cadre, on peut concevoir un jeu assez rapidement.

Tous les jeux comportent deux blocs : le contenu du jeu (l'idée du jeu) et les procédures pour jouer (les règles). Le concept de jeu-cadre est de considérer certains des jeux connus comme des coques pouvant être remplies de différents contenus.

On peut utiliser des jeux connus ou créer ses propres jeux-cadres, en explorant les lieux où l'on trouve des jeux : librairies, bibliothèques, catalogues de jouets, télévision, cours de récréation, etc. Des jeux-cadres de différents types peuvent être associés à différents apprentissages. De très nombreux jeux-cadres originaux ont été inventés par Sivasailam Thiagarajan, un Indien vivant aux États-Unis*.

Quelques exemples de jeux

A- *Apprentissage de notions bipolaires (une question – une réponse)*

Des jeux simples et connus se prêtent très bien à ce genre d'apprentissage, comme le Memory, le loto (le bingo), les dominos. On peut associer les élèves à leur fabrication.

Le Memory

Le jeu est composé de petits carrés de carton qui marchent par couple : sur l'un la question, sur l'autre la réponse. Sur la face non écrite des carrés, un signe ou une couleur permet de distinguer les questions et les réponses.

Toutes les cartes sont étalées sur la table. À son tour, chaque joueur retourne deux cartons (une question et une réponse), en les laissant à l'endroit où ils sont. S'ils correspondent, il les prend et rejoue. S'ils ne correspondent pas, il les cache en les retournant (en essayant de bien mémoriser l'endroit où ils sont) et c'est au tour du joueur suivant.

On peut modifier la règle habituelle de la manière suivante : si le joueur peut dire les complémentaires des cartons qu'il a retournés, il peut continuer à jouer.

Lorsque tous les cartons ont été mis par paires, chacun compte ses cartons, ce qui détermine le vainqueur.

---

* Un grand nombre sont décrits dans *Les Jeux-Cadres de Thiagi*, de Bruno Hourst et Sivasailam Thiagarajan (bibliographie).

Les dominos
On remplace les points noirs par une question ou une réponse. On place un domino sur la table lorsqu'il est complémentaire de celui déjà placé. Le premier qui a fini de placer ses dominos a gagné.

Le bingo
Chaque élève a devant lui une feuille comportant une grille, par exemple de 25 cases. Chaque case contient une réponse. Les feuilles peuvent être différentes d'un élève à l'autre.

Le professeur sort successivement d'un sac des petits cartons comportant une question. Lorsqu'il pense avoir la bonne réponse sur sa feuille, l'élève la coche. Le premier à terminer une ligne, une colonne ou l'ensemble de la feuille a gagné. On peut compliquer le jeu en mélangeant questions et réponses, ou en allant plus vite.

Ces jeux (et d'autres du même genre) se prêtent à de très nombreuses situations d'apprentissage, par exemple pour apprendre des formules mathématiques ou physiques, un alphabet étranger (arabe, hébreu, tamoul, etc.) ou une langue avec idéogrammes ; pour mémoriser les raccourcis d'un logiciel informatique ; pour acquérir du vocabulaire étranger, ou des mots difficiles dans sa propre langue ; pour mémoriser les caractéristiques techniques d'un appareil, ou les départements et leur numéro, ou les maladies et leurs symptômes, etc.

B- Jeux mettant en œuvre un assez grand nombre de connaissances
On peut utiliser de grands classiques :

Le Monopoly
Dans les cases de ce jeu célèbre, on peut imaginer un parcours imaginaire en attribuant différentes valeurs aux cases, avec questions auxquelles répondre, passages obligés, points à gagner pour parvenir au but.

Le jeu de l'oie
Forme simplifiée, où le but est clairement défini. Une autre version est celle du jeu Serpents et échelles.

Le jeu des sept familles
C'est un jeu bien connu, où chaque « famille » comporte six personnes (quatre dans la version allemande). On peut l'employer pour apprendre les caractéristiques d'un système (« Dans la famille Moteur, je voudrais : *Le principe du moteur à quatre temps*) ; les différentes propriétés d'une notion (« Dans la famille Médiatrice, je voudrais : *La construction géométrique* ») ; etc.

La chasse au trésor, ou le rallye
Jeu d'équipes avec messages secrets, problèmes et énigmes à résoudre, temps imposé.

Les jeux dont vous êtes le héros
À travers une intrigue policière ou d'aventures, on choisit son chemin avec questions, points de bonus ou de malus, etc.

C- *Jeux d'apprentissage d'une langue étrangère*

Ce sont ceux qui s'inventent le plus facilement, à travers des jeux très classiques comme le jeu du téléphone, les chaises musicales, les jeux de mime, Jacques a dit, Pigeon vole, le Pictionary, etc.

D- *Autres types de jeux-cadres*

Des jeux-cadres particuliers permettent de :
• rendre une conférence ou un cours interactif ;
• faire le debriefing en groupe d'une activité riche et complexe ;
• évaluer une formation ;
• travailler en réunion d'une manière plus efficace ;
• faire lire et comprendre des documents ou des livres à un groupe, etc.

*

Pratiquement tous les sujets peuvent être abordés, à un moment ou à un autre, avec des jeux. Nous en rencontrerons plusieurs au fil des pages.

On peut par exemple utiliser le jeu-cadre « De cinq en cinq » (présenté dans le chapitre 12) pour une réflexion philosophique en groupe, « De 1 à 100 » pour la résolution de conflits simples (chapitre 19), « Les six chapeaux pour penser » pour la résolution de problèmes complexes (chapitre 20). Et d'autres.

On peut également trouver des idées de jeu partout.

Les jeux télévisés et les jeux vidéo peuvent donner de bonnes idées, bien entendu, mais un bon film également. Par exemple, on peut inventer le jeu de « Mr. Smith au Sénat », d'après le film de Frank Capra.

Mr. Smith est un jeune sénateur généreux opposé à des politiciens véreux, qui veulent faire capoter son projet de camp pour la jeunesse. En désespoir de cause, il utilise une règle du Sénat (américain) : tant qu'il parle, on ne peut l'arrêter. Et il parle pendant des heures, jusqu'à épuisement... et à un retournement de situation, grâce à l'amour d'une belle jeune fille évidemment.

On peut ainsi proposer de faire un jeu où le gagnant sera celui qui parlera le plus longtemps sur un sujet donné. D'une fois sur l'autre, nul doute que les acteurs ou les auditeurs acquerront une bonne connaissance du sujet.

On peut aussi imaginer d'autres versions : pour apprendre à lire (en primaire, ou dans une autre langue), demander de lire le plus longtemps possible sans se tromper. Lorsque l'élève fait une erreur, un autre prend la suite.

Ou bien pour réfléchir à une expérience partagée (plutôt que l'inévitable compte rendu) : chacun parle jusqu'à ce qu'il n'ait plus rien à dire. On ne l'interrompt pas, et on n'y répond pas, mais on peut ensuite s'y référer.

CHAPITRE 3

Changement et micro-action

Ils étaient, en somme, bien habitués à la maison. Elle avait ses inconvénients, on n'y était pas toujours à l'aise : mais rien de plus facile que d'en sortir et d'aller se baguenauder en ville.

Mais ce soir est arrivé l'épouvantable : ça bouge, le sol bouge sous nos pieds ! Et de se précipiter aux fenêtres, de monter vite les escaliers de sortie, pour voir. La maison était navire, et nous voici en mer !

Il y a des colères et des angoisses indescriptibles. Car nous voulions bien de votre bateau, nous y étions chez nous, mais à quai, bon Dieu, à quai !

Maurice Bellet, *Le Lieu du combat*

LE CHANGEMENT

L'idée de changement est à la fois au centre de nos préoccupations (« Faut que ça change », « Faut que le gouvernement prenne des mesures pour », « Faut que… ») et ne concerne en général que les autres, ou un pouvoir, ou une administration. Non par mauvaise foi, bien entendu, mais par cet obscur sentiment que nous sommes ce que nous sommes, et qu'il nous est, à nous, impossible de changer. Ou bien que nous sommes très bien comme nous sommes, et que c'est aux autres de changer.

En ce qui concerne « l'apprendre », nous avons tous le sentiment plus ou moins clair qu'un changement est urgent et nécessaire. Dans notre mémoire ou dans notre réalité de tous les jours, nous avons trop d'exemples d'échecs, de ratages, de médiocrité dans ce que nous avons appris ou, si nous transmettons un savoir, dans les résultats que nous constatons. Ou encore, si nous sommes homme politique ou gestionnaire, sur la différence criante entre l'argent et l'énergie investis, et les résultats pratiques constatés.

Certains, avec une bonhomie respectable, ne verront pas l'utilité de changer : « Ce n'est pas si mal », « Je n'en suis pas mort », etc.

Quand on est belle et intelligente, que l'on a fait de brillantes études, que l'on exerce un beau métier, comment imaginer la nécessité de changer ? Lorsque l'on est devenu médecin réputé ou professeur d'université, comment imaginer que ses propres enfants puissent apprendre autrement ? Et si ses enfants ne réussissent pas à l'école, qui accuser ? Les professeurs, bien sûr, qui ne sont pas ci ou ça – parfois à juste raison d'ailleurs. Ou le système, ou le gouvernement, ou la télévision, etc.

Il y a changement... et changement

Paul Watzlawick, dans son petit livre fascinant *Changements*[1], explique particulièrement bien la notion de faux changement (qu'il appelle « Changement 1 ») et celle de vrai changement (« Changement 2 ») :

> Le Changement 1 prend place à l'intérieur d'un système donné, le Changement 2 modifie le système lui-même. Voici un exemple de cette distinction en termes de comportement : en proie à un cauchemar, le rêveur a la possibilité de faire plusieurs choses en rêve : courir, se cacher, se battre, hurler, sauter d'une falaise, etc., mais aucun changement issu d'une de ces actions ne pourrait mettre fin au cauchemar. C'est un Changement 1. La seule possibilité pour sortir d'un rêve comporte un changement allant du rêve à l'état de veille. Il est évident que l'état de veille ne fait plus partie du rêve, mais représente un changement complet. C'est un Changement 2.

Comment changer

Changer nécessite le plus souvent une condition importante. Plutôt que de longs développements, je propose au lecteur de s'arrêter un instant et de découvrir cette condition en essayant de résoudre (s'il ne le connaît pas encore) un intéressant petit problème connu sous le nom de *problème des neufs points*. Il ne nécessite qu'un crayon et une feuille de papier. La solution en est donnée à la fin du livre[2] mais prenez le temps de chercher, cela en vaut la peine.

Il s'agit de relier les neufs points de la figure suivante par quatre lignes droites en gardant toujours le crayon sur le papier.

La zone de confort

Notre zone de confort, c'est essentiellement ce que nous acceptons de faire et de penser, ce sont les limites dans lesquelles nous acceptons d'agir et de réfléchir. C'est l'ensemble de ce que nous considérons pour nous comme sans danger (physique, moral, psychique ou autre).

C'est une zone éminemment personnelle, qui est nécessaire pour vivre mais dont il est souhaitable de repousser progressivement les limites. C'est ce que font les parents avec leurs enfants, puis ce que doit faire l'école avec les élèves.

C'est ce que nous continuons (ou non) ensuite à faire étant adulte, en entreprenant des choses nouvelles ou en explorant de nouvelles idées.

Sortir du cadre (comme dans le problème ci-dessus), agrandir progressivement les limites de notre zone de confort est difficile, nous le savons bien. Car cela nécessite de remettre en cause notre sentiment de sécurité et de prendre des risques. Mais c'est ainsi que l'on progresse.

L'idéal, paradoxalement, est d'apprendre à repousser les limites de notre zone de confort (donc de prendre des risques) dans un environnement *parfaitement sûr*, physiquement, mentalement et psychiquement. On peut alors développer la confiance en soi, qualité qui nous sera utile toute notre vie pour aborder des situations difficiles.

Les miracles existent-ils ?

Discutant avec un spécialiste en sciences de l'éducation (plutôt sceptique), je lui demandai :

« Que pensez-vous de ce fait : une école de Chicago, dans un milieu très difficile, est passée du 16e rang (dernier rang) académique au 2e rang en deux ans, après avoir donné à ses professeurs trente heures de formation à une approche particulière appelée *« Integrative Learning »*. Il a été constaté également une baisse de l'utilisation de la drogue dans l'école, une amélioration générale de la santé des élèves. Les professeurs, qui fuyaient dès que possible cette école, se sont mis à la demander.

– C'est un miracle, et voilà tout. »

Manière expéditive de clore le sujet et de dire : on ne peut rien bâtir sur ce genre de faits. Tant mieux pour cette école, mais n'en parlons plus. Car on ne peut tirer aucune conséquence pratique d'un miracle.

Pourtant, un « miracle » est en général le résultat d'une action bien précise, mais de forme surprenante. C'est souvent une action qui *sort du cadre* habituel de penser ou d'agir.

Il ne s'agit pas ici de « croire » en n'importe quoi, bien entendu. On pourrait dire que l'idéal est d'accepter de regarder en dehors de notre zone de confort tout en y gardant fermement les pieds. Comme on regarde un paysage peu familier de la fenêtre d'une maison, et que l'on y prête attention : peut-être ressentirons-nous un jour la nécessité de sortir et d'y aller faire quelques pas, ou un long voyage.

LA MICRO-ACTION

Vous connaissez ces « lignes de partage des eaux » qu'affectionnent les géographes : faites pipi d'un côté, et cela partira vers l'Atlantique ; dans l'autre sens, vers la Méditerranée. Petit changement au départ, grand changement à l'arrivée.

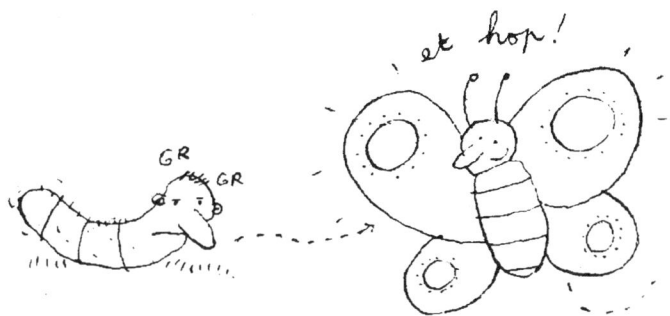

Lorsque nous étudions les changements majeurs dont nous sommes témoins, dans le monde ou dans notre environnement personnel proche, nous découvrons avec une certaine fascination qu'un vrai changement (un « Changement 2 ») semble tenir le plus souvent à un « petit-rien-du-tout », en général totalement imprévisible, qui fait basculer une situation que l'on croyait massivement soudée. Une sorte de miracle.

Un vrai changement ne semble pas toujours nécessiter dix années de psychanalyse, des cours supplémentaires dans une boîte à Bac, des formateurs célèbres (et forcément hors de prix), l'achat massif d'ordinateurs, ou se brancher absolument sur Internet. Cela peut aider, bien sûr, mais sûrement pas proportionnellement à l'argent et au temps investis.

Souvent ces « petits-rien-du-tout », ces *micro-actions*, seront le vrai moteur du changement.

Un vieux proverbe nous dit d'ailleurs : « Petites causes, grands effets. » Mais quelles petites causes ont de grands effets ? C'est là la difficulté.

Quelques caractéristiques d'une micro-action

La micro-action apparaît souvent comme négligeable, intéressante certes, mais vraiment pas sérieuse face aux montagnes de problèmes importants ; ou pas assez chère, pas assez « prouvée scientifiquement », donc sans intérêt.

La micro-action n'est pas « révolutionnaire » au sens de « totalement nouvelle ». Elle est révolutionnaire au sens où elle peut mettre en branle un petit changement de direction, incliner peut-être légèrement le sens du courant. Et au bout du compte, on se retrouve un jour bien loin de là où l'on pensait être. Sans le regretter une seconde.

Les résultats d'une micro-action sont sans commune mesure avec sa taille. On peut difficilement expliquer rationnellement pourquoi elle fonctionne. Une micro-action est souvent considérée comme un « miracle ». Son résultat est difficilement prévisible et planifiable.

La micro-action peut donner un résultat immédiat, ou différé. Le changement induit par une micro-action est en général durable. Il semble qu'une micro-action mette en branle un processus dont une bonne part est inaccessible au conscient.

Proposer une micro-action peut déclencher une résistance sans commune mesure avec l'action proposée, comme si l'on avait l'intuition des possibilités de vrai changement que pourrait déclencher cette action. Et on prend souvent prétexte pour refuser une micro-action, justement, de sa petitesse, de sa futilité, de son manque de « sérieux scientifique », etc.

Un outil particulièrement utile dans le cadre d'une micro-action est le *paradoxe*. L'intérêt du paradoxe a été bien mis en évidence par Paul Watzlawick et ce que l'on appelle « l'école de Palo Alto » [3].

Des micro-actions, pour qui ?

La micro-action a un côté « personnalisé » qui ne permet pas la généralisation. C'est sa force et sa richesse, car elle implique une véritable relation humaine : pas question ici d'une démarche impersonnelle, à distance, par l'intermédiaire de notes de service ou de règlements. L'intuition, l'écoute, l'empathie*, toutes ces qualités riches d'humanité se retrouvent en général dans une micro-action.

Certains refuseront toujours ce mode d'action.

Par exemple, si un professeur a pour principe de « visser » ses élèves, il pourra ne jamais accepter cette micro-action, lourde de conséquences, qui est simplement de *sourire* à ses élèves, mais descendra dans la rue, manifestera pour demander plus d'heures, plus d'argent, et criera : « Que fait le gouvernement ? » Un directeur d'école donnait d'ailleurs comme consigne à ses professeurs de ne pas sourire à leurs élèves avant Noël, afin de les « prendre en main ».

Du côté des responsables politiques, on trouve rarement des propositions de micro-action dans les « Plans pour… » (l'école, l'intégration des jeunes, la lutte contre la drogue, etc.). Car toute la difficulté d'une micro-action est qu'elle ne supporte pas la généralisation. D'une efficacité remarquable pour telle personne, elle sera sans utilité pour telle autre.

Micro-actions et changements

Une micro-action, lorsqu'elle fonctionne bien, induit en général un changement durable et profond (un « Changement 2 »). La *Brain gym*, qui sera présentée au chapitre 17, nous en donnera quelques exemples frappants. Mais il est également intéressant de noter que les micro-actions les plus efficaces prennent souvent leur origine dans un changement *chez quelqu'un d'autre*. Par exemple, si nous (parent, enseignant, formateur, etc.) voulons que notre enfant ou nos élèves changent (« Il faut travailler plus » ; « Il faut acquérir de meilleures méthodes de

---

* L'empathie est la connaissance intuitive d'autrui.

travail » ; « Il faut mieux écouter le professeur » ; etc.), il faut aussi et nécessairement que nous changions *nous-mêmes*. Cela pourra être : porter un peu plus d'intérêt à notre enfant lorsque nous rentrons le soir à la maison – et pas uniquement sur ses devoirs et sur ses résultats scolaires ; introduire dans notre pédagogie, si nous sommes enseignants, des outils d'apprentissage plus stimulants ; ou soigner un peu plus l'environnement de la salle de cours.

Par exemple, une enseignante rapporta les progrès surprenants que firent ses élèves uniquement en devenant plus consciente de son attitude corporelle. Elle commença à sourire plus, et l'un de ses élèves lui dit qu'elle était « 100 % plus chouette qu'au début de l'année ». Ses élèves la trouvaient agréable mais ferme, plus intéressante, et elle avait beaucoup moins de problèmes de discipline qu'auparavant.

L'EFFET PAPILLON

Les physiciens eux-mêmes ont découvert récemment l'effet de la micro-action, qu'ils ont baptisé du joli nom d'« *effet papillon* » : le vol capricieux d'un papillon à Tokyo provoque un déplacement d'air infime, mais qui pourra influencer la météo à Paris plusieurs mois plus tard. Manière poétique d'exprimer que des faits considérés comme négligeables ou sans rapport évident peuvent avoir, au bout du compte, une influence considérable.

Quelques micro-actions possibles

Si, pour améliorer la lecture de mauvais lecteurs, on leur apprenait la lecture rapide, ou même la « photolecture » (voir chapitre 18) ?

Si l'on utilisait le dessin pour faire de la philosophie ?

Si l'on proposait de ne pas lire certains livres en entier ?

Si l'on commençait un cours avec l'exercice le plus difficile du programme ?

Si, pour mieux apprendre, on réduisait le nombre d'heures de cours ?

Si l'on apprenait mieux une langue étrangère en faisant beaucoup de fautes ?

Si l'on faisait des tests sous forme de jeux ?

Si l'on commençait un livre par la fin ?

S'il valait mieux apprendre trois choses à la fois plutôt que l'une après l'autre ?

Si certains mouvements simples de gymnastique permettaient de mieux réfléchir ?

Si on apprenait aux enfants (et aux adultes) des exercices simples de respiration, pour se calmer et se concentrer ?

Etc.

Appareillages

On aimerait pouvoir dire, plus tard : c'est à cette seconde-là que tout a commencé, que j'ai décidé de quitter le ferme, le solide, le bien connu, les habitudes de tous les jours. Et cela s'est fait sans raisonnement élaboré, sans causes précises, sous la poussée d'une urgence indéfinissable.

Cela commence par de petits riens, qui ne prêtent pas à conséquence : on achète un bout d'écoute (ça peut toujours servir), on rafistole le sextant du grand-père trouvé au grenier, on lit un livre de souvenirs de ceux qui en sont revenus ; ou bien on remonte ses vieilles chaussures de marche de la cave sous prétexte de les dépoussiérer, on déplie des cartes, on aère la tente. Insidieusement, on tire le fil. Une certitude mal définie s'installe tranquillement quelque part en nous, prend ses aises.

Difficile de parler de cela autour de soi. On risque de déclencher une incompréhension amusée (« Partir ? Quelle drôle d'idée. Viens plutôt voir le dernier Woody Allen »), ou un agacement à peine voilé des spécialistes, de ceux qui savent ce qu'est la mer, ou la marche, mais qui ne connaissent plus ce désir de quitter un monde qui ne nous convient plus.

Et ceux que l'échec a ramenés au port parleront d'illusion pour expliquer que l'on est bien mieux ici, sur le stable, dans le connu, qui a fait ses preuves.

Partir, très bien, la belle affaire. Mais pour aller où ?

Découvrir une nouvelle terre inconnue, peut-être ? Soyons modeste : sans doute pas. Là où nous allons, d'autres sont déjà sûrement allés. Mais nous sentons bien que l'important, c'est que ce soit *nous* qui y allions : le récit de voyage n'est jamais le voyage lui-même. Que nous importent les odeurs inconnues, les couleurs nouvelles, les rencontres imprévues si ce n'est pas *nous* qui les découvrons ?

Nous allons découvrir un monde qui nous est nouveau. Peut-être, plus tard, nous apercevrons-nous que ce nouveau monde était à deux pas d'ici, de l'autre côté de la rue ou enfoui au fond de nous-même. Qu'importe : on n'aurait pu le découvrir sans l'appareillage, la traversée ; ou les bivouacs et les passages de cols sous l'orage.

*

Mais se pose une nouvelle question, et de taille : quelle route choisirons-nous ?

Là, mon choix est fait : entre les vents portants et les vents contraires, j'ai choisi, aujourd'hui, les vents portants.

La route paraît moins brillante, certes – mais selon quels critères ? Disons qu'elle est peut-être plus humaine. On peut y vivre sans la nécessité rabâchée du résultat (arriver là où on nous a dit d'arriver, le plus vite possible). On peut parler à ses compagnons de route, avoir d'autres sentiments que la peur au ventre, on peut dormir sans craindre une collision avec un cargo.

La route du nord, celle des vents contraires, c'est la route habituelle, que tout le monde a prise et que tout le monde prend. Mais c'est aussi : toujours sur la brèche, arriver avant les autres, mettre toujours plus de toile, ça passe ou ça casse. Pour un certain nombre, d'ailleurs, ça casse. Et si ça casse, trouver en catastrophe un port qui voudra bien vous accueillir, avec vos échecs et votre mât cassé.

Et si je me décide à marcher, je prendrai chaque fois que je le pourrai la route des plaines et des vallons.

*

Le plus difficile, on s'en doute, sera de revenir à notre point de départ. Car notre regard a changé. Difficile pour nous d'accepter maintenant certaines choses, de ne pas voir l'absurdité qui fonde certaines actions considérées par tous comme les plus banales. Pourquoi tant d'efforts, de souffrances, pour un si piètre résultat, alors qu'il est si facile de faire autrement ? Certaines vieilles idées se sont dissoutes, les certitudes passées deviennent des objets de curiosités : « Comment ? Je pensais cela ? Comme c'est étrange… »

Celui qui revient n'est pas toujours bien considéré, on s'en doute. Quelque chose de gênant quelque part. Certains, pourtant, s'intéresseront à ce qu'il raconte.
Il y a ceux, bien sûr, qui font business de tout. Quelques souvenirs bien arrangés, une bonne promotion, et rapidement une pluie de dollars : rien de plus facile. Que tout perde son sens au passage leur importe peu. C'est le système Kleenex : on utilise une fois, et on jette.
Il y a également ceux qui transforment tout ce qui est nouveau en exotisme bon marché : comme si l'on pouvait connaître un lieu sans l'avoir traversé, et sillonné, et s'y être perdu.
Et puis il y a ceux qui n'ont plus rien à perdre, ceux qui veulent croire qu'il peut exister une autre réalité. Ceux-là pourront comprendre que leur réalité parfois trop dure n'est pas la seule possible, et avoir envie de se mettre en route.

CHAPITRE 4

Un peu d'histoire
et quelques développements

Dans les années 60, le Dr Georgi Lozanov, médecin et psychologue bulgare, s'intéressa dans le cadre de son doctorat aux phénomènes d'hypermnésie. Il se demanda si les personnes ayant des capacités de mémorisation exceptionnelles (comme certains yogis capables de mémoriser plusieurs milliers de pages de textes sacrés) étaient des individus exceptionnels, ou bien si on leur avait appris à apprendre d'une manière *différente*. Dans le premier cas, l'expérience n'est pas transmissible. Si par contre leurs capacités venaient de la manière dont ils apprennent, on pouvait alors imaginer apprendre de cette façon, en l'adaptant bien entendu.

À travers ses travaux, Lozanov en arriva progressivement à la conclusion que n'importe qui pouvait apprendre bien plus vite que ce que notre système considère comme normal, avec une meilleure mémorisation à long terme.

Ses conclusions et ses théories furent rassemblées dans un système d'apprentissage qu'il appela la « suggestopédie* ».

En traversant l'Atlantique à partir des années soixante-dix, ses travaux se sont développés et ont évolué, donnant naissance à une sorte de riche galaxie (généralement connue sous le nom d'*Accelerative Learning*) intégrant différentes approches complémentaires et cohérentes entre elles. Aux principes de Lozanov ont ainsi été ajoutées des techniques comme la *Total Physical Response*, la programmation neurolinguistique, les théories sur le cerveau, et la théorie des intelligences multiples de Gardner.

L'expression *Accelerative Learning* peut prêter à de nombreuses interprétations erronées. Il ne s'agit pas ici d'accélérer l'assimilation de connaissances dans un but de rentabilité ou d'efficacité, mais de redonner à la fonction d'apprentissage une cohérence et un sens qu'elle a souvent perdus, dans le respect des richesses et des qualités de celui qui apprend.

Ce système d'apprentissage, sous différentes formes, est maintenant utilisé

---

* Le mot « suggestopédie », outre le fait d'être un barbarisme linguistique (mélange d'une racine grecque et d'une racine latine), a fait beaucoup de tort au développement et à la diffusion des travaux de Lozanov. Dans le contexte de l'époque, le mot « suggestion », surtout venant d'un pays de l'Est, suggérait manipulation et lavage de cerveau. Nous verrons que les idées de Lozanov conduisent, bien au contraire, à un très grand respect de la personne humaine.

dans de très nombreuses entreprises et dans des centaines de classes dans le monde. C'est une approche ouverte, en constante évolution, que l'on pourrait appeler le « mieux-apprendre » et définir ainsi :

• Ensemble non limitatif d'outils et de techniques fondés sur des principes simples, principes déduits de découvertes scientifiques ou bien inspirés par l'expérience et le bon sens.

• Approche permettant à une personne seule (autodidacte) ou à un groupe (avec un enseignant ou un formateur) de comprendre, d'assimiler et de mémoriser de nouvelles informations d'une manière plus rapide, plus plaisante et plus efficace, tout en développant chez l'apprenant diverses qualités humaines comme la confiance en soi.

LES IDÉES PRINCIPALES DE LOZANOV

Apprendre doit être une expérience plaisante

Le secret d'un bon apprentissage est de recréer un environnement proche de celui dans lequel un petit enfant apprend, quels que soient l'âge des participants et la matière enseignée. Nous le verrons au chapitre 10.

On apprend d'autant mieux que l'on est bien détendu

Cette idée se fonde sur ce qui apparaît (pour un Occidental) comme un paradoxe : plus le corps et l'esprit sont détendus, mieux on apprend. Cela souligne l'importance que peut jouer la relaxation dans un processus d'apprentissage. Ce point sera détaillé au chapitre 15.

Apprendre allie conscient et inconscient

On a du mal à imaginer que l'on puisse faire intervenir l'inconscient dans un processus d'apprentissage. On n'a pas prise sur l'inconscient, donc comment peut-on envisager de l'utiliser ? Pourtant l'interaction entre conscient et inconscient joue à de très nombreux niveaux, dans toute situation d'apprentissage.

Il y a d'abord l'importance du *langage non verbal* : le professeur et l'élève envoient en permanence (et non consciemment) des signaux et des indications qui peuvent soit freiner soit accélérer le processus d'apprentissage. Selon certaines études, ces « messages » qui sont derrière les mots peuvent représenter jusqu'à 90 % du contenu.

L'inconscient peut aussi participer à un processus d'apprentissage en utilisant la *perception inconsciente*, cette partie de nos perceptions (qui entrent par nos sens) qui échappe à notre conscience. Contrairement à ce que l'on pourrait penser, on peut utiliser facilement cette perception inconsciente dans un processus d'apprentissage. Nous le verrons au chapitre 18.

Apprendre nécessite une « désuggestion » de l'apprenant

Il s'agit de dissoudre progressivement les convictions négatives
de celui qui apprend sur ses limitations et ses incapacités, qui
sont le plus souvent illusoires.

Le postulat de Lozanov est que les capacités inutilisées ne
disparaissent pas, mais qu'elles restent à l'état latent, prêtes à
être réveillées, qu'elles sont « en réserve ». D'où la nécessité
d'un processus d'apprentissage qui libère progressivement
la confiance de l'apprenant en ses propres capacités. Nous
verrons cela au chapitre 18.

La musique est un outil exceptionnel d'apprentissage

Un des moyens privilégiés pour à la fois rendre le processus d'apprentissage
plaisant et allier le conscient et l'inconscient est *l'emploi de l'art et de la
musique*, dont Lozanov a redécouvert la très grande importance lorsque l'on
apprend. Nous verrons ce point plus en détail au chapitre 16.

DÉVELOPPEMENTS
ET ÉVOLUTIONS

Les idées et les travaux de Lozanov ont progressivement servi de noyau pour
le développement de très nombreux systèmes pédagogiques et d'apprentissage,
en particulier dans le monde anglo-saxon [1]. On les trouve surtout aux États-Unis
sous différents noms : *Integrative Learning, Accelerative Learning, Optimal
Learning, SuperLearning, Whole Brain Learning, Holistic Learning, Quantum
Learning, The ACT Approach, Integrated Thematic Instruction, Limitless Learning, The 4-Mat System*, etc [2].

Les principes qui fondent ces adaptations sont à peu près identiques. Mais
chacune apporte à cette galaxie un éclairage ou des outils particuliers, qui l'enri-
chissent. Cette richesse fait de cette approche un système ouvert mais cohérent,
s'appuyant sur les principes suivants :
- les capacités d'apprentissage d'un être humain sont bien supérieures à ce
que l'on considère habituellement ;
- apprendre est un processus qui met en œuvre l'ensemble de la personnalité,
en particulier le conscient et l'inconscient ;
- on apprend mieux lorsque l'on prend plaisir à apprendre ;
- on apprend mieux lorsque l'on est bien détendu ;
- chaque personne a un mode préférentiel d'apprentissage, dont il faut tenir
compte.

Les premières applications, souvent sous la direction de Lozanov, visaient
l'enseignement des langues étrangères [3]. Puis le système a été adapté à d'autres
matières, et des expériences pilotes ont eu lieu un peu partout.

De nombreuses entreprises, en particulier américaines, ont restructuré leurs programmes de formation selon ces principes, avec d'excellents résultats. Des universités ont également introduit cette approche dans leur cursus [4].

Un certain nombre d'écoles dans le monde sont également connues pour employer cette approche pédagogique, souvent sous forme expérimentale. Les réussites les plus spectaculaires se trouvent soit dans des écoles extrêmement élitistes (comme il en existe par exemple en Europe de l'Est), soit dans des écoles « au bout du rouleau ». Par contre, cette approche est mal acceptée dans les écoles où les traditions pédagogiques sont conservées par la résistance à changer autant des professeurs que des parents.

En Europe, ce sont les pays nordiques (en particulier la Suède et la Finlande) qui montrent le plus d'intérêt pour cette approche.

DEUX EXEMPLES D'APPLICATIONS

L'*Initiative* australienne

Un État australien, la Nouvelle-Galles du Sud (*New South Wales*, capitale Sydney) a décidé en 1991 d'intégrer ce type d'approche pédagogique dans son système public de formation de professeurs, sous le nom d'*Accelerative Learning Initiative*. Cette formation a été également ouverte aux enseignants du secteur privé, aux formateurs d'adultes, aux directeurs d'école, aux proviseurs et aux représentants de parents d'élèves. Des écoles volontaires, de la maternelle au lycée, ont été désignées comme « écoles-phares » ; des enseignants ont accepté de jouer le rôle de coordinateur au sein de leur établissement. Plus de 4 000 personnes ont ainsi reçu une formation de base.

Les ateliers de formation à l'*Accelerative Learning* ont eu un succès considérable. Les professeurs et les formateurs semblaient trouver là des réponses à un besoin latent, à une nécessité mal cernée qu'ils espéraient plus ou moins consciemment pouvoir satisfaire un jour.

L'approche particulière de l'*Accelerative Learning Initiative* ainsi sans doute que son succès ont déclenché en retour de fortes oppositions. Elles se sont en particulier manifestées ouvertement en septembre 1995 par la diffusion sur le réseau national de télévision d'une émission présentant l'*Accelerative Learning Initiative* comme un agrégat de théories pseudo-scientifiques non vérifiées donc non valables. Après l'avoir soutenue cinq années, le ministère de l'Éducation a gelé l'*Initiative* le lendemain même de l'émission, et a repoussé *sine die* la diffusion d'une évaluation qui lui était globalement favorable.

Plusieurs évaluations ont été faites en Australie sur l'*Accelerative Learning Initiative* [5]. Celle du ministère de l'Éducation de la Nouvelle-Galles du Sud (qui ne fut donc jamais officiellement publiée) constatait ceci :

Réponses chiffrées sur la valeur de l'Accelerative Learning

- l'*Accelerative Learning* a une bonne à très bonne valeur éducative :   76,3%
  femmes :   78,3%
  hommes :   73,1%
- je recommanderais l'*Accelerative Learning* aux autres professeurs :   91,7%
  femmes :   95,7%
  hommes :   84,6%

Il est surprenant de constater à quel point un professeur, une fois qu'il a réorienté sa manière de concevoir son enseignement et réorganisé ses cours, a du mal à imaginer une autre manière d'enseigner, tant celle qu'il a découverte lui semble alors évidente et nécessaire. Toutes les évaluations australiennes ont constaté ce sentiment très positif chez les professeurs et formateurs ayant reçu une formation à cette approche.

Ce changement n'est pas toujours durable, bien entendu. En Australie, on a constaté qu'environ un tiers des personnes ayant suivi un stage de formation retourne plus ou moins rapidement à leur ancienne manière d'enseigner, tandis qu'un autre tiers s'implique plus profondément dans cette nouvelle approche.

Une utilisation américaine publique

La *Guggenheim School* de Chicago est maintenant une école célèbre dans le monde entier. Elle est située dans un des quartiers les plus difficiles de la ville (population exclusivement noire et portoricaine), était à la dérive et en passe d'être fermée. Ayant quelques fonds de l'État pour améliorer l'école, le directeur chercha une formation originale et nouvelle pour ses professeurs. On lui recommanda de s'adresser à Peter Kline, qui avait développé l'*Integrative Learning*, l'une des formes prises par cette approche aux États-Unis.

Cette formation dura trente heures (soit une semaine), à l'extérieur de l'école, par demi-groupes d'enseignants. Ceux-ci, pour la plupart des enseignants confirmés, furent au départ plutôt sceptiques, mais le directeur leur affirma qu'il ne les obligerait pas à employer dans leurs classes les principes et les techniques de l'*Integrative Learning*. Rapidement pourtant, ils montrèrent beaucoup d'enthousiasme pour cette approche, qui donnait une place essentielle à l'environnement d'apprentissage et aux richesses propres de l'enseignant.

L'impact sur l'école, dès la première année, fut étonnant. Le taux de présence des élèves monta à 94%, taux très élevé pour ce type d'école. Par rapport à l'année précédente, le niveau en mathématiques et en lecture augmenta d'une manière spectaculaire, 103% en mathématiques et 83% en lecture. En deux années, l'école passa du 16e (dernier) au 2e rang du classement académique [6].

D'autres conséquences furent plus subjectives. Juste après la formation des professeurs, des élèves s'étonnèrent : « Tiens, mes profs ont changé ! Ils sont tellement mieux maintenant !... »

CHAPITRE 5

Le cerveau
en toile de fond

PREMIÈRES APPROCHES

Lorsque l'on parle d'apprendre, nul ne s'étonnera que l'on s'arrête un moment sur le fonctionnement du cerveau. Pourtant cet organe extrêmement complexe et plein de mystères fait peur, impressionne celui dont ce n'est pas le métier de scruter les secrets du vivant et de la matière. Essayer de comprendre le cerveau, c'est comme tenter d'entrer dans un temple impénétrable et interdit.

Et les scientifiques ne nous aident pas vraiment. Si on simplifie son fonctionnement, on se fait traiter de charlatan. Si l'on essaye de le décrire en détail, on devient rapidement ennuyeux, ou incompréhensible : ouvrez une encyclopédie aux mots *cerveau*, *neurone* et vous serez rapidement écrasé par la surabondance d'informations techniques, et leur inutilité pour ce qui nous intéresse ici : comment apprenons-nous, qu'est-ce qui se passe dans notre cerveau lorsque nous nous essayons à la calligraphie chinoise, à l'art de jongler, ou au théorème de Pythagore ?

Le cerveau est maintenant bien mieux connu

Biologistes, chimistes, physiciens, psychologues, philosophes, informaticiens, et bien d'autres s'intéressent de plus en plus à cette étrange masse protoplasmique que l'on appelle le cerveau, peut-être l'agencement le plus complexe qui existe dans l'Univers. Et près de 95% de ce que nous connaissons sur le cerveau ont été découverts ces vingt dernières années, nous disent les spécialistes.

Récemment encore, il y avait deux grands moyens d'étudier le cerveau en fonctionnement :

- d'une part l'étude clinique, à travers les opérations chirurgicales et l'étude des malades présentant des lésions particulières du cerveau ;
- d'autre part l'approche des psychologues béhavioristes, qui ont fondé leurs recherches sur l'étude du comportement animal (en particulier les souris, les

rats, les pigeons, etc.) avec un système de contrôle basé sur la récompense et la punition : selon l'action faite par l'animal, il reçoit par exemple une friandise ou une décharge électrique.

Cette approche a fortement marqué notre manière de considérer le cerveau en fonctionnement, avec d'innombrables excès et dérives. En particulier notre système éducatif est encore bien souvent basé sur le principe de récompenses et punitions, sous des formes variées.

Aujourd'hui, les chercheurs ont à leur disposition d'autres moyens, non traumatisants, pour étudier le cerveau en fonctionnement : scanner, appareil à résonance magnétique, sans oublier l'électroencéphalogramme qui permet depuis longtemps de mesurer les ondes cérébrales. On peut avoir maintenant de véritables photos d'un cerveau sain en fonctionnement.

Le cerveau, un petit surdoué

Il est classique de dire que nous n'employons que 5 à 10% des capacités de notre cerveau, sans pour autant nous pousser à changer notre manière de le considérer, nous faire descendre dans la rue pour demander « que fait le gouvernement ? » et faire tomber un ministre de l'Éducation. Chez les spécialistes en recherche pédagogique, il est même de bon ton de sourire, manière de dire : « Tout le monde sait cela, voyons », sans vraiment en tirer des conclusions d'*actions*.

Peut-être certains pensent-ils : « *Moi*, j'utilise mon cerveau à 100% » ? D'autres, qu'il leur est impossible de pouvoir faire mieux que ce qu'ils font ? Ou que « tout s'est joué avant six ans », et n'en parlons plus.

D'autres encore verront un danger à se poser la question, considérant que : mieux faire fonctionner le cerveau = volonté de surhomme, avec quelques vieux mauvais souvenirs qui n'ont pas fini de hanter notre inconscient collectif.

Quant à savoir quelle quantité de notre cerveau nous utilisons, on nage dans le flou complet.

En 1950, on pensait (paraît-il) que l'on utilisait 50% de notre potentiel mental ; en 1960, 10% ; dans les années 1970-1980, cela tombe pour certains à 1% ; et des chercheurs parlent maintenant de 0,01%. Les capacités de notre cerveau, peut-on au moins dire, sont en général largement *sous-estimées*.

Est-ce l'homme lui-même qui restreint l'utilisation de son cerveau, pour diverses raisons, comme un moteur que l'on bride ? Ou bien les capacités du cerveau ne sont-elles pas faites pour être toutes utilisées, mais suivent l'habituelle redondance de la nature dans tout ce qu'elle fait ?

Ceux qui semblent avoir des capacités mentales exceptionnelles sont-ils des « accidents » par rapport à la norme ? Peut-on au cours de sa vie, en particulier à l'âge adulte, mieux utiliser les facultés de son cerveau ? Le développement de l'intelligence est-il figé, s'arrête-t-il à la fin de notre parcours scolaire dûment tamponné par les diplômes que l'on nous accorde selon nos mérites ?

Voilà des questions qui ne manquent pas d'intérêt. Parmi bien d'autres.

Quelques idées à remettre en cause

Le cerveau n'évolue plus, passé un certain âge

Le cerveau est un organe en continuel développement et évolution : cela tient à sa capacité perpétuelle de faire des *connexions* entre les neurones, comme nous allons le voir bientôt. Le cerveau et l'intelligence peuvent ainsi continuer à se développer même lorsque l'on n'a plus vingt ans. Ce fait (qui pourra surprendre) est pourtant connu des neurophysiologistes depuis plus d'un demi-siècle, et basé sur d'innombrables expériences.

On a par exemple constaté qu'une activité riche en approches différentes et en implications personnelles a une répercussion *physique* sur le cerveau dans les quatre-vingt-seize heures. Comme les muscles, on peut dire que le cerveau se développe *physiquement* lorsqu'il est stimulé.

Si le cerveau peut évoluer en permanence, « l'intelligence » pourra également se développer et évoluer, jusqu'à la mort. L'idée d'une intelligence figée pour la vie, même si elle est communément admise, est donc totalement erronée.

Nous sommes sur la « pente descendante » après vingt ans

Il est vrai que vers vingt ans nous commençons à perdre quelques milliers de neurones par jour (nous avons tous nos neurones à la naissance). Mais cette perte est infime et n'affecte pas les facultés mentales si elles continuent à être utilisées.

On peut même dire qu'il y a deux périodes de la vie où l'on apprend le mieux : dans la petite enfance, où l'on apprend par immersion et par globalité, et plus tard à l'âge adulte où nous pouvons créer des stratégies d'apprentissage plus élaborées que l'enfant. Ainsi, mise à part la phase extraordinaire d'apprentissage de la petite enfance, on peut dire que l'on apprend mieux avec l'âge.

Si on constate que l'activité mentale diminue avec l'âge, c'est en général que l'ensemble du corps s'use plus vite que le cerveau, et a plus de mal à lui fournir tout l'oxygène dont il a un grand besoin pour bien fonctionner.

**La nourriture n'a pas grand-chose à voir
avec le fonctionnement du cerveau**

On ne s'intéresse en général à la nourriture (outre le plaisir de manger) que par son influence sur l'estomac : si la nourriture lui convient, tout va bien. Sinon, il faudra quelques lourdeurs, aigreurs, ou flatulences pour nous intéresser d'un peu plus près à ce que nous mangeons. Mais dès que tout est rentré dans l'ordre (diète, régime ou médicaments) nous n'y pensons plus, jusqu'à la prochaine fois.

Pour le cerveau, on voit mal le rapport : qu'est-ce que ça peut lui faire, au cerveau, que l'on mange une choucroute d'Alsace arrosée d'un bon riesling, ou un hamburger-frites, ou une sole meunière au beurre blanc ? Pourtant, ce que nous mangeons peut avoir une influence considérable sur le fonctionnement du cerveau, donc en particulier sur la manière dont nous apprenons. Nous en reparlerons.

Tabous, sectes et connaissance du cerveau

Actuellement le simple fait de parler du cerveau (sauf si l'on est biologiste ou médecin) correspond pour certaines personnes à faire partie d'une secte. On associe encore facilement le cerveau avec les manipulations et les *lavages de cerveau* qu'ont employés largement les régimes soviétiques, maoïstes et autres. On a parfois le sentiment que le sujet est aussi tabou que l'était le sexe il n'y a pas si longtemps.

Que certaines sectes emploient les connaissances sur le cerveau pour manipuler les esprits, cela est fort possible. Mais de là à amalgamer meilleure connaissance du cerveau et secte, il y a un pas qu'il est dommage de franchir, c'est confondre l'outil et l'usage que l'on en fait. Cela revient à dire que lorsqu'un pervers propose un paquet de bonbons à une petite fille pour qu'elle monte dans sa voiture, c'est le paquet de bonbons qui est pervers ; ou bien qu'il est pervers d'offrir un paquet de bonbons à qui que ce soit.

Si l'enseignement de la sexualité est maintenant entré à l'école, c'est rarement le cas en ce qui concerne le cerveau, et c'est sûrement dommage. Avoir une vie mentale harmonieuse est sans doute un idéal aussi important qu'avoir une vie sexuelle réussie.

On pourrait même dire, sans goût du paradoxe facile, qu'une meilleure diffusion des modes de fonctionnement du cerveau permettrait sans doute de diminuer l'influence de groupes sectaires sur les personnes.

APPRENDRE À MIEUX CONNAÎTRE LE CERVEAU : UNE ACTIVITÉ BIEN UTILE

> Tant que l'on n'aura pas diffusé très largement à travers les hommes de cette planète la façon dont fonctionne leur cerveau, la façon dont ils l'utilisent, tant qu'on n'aura pas dit que jusqu'ici ça a toujours été pour dominer l'autre, il y a peu de chances qu'il y ait quelque chose qui change. (Pr Henri Laborit, dans le film d'Alain Resnais, *Mon oncle d'Amérique*.)

Comprendre – un peu – comment fonctionne le cerveau ouvre la porte à des découvertes passionnantes et nous donne une vue plus claire de ses immenses possibilités.

Voici, en trois brèves leçons, quelques aspects du fonctionnement du cerveau qui nous aideront à comprendre comment mieux l'utiliser. C'est-à-dire, au bout du compte, comment mieux apprendre.

Première leçon : les neurones

Notre cerveau comporte environ 1 000 milliards de cellules nerveuses, dont 100 milliards de neurones et 900 milliards de cellules gliales, qui assurent le soutien et la nourriture des neurones. Par comparaison, l'abeille a en tout 7 000 neurones, ce qui lui permet néanmoins d'effectuer des tâches complexes.

Description du neurone

Le neurone est constitué de trois grandes parties : le *corps cellulaire*, l'*axone* (prolongement principal du corps cellulaire) et des *dendrites*, sortes de branches qui permettent la connexion entre les neurones.

L'endroit où une dendrite rencontre une autre dendrite est un petit espace appelé *synapse*.

Le système neurone-synapse est à la fois *électrique* et *chimique* : lorsqu'il est activé, le neurone transmet une information le long de l'axone sous forme de signal électrique, qui se déplace à environ 100 m/s. Lorsqu'elle atteint la synapse, l'impulsion électrique déclenche une réaction chimique : c'est ce que l'on appelle un neurotransmetteur, qui permet à l'information de « sauter » au-dessus du fossé qu'est la synapse pour transférer le message au neurone suivant.

Il y a au moins 70 types de neurotransmetteurs. Chacun d'eux est influencé par ce que nous mangeons, et c'est également le lieu d'action privilégié des drogues. À un neurotransmetteur est souvent lié un *comportement*.

Chaque neurone, pour se lier aux autres, peut développer jusqu'à 30 000 dendrites, bien plus qu'un arbre ne peut développer de branches. Le nombre de connexions mathématiquement possibles entre les neurones est pratiquement infini, bien plus grand que le nombre d'atomes dans l'Univers.

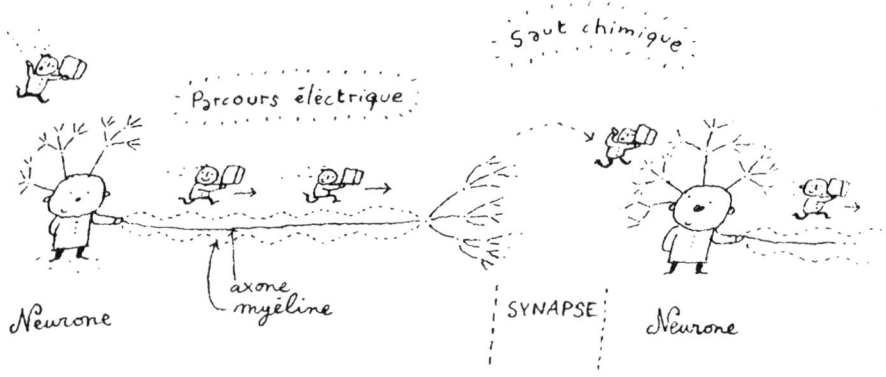

« Matière blanche » et myéline

Lorsqu'il est parcouru par des signaux électriques, c'est-à-dire lorsqu'il est *utilisé*, l'axone se recouvre progressivement de myéline (la « matière blanche »), qui est un isolant. Plus un neurone est utilisé, plus il se recouvre de myéline, et plus les signaux électriques y transitent facilement. Lorsque les axones sont entièrement couverts par leur fourreau de myéline, ils peuvent transmettre des messages jusqu'à douze fois plus vite qu'avant, ou plus.

Conclusion de la première leçon

Plus on utilise un neurone, mieux il fonctionne.

Deuxième leçon : l'important, ce sont les connexions entre les neurones

Ce qui crée biologiquement l'« intelligence », ce sont essentiellement deux choses : les connexions entre les neurones et les réseaux de neurones.

Les connexions

Lorsque nous faisons ou apprenons quelque chose de nouveau, lorsque nous entrons en relation avec le monde, cela se traduit dans le cerveau par de nouvelles *connexions* entre des neurones. En se connectant entre eux (grâce aux *dendrites*) les neurones permettent le stockage de la nouvelle information et son utilisation future.

Ce processus de relation avec l'extérieur fait intervenir l'ensemble du corps : d'abord, bien entendu, la réception des informations se fait par nos cinq sens ; mais le mouvement, les émotions, les souvenirs, etc., jouent également un rôle important dans la création de nouvelles connexions.

Les réseaux de neurones

Ces connexions qui se mettent en place forment progressivement des réseaux de neurones. Et à mesure que ces réseaux sont utilisés et réutilisés, la myéline se forme, de nouvelles connexions s'établissent entre les neurones, les réseaux de neurones se densifient. Cela permet à l'information de circuler de plus en plus vite et de plus en plus facilement : cela devient des sortes d'autoroutes de l'information où la circulation devient de plus en plus fluide.

Créer des connexions et des réseaux de neurones, pourrait-on dire en simplifiant, c'est développer de l'intelligence et de la mémoire. Et il faut, pour cela, interagir avec le monde, entrer en relation *activement* avec lui [1].

Pour mieux comprendre cela, prenons l'exemple du petit enfant : apprendre à marcher (par exemple) est pour lui un processus très complexe, mettant en œuvre de très nombreux muscles, et c'est au départ très laborieux, nous le savons. Tous ses essais créent des connexions de neurones, puis des réseaux de neurones de mieux en mieux myélinisés. Et le processus devient de plus en plus facile et automatique.

Conclusion de la deuxième leçon

Plus on pratique (c'est-à-dire plus on utilise un réseau de neurones), plus on développe de myéline sur ce réseau, et *plus cela fonctionne vite* ; plus on pratique *de manières différentes*, plus on densifie les réseaux de neurones, et *mieux cela fonctionne*. Dans un processus d'apprentissage, cela suggère d'aborder une notion de manières aussi diverses et variées que possible.

Et cela est vrai pendant toute la vie, même dans la vieillesse, tous les chercheurs sont d'accord là-dessus.

Troisième leçon : les ondes cérébrales

Depuis longtemps, les impulsions électriques circulant dans le cerveau, à travers les neurones, peuvent être mesurées sur un électroencéphalogramme (EEG).

L'EEG montre que le cerveau travaille sur différentes fréquences selon les *activités*, et qu'il y a un rapport entre la fréquence prédominante de fonctionnement du cerveau à un moment donné et l'état physiologique du corps et le comportement de la personne.

Les spécialistes distinguent quatre types d'ondes cérébrales, qu'ils appellent les ondes Bêta, Alpha, Thêta et Delta.

Lorsque l'on dit que l'on est « en ondes Alpha » ou « en Alpha », cela signifie que ce type d'ondes est prédominant.

Caractéristiques générales des ondes cérébrales

Les *ondes Bêta* (13-25 cycles par seconde) sont les ondes les plus rapides avec les plus courtes longueurs d'onde.

Les ondes Bêta sont dominantes lorsque nous sommes bien éveillés, lorsque

nous parlons à quelqu'un, conduisons une voiture, lors de tout processus analytique et de résolution de problème, et d'une manière générale lorsque nous faisons plusieurs choses à la fois.

En ondes Bêta, on est sensible au stress, à l'anxiété et à la peur.

Les *ondes Alpha* (8-12 cycles par seconde) deviennent dominantes lorsque
nous sommes calme et détendu, mais cependant conscient du monde extérieur.
Voir un bon film ou lire un bon roman nous met en ondes Alpha prédominantes.

C'est dans cet état de *vigilance détendue* que nous sommes le plus réceptif à
l'information, où notre mémoire à long terme est la plus accessible.

Les enfants, jusqu'à l'âge de cinq-sept ans environ, ont une prédominance
d'ondes Alpha. Pendant cette période, l'enfant apprend énormément, et des
choses très complexes.

En ondes Alpha, le stress disparaît progressivement, on peut avoir un certain
accès au subconscient. C'est un état qui facilite l'inspiration, l'assimilation
rapide des faits et l'amélioration de la mémoire. En ondes Alpha, on est concentré sur une seule chose.

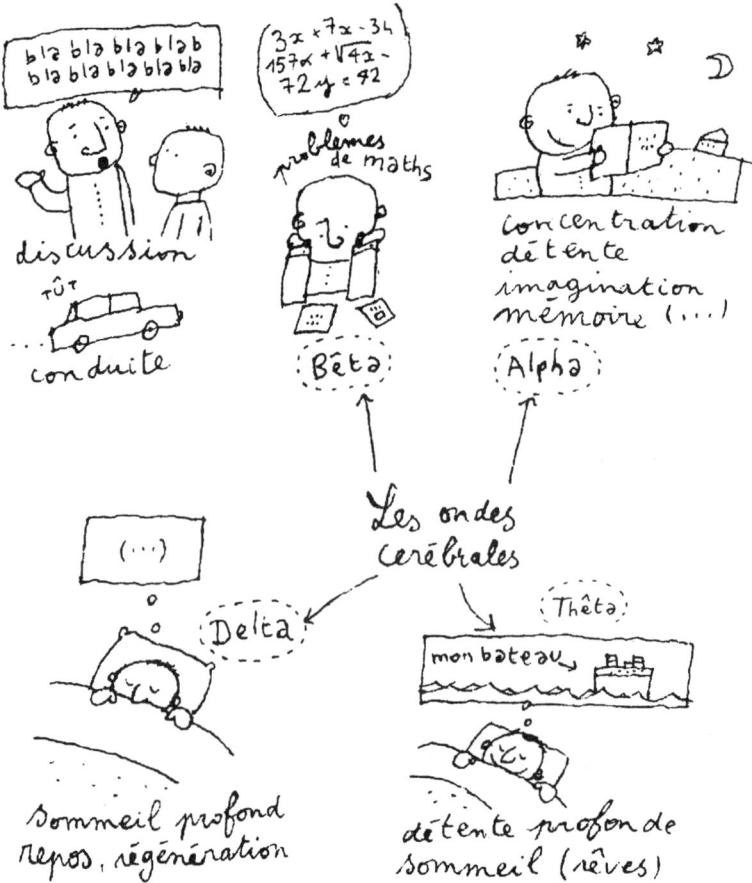

C'est un état facile à atteindre, en particulier avec des exercices simples de respiration ou de relaxation.

De nombreuses méthodes de développement personnel ont pour but de travailler en ondes Alpha. Dans cet état, on peut changer son image de soi, ses habitudes, implanter des idées positives, se donner des buts à atteindre.

Les *ondes Thêta* (4-7 cycles par seconde) sont dominantes lorsque nous sommes profondément détendus, ou lorsque nous rêvons dans notre sommeil. On le constate parfois physiquement par des battements rapides des paupières. Lorsque nous sommes en ondes Thêta dominantes à l'état conscient, notre corps semble engourdi. Si on en sort brusquement, on sursaute. À l'état de conscience, il faut en général dix à quinze minutes pour être en ondes Thêta, en utilisant par exemple des exercices de relaxation et/ou de visualisation.

Lorsque la proportion d'ondes Thêta est importante, l'activité logique diminue. L'hémisphère gauche du cerveau, plus rationnel et qui fonctionne en général comme un filtre ou un censeur pour le subconscient, baisse progressivement sa garde. Dans cet état de rêve éveillé ou de profonde méditation, nous pouvons avoir des éclairs d'inspiration, des images intérieures, des intuitions. Beaucoup de créateurs fonctionnent dans cet état.

C'est également un état de grande suggestibilité, en particulier à la guérison. Des méthodes thérapeutiques ont été fondées avec succès sur ce principe.

Les *ondes Delta* (0,5-3 cycles par seconde) sont les ondes les plus lentes et sont caractéristiques du sommeil profond, sans rêve, lorsque seules les fonctions automatiques du cerveau sont requises. Les battements du cœur sont lents, la tension artérielle diminue, la température du corps baisse. C'est un état de repos et de régénération, également de guérison. L'état de coma correspond à 0,5 cycle par seconde.

Ondes cérébrales et apprentissage

De nombreux chercheurs sont maintenant persuadés que nous pouvons absorber des informations plus vite et mieux lorsque les ondes Alpha sont prédominantes.

Nous avons tous connu un jour ou l'autre l'état où « rien ne rentre ». En général la solution préconisée est de « faire des efforts ». En agissant ainsi, on garde son cerveau en mode Bêta et l'apprentissage est plus difficile.

Le moyen paradoxal de sortir de ce blocage est de se détendre jusqu'à ce que les fréquences du cerveau diminuent et atteignent le mode Alpha.

On peut ralentir ses ondes cérébrales par soi-même, sans être un yogi ou un surhomme. De nombreuses méthodes existent pour cela. Les plus courantes sont la relaxation ou des exercices simples de yoga, nous en reparlerons au chapitre 15. On est souvent surpris d'obtenir un résultat notable dès les premiers exercices.

Par une relaxation plus profonde (et avec un peu d'expérience) on peut atteindre le mode Thêta qui ouvre la porte de plus grandes sources d'intuition et d'inventivité.

On peut aussi atteindre cet état par l'intermédiaire de la *musique*. Certaines musiques, en particulier la musique baroque*, abaissent naturellement les ondes cérébrales, détendent le corps, calment la respiration et nous mettent naturellement dans cet état de *vigilance détendue* où nous sommes hautement réceptif à l'information.

CERVEAU ET RÉÉDUCATION

Les recherches faites en rééducation ont beaucoup à nous apprendre sur la manière dont on apprend bien. Confrontés à des situations difficiles, les rééducateurs n'ont en général pas d'autres choix que d'inventer, d'expérimenter, explorant ainsi des voies d'apprentissage originales, c'est-à-dire de nouvelles manières d'apprendre.

Il est connu que nous avons deux hémisphères cérébraux, le droit et le gauche, et que le cerveau droit contrôle la partie gauche du corps, le gauche la partie droite. Si l'un des deux hémisphères est sévèrement atteint, par maladie ou par accident, le résultat est catastrophique : le côté opposé du corps est paralysé, et de nombreuses fonctions sont limitées, s'accompagnant souvent de convulsions qu'aucun médicament ne peut empêcher. Dans certains cas, la seule possibilité de survie de la personne est l'hémisphérectomie, c'est-à-dire l'ablation d'un hémisphère cérébral.

Dans ces cas tragiques, on s'attendrait alors à une vie extrêmement limitée. C'est sans compter avec l'extraordinaire adaptabilité du cerveau : même lorsqu'il est gravement endommagé, il peut se remodeler pour continuer à fonctionner.

Il y a de très nombreuses histoires de personnes considérées par le corps médical comme définitivement condamnées à ne plus marcher, ou à ne plus parler, et qui ont retrouvé un usage quasi normal de leurs membres ou de la parole par des exercices particuliers de rééducation. Ces exercices permettent de recréer de nouveaux réseaux parmi les neurones sains [2].

On peut tirer une conclusion simple des merveilles que font les rééducateurs : il est toujours possible d'améliorer ses capacités à apprendre, aussi mauvaises puissent-elles paraître, aussi définitivement bloquées puissent-elles être considérées. Car ce que peut faire une personne handicapée, comment imaginer qu'une personne sans handicap ne puisse le faire ? Il n'y a pas de fatalité, aucun cas n'est désespéré.

---

* La période baroque en musique s'étend du XVIᵉ jusqu'au milieu du XVIIIᵉ siècle.

CHAPITRE 6

Deux théories pour mieux comprendre le cerveau

Les recherches et les découvertes sur le cerveau ont conduit de nombreux scientifiques à bâtir des théories sur son fonctionnement.

Il nous importe peu, en fait, de connaître avec une grande précision comment agit tel neurotransmetteur ou tel type de cellule gliale (et les chercheurs eux-mêmes ont parfois bien du mal à se l'expliquer). Ce que nous souhaitons connaître, en revanche, ce sont les applications *pratiques* des théories dans une situation d'apprentissage. Et la moisson est abondante.

Deux théories sont particulièrement riches d'implications : la *théorie des deux hémisphères cérébraux* de Roger Sperry, et la *théorie des trois cerveaux* de Paul MacLean.

Ces deux théories sont difficilement superposables, et l'on peut ici ou là relever de franches contradictions entre elles : non qu'elles soient « fausses », mais comme toutes les théories elles ne cernent pas totalement la réalité qu'elles veulent décrire. Ce ne sont que des théories, avec leurs utilités et leurs limites. Mais chacune d'elles, malgré ces contradictions, peut nous apporter beaucoup.

LA THÉORIE DE ROGER SPERRY : CERVEAU DROIT ET CERVEAU GAUCHE

Première approche

La théorie des deux hémisphères de Roger Sperry (prix Nobel en 1981) est maintenant largement connue, en particulier de tous ceux qui travaillent dans les domaines de l'éducation et de la formation : nos deux hémisphères cérébraux sont deux cerveaux séparés, aux fonctions et aux modes de fonctionnement très différents.

L'hémisphère gauche est principalement impliqué dans le langage, les processus mathématiques, la pensée logique et séquentielle, l'analyse, etc.

Le droit est surtout concerné par la musique, les images visuelles, les formes en trois dimensions, la reconnaissance des couleurs, etc.

Les deux hémisphères cérébraux sont reliés par un réseau extrêmement dense et complexe de fibres appelé le *corps calleux*.

Depuis la publication de cette théorie, une vaste littérature s'est développée sur le sujet. On en a fait d'innombrables caricatures, en particulier en représentant un cerveau coupé en deux, avec l'hémisphère gauche sur fond gris rempli de symboles mathématiques, et le droit sur fond coloré avec des formes artistiques variées.

Comme c'est souvent le cas, le succès autant que ces déformations et ces simplifications ont agacé les chercheurs, et ont eu la conséquence habituelle de la faire remettre en cause en bloc. Pourtant, cette théorie s'appuie sur de très nombreuses études cliniques, qui se poursuivent toujours. C'est un outil de travail précieux.

Le risque le plus commun est de vouloir cataloguer telle ou telle personne en « cerveau droit » ou « cerveau gauche », avec parfois des connotations sociales ou raciales. Nous allons voir que le cerveau fonctionne mieux (et que l'on apprend mieux) lorsque les deux hémisphères travaillent ensemble et en bonne harmonie : cela semble évident et naturel, mais ce n'est pourtant pas ce que l'on trouve le plus habituellement.

Entrons un peu dans le détail de cette théorie.

Physiologiquement : un schéma de commandes croisées

On sait que, curieusement, chaque partie symétrique du corps est en relation avec l'hémisphère cérébral opposé : l'hémisphère droit commande la partie gauche du corps, et l'hémisphère gauche la partie droite.

On sait également, en particulier par l'étude de cas cliniques, que le cerveau a une capacité étonnante à s'adapter si ce schéma de commandes croisées ne peut plus fonctionner correctement.

Psychologiquement : deux hémisphères différents, deux visions du monde

On savait depuis longtemps que les *fonctions* des deux hémisphères cérébraux étaient différentes :

• au gauche (souvent appelé l'hémisphère verbal) le langage, tout ce qui s'y rapporte (grammaire, syntaxe), et tout ce qui en dérive (lecture, écriture, parole, etc.) ;
• au droit, la capacité spatiale, la conscience globale des choses, la perception des structures complexes, des relations des choses entre elles, la vue synthétique et instantanée d'un processus.

On sait maintenant (par la théorie de Sperry) que les *manières de fonctionner* de chaque cerveau sont également différentes. Le gauche fonctionne d'une manière plutôt linéaire, analytique, séquentielle, tandis que le droit utilise un système de fonctionnement global. Selon l'image bien connue, l'hémisphère gauche voit les arbres, l'hémisphère droit voit la forêt [1].

Ce qui est moins connu est que chaque hémisphère nous donne également une *vision différente du monde* : à chacun sa « réalité » propre [2]. Lorsque l'on doit séparer les deux hémisphères en coupant le corps calleux qui les relie (en particulier en cas d'épilepsie grave), la personne semble avoir deux personnalités, chacune ayant sa manière de traiter l'information, d'agir et de penser.

Ces deux visions du monde cohabitent en chacun de nous. On peut s'en rendre compte lorsqu'il y a conflit entre les deux, par exemple en cas de contradiction entre le langage verbal d'une personne en face de vous (ce qu'elle dit, reçu par l'hémisphère gauche) et son « langage » non verbal (ce qu'elle exprime par ses gestes, postures, expressions du visage, etc., reçu par l'hémisphère droit). Que faites-vous lorsque quelqu'un dit s'intéresser à vous alors que toute son attitude vous montre le contraire ? Que se passe-t-il dans la tête d'un élève lorsque son professeur se précipite sur lui en criant « Arrête de bouger ! » ?

Ce type de conflit est particulièrement difficile à gérer par les petits enfants, pour lesquels tout ce qui vient de l'adulte a une valeur d'absolu.

Chez l'enfant comme chez l'adulte, ces « coupures psychologiques » entre les deux hémisphères peuvent déclencher des comportements très violents.

L'important, c'est la liaison

Notre société et notre système éducatif valident et encouragent essentiellement les fonctions de l'hémisphère gauche, cela a été remarqué et souligné bien souvent. La pensée analytique du scientifique est souvent mieux considérée que les compétences de l'artiste. Il semble pourtant naturel et souhaitable que les deux hémisphères fonctionnent en bonne harmonie.

L'hémisphère droit voit les correspondances et les analogies, il cherche les similitudes, les rapports avec d'autres choses, alors que l'hémisphère gauche est sensible aux causes et aux effets, et cherchera plutôt les différences que les similitudes. On imagine bien que dans un travail d'apprentissage, de création ou de recherche, les deux approches sont particulièrement complémentaires et nécessaires, à condition de laisser s'exprimer les deux parties.

La liaison idéale, c'est lorsque Gauss déclare : « J'ai trouvé la solution, il me reste maintenant à découvrir comment j'y suis parvenu », c'est-à-dire que l'hémisphère droit a trouvé la solution d'une manière immédiate et globale tandis que le gauche doit effectuer, étape après étape, des recherches précises pour justifier le résultat.

Des activités particulières, intellectuelles et physiques, permettent de mieux faire travailler les deux hémisphères ensemble.

J'ai déjà fait allusion à l'importance des mouvements croisés, dont il sera plus amplement question au chapitre 17. Tout ce qui développe la capacité d'être ambidextre – jongler par exemple – va également dans ce sens [3].

Sur le plan de l'activité intellectuelle, on trouvera à la fin de ce chapitre la description d'un outil permettant d'utiliser idéalement les deux hémisphères dans de très nombreuses situations : le *topogramme*.

MUSIQUE ET CONNEXION CÉRÉBRALE

La musique semble également pouvoir jouer un rôle très intéressant dans cette bonne connexion entre les deux hémisphères. La revue anglaise *Nature*, bien connue pour son sérieux, a publié les résultats d'une curieuse expérience américaine menée au Centre de neurobiologie pour l'apprentissage et la mémoire.

On a fait passer à 36 élèves des tests de QI, chaque fois après l'une des trois activités suivantes choisies dans un ordre aléatoire :

• écoute d'une sonate de Mozart (il s'agissait de la Sonate *pour deux pianos en ré majeur) ;*
• écoute d'une cassette de relaxation ;
• ou attente en silence pendant dix minutes.

Les résultats de tous les élèves ont été meilleurs après l'écoute de Mozart, augmentant leur QI jusqu'à 9 points. Cette influence est passagère, cette augmentation se dissipant environ quinze minutes après.

Les chercheurs ont ainsi constaté que la musique classique peut améliorer la faculté de raisonnement abstrait (celle en particulier utilisée dans les mathématiques, ou les échecs) en renforçant certaines connexions entre diverses parties du cerveau. Ils pensent que c'est la *complexité* de la musique (au sens de : très élaborée) qui est la clé de ce résultat. D'autres musiques, comme la musique rock ou la musique New Age, souvent très pauvres harmoniquement, peuvent au contraire gêner le raisonnement abstrait.

Les deux hémisphères et la mémoire

Jusque récemment, on considérait généralement la mémoire comme une vaste zone de stockage où les souvenirs étaient rangés en ordre, d'une manière logique, linéaire, comme dans une bibliothèque. Cette idée sous-tend toujours notre système éducatif, où l'apprentissage et la rétention des notions étudiées sont le plus souvent considérés comme se rangeant progressivement et en ordre dans certaines cases du cerveau.

Dans cette manière de mémoriser, les capacités plus subjectives, globales et émotionnelles de l'hémisphère droit sont négligées, et souvent découragées.

Une des grandes ironies de cette manière linéaire d'apprendre est que l'hémisphère gauche a très peu de capacités de mémorisation : il n'arrive à mémoriser essentiellement que par rabâchage.

Le champion de la mémorisation c'est l'hémisphère droit, qui code l'information à sa manière non verbale et la relie à des émotions et à des paramètres « sensuels » (comme le rythme, les couleurs, la forme). C'est le processus de création des souvenirs.

Négliger l'hémisphère droit dans un processus de mémorisation, c'est s'obliger à beaucoup d'efforts sans vraie nécessité, c'est vouloir faire entrer l'information par le trou d'une aiguille alors que le portail, à côté, est grand ouvert. Nous verrons au chapitre 9 comment mieux utiliser les capacités de l'hémisphère droit pour mémoriser plus facilement.

Les deux hémisphères et l'apprentissage

Le modèle de Sperry est peut-être discutable (nous laisserons ce point aux spécialistes), mais il est sûrement utile, en particulier pour mieux apprendre et mieux enseigner.

L'enseignement traditionnel a été très critiqué comme reléguant les activités de l'hémisphère droit (comme la musique et les arts graphiques) à un rôle annexe et souvent méprisé. Pourtant les écoles qui ont augmenté ces activités ont constaté que le niveau s'améliorait *dans toutes les matières*. Car si les hémisphères sont spécialisés, ils ne sont pas isolés, et faire marcher harmonieusement les deux ensemble est le comportement normal et souhaitable.

D'une manière générale, on pourra particulièrement s'attacher aux points suivants, que nous détaillerons progressivement :

• créer un environnement riche et varié, qui permette au cerveau d'utiliser les capacités des deux hémisphères ;
• proposer une approche globale de l'information autant qu'une approche analytique ;
• accepter la participation simultanée et indivisible du conscient et de l'inconscient ;
• favoriser les paramètres « sensuels », imagés et émotionnels pour mieux mémoriser ;
• éviter les comportements contradictoires pouvant créer une déconnexion psychologique des deux hémisphères.

LA THÉORIE DE PAUL MACLEAN :
LES TROIS CERVEAUX (OU CERVEAU « TRINE »)

Selon cette théorie, le cerveau s'est développé par couches successives pour répondre progressivement aux besoins de l'évolution de l'homme : d'abord de purs instincts, puis acquisition de réponses émotionnelles contrôlées, enfin développement incroyablement complexe du cortex cérébral. Ces trois cerveaux cohabitent toujours en nous.

La partie la plus ancienne du cerveau, appelée par MacLean *cerveau repti-*

lien, est liée à des fonctionnements automatiques, à des comportements instinctifs et rigides. C'est le cerveau qui contrôle les fonctions vitales.

Le deuxième cerveau est appelé *système limbique*. Situé sous le néo-cortex, c'est essentiellement le siège des émotions. On y trouve des zones fortement impliquées dans le processus de mémorisation à long terme.

Le troisième cerveau est le *néo-cortex*, qui contrôle les processus intellectuels et les mouvements volontaires [4].

Description du cerveau « trine »

Le cerveau reptilien

Cette partie de notre cerveau qui émerge directement de notre colonne vertébrale aurait environ deux cents millions d'années. Comme son nom le suggère, c'est un cerveau de ce type que l'on trouve chez les reptiles et les vertébrés inférieurs anciens.

Ce cerveau contrôle toutes les conduites *instinctuelles* telles que : la hiérarchie sociale et territoriale, les comportements de séduction et d'accouplement, les rituels, la nidification, les réactions de survie, la défense des petits, la défense du territoire, l'instinct grégaire, le jeu, l'agressivité.

On constate que ces comportements, que l'on trouve chez la plupart des animaux, prennent des formes parfois très élaborées chez l'être humain. Arranger sa maison, faire pousser une haie pour se séparer de son voisin, appartenir à des associations ou agresser un professeur qui ne reconnaît pas les mérites de son enfant semblent relever de ce cerveau-là.

Une caractéristique importante de ce cerveau est son rôle particulièrement efficace pour notre survie. En cas de danger (réel ou supposé), l'ensemble de notre cerveau « bascule » vers ce cerveau archaïque, qui est le plus rapide et le plus à même de gérer la situation. En donnant la priorité à ce cerveau, on coupe ainsi en grande partie l'alimentation en informations venant du néo-cortex (siège de la réflexion) et du système limbique (siège des émotions), parties du cerveau beaucoup plus lentes à réagir. On bloque ainsi en grande partie toute possibilité d'apprentissage. Agissant instantanément, ce cerveau n'a pas non plus le temps de stocker l'information, donc ne mémorise pas : stocker l'information prend du temps, un luxe que l'on ne peut se permettre en cas de danger immédiat.

Nous connaissons tous des exemples de ce type, en particulier en conduite automobile où il nous arrive de réagir instantanément en cas de danger immédiat sans être capable ensuite de nous souvenir de ce qui s'est passé [5].

La plupart des comportements du cerveau reptilien sont automatiques et rituels, et ont une très forte résistance au changement. En particulier des conduites « archaïques » se mettent à dominer lorsque nous percevons une menace : comportements agressifs, attachement quoi qu'il arrive à ce que nous connaissons parfaitement, refus de toute forme d'inconnu, comportements stéréotypés quelles que soient les informations que nous recevons. Ce basculement vers des comportements archaïques peut intervenir dans de très nombreuses circonstances : parler en public peut être vécu comme *terrifiant* par certaines personnes, vivre dans un pays étranger peut déclencher des craintes irraisonnées, de même qu'affronter un nouveau patron, etc.

Nous sommes alors moins capable de nous engager dans des tâches intellectuelles complexes et dans des apprentissages élaborés.

Le système limbique

Le rôle de ce cerveau intermédiaire est complexe et tout à fait fascinant. C'est là que l'on trouve des zones très particulières du cerveau aux fonctions mal élucidées comme l'hypothalamus, le thalamus (station de relais des informations sensitives entrantes), l'hippocampe (mémoire et associations), l'amygdale (impliquée dans les processus de mémorisation et l'épilepsie), la glande pituitaire.

Le premier grand rôle du système limbique est de réguler le manger, le boire, le sommeil, la température du corps, les équilibres chimiques tels que celui du sucre dans le sang, le rythme du cœur, les hormones, etc.

Il est également fortement impliqué dans le plaisir, la sexualité, la douleur, la motivation vers des buts. Comme le cerveau reptilien, il ne s'exprime pas à travers un langage.

C'est le lieu privilégié des *émotions*.

Ce cerveau semble jouer un rôle particulièrement important de *poste de contrôle*, de filtre et de *disjoncteur*. C'est lui qui peut bloquer une information (montante ou descendante) si l'environnement lui paraît menaçant, l'atmosphère déplaisante, si un choc affectif survient ou si une image mentale trop forte est

déclenchée[6]. Ce cerveau est un relais par lequel passent tous les stimuli senso-riels. Son rôle est essentiel dans les processus de mémorisation des informations nouvelles et dans leur organisation avec les anciennes.

Le système limbique sert de plaque tournante entre notre cerveau instinctif et notre cerveau rationnel, le rôle d'aiguilleur entre notre mémoire ancienne et les informations nouvelles. Il semble avoir un lien direct avec ce que nous appelons notre *personnalité*.

Et lorsque nous apprenons, il joue un rôle important par l'intermédiaire des émotions.

Le néo-cortex

C'est la partie la plus jeune et la plus complexe de notre cerveau, qui n'existe que depuis quelques millions d'années. Il remplit la calotte crânienne autour des deux précédents.

C'est le siège du contrôle volontaire des mouvements, et de tous les processus de pensée, de résolution de problèmes, de reconnaissance de formes, de produc-tion de symboles et d'activités complexes comme la lecture, l'écriture, l'arith-métique, etc. C'est le lieu de l'apprentissage intellectuel.

Cerveau « trine » et apprentissage

La théorie de MacLean parle facilement à l'intuition et semble donner sens à une bonne part de ce qu'un professeur ou n'importe qui d'autre constate dans des situations d'apprentissage. Elle peut aider à comprendre ce qui se passe effectivement dans les écoles, dans les entreprises ou dans la rue. Elle peut per-mettre également de faire quelques recommandations importantes dans le domaine de l'éducation et de l'enseignement.

De nombreux chercheurs ont récemment acquis la conviction que la clé d'un apprentissage de qualité serait le *système limbique*, qui contrôle les émotions. Et que faire appel aux émotions est de loin la manière la plus efficace de créer l'at-tention et la mémoire. Ceux qui essaient de simuler la pensée humaine par ordi-nateur reconnaissent que l'intelligence artificielle sera toujours limitée et incom-plète par manque d'émotions : si nous retirons les émotions à la pensée, il reste un spectre linéaire et successif d'opérations logiques que l'on ne peut absolu-ment pas identifier à la pensée.

L'idée de « basculement » du cerveau vers sa partie archaïque en cas de menace est également très riche d'implications. Ce basculement peut nous sauver la vie dans certains cas, mais il est sans intérêt lorsque le danger n'est pas réel : il a pour conséquence essentielle de déconnecter en grande partie le néo-cortex, siège de la réflexion et de l'apprentissage conscient.

Lorsque nous apprenons, à l'école ou ailleurs, il nous arrive de percevoir une situation comme menaçante alors que notre vie n'est absolument pas en danger. L'élève qui a peur que le professeur l'interroge aura tendance à basculer vers des comportements archaïques qui l'empêcheront *biologiquement* de penser, de réfléchir et d'apprendre : tentative de fuite d'une manière ou d'une autre (« disparaître dans un trou de souris »), ou agressivité*.

Selon la théorie de MacLean, plus l'élève se sent menacé et sans échappatoire, plus on peut s'attendre de sa part à des conduites « archaïques », souvent agressives. L'élève refusera de discuter, de sortir de ce qu'il connaît et d'explorer de nouveaux comportements. Il devient incapable de tolérer l'ambiguïté et l'incertain. Il veut que ses efforts soient immédiatement récompensés**.

Un professeur fondant sa pédagogie sur la crainte (menace de punition, contrôles surprise, envoi au tableau mal vécu, etc.) ferme ainsi *biologiquement* les capacités à apprendre de l'élève. Et dire que « cela forme le caractère », que « cela laisse de bons souvenirs », que « cela sera la même chose dans la vie avec son patron » est difficilement justifiable.

Remarquons de plus que ce phénomène de basculement risque de nous faire entrer plus tard dans le cercle vicieux du non-apprendre, en renforçant notre sentiment qu'apprendre est *dangereux*. En nous référant inconsciemment à ces expériences passées, nous aurons tendance à considérer *n'importe quelle* situation d'apprentissage comme menaçante. D'où la nécessité d'un environnement d'apprentissage sans crainte et sans menace d'aucune sorte, ni physique ni psychique.

Il est par contre intéressant de faire participer le cerveau reptilien au processus d'apprentissage, en particulier par l'usage de rites discrets, de métaphores, de certaines activités symboliques, en utilisant des archétypes issus de contes, d'histoires ou de mythes [7].

Certains comportements de type « archaïque » peuvent également être intégrés dans le processus d'apprentissage : arranger la salle de cours, ou favoriser des regroupements d'élèves dans certaines activités. Notre profond besoin de nous relier aux autres, qui prend souvent la forme négative de bandes ou de partis extrémistes, peut être un véhicule pour mieux savoir et mieux apprendre.

QUELLES CONSÉQUENCES PEUT-ON TIRER DES THÉORIES SUR LE CERVEAU ?

La caractéristique commune que l'on pourrait trouver aux deux théories présentées ici est la nécessité de faire fonctionner les différents « cerveaux » en *harmonie*, en les faisant travailler ensemble et en évitant les conflits entre eux.

Pour les deux hémisphères cérébraux, nous avons vu que certaines activités favorisaient la liaison entre eux, et que d'autres créaient des conflits (cas des comportements verbaux et non verbaux contradictoires par exemple).

Il en est de même pour les trois cerveaux de MacLean : inclure des émotions ou certaines formes de comportements archaïques (comme les rites) permet un

---

* Ce basculement peut bien entendu se produire également chez le professeur.
** En particulier dans un apprentissage, accepter que les bénéfices d'un travail ne soient pas immédiats est une des clés essentielles de la motivation.

fonctionnement plus harmonieux de l'ensemble du cerveau, dont profitera en particulier le néo-cortex, siège de la « raison ». Car si l'on donne une préférence trop importante à l'un des trois cerveaux, cela se fera forcément au détriment du bon fonctionnement de l'ensemble.

Un pas plus loin...

La théorie de MacLean peut nous entraîner loin.

Par exemple, on pourra remarquer que notre système d'enseignement est souvent générateur de nombreux comportements de « survie » issus des formes les plus primitives du comportement humain, alors que l'on est censé s'adresser à la partie la plus « raisonnable » du cerveau.

Dans notre société également, le fait que des comportements s'adressant à notre cerveau le plus archaïque soient les plus représentés dans les médias ne présage pas d'une bonne harmonie du côté de nos neurones. D'autres époques s'exprimaient majoritairement à travers les émotions : la nôtre est marquée par la banalisation de la violence, cela n'est sûrement pas indifférent.

*

Si, comme le suggèrent certains, apprendre est notre *système de survie* essentiel qui justifie d'avoir un cerveau si élaboré, ne détournons pas notre cerveau de ce but essentiel. Ce qui nécessite une réaction de survie n'est que rarement physique, bien entendu. Cela peut être de nos jours beaucoup d'autres choses : l'angoisse de l'avenir, la peur d'être dans le besoin, la crainte du chômage, la vie dans un monde dont le sens nous échappe chaque jour un peu plus, l'accélération du progrès technique, la surabondance d'informations, etc.

À travers notre *manière d'apprendre*, nous avons la possibilité d'inventer de nouveaux moyens de survie autres que la violence, ou l'appartenance à des groupes extrémistes ou sectaires, ou le repli sur des comportements stéréotypés.

Il y a de nombreux exemples de jeunes tirés de la violence lorsqu'on leur a redonné le goût d'apprendre (à l'école ou ailleurs, mais rarement dans le cadre d'un processus purement académique). Cela devrait nous faire réfléchir : apprendre comme moyen de survie, d'intégration, ou de *vie*, tout simplement.

UNE APPLICATION : LE TOPOGRAMME

Qu'est-ce que c'est ?

Le topogramme [8] est une manière créative de mettre en forme des idées et de les relier entre elles. C'est un système à la fois simple et astucieux permettant de mettre un grand nombre d'idées sur une seule feuille de papier.

C'est un outil pour apprendre, pour mémoriser, pour organiser et développer ses idées ; il peut avoir un très grand nombre de formes et d'applications, et peut évoluer sans aucune limitation.

Comment faire un topogramme ?

Le topogramme le plus simple se fait ainsi :
- mettre l'idée générale au centre d'une GRANDE feuille ;
- pour chaque idée créer une branche *de couleur différente*, puis des sous-branches ;
- sur chacune des branches, exprimer l'idée ou la sous-idée par UN seul mot, écrit en LETTRES CAPITALES (dans la mesure du possible) ;
- puis traduire l'idée de chaque branche ou chaque sous-branche par un dessin ou un symbole.

On peut ensuite compléter le topogramme :
- ajouter des détails aux branches ;
- ajouter de nouvelles branches ou sous-branches ;
- mettre en évidence le rapport entre les idées en utilisant des flèches et différents signes ;
- ajouter de la couleur (feutres, surligneurs).

Des logiciels informatiques [9] permettent également la réalisation de topogrammes.

« Je ne sais pas dessiner »

L'emploi de petits dessins est en effet important dans la réalisation d'un topogramme. Il est possible au début d'apprendre à faire des dessins simples et symboliques comme :

puis d'augmenter progressivement la variété des dessins.

On peut aussi recopier (en les simplifiant) des schémas ou des dessins existants.

Est-ce difficile à faire ?

La principale difficulté est d'accepter de quitter ses habitudes (faire des fiches, prendre des notes sous forme linéaire) et d'essayer. En général, on y voit ensuite beaucoup d'avantages et on continue à l'utiliser naturellement, dans des circonstances de plus en plus variées.

On pourra craindre de ne pas « faire sérieux » en travaillant ainsi : c'est un choix à assumer… Voici un exemple de réalisation d'un topogramme :

Pomm', pomm', pomm', pomm'…

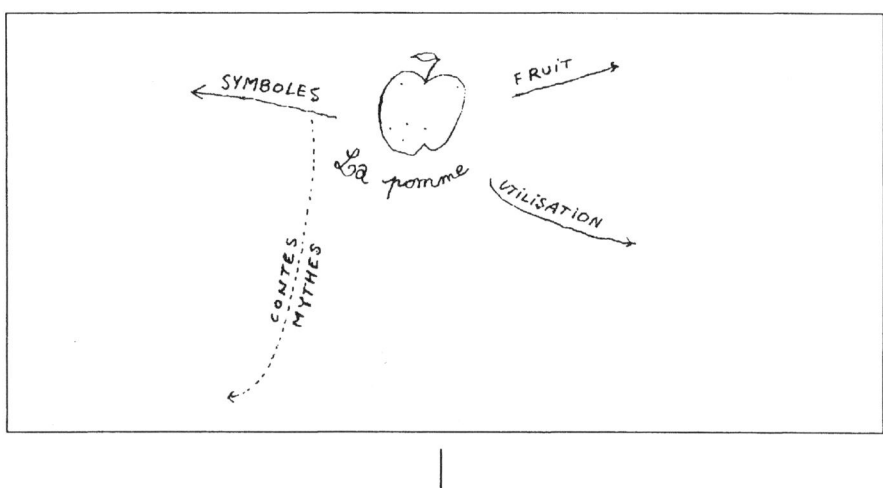

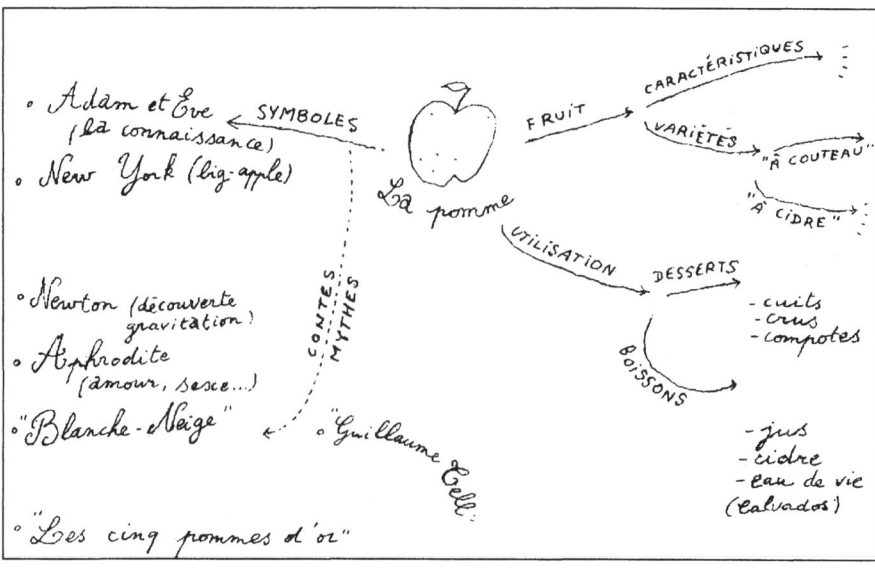

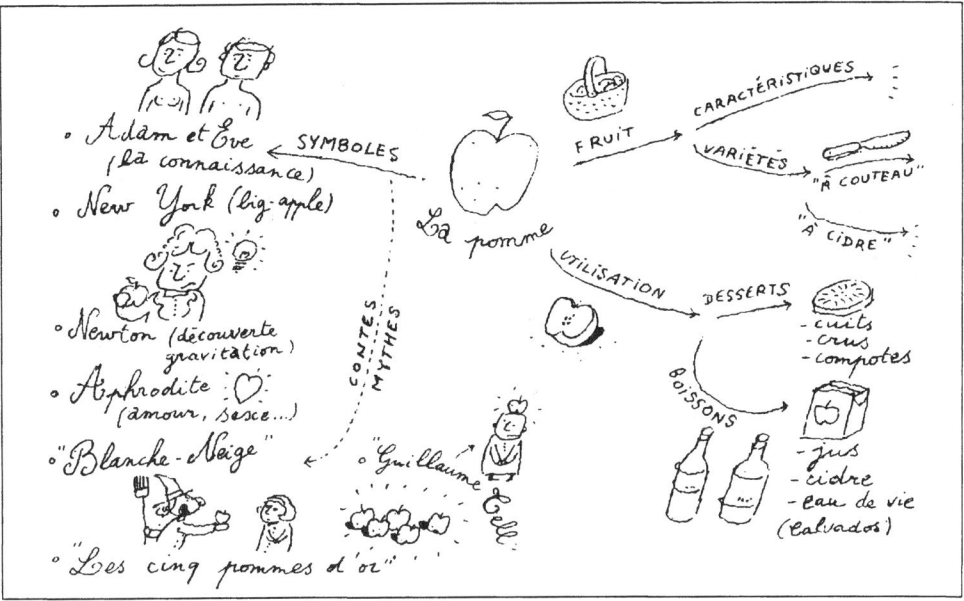

... et compléter avec des couleurs.

Que faire du topogramme une fois terminé ?

Le topogramme se prête tout particulièrement aux révisions. On peut :

- le comparer avec un autre topogramme sur le même sujet, et ainsi l'enrichir,
- l'afficher quelques jours dans sa chambre (on utilise ainsi la perception inconsciente, qui sera détaillée au chapitre 18),
- le revoir mentalement, dans son bain ou en attendant l'autobus,
- le compléter à l'occasion, ou le refaire si on l'estime nécessaire,
- le revoir régulièrement,
- l'archiver dans un « classeur à topogrammes », etc.

Que peut-on attendre du topogramme ?

D'une manière générale, le topogramme permet une meilleure compréhension d'un sujet et une meilleure mémorisation.

Lors de prises de notes, il favorise la concentration et permet de mieux comprendre dès le départ les idées du conférencier ou du professeur, et les liens entre les idées.

Pour apprendre une leçon, le topogramme permet une mémorisation meilleure et plus facile, et une révision rapide.

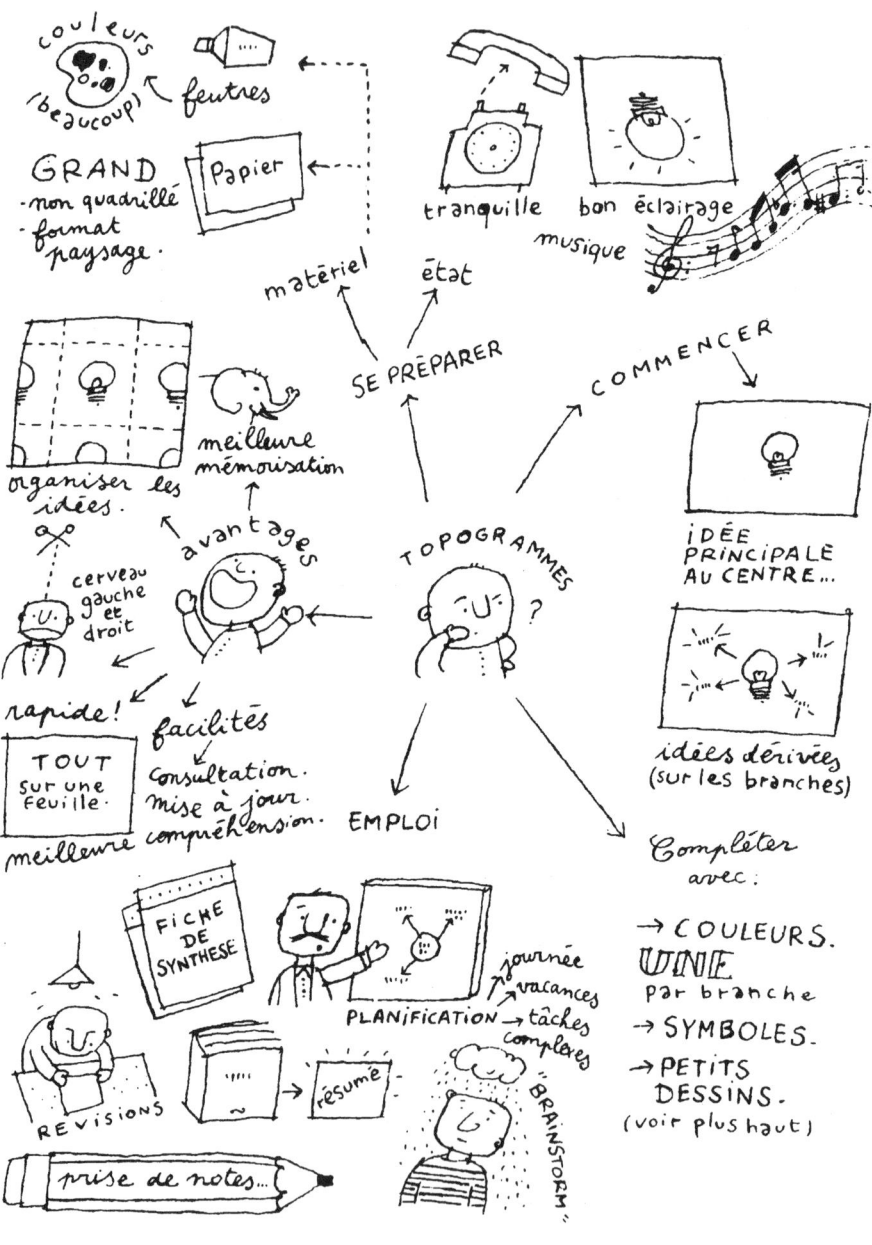

Quand utiliser le topogramme ?

Les utilisations du topogramme sont particulièrement nombreuses, par exemple :

- prise de notes pendant un cours n'ayant pas un trop fort degré d'abstraction ;
- faire le résumé d'un livre ;
- prise de notes à une conférence ;
- planifier une progression avec ses élèves ;
- réviser une leçon ;
- rechercher des idées pour une dissertation ;
- organiser une période de temps (travail, vacances) ;
- planifier une opération dont la complexité ne nécessite pas des outils particuliers ;
- préparer une conférence, ou comme support de conférence pour le conférencier ;
- présenter l'ensemble d'une notion qui va être étudiée (par exemple, « l'écologie ») ;
- travail de recherche en groupe sur un sujet (« qu'est-ce que l'écologie ? ») ;
- expliquer le fonctionnement du cerveau ;
- développer la confiance en soi des élèves (« Qu'est-ce que je sais faire ? ») ;
- « remue-méninges » (brainstorming) ;
- résumer les idées générales d'un livre qui semble rebutant à lire en entier ;
- entre parents et enfants : prévision de vacances, négociations familiales, liste des travaux ménagers à se partager, échange d'idées ;
- travail avec des élèves malentendants ;
- en entreprise : organisation d'une tâche, bilan d'une action, etc.

Un peu de théorie

Le topogramme peut être considéré comme alliant harmonieusement les fonctionnements différents de l'hémisphère gauche et de l'hémisphère droit du cerveau :

- il favorise le fonctionnement de l'hémisphère gauche par la recherche de mots clés pour exprimer l'idée de chaque branche (conceptualisation) ;
- il favorise aussi l'hémisphère droit en utilisant des symboles, des dessins et des couleurs, et en donnant une structure complète à l'idée de départ (globalisation).

Il forme ainsi un ensemble complet pouvant être perçu, comme le tableau d'un artiste, soit d'une manière globale (hémisphère droit) soit dans le détail (hémisphère gauche).

Le rêve de M. Pumpkins

ou comment M. Pumpkins fit connaissance
avec la théorie des intelligences multiples

M. Pumpkins, petit employé de banque modèle dans la ville de Z., était bien fatigué ce soir-là. Après avoir additionné toute la journée de longues colonnes de chiffres, il se sentait l'esprit vide et lourd.

Prenant le journal du soir, il l'ouvrit à la page des sports. L'équipe de Lens venait de se faire battre sévèrement pour la quatrième fois consécutive, et cela augmenta son désarroi. Car M. Pumpkins, sous son aspect bonhomme, était sensible au sens caché des événements et en sentait le poids sur l'ensemble de sa petite vie tranquille.

Rien ne le tentait. Un vague dégoût le saisit, qu'un psychologue de passage aurait pu qualifier de « syndrome non hystérique de mal de vivre ordinaire ».

Un entrefilet attira cependant son attention. L'université locale annonçait pour le soir même une conférence sur « L'intelligence ». M. Pumpkins n'avait qu'une notion floue de ce que pouvait être l'intelligence, et de la sienne en particulier. Il ne pouvait que constater qu'elle l'avait amené à rester dans une banque huit heures par jour, à additionner des colonnes de chiffres.

Mais le sujet l'intéressait tout de même, car M. Pumpkins était un esprit curieux. Et puis, se disait-il pensivement, le fait que M. Dugommier, le directeur de la banque, gagnait 7,3 fois plus d'argent que lui (il l'avait calculé un jour) signifiait-il qu'il était 7,3 fois plus intelligent ? Quelle était l'intelligence d'un, disons, d'un Zoulou ? (il avait lu la veille un article sur les Zoulous dans un hebdomadaire). « Serais-je plus intelligent, se dit-il, si mon père avait épousé la tante Julie, plutôt que maman ? » « La télévision rend-elle plus intelligent ? » (Il en doutait plutôt.)

Voilà un sujet qui ne manque finalement pas d'intérêt, se dit M. Pumpkins, qui prit son chapeau et son parapluie et se rendit à l'université, qui n'était qu'à quelques minutes à pied de son appartement.

Lorsqu'il arriva dans l'amphithéâtre, la conférence était déjà commencée. La salle, joliment pleine pour un sujet qui pouvait sembler rébarbatif, écoutait avec attention le conférencier (à l'évidence appartenant à l'université) en train d'expliquer que « … la théorie piagétienne de l'épistémologie génétique ne doit pas être confondue avec les théories neuropsychologiques qui cherchent à identifier les causes neurologiques de tout dysfonctionnement cognitif, ou (bien entendu) à les postuler lorsqu'elles ne sont pas localisables… »

« Ah, se dit M. Pumpkins au bout de quelques minutes, il faut vraiment être très intelligent pour comprendre quelque chose à l'intelligence. Si je pouvais devenir plus intelligent en comprenant ce que dit ce monsieur… Mais je n'y comprends vraiment rien. Et puis, cet homme me semble bien ennuyeux. A-t-il un chat ou un chien ? Aime-t-il chercher des champignons le dimanche (passe-temps favori de M. Pumpkins) ? Fait-il bien les crêpes (comme Rosa, sa voisine, pour laquelle il avait un tendre sentiment) ? Préfère-t-il l'accordéon ou la clarinette ? »
Et, malgré ses efforts pour suivre le discours du conférencier, malgré toute sa bonne volonté, M. Pumpkins finit par s'endormir, bercé par le ronronnement du conférencier.

Il s'éveilla avec le sentiment étrange d'un monde familier, mais curieusement mouvant. Le premier étonnement passé, il se rendit compte qu'il avait quitté l'amphithéâtre de l'université et se trouvait dans un tribunal. Le juge, sur une très haute tribune, ressemblait à la fois au conférencier qu'il avait quitté d'une manière si impromptue, à un corbeau et à M. Dugommier, son directeur. « Sans doute est-ce cet habit noir, se dit-il, qui me donne cette impression. »
M. Pumpkins se trouvait mêlé à un public aux réactions surprenantes : les gens se moquaient volontiers de l'accusé, ou bien n'y prêtaient absolument pas attention.
À la barre du tribunal des personnes défilaient, des jeunes, des adultes, la tête basse.
Voici quelques exemples de ce que M. Pumpkins entendit.
« Votre QI est de 73 : en apprentissage de travaux ménagers ! » (Il s'agissait d'une petite fille de sept ans, qui quitta la salle en pleurant en silence.)
« QI de 87, vous serez employé de banque toute votre vie ! »
« Vous êtes stupide, à l'évidence, car vous ne savez pas résoudre l'équation $3x + 2 = 5$. Vous quitterez l'école demain ! » Et M. Pumpkins vit un jeune garçon traîné par les gendarmes, pleurant et disant : « Non, s'il vous plaît, je voudrais être médecin. »
À un moment, une femme cria dans l'assistance : « Coupez-lui la tête, coupez-lui la tête ! »
Passait à ce moment-là un jeune homme à belle stature, aux mains calleuses. Un maçon, comprit-il, que le juge considérait comme incapable d'apprendre l'anglais.
« Le jugement est-il sans appel ? » demanda discrètement M. Pumpkins à sa voisine.
Elle le regarda comme s'il avait dit une obscénité. « Monsieur, on est intelligent ou on ne l'est pas. Qu'imaginez-vous d'autre ? »

Soudain, un personnage étrange attira l'attention de M. Pumpkins. C'était un vieillard trébuchant, appuyé sur une canne, qui arrivait devant le juge :

« Trop vieux. Intelligence – s'il en a eu – *(ricanements dans la salle)* définitivement disparue. Incapacité à apprendre. À envoyer à l'asile ! »
M. Pumpkins entendit alors ce chétif vieillard dire d'une voix gouailleuse :
– T'es bête, Gélinard !…
– … Zupin ! Alfred Zupin !

– Eh oui, inspecteur Gélinard, Alfred Zupin pour te servir, pour le malheur des vantards, pour le soutien du pauvre et de l'abandonné, pour la défense de l'orpheline, surtout lorsqu'elle est jeune et jolie... »

Il ôta tranquillement son déguisement, semblant alors grandi.

« Gardes ! Saisissez-vous de lui, cria Gélinard, écumant de rage.

– Pauvre Gélinard ! Ce sont des hommes à moi.

– Bloquez toutes les issues !

– Lesquelles ? Je connais ce lieu comme ma poche. Sais-tu qu'il y a trois passages secrets ? Dont un sous ton fauteuil, d'ailleurs. »

Gélinard sursauta. Il tenta de prendre l'assistance à témoin :

« Mesdames et messieurs ! Laisserez-vous agir cet homme, qui n'a aucun respect pour ce tribunal ? »

Il sembla à M. Pumpkins qu'Alfred Zupin s'était déplacé instantanément dans la salle. Il chantait, sur une petite ritournelle de son invention :

Zupin est un galopin
Gélinard est un canard
Qui est le plus intelligent des deux ?
Cela pourtant vous saute aux yeux.

Zupin, à nouveau, était devant Gélinard :

« Gélinard, regarde-moi. Quelle intelligence m'accordes-tu ? Quelle intelligence accordes-tu à ma facilité à me déguiser, à mon habileté à préparer ma petite comédie, à mon souci des délaissés, à ma connaissance parfaite des lieux, à la rigueur impeccable de mon plan, à mon goût pour le mot juste qui te touche en plein dans ton petit orgueil ? S'est-on intéressé à cela lorsque tu as passé ton certificat d'études ? J'ai tes notes, d'ailleurs, 7 en rédaction, 6 en calcul, pas terrible pour le futur brillant inspecteur Gélinard. Si la presse savait cela... Mais, promis, je ne dirai rien. *(Rires.)*

– Mais, Zupin, combien avons-nous d'intelligences, alors ? répondit abasourdi l'inspecteur.

– Plusieurs, multiples, nombreuses, et complémentaires, mon cher ami. Voilà, tu en conviendras, une vision bien plus intéressante de l'intelligence que ces jugements stupides et définitifs dans lesquels tu t'es fourvoyé, toi, l'inspecteur Gélinard, qui as réussi à mettre en prison le célèbre Alfred Zupin. Tu te souviens ? J'avais besoin de vacances. »

M. Pumpkins vit alors l'inspecteur éclater en sanglots, et pleurnicher de plus en plus fort :

« Il ne me reste qu'à démissionner, et à aller biner mon jardin, disait-il. Biner, biner indéfiniment mon jardin, BINER ! BINER ! »

M. Pumpkins sursauta et se réveilla.

Le conférencier criait son enthousiasme : « BINET, Alfred BINET, le génial inventeur des tests d'intelligence et du QI, Alfred Binet qui a bien montré que l'intelligence est unique, qu'elle peut être mesurée par des tests, et qu'elle est acquise pour la vie ! »

M. Pumpkins décida alors de rentrer chez lui. Son retour fut pensif. Finalement, qu'est-ce que l'intelligence, se demandait-il ? Qui, d'Alfred Zupin ou du conférencier si bardé de diplômes, et à l'évidence si compétent, fallait-il croire ? Et qu'en penserait Mlle Rosa lorsqu'il lui raconterait cette soirée ?

CHAPITRE 7

L'intelligence : une réalité multiple

Plusieurs approches récentes mettent l'accent sur la pluralité de l'intelligence : l'intelligence est une réalité multiple, dont les diverses facettes sont fondatrices de la personnalité de chacun.

Cela pourra sembler évident et banal, et pourtant c'est une des idées les moins bien répandues qui soient. En prendre conscience – et en tirer les conséquences – pourra nous amener loin des sentiers battus. Mais avant tout préparons le terrain : il y a quelques idées reçues sur l'intelligence qui valent la peine d'être remises en cause, et d'autres idées sur lesquelles on doit pouvoir s'accorder avant d'aller plus loin.

QUELQUES IDÉES SUR L'INTELLIGENCE QUI MÉRITENT D'ÊTRE REMISES EN CAUSE

L'intelligence peut être mesurée par des tests (QI et autres)

On prend maintenant conscience des ravages qu'ont faits et continuent de faire les tests élaborés par Alfred Binet au début du siècle. L'idée de quotient intellectuel s'est répandue comme une maladie infectieuse et a frappé des continents entiers. Et ce n'est pas fini, bien que les critiques se fassent de plus en plus vives et nombreuses contre cette incroyable réduction de l'intelligence. Il en reste des traces difficilement effaçables dans notre inconscient collectif.

De nombreuses études ont mis en évidence l'absurdité de ces tests, et la vision extrêmement réductrice qu'ils donnent des capacités réelles d'un être humain. La plupart des tests d'intelligence ne

testent que les connaissances linguistiques et logiques, ou spécialisées. Ils ne mesurent pas l'intelligence, mais essentiellement un niveau culturel.

Bien entendu, les tests d'intelligence sont tellement pratiques, ils rendent les choses tellement simples... Comme une machine qui trie les œufs selon leur calibre, les capacités d'un être humain sont censées être ainsi mesurées, cataloguées, et pour toute sa vie.

Nous possédons une part plus ou moins importante, fixée à la naissance, d'une intelligence « absolue »

C'est une idée qui est sous-entendue par les tests de QI, où l'intelligence est mesurée sur une échelle graduée.

La conséquence la plus immédiate et la plus grave est que s'il existe une intelligence idéale, alors un système d'enseignement standard doit pouvoir s'appliquer à tous. Croire que nous apprenons tous à peu près de la même manière, en vue d'acquérir le maximum de cette intelligence absolue, a mis et met encore en échec des millions d'enfants dans le monde.

L'intelligence est acquise une fois pour toutes : on est ou l'on n'est pas intelligent

C'est une autre idée sous-entendue par la notion de QI. En donnant un résultat absolu et valable pour la vie, on nie la capacité d'évolution de l'intelligence chez l'être humain. Et l'aspect scientifique que se donnent les tests renforce cette croyance, la programme dans l'inconscient et conduit la personne à rester figée dans ce qu'elle est – ou ce qu'elle croit être.

Cette vue statique de l'intelligence a des répercussions incalculablement négatives et elle est souvent transmise dès la petite enfance par les parents : il est infiniment plus facile de transmettre ses propres limites que de développer les richesses propres de son enfant.

Certains chercheurs ont mis tout particulièrement l'accent sur la capacité à évoluer de l'être humain. Feuerstein, Lozanov et bien d'autres affirment qu'à tout âge et à presque n'importe quel niveau de capacité, on peut augmenter et améliorer ses facultés intellectuelles. Les seules limites à notre intelligence seraient celles que nous nous donnons à nous-même...

L'intelligence suit le développement du cerveau

Cela signifie que l'intelligence, comme le cerveau, augmenterait jusqu'à vingt ans, se maintiendrait en l'état jusqu'à environ quarante-cinq ans pour décroître ensuite.

Dans le chapitre sur le fonctionnement du cerveau, nous avons vu que l'intelligence dépendait essentiellement des *connexions* entre les neurones, et non des neurones eux-mêmes, et que ces connexions et les réseaux de neurones pouvaient s'établir pendant toute la vie.

Il est cependant vrai que l'on n'apprend pas de la même manière enfant, adolescent ou adulte : enfant, nous apprenons globalement ; adolescent, à travers un modèle que l'on nous impose, essentiellement analytique et logique ; adulte, nous utilisons plus largement nos expériences.

L'intelligence se développe par étapes

C'est un des fondements théoriques de Piaget, qui affirme qu'il y a un « âge pour » parler, lire, écrire, etc., chaque étape suivant l'autre dans un ordre nécessaire. Piaget, dans l'esprit scientifique de son époque, a fait faire des progrès considérables à la connaissance du développement cognitif de l'enfant. Mais on a constaté depuis de très nombreux contre-exemples à cette théorie de développement linéaire de l'intelligence.

QUELQUES IDÉES
SUR LESQUELLES ON PEUT S'ACCORDER

Le développement de l'intelligence est un processus complexe et global

C'est une idée que l'on admet facilement, mais dont il n'est pas simple de tirer les très nombreuses conséquences. Cela signifie par exemple que l'intelligence est liée au corps, qu'elle n'est pas uniquement une capacité à raisonner ; que les émotions ont leur place dans l'intelligence ; que l'empathie (la compréhension de l'autre) y tient un rôle essentiel.

D'un autre point de vue, cela signifie que nous développons notre intelligence chacun d'une manière différente, donc que tout enseignement de qualité doit en tenir compte.

Le développement de l'intelligence se fait par les interactions avec le monde extérieur

Les travaux de Piaget ont mis en évidence ce processus, et les recherches récentes sur le cerveau confirment ce fait.

Il reste que les conséquences pratiques de cette idée se retrouvent rarement dans les situations d'apprentissage : nous considérons encore trop souvent qu'apprendre est une démarche fermée, entre l'élève et le professeur ou entre l'élève et son livre.

Toutes les formes d'apprentissage qui nous sont familières (le professeur dictant son cours, le conférencier face à son auditoire, la méthode de langue avec sa batterie de livres et de CD) ignorent généralement cette interaction essentielle avec le monde extérieur.

Le développement de l'intelligence implique toujours à la fois le conscient et l'inconscient

Limiter l'intelligence à l'aspect conscient de la pensée est extrêmement réducteur. L'inconscient garde beaucoup, accumule beaucoup, c'est un réservoir de connaissances qu'il nous est possible d'utiliser mais que nous négligeons souvent.

Introduire dans le développement de l'intelligence un accès à ces richesses non directement conscientes s'avère particulièrement intéressant, et le bénéfice s'en retrouve en particulier dans le fonctionnement de l'intuition*.

L'intelligence est en grande partie liée à la culture dans laquelle nous vivons

On peut en déduire qu'il est sans intérêt – et même suspect – de comparer l'intelligence d'un aborigène australien à celle d'un Occidental. Pourtant si l'un et l'autre, chacun dans sa sphère d'action, peuvent être considérés comme intelligents, il est intéressant de découvrir leurs caractéristiques communes.

LES « INTELLIGENCES MULTIPLES » D'HOWARD GARDNER

Parmi les nombreuses grilles d'intelligences qui ont été élaborées, la théorie des « intelligences multiples » de Howard Gardner a le mérite d'être particulièrement simple à comprendre (car parlant bien à l'intuition) et pratique à utiliser dans une quelconque situation d'apprentissage.

Son succès dans le monde anglo-saxon depuis sa parution en 1983 a été considérable, en particulier dans les champs de l'enseignement et de la formation permanente. Elle a fait l'objet de très nombreux livres d'application. L'ouvrage de base de la théorie de Gardner a paru en français en 1996 [1].

Selon Gardner, on peut distinguer *huit intelligences* :

L'intelligence verbale/linguistique

C'est la capacité à être sensible aux structures linguistiques sous toutes leurs formes. Elle est particulièrement développée chez les écrivains, les poètes, les orateurs, les hommes politiques, les publicitaires, les journalistes, etc.

On reconnaît particulièrement cette intelligence chez quelqu'un qui aime lire, qui parle facilement, aime raconter des histoires et aime en entendre, qui aime les jeux avec des mots (mots croisés, Scrabble, etc.), les jeux de mots, les calembours.

La plupart des systèmes d'enseignement reconnaissent cette intelligence. Si elle n'est pas suffisamment développée, on est facilement en échec scolaire.

Des lacunes dans cette capacité à mettre en mots sa pensée peuvent également créer le sentiment d'être incompris

---

* L'intuition apparaît souvent comme le résultat d'un cheminement inconscient, qui tire parti d'éléments (souvenirs, émotions, etc.) non directement accessibles à la raison.

(en particulier face à ceux qui maîtrisent mieux cette intelligence) et engendrer des réactions de violence.

L'intelligence musicale/rythmique

C'est la capacité à être sensible aux structures rythmiques et musicales.

Elle est bien entendu particulièrement développée chez les musiciens (compositeurs, exécutants, chefs d'orchestre), et chez tous les « techniciens du son » (ingénieur du son, fabricant d'instruments de musique, accordeurs). Elle se trouve aussi chez les poètes, et dans les cultures à forte tradition orale. On reconnaît particulièrement cette intelligence chez quelqu'un qui fredonne souvent, bat du pied, chante, se met à danser sur le moindre rythme ; chez ceux qui sont sensibles au pouvoir émotionnel de la musique, au son des voix et à leur rythme ; chez ceux qui saisissent facilement les accents d'une langue étrangère.

Si cette capacité n'est pas suffisamment développée, on perd une partie des richesses transmises par les sons, à travers les sons organisés comme dans la musique ou dans les infinies variations du langage.

L'intelligence interpersonnelle

C'est la capacité à entrer en relation avec les autres.

Elle est très développée chez les politiciens, les enseignants et les formateurs, les consultants et les conseillers, les vendeurs, les personnes chargées des relations publiques. On reconnaît particulièrement cette intelligence chez quelqu'un qui entre bien et facilement en relation, se mélange et s'acclimate facilement ; chez ceux qui aiment être avec d'autres et ont beaucoup d'amis, ceux qui aiment bien les activités de groupe ; chez ceux qui communiquent bien (et parfois manipulent), chez ceux qui aiment résoudre les conflits, jouer au médiateur.

Si cette capacité n'est pas suffisamment développée, il y a risque d'enfermement de la personnalité ; on se coupe du plaisir d'être avec d'autres, de travailler ensemble. On risque de devenir aigri, misanthrope, critique de l'humanité dans son ensemble.

L'intelligence corporelle/kinesthésique

C'est la capacité à utiliser son corps d'une manière fine et élaborée, de s'exprimer à travers le mouvement, d'être habile avec les objets.

Elle est particulièrement développée chez les dan-seurs, les acteurs, les athlètes, les mimes, les chirur-giens, les artisans, les mécaniciens.

On reconnaît particulièrement cette intelligence chez quelqu'un qui contrôle bien les mouvements de son corps ; chez ceux qui aiment toucher, sont habiles en travaux manuels ; chez ceux qui aiment faire du sport, jouer la comédie ; chez ceux qui apprennent mieux en bougeant, qui aiment faire des expériences ; l'enseignant la reconnaîtra dans l'élève qui se trémousse s'il n'y a pas suffisamment d'occasions de bouger, chez celui qui se lève en classe pour tailler un crayon ou mettre un papier à la poubelle.

Si cette capacité n'est pas suffisamment développée, l'enfant comme l'adulte risquent de ressentir leur corps comme une gêne dans de nombreuses circonstances de la vie courante.

L'intelligence visuelle/spatiale

C'est la capacité à créer des images mentales et à percevoir le monde visible avec précision dans ses trois dimensions.

Elle est particulièrement développée chez les architectes, les paysagistes, les peintres, les sculpteurs, les naturalistes, ceux qui tentent d'expliquer l'Univers, les stratèges de champ de bataille, les metteurs en scène, etc.

On reconnaît particulièrement cette intelligence chez celui qui a un bon sens de l'orientation ; chez ceux qui aiment l'art sous toutes ses formes, ceux qui lisent facilement les cartes, les diagrammes, les graphiques, ceux qui aiment les puzzles, ceux qui aiment arranger l'espace ; chez ceux qui se souviennent avec des images, ceux qui ont un bon sens des couleurs, ceux qui ont besoin d'un dessin pour comprendre ; etc.

Si cette capacité n'est pas suffisamment développée, on peut avoir des difficultés dans les processus de mémorisation et de résolution de problèmes. Car les images produites dans le cerveau aident à la pensée et à la réflexion. Pour beaucoup de scientifiques célèbres, leurs découvertes les plus fondamentales sont venues de modèles spatiaux et non de raisonnements mathématiques.

L'intelligence logique/mathématique

C'est la capacité à calculer, à tenir un raisonnement logique, à ordonner le monde, à compter. C'est l'intelligence qui a été décrite avec beaucoup de soin et de détails par Piaget en tant que « l'intelligence ».

Elle est particulièrement développée chez les mathématiciens et les scientifiques, les ingénieurs, les enquêteurs, les juristes, etc.

On reconnaît particulièrement cette intelligence chez quelqu'un qui aime résoudre des problèmes ; chez ceux qui cherchent des raisons à tout, veulent des relations de cause à effet ; chez ceux qui aiment les structures logiques, et aiment expérimenter d'une manière logique ; chez ceux qui préfèrent la prise de note linéaire ; etc.

Si cette capacité n'est pas suffisamment développée, on a du mal à organiser des tâches complexes, à donner un ordre de priorité à une succession d'actes ; à comprendre le sens d'une démarche scientifique, ou la signification d'un phénomène ; à démonter un appareil ou un processus pour en comprendre les parties ; à utiliser le raisonnement déductif ; à se servir d'appareils fonctionnant avec une grande logique (comme un ordinateur).

L'intelligence intrapersonnelle

C'est la capacité à avoir une bonne connaissance de soi-même.

Elle est particulièrement développée chez les écrivains, les « sages », les philosophes, les mystiques.

On reconnaît particulièrement cette intelligence chez quelqu'un qui a une bonne connaissance de ses forces et de ses faiblesses, de ses valeurs et de ses capacités ; chez ceux qui apprécient la solitude, qui savent se motiver personnellement ; chez ceux qui aiment lire, qui écrivent un journal intime, ceux qui ont une forte vie intérieure.

Si cette capacité n'est pas suffisamment développée, on a du mal à tirer parti des expériences, à réfléchir sur ce qui a bien marché et comment améliorer ce qui a moins bien marché ; à prendre le contrôle de sa vie, de son apprentissage, à se donner des buts ; on est plus sensible à l'opinion d'autrui ; on cherche (et on trouve) un responsable extérieur à ses échecs.

L'intelligence du naturaliste

Elle a été rajoutée aux sept précédentes par Howard Gardner en 1996.

C'est la capacité à reconnaître et à classer, à identifier des formes et des structures dans la nature, sous ses formes minérale, végétale ou animale.

Elle est particulièrement développée chez le naturaliste, qui sait reconnaître et classifier les plantes et les animaux ; chez tous ceux qui s'intéressent au fonctionnement de la nature, du biologiste au psychologue, du sociologue à l'astronome.

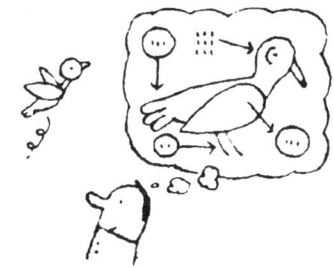

On la reconnaît chez ceux qui savent organiser des données, sélectionner, regrouper, faire des listes ; qui sont fascinés par les animaux et leurs comportements, qui sont sensibles à leur environnement naturel et aux plantes ; chez ceux qui cherchent à comprendre la nature et à en tirer parti (de l'élevage à la biologie) ; qui se passionnent pour le fonctionnement du corps humain, qui ont une bonne conscience des facteurs sociaux et psychologiques.

Et l'intelligence émotionnelle ?

Le concept d'intelligence émotionnelle, popularisé par le journaliste scientifique Daniel Goleman, a permis de donner une vision très intéressante et approfondie des intelligences interpersonnelle et intrapersonnelle définies par Gardner.

D'une manière générale, l'intelligence émotionnelle est le fait d'être à l'écoute de ses propres émotions et de celles d'autrui. Une bonne intelligence émotionnelle peut entraîner un mieux-être dans toutes les sphères d'activité, et en particulier au travail, à l'école ou chez soi.

Plus précisément, l'intelligence émotionnelle se répartit en deux grands domaines :
• la connaissance de ses émotions, leur maîtrise et leur canalisation pour l'action ;
• la perception des émotions d'autrui et leur bonne gestion, clé de bonnes relations humaines.

Depuis la parution des livres de Goleman, le concept d'intelligence émotionnel est progressivement devenu un peu flou, au point d'englober tout ce qui apparaît important et que l'on ne sait pas mettre ailleurs. Il est à la base de très nombreux séminaires et conférences sur le travail en équipe, les aptitudes à diriger, l'épanouissement des employés, l'orientation d'un service à la clientèle, etc.

L'importance des émotions, en particulier dans un apprentissage, sera plusieurs fois évoquée au fil de ces pages.

Quelques réflexions sur la théorie de Gardner

Non seulement les recherches de Gardner nous révèlent une gamme plus étendue des intelligences humaines, mais elles ont aussi généré une définition enrichissante du concept d'intelligence. Au lieu de voir "l'intelligence humaine" en terme de score à un test standardisé, Gardner la voit comme une alliance d'une quantité variable de chacune des huit intelligences qu'il a définies, intelligences que nous combinons et utilisons de diverses façons selon notre personnalité.

On comprend alors mieux que donner la prépondérance aux intelligences linguistiques et mathématiques dans les programmes d'enseignement empêche d'autres formes d'acquisition de savoirs. Et c'est ainsi que de nombreux élèves et étudiants, qui n'arrivent pas à utiliser leur pleine intelligence à travers les formes académiques traditionnelles, développent une faible confiance en eux, et que leurs richesses demeurent en partie inexploitées et perdues, pour eux et pour la société.

Depuis la parution de sa théorie en 1983, Gardner a par ailleurs pu constater que le pire comme le meilleur en avaient été tirés, mais il l'a d'abord laissée vivre et évoluer sans particulièrement chercher à la défendre. La seule évolution importante à sa théorie a été de rajouter une huitième intelligence (l'intelligence du naturaliste) aux sept intelligences de la théorie initiale, puis d'envisager également une neuvième intelligence, *l'intelligence globale* ou *existentielle*, qui serait la faculté de faire appel à plusieurs intelligences, de les contrôler et de leur donner un sens spirituel.

Au fil de ses recherches, il a cependant tenu à éclaircir certains points [2].

À ceux tentés de créer des tests pour identifier les huit intelligences, il fait remarquer que sa théorie étant une critique des tests psychométriques habituels, il serait absurde d'en élaborer.

La théorie de Gardner ne porte aucun jugement de valeur sur les personnes, suivant les intelligences développées. On a accusé cette théorie d'être raciste, car certains constataient, par exemple, que les Noirs américains avaient une intelligence kinesthésique plus développée. Ce genre de déformations d'une théorie n'est jamais anodin.

Pourquoi 8, et non 9 ou 10 intelligences ? La grille de Gardner est un outil simple qui a l'avantage d'être efficace, d'approcher d'assez près une réalité, d'être facilement compréhensible et utilisable. C'est ce qui fait sa richesse.

On peut cependant considérer que chacune de ces huit intelligences a des sous-composants. Par exemple, l'intelligence linguistique peut comprendre la capacité à apprendre les langues étrangères, à faire une analyse syntaxique ou à trouver la racine des mots.

Et Gardner soutient que l'on peut être intelligent dans de nombreux domaines simultanément.

Du côté des applications pratiques, Gardner remarque également quelques dérives, comme :

- enseigner un sujet ou un concept en tentant d'utiliser systématiquement les huit intelligences ;
- l'utilisation superficielle d'une intelligence, par exemple : faire bouger les élèves n'importe comment, sous prétexte de stimuler l'intelligence kinesthésique, ou mettre de la musique de fond pour toucher l'intelligence musicale ;
- l'utilisation des intelligences multiples uniquement dans un but de mémorisation ;
- la confusion entre intelligences et comportements. L'intelligence interpersonnelle, par exemple, s'attache à la compréhension des autres, mais il ne faut pas la confondre avec le comportement de personnes extraverties. De même l'intelligence intrapersonnelle ne caractérise pas les solitaires et les introvertis ;
- la tentation de hiérarchiser les intelligences.

LES INTELLIGENCES MULTIPLES EN PRATIQUE

Il y a deux grandes manières d'utiliser la théorie de Gardner.

D'abord, lorsque l'on a un sujet précis à apprendre ou à transmettre, on peut chercher des activités mettant en œuvre un faisceau d'intelligences. Il est rarement possible de trouver des activités différentes utilisant les huit intelligences mais on peut souvent en trouver quatre ou cinq, pourvu que le sujet soit suffisamment riche.

On peut également proposer – à tout âge – des activités déconnectées de tout savoir académique mais utilisant (et développant) simultanément un ensemble d'intelligences.

a) Apprendre à travers les intelligences multiples

Voici quelques pistes assez générales pour explorer un sujet selon différentes intelligences.

À chacun ensuite de trouver des activités plus précises permettant de toucher ces intelligences dans sa sphère d'activité [3].

Intelligence intrapersonnelle

- réfléchir au sens que le sujet a pour soi, comment l'intégrer dans un plan de développement personnel ;
- faire une recherche personnelle sur le sujet ;
- analyser la manière dont on a acquis l'information ;
- lier la nouvelle information à des compétences personnelles ;
- prendre du temps pour la réflexion personnelle, réfléchir, écrire sur ce qui a été expérimenté ;
- faire des exercices de concentration, de relaxation, d'imagerie mentale, etc.

Intelligence interpersonnelle

- discuter du sujet avec quelqu'un ;
- expliquer, et se faire expliquer ;
- travailler couramment en groupe, en binôme ; encourager le tutorat ;
- proposer la comparaison de notes, de topogramme ;
- organiser des discussions sur le sujet ;
- interroger des spécialistes du sujet ; faire des interviews imaginaires ;
- organiser des activités permettant un « retour d'information » collectif sur une activité ;
- faire des jeux ;
- faire des études de cas ;
- intégrer des activités de socialisation dans le programme, etc.

Intelligence verbale/linguistique

- faire des jeux de vocabulaire sur le sujet (mots croisés, etc.) ;
- écrire des histoires, des métaphores, des analogies ou des poèmes sur le sujet ;
- faire des comptes rendus ; faire un exposé, imaginer un discours sur le sujet, créer un jeu de rôles, créer des dialogues sur le sujet ;
- trouver plusieurs définitions convenant pour le même mot, inventer des mots sur des définitions ; paraphraser ;
- redire et écrire avec ses propres mots les résultats importants, les résumés ;
- créer des questionnaires et des tests sur le sujet ; etc.

Intelligence visuelle/spatiale

- faire un topogramme, des graphiques, des dessins, des cartes sur le sujet ;
- donner la vue globale de la notion étudiée ;
- créer et utiliser des « périphériques » (voir chapitre 18) ;
- organiser l'espace en fonction du sujet étudié ;
- faire changer de place pour avoir différentes perspectives ;
- créer des images mentales sur le sujet ;
- décrire ou faire décrire oralement des situations complexes ;
- utiliser des images, des photos pour apprendre ;
- regarder des films et des vidéos, et en faire ;
- créer ou faire créer des symboles ; etc.

Intelligence logique/mathématique

- faire une liste de questions liées au sujet à étudier ;
- décomposer une tâche en parties successives, fixer un ordre de priorité, organiser une tâche complexe, établir une hiérarchie dans les idées ;
- participer à la mise en place d'un programme d'apprentissage ;
- utiliser le raisonnement déductif, comparer ; trier par catégories ; analyser ;
- inventer des jeux ;
- faire des hypothèses sur les résultats ;
- proposer des problèmes à résoudre ;
- faire des jeux de calcul, résoudre des énigmes ;
- étudier le développement historique de la notion étudiée ;
- faire des analogies mathématiques ou scientifiques ;
- intégrer les mathématiques dans d'autres sphères du programme ou de la vie de tous les jours ; proposer des activités demandant des calculs ; etc.

Intelligence corporelle/kinesthésique

- faire des exercices où l'on devient ce que l'on est en train d'apprendre ; jouer, mimer ce que l'on apprend ;
- utiliser le mouvement pour apprendre ;

- faire des révisions mentales en pratiquant un sport ;
- faire des exercices de relaxation, de la *Brain gym* (voir chapitre 17) ;
- fabriquer un jeu sur le sujet étudié ; faire des jeux sur le sujet étudié ;
- représenter le sujet à grande échelle ;
- utiliser différentes parties du corps pour mesurer quelque chose ;
- fabriquer des maquettes ; utiliser des modèles, des machines, des Lego ;
- faire des manipulations en maths et en sciences ;
- faire parler des marionnettes sur le sujet ;
- faire des excursions, des voyages d'études, etc.

Intelligence musicale

- écrire une chanson, une ritournelle, un rap, un poème, pour résumer ce que l'on a appris ;
- faire des jeux rythmés à deux ou en groupe pour réviser ;
- utiliser la musique pour être dans un état optimal pour apprendre ;
- utiliser la musique pour créer un environnement de qualité, etc.

Intelligence du naturaliste

- rechercher la structure interne d'un phénomène, d'un processus, d'une machine, d'une construction ;
- regrouper des éléments selon certaines catégories communes, faire des collections ;
- tenir un journal d'observations ;
- faire des analogies avec des processus naturels (fonctionnement du corps humain, comportements des animaux, etc.) ;
- ramasser des éléments de la nature, les trier et les classer ;
- déterminer le nom et l'espèce d'un animal ou d'une plante ;
- observer la nature, faire des expérimentations dans la nature ;
- apprendre le nom de phénomènes naturels ;
- utiliser une loupe, une loupe binoculaire, un microscope ou un télescope pour étudier la nature ;
- dessiner ou photographier des objets de la nature ;
- faire des excursions ou des expéditions dans la nature ;
- faire du jardinage, de l'élevage, s'occuper d'animaux ;
- participer à des projets de protection de la nature ;
- visiter les musées d'histoire naturelle, les planétariums, les zoos, les jardins botaniques.

b) Développer les intelligences multiples

En fait, rares sont les activités qui ne mettent en œuvre qu'une seule intelligence. Ce sont souvent les activités considérées comme purement « intellectuelles », ou très passives (regarder la télévision). Il est intéressant de faire des activités intégrant un riche faisceau d'intelligences. Cela permet d'utiliser et de renforcer des intelligences « faibles » en les combinant avec des intelligences « fortes ». En voici quelques exemples.

ACTIVITÉ	INTELLIGENCES
faire un journal	linguistique (écrire des articles), intrapersonnelle (réfléchir au sujet sur lequel on écrit), interpersonnelle (travail en groupe), logique (prévoir la diffusion, le prix de revient), spatiale (mise en page), naturaliste (recherche documentaire, éventuellement thème sur la nature)
la poésie	linguistique (apprendre ou écrire un poème), musicale (rythmes et rimes), kinesthésique (lecture à haute voix, souffle), interpersonnelle (réciter un poème), logique (étudier un poème)
la course d'orientation	kinesthésique (courir), logique/mathématique (lire la carte, problèmes d'échelle), spatiale (se repérer dans l'espace), interpersonnelle (faire la course en équipe), naturaliste (faire la course dans la nature)
jouer d'un instrument de musique	kinesthésique (contrôle précis du mouvement), logique (solfège, étude de la partition), musicale (rythmes, timbre, sons, etc.), interpersonnelle (jouer avec d'autres, orchestre), intrapersonnelle (conscience de ses émotions, réfléchir sur son apprentissage)
opéra, comédie musicale	les sept premières intelligences
certains jeux vidéo	spatiale (où se trouve le héros par rapport à l'héroïne à délivrer ?), logique (trouver la clé de tel passage), linguistique (lire les commentaires, parfois en une langue étrangère), kinesthésique (mouvements fins et précis, déplacer rapidement la souris au bon endroit)

CONSÉQUENCES ET INTÉRÊTS
DE LA THÉORIE DE GARDNER

Les intelligences multiples dans un processus d'apprentissage

Lorsqu'un sujet a été abordé selon plusieurs intelligences, il y a au moins quatre résultats principaux :

• comme les élèves n'ont pas tous le même « faisceau d'intelligences », le professeur sera sûr de toucher plus d'élèves qu'avec une approche seulement logique ou linguistique ;

• les élèves développent le sens de ce qu'est un *expert*, lorsqu'ils constatent que le professeur peut présenter un sujet de différentes façons complémentaires ;

• le fait que leur intelligence préférentielle soit reconnue permet aux élèves de mieux accepter celles où ils sont moins à l'aise. Ils peuvent alors progressivement les renforcer ;

• enfin, ayant compris qu'on pouvait aborder un sujet de différentes manières, les élèves comprennent qu'ils peuvent s'en servir de différentes manières également. Leur ouverture sur le monde s'en trouve agrandie, leur créativité renforcée.

Les intelligences multiples lorsque l'on est parent

La théorie de Gardner peut aider les parents à prendre conscience des richesses et des intelligences de leur enfant, même si l'école ne reconnaît que certaines d'entre elles. Les difficultés dans une scolarité, auxquelles bien peu d'enfants échappent à un moment ou à un autre, peuvent être ainsi mieux comprises et mieux vécues.

Cela pourra être également un grand soulagement pour un jeune en difficulté scolaire de découvrir qu'il a une intelligence préférentielle, même si elle est mal reconnue. À lui de l'utiliser dans sa manière d'apprendre, de transformer le cours du professeur pour qu'il soit mieux adapté à cette intelligence préférentielle.

Selon la grille de Gardner, on constate que les deux intelligences les plus employées dans les salles de classe sont l'intelligence verbale/linguistique et l'intelligence logique/mathématique. La tentation est souvent grande pour les parents de renforcer en permanence ces deux intelligences.

C'est dommage pour la personnalité de l'enfant (qui aura moins l'occasion de développer d'autres intelligences), et cela n'atteint en général pas le but recherché : on constate en effet que c'est le plus souvent en privilégiant des activités faisant appel à un riche faisceau d'intelligences (mais non scolaires) que l'on surmonte progressivement l'échec scolaire.

On peut également découvrir que certaines activités utilisent un nombre très limité d'intelligences. Par exemple, regarder un feuilleton à la télévision peut être beaucoup moins riche que faire certains jeux vidéo.

Les intelligences multiples
lorsque l'on est enseignant ou formateur

L'enseignement et la formation sont les domaines privilégiés d'utilisation de la théorie de Gardner. De très nombreux ouvrages en langue anglaise sont disponibles sur le sujet, proposant différentes activités « croisées » mettant en œuvre plusieurs intelligences.

Un avantage de la théorie de Gardner est d'être très facilement compréhensible, en particulier par un enfant ou un adolescent. Sans tomber dans une systématisation des intelligences multiples, les enseignants peuvent utilement, et dès l'école primaire, aider le jeune à une prise de responsabilité vis-à-vis de son apprentissage, en lui faisant prendre conscience de ses forces et de ses faiblesses dans telle ou telle intelligence. L'élève ou l'étudiant pourra ainsi déterminer les façons d'apprendre qui lui conviennent le mieux, et développer progressivement celles où il sait être moins à l'aise.

L'utilisation du modèle de Gardner est également d'une grande richesse pour le professeur ou le formateur. C'est souvent l'occasion pour lui de faire entrer dans sa salle de cours des compétences personnelles (d'autres *intelligences* qu'il possède) même si elles n'ont pas de rapport direct avec le sujet enseigné. Toutes les études faites sur ce type d'approche ont montré la transformation généralement très positive des professeurs.

Un autre emploi de la théorie de Gardner consiste, nous l'avons vu, à proposer des activités sans rapport direct avec un programme, mais riches d'« intelligences ». C'est souvent un moyen de briser la spirale de l'échec scolaire et de ses conséquences. De nombreux professeurs l'ont compris, même s'ils font figure d'originaux. Tel professeur de français élève des lapins avec ses élèves, d'autres montent un spectacle ou un opéra, font un CD, etc.

Pour le formateur, la marge d'action peut paraître, selon les circonstances, plus limitée ou tout à fait élargie. Un stage de formation pour adultes peut intégrer des approches très variées, mais avec une certaine prudence : dans les activités proposées, il faudra tout particulièrement tenir compte des barrières mentales et des filtres personnels des participants.

Un pas plus loin avec la théorie de Gardner

La théorie des intelligences multiples peut modifier radicalement la conception que nous avons de notre propre intelligence. Elle nous fait comprendre des échecs passés et nous permet d'en tirer des conséquences pour l'avenir. Nous pouvons découvrir que ce que nous avons traîné comme un boulet pendant des années peut être source de richesses, et que la façon dont nous avons appris à l'école n'est pas nécessairement la seule.

Allant un pas plus loin, on se heurtera rapidement à la notion de « programme » telle qu'elle est admise dans notre système éducatif. Vaste lieu de polémique sur lequel la théorie de Gardner peut donner un éclairage particulièrement intéressant.

CHAPITRE 8

Comment apprenons-nous ?
Le mode préférentiel
d'apprentissage

Les bons conseils des professeurs, les recommandations des chercheurs comme des inventeurs de « méthodes » sous-entendent en général qu'il y a une *bonne* manière d'apprendre, et beaucoup de mauvaises.

Il n'en est rien, bien entendu : de même que nous avons chacun un « faisceau d'intelligences » différent, nous apprenons tous d'une manière différente. Prendre réellement conscience de cet aspect et en tirer les conséquences pratiques peut changer radicalement notre regard sur « l'apprendre ».

QUELQUES IDÉES PRÉLIMINAIRES
SUR LA MANIÈRE DONT ON APPREND

Manière d'apprendre et école

Après la période bénie de l'enfance, nous entrons par l'école dans un processus où il nous faut apprendre selon certains modes, qui vont aller progressivement en se rigidifiant : prédominance grandissante de l'apprentissage linéaire sous forme de programmes et de compétences à acquérir, règles rigides de comportement en classe, diminution progressive du mouvement et du jeu comme moyens d'apprentissage, contrôles des connaissances formels et limités à un programme, etc.

Si notre manière d'apprendre correspond plus ou moins à ce qui est imposé par le système scolaire, tout se passe à peu près bien. On estime que c'est le cas pour 20 à 30 % des élèves.

Pour les autres, cela sera plus ou moins dur. Beaucoup formeront cette masse d'élèves moyens qui montent plus ou moins facilement les degrés de l'échelle scolaire. S'ils trébuchent, leur poursuite ou leur « réorientation » dépendra souvent du milieu social des parents : un enfant en difficulté scolaire au collège sera en général traité différemment si papa est médecin issu d'une vieille bourgeoisie de province ou s'il est maçon d'origine étrangère. Qui osera dire le contraire ?

Manière d'apprendre et professeur

Outre le système scolaire et ses rigidités inhérentes (et, pour certaines, nécessaires), l'élève se trouve confronté à la manière particulière d'enseigner de chaque professeur. Cette manière d'enseigner est une synthèse de sa personnalité, de ses compétences, de la manière dont il a lui-même appris, etc. À l'élève de s'adapter, bien entendu.

Bien sûr, le professeur est attentif à ses élèves, attentif à leur réussite et (souvent) à leurs échecs. Mais il est rarement question pour lui de remettre en cause sa manière d'enseigner, qu'il considère naturellement comme la bonne. Il pourra s'étonner que d'autres collègues semblent mieux réussir que lui, aient de meilleures relations et de meilleurs résultats avec leurs élèves, sans se demander : « Qu'est-ce qui ne va pas dans ma manière d'enseigner ? »

Qui doit s'adapter ?

Un professeur peut-il tenir compte de la manière d'apprendre de ses élèves, de chacun de ses élèves ? « Impossible ! diront certains, avec mes 35 élèves (ou mes 40 adultes en formation), comment puis-je tenir compte des manières différentes d'apprendre de chacun ? Il vaut mieux qu'ils s'adaptent à *ma* manière d'enseigner. » Certes, mais on peut éviter de se laisser enfermer dans cette alternative en présentant son sujet de façon à couvrir le maximum de manières d'apprendre différentes :

Si les élèves n'apprennent pas à la manière dont vous enseignez,
enseignez-les à la manière dont ils apprennent.

Arrivé à ce point et avant d'aller plus loin, il est intéressant de mieux comprendre comment on apprend.

COMMENT APPREND-ON ?
À LA DÉCOUVERTE DE L'*INCROYABLE MACHINE*...

L'*Incroyable Machine* est une représentation imagée de la manière dont nous apprenons, ce que l'on peut appeler notre « mode préférentiel d'apprentissage ». Cette machine, imaginaire bien sûr, n'est qu'un outil de réflexion et ne prétend pas systématiser un processus particulièrement complexe et global. Nous y trouverons des pièces que nous avons déjà décrites dans les chapitres précédents, et d'autres qui seront détaillées plus loin.

Apprendre comprend, en schématisant un peu, trois grandes parties :

- la manière dont nous recevons l'information,
- la manière dont nous traitons l'information,
- la manière dont nous utilisons l'information.

L'ensemble forme notre *mode préférentiel d'apprentissage.*

Le processus est plutôt continu, bien entendu, et ses divers éléments sont imbriqués.

Première étape : réception de l'information

On peut y trouver **trois parties**, et un **disjoncteur**.

D'abord, *l'environnement d'apprentissage.* Ce sont les conditions externes qui, pour nous, favorisent l'apprentissage. Elles varient d'une personne à l'autre, et peuvent très bien varier, pour une même personne, d'un moment à un autre.

Ensuite les *modalités personnelles d'acquisition.* Elles sont sensorielles et mentales, et représentent notre manière privilégiée de recevoir l'information.

Enfin, les *filtres personnels d'entrée.* Fortement liés à notre histoire personnelle, ils bloquent ou laissent passer l'information selon des critères rarement logiques.

Entre la première et la deuxième partie se situe un *disjoncteur* dont nous avons déjà parlé : le *système limbique.* À lui le rôle, en cas de sentiment de menace, de faire basculer le cerveau vers des « comportements de survie », bloquant alors en partie ou totalement le processus d'apprentissage au bénéfice de ces comportements de survie.

Tout cet ensemble est relié à notre mémoire à long terme, dont une grande partie échappe à notre conscience immédiate.

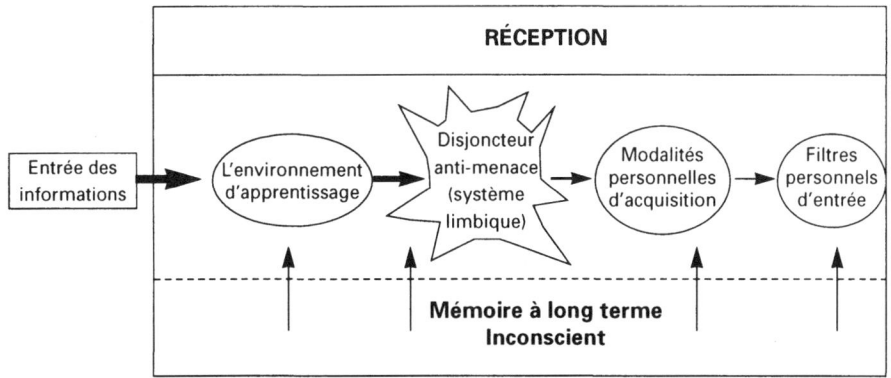

1. L'environnement d'apprentissage

Il comporte quatre éléments principaux :

• l'environnement matériel : le lieu où l'on apprend, les bruits, la température, l'éclairage, etc. ;
• l'environnement physique : l'assise, la posture, la nourriture, les rythmes biologiques, etc. ;
• l'environnement social : avec qui apprenons-nous ?
• l'environnement mental et émotionnel : comment ressentons-nous l'apprentissage ?

Souvent considéré de peu d'intérêt pour apprendre, l'environnement d'apprentissage peut au contraire avoir une influence considérable. Nous en reparlerons au chapitre 10.

2. Nos modalités personnelles d'acquisition

On considère en général que nous acquérons l'information avec certains sens privilégiés (selon le modèle visuel-auditif-kinesthésique) et avec certaines modalités mentales (par exemple le modèle hémisphère gauche-hémisphère droit).

Il peut être intéressant d'identifier telle ou telle dominante. Mais il est souvent plus judicieux de s'adresser conjointement à l'ensemble des modalités sensorielles et mentales par des techniques et des actions adaptées.

Dans une situation d'apprentissage, les *auditifs* ont une préférence naturelle pour les cours et les conférences, et sont parfois perdus s'il faut prendre des notes en même temps. Ils aiment qu'on leur explique, ils préfèrent écouter une histoire plutôt que de la lire. Ils aiment bien le son des mots. Pour eux, le monde des sons contient une riche variété de significations.

Les *visuels* préféreront apprendre dans un manuel ou un livre, regarderont les illustrations et les transparents du conférencier. Ils prendront volontiers des notes, feront des diagrammes.

Ils apprennent mieux en regardant qu'en parlant, en écoutant ou en faisant.

Les *kinesthésiques* sont les personnes préférant apprendre par le mouvement, en écrivant, en faisant des gestes, en marchant. Les kinesthésiques sont plus à l'aise s'il y a des activités ou un travail en groupe, si l'on peut se déplacer en apprenant. Ils préfèrent faire quelque chose plutôt que d'en parler.

Lorsque leur modalité préférentielle est par trop négligée, les kinesthésiques se trémoussent, ne tiennent pas en place, et sont parfois mal considérés pour cela.

C'est une modalité bien moins intégrée que les deux précédentes dans un processus d'apprentissage tel qu'il est conçu chez nous. Ce n'est pas le cas partout, certaines sociétés l'utilisent d'une manière préférentielle. Nous en reparlerons au chapitre 17. Toucher au mieux ces trois modalités sensorielles permet d'éviter, dès le début du processus, une perte d'informations parfois importante*.

En ce qui concerne les modalités mentales d'acquisition de l'information, les *hémisphère gauche dominant* préfèrent plutôt les processus linéaires, clairs, bien organisés, qui suivent une logique précise. Ils deviennent mal à l'aise et anxieux lorsque les choses ne se déroulent pas comme prévu.

Pour développer leurs compétences « hémisphère droit », on peut leur proposer de plus utiliser leur intuition, de visualiser l'ensemble d'un processus, de se détendre pour mieux accepter l'imprévu.

Les *hémisphère droit dominant* sont plutôt intuitifs, spontanés, créatifs, aventureux. Ils manquent souvent d'organisation, et ont du mal à hiérarchiser leurs idées. Ils peuvent avoir du mal à traduire en mots (forcément d'une manière linéaire) une situation qu'ils perçoivent globalement.

Développer leurs compétences « hémisphère gauche » est pour eux une nécessité s'ils souhaitent pouvoir traduire leur pensée créatrice en mots.

3. Nos filtres personnels d'entrée

Nous avons tous des filtres personnels, et en toutes circonstances.

Ils se sont formés à travers des modèles parentaux et sociaux, et à travers nos expériences passées. Rarement explicables rationnellement, ils sont en rapport avec notre « moi profond ». Leur effet peut être considérable, en particulier lorsque nous apprenons.

Ce sont eux qui nous font refuser quelque chose, qui nous font comprendre de travers, ou agir parfois d'une manière difficilement compréhensible, pour nous-même ou pour les autres. Ce sont eux également qui nous protègent d'informations qui pourraient nous blesser ou d'une vision de la réalité mettant en danger notre personnalité.

Chaque apprenant apporte, forcément, ses filtres personnels dans un processus d'apprentissage. Ces filtres sont en général méconnus du professeur, et peuvent déformer l'information, la bloquer, ou la laisser passer. Le professeur a également ses propres filtres, évidemment, qui interviennent aussi dans le pro-

---

* On considère en général que sur un groupe d'élèves (jeunes ou adultes) les deux tiers sont capables d'apprendre d'une manière relativement efficace à travers ces trois modalités, et qu'ils ne nécessitent pas d'attention particulière. Le tiers restant a une préférence tellement marquée pour l'une des modalités qu'il lutte en permanence pour faire rentrer ce qu'il reçoit à travers cette modalité, même si elle est mal adaptée.

Il est intéressant de noter que le professeur ou le formateur a en général lui-même une modalité sensorielle dominante, qu'il aura tendance à imposer à ses élèves.

cessus : ceux qui font partie de sa personnalité, et ceux qu'il peut avoir envers ses élèves à travers ce qu'il connaît de leur cursus scolaire ou de leur situation familiale.

Tenir compte directement des filtres personnels de ceux qui apprennent semble impossible, sauf en cours particulier ou d'une manière ponctuelle. L'emploi de la suggestion telle qu'elle a été proposée par Lozanov (et que je détaillerai plus loin), ainsi que de nombreuses techniques décrites au fil de ces pages permettent de dissoudre progressivement certains des filtres qui bloquent l'apprentissage, et d'éviter dans une certaine mesure la déformation de l'information.

Quelques filtres d'entrée...

• Une opinion sur soi (« Je suis nul » ; « Je suis mauvais en langues comme ma mère ») ;
• une relation à d'autres (« Le professeur ne m'aime pas ») ;
• une crainte (« Si je rate ce contrôle, mon père va me flanquer une raclée ») ;
• une vie trop lourde à l'extérieur de l'école (« Mes parents sont en train de divorcer » ; « Je dois m'occuper de mes petits frères le soir ») ; etc.

Et quelques exemples de mise en action de filtres

Telle personne comprendra exactement l'inverse de ce que vous avez dit, ou de ce qu'elle a sous les yeux (elle était *contre* dès le départ) ; à la question de brevet : « Qui était Hitler ? », un élève de troisième donna pour toute réponse : « Hitler était un mauvais élève et son professeur le battait » ; certains adultes refuseront d'écouter la moindre explication scientifique d'un phénomène (ils gardent un souvenir abominable des matières scientifiques à l'école) ; etc.

Deuxième étape : le traitement de l'information

C'est le moment où nous intégrons l'information, où nous en faisons une part de nous-même. C'est un processus qui peut s'étaler sur un certain temps.

On peut voir trois grandes parties dans ce processus d'intégration :

• une *phase d'assimilation*, où nous relions l'information nouvelle à ce que nous connaissons déjà ;
• une *phase d'activation*, où nous commençons à « jouer » avec cette nouvelle information ;
• le « *contrôle de qualité* » de l'information intégrée.

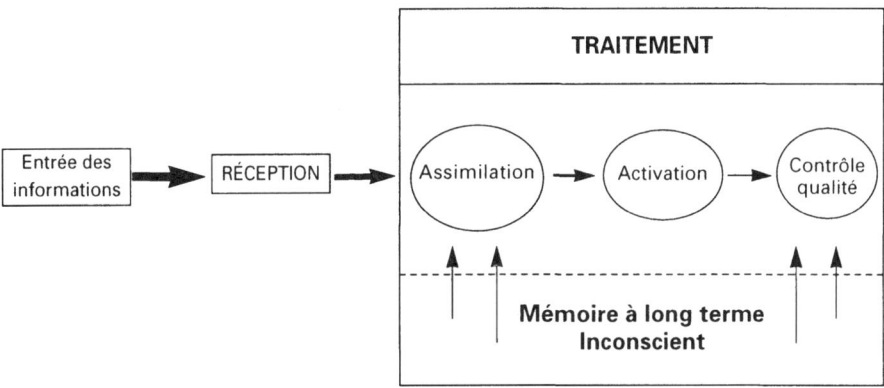

1. Assimilation

C'est le processus de *compréhension* de la nouvelle information reçue, qui permet de se l'approprier. L'assimilation sera plus ou moins aisée en fonction de la difficulté du sujet étudié, de la clarté de la présentation et de son adaptation aux capacités des apprenants. Elle sera facilitée si l'information reçue peut s'accrocher sur des « points d'ancrage », c'est-à-dire sur des connaissances antérieures (mêmes minimes) sur le sujet.

2. Activation des informations reçues

Le meilleur moyen d'intégrer une information est de l'utiliser, cela semble évident. On peut cependant faire quelques remarques complémentaires :

• cette phase d'activation devrait représenter plus de la moitié du processus d'apprentissage. Elle est souvent extrêmement réduite, ou laissée à la seule charge de l'élève ;
• il est souhaitable que les émotions fassent partie de la phase d'activation, si l'on souhaite une bonne assimilation ;
• les moyens d'activer une nouvelle information pour mieux l'intégrer sont infiniment plus nombreux que nous ne l'imaginons souvent. La grille des intelligences multiples de Gardner est particulièrement adaptée pour organiser cette phase.

3. Contrôle qualité

C'est une étape essentielle pour garantir un bon apprentissage. Il s'agit, pourrait-on dire, de vérifier que le nouveau « câblage » des neurones (correspondant à la notion assimilée) est correct. Car toute utilisation d'un mauvais câblage (c'est-à-dire que l'on a mal compris la notion) va le renforcer et nécessitera l'effort supplémentaire de le démonter avant d'en reconstruire un nouveau qui soit correct.

Le feed-back *immédiat* est le meilleur moyen de ce contrôle. Nous en reparlerons au chapitre 20.

Troisième étape : l'utilisation de l'information

Dans cette troisième phase, nous avons essentiellement deux paliers, en relation avec la mémoire à long terme (c'est-à-dire nos connaissances et nos expériences passées) :

- des filtres personnels de sortie,
- notre état personnel d'utilisation.

On remarque l'apparition d'une *mémoire à court terme* (qui apparaît en fait dès la phase d'activation) : nous nous rappelons pendant un temps assez bref certaines informations, qui seront ensuite soit effacées (ou stockées dans des zones inaccessibles de notre cerveau), soit transférées dans la mémoire à long terme.

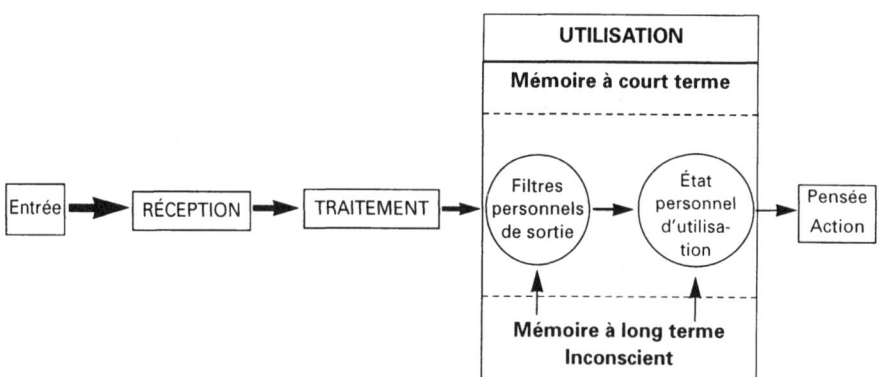

1. Nos filtres personnels de sortie

Une fois l'information reçue et traitée, ce sont nos filtres personnels de sortie qui nous décideront à agir, ou non ; à accepter les conséquences de cette nouvelle information, ou non ; qui nous suggéreront une utilisation de cette information dans le futur, ou son oubli. Ces filtres sont très liés à notre mémoire à long terme et à nos expériences passées.

Quelques filtres de sortie :

• une relation à soi difficile (« Je suis nul, je suis moche, et je ne veux pas réussir) ;
• une opinion (« Il parait que ce formateur est nul ») ;
• une relation à d'autres (« Je ne veux pas faire plaisir au professeur/au formateur/à mes parents » ; « Si je réussis, j'aurai une bonne note et mes copains me traiteront de fayot » ; « Je ne *peux* pas savoir plus de choses que mes parents, sinon je ne les aime plus ») ;
• un refus de changer (« Si je réussis, j'aurai cette promotion et des responsabilités dont je ne veux pas ») ;
• un regard sur la vie (« Réussir un apprentissage, c'est ringard, c'est bon pour les mômes ») ; etc.

À ces filtres correspondront parfois différents comportements des apprenants.

Certains par exemple seront généralement approbateurs, d'autres contestataires : l'approbateur appréciera les similitudes, le suivi des règles, la bonne marche du processus ; le contestataire soulignera les différences, les exceptions, ce qui ne va pas, il remarquera ce qui manque, ce qui est inhabituel, ce qui s'écarte de la norme.

2. Notre état personnel d'utilisation

C'est lui (et en particulier l'environnement d'apprentissage) qui nous poussera *in fine* à choisir telle ou telle utilisation de l'information que nous avons reçue.

Si l'environnement est positif et qu'il nous soutient, nous pourrons prendre le risque de sortir de notre zone de confort, d'élargir le champ de nos connaissances et de notre personnalité. Dans ce cas, nous ne craindrons pas de nous exprimer, d'agir, de prendre des initiatives.

Si nous considérons l'environnement de sortie comme peu positif, nous aurons tendance à rester dans les limites de notre zone de confort et dans des comportements passifs et sans risques.

L'idéal est que le processus d'apprentissage permette d'*apprendre à prendre des risques*, mais dans un environnement parfaitement sûr. C'est comme le petit enfant qui apprend à marcher : il prend le risque de tomber, mais sait que l'environnement physique et affectif qui l'entoure est sans risque. Bien au contraire, il le soutient. Et l'enfant continue.

L'*Incroyable Machine* en fonctionnement

Une fois conçue et comme toute bonne machine, notre *Incroyable Machine* a besoin de plusieurs choses essentielles :

• d'*informations correctes à l'entrée*. Les informations entrantes, c'est le contenu de la connaissance, ce qui nécessite que le professeur ait des compétences personnelles sur le sujet, et qu'il les maîtrise bien ;

• d'un *carburant de qualité*, et *bien adapté*. Nous donnerons au chapitre suivant quelques caractéristiques de ce mélange, composé essentiellement d'oxygène, de bonne nourriture, d'eau, de relaxation et d'émotions. Il permet un fonctionnement idéal de la machine ;

• d'un *bon réglage*. Ce sera la charge de celui qui transmet le savoir de bien doser le fonctionnement de chaque partie, d'orchestrer l'intégration harmonieuse de chaque élément. C'est ce qui fait toute la richesse du métier d'enseignant, l'intérêt du métier de formateur, la joie du parent.

C'est ce qui peut donner à tous ce plaisir d'apprendre, comme le plaisir du mécanicien à entendre un moteur qui « tourne rond ».

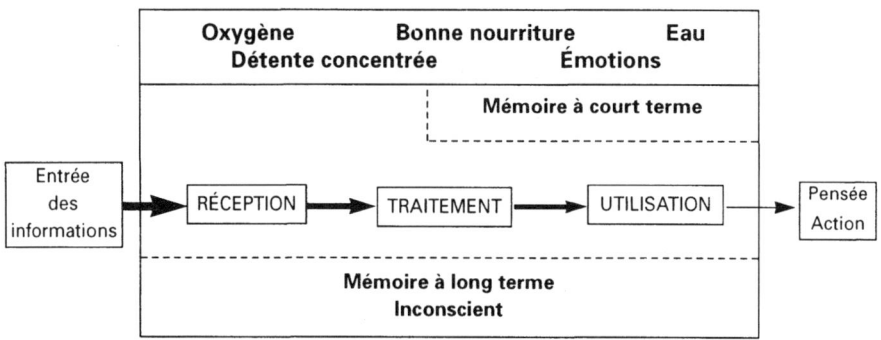

QUELQUES CONSÉQUENCES
DU MODE PRÉFÉRENTIEL D'APPRENTISSAGE

De cette description imagée, nous pouvons tirer deux grandes conclusions :

• apprendre est un processus global qui met en œuvre *toute la personnalité* de celui qui apprend, à différents niveaux ;
• c'est également un processus éminemment *personnel*.

Tenir compte du mode préférentiel d'apprentissage pourra sembler une démarche intéressante mais particulièrement difficile à mettre en œuvre, surtout lorsque l'on a la charge d'enseigner à des groupes importants.

On peut pourtant imaginer un processus où chacun puisse y trouver son compte, en proposant plusieurs approches différentes et complémentaires, et en respectant certains modes d'apprentissage (comme le mouvement).

D'une manière plus pratique, remarquons quelques points :

• Dans la première partie de notre *Incroyable Machine*, l'état personnel de l'apprenant joue un rôle non négligeable. Laisser une plus grande liberté (avec bien entendu les limites de la socialisation) dans le choix de son environnement physique et mental peut à la fois aider à mieux apprendre, et à mieux prendre conscience de la manière dont on apprend.

• Dans la deuxième partie de la machine, il sera intéressant de donner une plus grande variété à la présentation et à l'activation de l'information. On veillera également à fournir aussi souvent que possible à l'apprenant des moyens lui permettant de contrôler la validité de ce qu'il a appris.

• La troisième partie joue un rôle considérable dans le développement personnel, dans la formation de la personnalité et son épanouissement. C'est là où se développeront la confiance en soi, le goût du risque calculé, le plaisir d'apprendre et l'envie de continuer à apprendre. Un soin particulier à l'environnement d'apprentissage (physique et mental) est essentiel pour favoriser ce développement personnel.

Un pas plus loin...

Respecter le mode préférentiel d'apprentissage, le sien comme celui des autres, est un éloge de la différence.

Car mieux connaître (sans en faire un système absolu) le mode préférentiel de son patron, de son conjoint, de ses élèves, de ses collègues de bureau, de son professeur, ou de ses enfants peut aider à mieux entrer en relation avec eux. Et ces différences peuvent être au cœur d'un enrichissement mutuel dépassant les compétences universitaires, l'âge, la culture ou le niveau social.

Alors, allant un pas plus loin, transmettre un savoir redevient une démarche infiniment respectueuse.

CHAPITRE 9

Quelques pistes concernant la mémoire

Difficile de donner une définition simple de la mémoire. C'est la capacité de se souvenir, mais on se heurte déjà à certains problèmes. Comment expliquer tous ces phénomènes familiers liés à la mémoire, comme les pertes de mémoire, la bonne et la mauvaise mémoire, le « nom sur le bout de la langue », la mémoire photographique, les blocages de mémoire, les échecs de la mémoire ; et puis les choses que nous retenons instantanément et définitivement, et celles que nous pouvons apprendre dix fois et oublier tout aussitôt.

Il y a également ces phénomènes bizarres que l'on rapporte sur la mémoire, ces souvenirs incroyablement anciens qui peuvent revenir, lors d'une psychanalyse par exemple ; ou les personnes qui se souviennent de toute leur vie en un instant, comme dans un film au ralenti, lors d'un danger intense et immédiat ; celles qui, sous hypnose, se rappellent une multitude de détails. Difficile de faire rentrer cela dans une théorie qui se tienne.

Mais laissons de côté les aspects les plus exotiques de la mémoire et intéressons-nous à ses aspects plus communs, dont on peut tirer facilement des enseignements pratiques. Bien que notre connaissance de la mémoire soit encore limitée, on commence à pouvoir expliquer son fonctionnement sur les plans biologique et psychologique, en particulier lorsque nous apprenons.

La plus surprenante des clés de la mémoire est une caractéristique naturelle de notre cerveau. Nous avons vu que les deux hémisphères cérébraux ont des modes de fonctionnement très différents. Les deux sont bien entendu impliqués dans les phénomènes de mémorisation, mais l'hémisphère droit semble posséder des capacités à mémoriser *infiniment supérieures* à celles de l'hémisphère gauche. Curieusement, c'est pourtant l'hémisphère gauche qui est sollicité le plus souvent dans la manière traditionnelle d'apprendre et de retenir.

Une question avant d'aller plus loin : quelles sont les capacités de notre mémoire ? Il semble que la réponse soit du même ordre que celle concernant les capacités du cerveau : sûrement bien plus grandes que ce que nous pensons généralement...

PREMIÈRES CONSTATATIONS

Une première constatation que nous pouvons tous faire est que notre mémoire semble sélectionner ce que nous ressentons fortement, tandis qu'elle rejette ce qui ne nous affecte pas. Nos souvenirs les plus marquants sont la plupart du temps liés à des émotions (lorsqu'ils n'ont pas été refoulés dans l'inconscient profond, pour cause de surcharge émotionnelle). Le lien entre mémoire et émotions semble particulièrement fort, et le système limbique (notre « deuxième cerveau » du *cerveau trine*) semble y jouer un rôle capital. Il faudra nous en souvenir.

Un peu d'émotion, monsieur l'illustrateur, s'il vous plaît, pour nous souvenir du rôle des émotions dans le fonctionnement de la mémoire :

Merci.

Une deuxième constatation est que la mémoire ne fonctionne pas d'une manière linéaire. On peut avoir accès au souvenir d'une *pomme* à travers les concepts de fruit, de rouge ou de vert, de douceur, de rond, de nourriture, d'odeur, d'arbre en fleur, d'épicier, de New York *(The Big Apple)*, de chimie (odeur d'un ester), de chanson enfantine *(Pomme de reinette et pomme d'api)*, de physique (Newton sous son pommier), de Bible et de religion, etc.

À l'inverse, l'idée d'une pomme peut nous mener à un très grand nombre de souvenirs. Mais on imagine la difficulté à faire ces liens si l'on ignore *totalement* ce que peut être une pomme.

On voit poindre déjà une application directe de cette constatation : la mémorisation sera d'autant meilleure qu'elle sera reliée à de plus nombreux « points d'ancrage », sur lesquels des structures mentales pourront se créer et se densifier. Car il est difficile de mémoriser quelque chose dont on ignore tout, dont on n'a strictement aucune expérience.

Troisième constatation : il y a, semble-t-il, plusieurs sortes de mémoires qui paraissent avoir des modes de fonctionnement différents quoique complémentaires.

Divers modèles ont été imaginés pour représenter ces mémoires. Nous en verrons brièvement deux, particulièrement intéressants pour mieux comprendre le fonctionnement de la mémoire dans un apprentissage :

* la mémoire à court terme et la mémoire à long terme,
* la mémoire des savoir-faire et la mémoire d'adaptation.

MÉMOIRE À COURT TERME
ET MÉMOIRE À LONG TERME

Des informations entrent par nos sens en permanence, mais une grande partie de ces informations n'est pas nécessaire, du moins hors du court terme. Elles sont perçues essentiellement au niveau subconscient, et une partie s'évanouit rapidement : c'est la mémoire à court terme. D'autres informations, par contre, sont stockées d'une manière plus durable, formant la mémoire à long terme [1].

En première approche, on peut dire que la mémoire à long terme entre en fonctionnement essentiellement dans quatre cas :

* lorsque l'information est fournie fréquemment dans un contexte riche et varié,
* lorsqu'elle se présente dans un contexte émotionnel fort,
* lorsque nous sommes très bien détendu,
* lorsque nous créons des images mentales de cette information.

Ces quatre points forment la structure d'un apprentissage plus facile et plus plaisant, qui est décrit dans ce livre.

MÉMOIRE DES SAVOIR-FAIRE
ET MÉMOIRE D'ADAPTATION

Une autre approche de la mémoire, très différente de la précédente, est également intéressante. Elle distingue :

* une *mémoire des savoir-faire*, formée de comportements acquis *dans le passé* comme marcher, peler une pomme, faire démarrer et conduire une voi-

ture, traverser une rue, faire du vélo, mettre en route la machine à laver, faire cuire un œuf au plat, allumer une cigarette, etc. ;
• une *mémoire d'adaptation* en relation avec l'espace où nous sommes et ce que nous faisons *dans le moment présent*. C'est elle, par exemple, qui nous permet de nous acclimater rapidement à un nouveau lieu ou à un nouvel apprentissage.

Voici quelques caractéristiques intéressantes de ces deux mémoires [2] :

La *mémoire des savoir-faire* est une mémoire d'habitudes particulièrement utile dans notre vie de tous les jours, mais qui résiste au changement. En général, ces « souvenirs » ne sont pas chargés d'un sens particulier. Ce que l'on veut, c'est avoir accès à cette information quels que soient le sens et le contexte : on veut pouvoir faire démarrer et conduire sa voiture aussi bien pour aller à son travail ou faire des courses que pour partir en vacances.

Mais c'est une mémoire très figée. Si, un jour, la voiture ne démarre pas, on est désorienté, à moins de pouvoir appliquer un autre « savoir-faire » particulier qui s'adapte à ce cas (vérifier la batterie, les fusibles, appeler le voisin bricoleur, etc.).

L'apprentissage de ce type de « souvenirs » se fait essentiellement par la pratique et la répétition. C'est ainsi que l'on apprend à un enfant à traverser la rue en regardant à droite et à gauche, à attendre que le signal soit rouge pour les voitures, vert pour les piétons, etc. C'est aussi le cas d'entraînements très spécialisés (pour les pilotes d'avion ou les plongeurs par exemple), qui nécessitent des procédures particulières leur permettant d'agir rapidement et « sans réfléchir » dans certaines circonstances.

C'est une mémoire dont on peut facilement mesurer les résultats par des tests, et qui est puissamment motivée par la récompense et la punition (sous des formes diverses). Elle nécessite des efforts soutenus, et il faut donc prévoir des phases de repos et des intervalles de mémorisation. Elle fonctionne même en état de stress ou de menace.

Appliquée au milieu scolaire, la « mémoire des savoir-faire » est essentiellement utilisée dans des enseignements linéaires et précis : pour se souvenir de dates, d'événements, d'informations spécifiques, etc. Pour le professeur ou l'instructeur, il est relativement facile de l'activer : apprendre à faire telle chose, puis telle autre, puis ensuite enchaîner les différentes étapes. Cet apprentissage est rarement remis en cause par celui qui apprend : c'est comme cela, et voilà tout.

Développer ce type de mémoire ne devrait tenir qu'une partie relativement faible (mais nécessaire) dans un processus global d'enseignement et d'éducation.

La *mémoire d'adaptation* a un fonctionnement beaucoup plus global que la mémoire des savoir-faire. Elle nous permet de former d'une manière presque instantanée (et non consciente) une « carte spatiale » de l'endroit où l'on est, au moment présent, c'est-à-dire de vivre et d'agir dans le lieu et l'instant.

C'est une mémoire ouverte et flexible. Le fonctionnement de cette mémoire est motivé et amélioré par la nouveauté, la curiosité, l'attente, etc., et si plusieurs sens y participent.

La *mémoire d'adaptation* est presque infatigable ; devant s'adapter à de nouvelles situations, elle est intrinsèquement motivée par la nouveauté ; elle met en œuvre toute la personnalité, en particulier les émotions ; elle fonctionne mal en cas de stress ou de menace. C'est une mémoire interdisciplinaire, beaucoup plus difficile à tester et à mesurer.

Dans un processus d'apprentissage, il est souhaitable que ces deux mémoires soient complémentaires, mais c'est souvent la première qui est privilégiée, car plus facilement mesurable.

QUELQUES ÉLÉMENTS
QUI PEUVENT AIDER LA MÉMOIRE

De nombreuses « toutes petites choses » peuvent aider la mémoire, parfois d'une manière considérable.

Un petit rappel : la mémoire est l'un des aspects du fonctionnement du cerveau. Il faut donc que l'ensemble de la « machine » soit correctement alimenté en « carburant », en *composants de base*, en particulier en eau, en oxygène, en bonne nourriture, en relaxation, etc.

La création de nouveaux points d'ancrage

L'une des caractéristiques essentielles du fonctionnement du cerveau est sa capacité à *créer des structures mentales*. Ces structures mentales doivent s'appuyer sur des « points d'ancrage » sur lesquels d'autres informations peuvent s'accrocher : car il est très difficile de mémoriser quelque chose qui nous est *totalement* étranger.

Créer de nouveaux points d'ancrage, c'est faire des choses nouvelles, des voyages, de nouvelles expériences, manger de nouvelles choses, aller à des endroits nouveaux, commencer de nouvelles activités, etc. Ce point est particulièrement sensible chez les enfants n'ayant que des points d'ancrage limités, du fait de leurs parents ou de leur milieu social. Ces enfants ont ensuite du mal à assimiler les nombreuses informations qu'ils reçoivent à l'école ou dans leur vie, à les relier à quelque chose de connu.

Dans un processus d'apprentissage, il sera intéressant de créer ou de multiplier ces points d'ancrage *avant* le début effectif de l'étude du sujet. Cela peut se faire de différentes manières :

• Faire le tour de ce que l'on sait déjà sur le sujet (par exemple en réalisant un topogramme). On est parfois surpris de découvrir à ce stade que l'on connaît déjà pas mal de choses. Même si ces notions sont partielles et floues, elles pourront aider à fixer les nouvelles informations.

• Familiariser progressivement les apprenants avec les notions qui seront étudiées un peu plus tard. Pour cela, on peut utiliser différents moyens : des « périphériques » (décrits au chapitre 18), des histoires sur le sujet, un film, une visite, etc. Cette familiarisation peut commencer plusieurs semaines avant l'étude proprement dite du sujet.

Le rappel de ce qui a été appris

Rappeler (selon un cycle relativement précis) ce qui vient d'être appris est une manière d'intégrer la répétition dans le temps, en utilisant les caractéristiques maintenant mieux connues de la mémoire.

De nombreux chercheurs ont montré en particulier que si l'on ne revoit pas *très rapidement* ce qui vient d'être appris (qui reste un certain temps dans la mémoire à court terme), l'information est généralement oubliée.

Pour une bonne mémorisation, la répétition semble particulièrement utile *quelques minutes après* avoir appris, lorsque l'information commence à s'évanouir. D'une manière générale, le meilleur rythme de répétition serait :

• dix minutes après,
• dans les quarante-huit heures,
• la semaine suivante.

(C'est ce que l'on appelle parfois le principe du 10/48/7.)

La répétition à l'identique n'est pas souhaitable, d'une part parce qu'elle prend du temps, d'autre part parce qu'elle devient vite ennuyeuse, donc ferme la mémoire.

Ces rappels peuvent être très rapides, ne durer qu'un court instant. Ils peuvent prendre la forme d'une question posée, de la réalisation d'un topogramme ou du développement de l'une de ses branches, d'une petite histoire intégrant la nouvelle information, d'un jeu rapide, etc.

La segmentation

Il semble que cela ne soit pas l'information en elle-même qui limite la mémorisation (par sa difficulté en particulier), mais le *nombre de segments* selon lesquels l'information est présentée.

Le principe de segmentation consiste tout simplement à diviser ce qu'il faut apprendre en groupes suffisamment petits *en fonction directe de la capacité de l'apprenant.*

On peut ainsi apprendre des choses très compliquées, même à un petit enfant, en

« découpant » la notion à apprendre en segments suffisamment petits. On peut par exemple apprendre à jouer aux échecs en utilisant d'abord un fou, une tour ou un cavalier, puis en utilisant deux pièces différentes, puis trois, etc.

Ce principe est également souvent utilisé avec les handicapés, physiques ou mentaux.

Le principe de segmentation, aussi « évident » qu'il puisse paraître, est d'une très grande utilité dans une démarche d'apprentissage (comme d'ailleurs dans la vie de tous les jours). En particulier, les causes d'un blocage scolaire peuvent venir de là : des segments qui manquent, pas toujours perceptibles, ou une segmentation en trop gros morceaux inassimilables par l'élève.

Le début et la fin

C'est une constatation que l'on peut faire assez facilement : on se souvient en général mieux du début et de la fin d'une liste de mots, d'une conférence, ou d'un livre. D'où l'intérêt lorsque l'on apprend d'avoir de nombreux « débuts » et « fins », en découpant le temps d'apprentissage en périodes relativement courtes.

Des pauses nombreuses et courtes

Il semble qu'un nombre assez élevé de pauses courtes augmente la capacité de mémorisation. Une pause toutes les 30 minutes semble la mesure idéale, chaque pause durant environ 5 minutes, mais pas plus de 10 minutes sous peine d'en perdre le bénéfice. La pause doit être totalement déconnectée du sujet étudié.

Même si le travail marche bien, on a intérêt à faire des pauses. Pause ne signifie pas forcément *pause café*, ou *pause cigarette*. Cela peut prendre la forme d'un exercice de relaxation, de mouvements particuliers, d'étirements. Il est important que le corps puisse bouger lors de ces pauses.

On peut également proposer des *pauses créatives* (décrites au chapitre 20), activités très brèves qui permettront aux apprenants de libérer un instant leur créativité.

MÉMORISER
EN CRÉANT DES IMAGES MENTALES

Créer des images mentales volontaires est un moyen particulièrement efficace de mémoriser.

Il importe cependant de suivre certaines règles simples. Ces images doivent être le plus possible *colorées*, *exagérées*, et inclure du *mouvement*. Un bon exemple de ce type d'images est donné par les dessins animés.

Il faut par ailleurs qu'elles partent d'un *point d'ancrage* facile à retrouver.

Premier exercice : le système des mots clés

Un premier exercice d'entraînement à la visualisation, facile et aux résultats spectaculaires, est de mémoriser sans effort une liste de 20 mots (ou 30 ou 100, ce n'est pas plus difficile, c'est juste un peu plus long), avec leur numéro d'ordre. Il a l'avantage de bien faire comprendre l'intérêt des images mentales pour mémoriser, et permet de s'entraîner progressivement à en créer. C'est un procédé relativement connu dont je rappelle le principe.

Lorsque l'on découvre cette technique, il y a une petite activité préparatoire, que l'on fait une fois pour toutes. Chaque nombre (disons de 1 à 20 pour commencer) est relié à un point d'ancrage, *toujours le même*, que l'on appelle souvent un « mot clé ». Chaque mot clé est relié à une image mentale, *toujours la même* (et très exagérée).

Les 9 premiers mots clés, correspondant aux 9 premiers chiffres, ont été choisis ne comportant qu'un son (le 1 sera ainsi allié au son « t », le 2 au son « n », le 3 au son « m », etc.). Le zéro formant les dizaines est représenté par le son « se ».

Puis les autres mots clés, chacun relié à un nombre, ont été ensuite choisis pour leur combinaison de sons. Ainsi le 1 sera représenté par le mot clé *Thé* (le son t), le nombre 11 par *Tête* (le son t-t), le nombre 111 par *tête-à-tête* (le son t-t-t), le nombre 12 par *Tonneau* (le son t-n), etc.

Voici la liste des cent premiers mots clés de mémorisation[3] :

1	thé	26	nicho	51	lutin	76	cocher
2	Noé	27	nougat	52	lune	77	coucou
3	mai	28	nef	53	lame	78	coiffe
4	roi	29	nappe	54	lard	79	cape
5	loi	30	messe/massue	55	lilas	80	fusée/fessée
6	chat	31	mite	56	louche	81	fête
7	cou	32	mine	57	lac	82	fan/fouine
8	fée	33	maman	58	louve	83	fumée
9	pied	34	mur	59	loupe	84	four
10	tasse	35	mule	60	chasse	85	foule
11	tête	36	mouche	61	château	86	fiche
12	tonneau	37	Mickey	62	chaîne	87	figue
13	tamis	38	mafia/meuf	63	chameau	88	veuve
14	tour	39	myope	64	chaire	89	phobie
15	toile	40	rose	65	chalet	90	poussin
16	tâche/touche	41	râteau	66	chouchou	91	patte
17	tic-(tac)	42	reine	67	chèque	92	panneau
18	touffe/typhon	43	Rome/rhume	68	chef	93	pomme
19	tapis/taupe	44	rire	69	chapeau	94	poire
20	nasse/noce	45	rouleau	70	caisse	95	poule
21	note	46	ruche	71	gâteau	96	poche
22	nonne/nana	47	roc	72	canne	97	pic
23	Nîmes	48	raphia/raffut	73	gomme	98	pouf
24	nord	49	râpe/ripou	74	gare	99	pipe
25	Noël	50	lys/lasso	75	cale	100	danseuse

Prenons un exemple. Dans une liste de cent mots à mémoriser (avec leur numéro d'ordre), voilà comment on pourrait retenir les 2e, 7e, 19e, 46e et 100e mots :

N°	MOT À RETENIR	MOT CLÉ	IMAGE MENTALE ASSOCIÉE AU MOT CLÉ	IMAGE MENTALE POUR LE MOT À RETENIR
2	Philosophe	**Noé**	L'arche de Noé	Noé, en haut de la planche d'embarquement, vérifie les animaux qui se présentent. Arrive un philosophe (longue barbe blanche) qui essaie de le convaincre qu'il n'est pas plus bête qu'un autre. Noé refuse obstinément.
7	Cadran solaire	**Cou**	Le long cou d'une girafe	La girafe arbore en pendentif un énorme et magnifique cadran solaire. Elle explique à ses congénères, hilares : « De deux choses lune. L'autre, c'est le soleil. »
19	Tahiti	**Tapis/ Taupe**	Une taupe (avec de grosses lunettes) qui sort de sa taupinière	Autour de la taupe et de sa taupinière, d'affriolantes vahinés se mettent à danser. Tout autour d'elles éclatent de mini champignons atomiques. La taupe essuie ses lunettes, étonnée et ravie, et se met à danser.
46	Marketing	**Ruche**	Une grosse ruche entourée d'abeilles bourdonnantes	À cheval sur la ruche, un homme costume-cravate explique aux abeilles (avec beaucoup de gestes) la stratégie de marketing à utiliser pour vendre leur miel à un émir du pétrole, à une vieille Anglaise, ou à un ministre de l'Agriculture.
100	Raton-laveur	**Danseuse**	Une danseuse à ses barres d'exercice (ou sur scène)	Une danseuse, d'un ton aigre, exige que ses barres d'exercice soient parfaitement cirées. Un raton laveur, avec un chiffon, les frotte furieusement tout en bougonnant.

Quelques remarques sur la technique des mots clés

• Il est important de toujours partir de l'image mentale (toujours la même) associée au mot clé, et de la transformer pour y intégrer le mot à retenir. Par exemple pour le n° 7, on crée une image mentale à partir du « long cou de la girafe », et non à partir du « cadran solaire ».

• Lorsqu'on fait plusieurs fois cet exercice avec des listes de mots différents, on peut craindre de mélanger les images mentales ayant le même n° d'ordre. En fait, on constate que les images mentales nouvellement créées prennent le pas sur les anciennes.

• Bien entendu, il faut mémoriser les mots clés. Cela se fait naturellement lorsque l'on pratique plusieurs fois cet exercice. La structure logique du choix des mots clés aide également à les mémoriser.

• Cet exercice pourra paraître totalement gratuit, et de peu d'intérêt pratique. Pourtant il fait prendre conscience de la facilité avec laquelle on mémorise des images mentales, et entraîne à en créer rapidement qui aient les caractéristiques essentielles pour être efficaces : colorées, exagérées, avec du mouvement. Nous verrons plus en détail au chapitre 15 comment utiliser volontairement des images mentales.

Deuxième exercice : le système de localisation

C'est également une technique assez connue, très ancienne, qui a été décrite pour la première fois par Cicéron (il l'employait pour retenir ses discours).

Elle permet, comme la précédente, de mémoriser un certain nombre d'idées dans un ordre précis : mémoriser les grandes lignes d'une conférence que l'on doit faire, les propriétés d'un corps chimique, les idées principales d'une fiche de synthèse, etc. Elle peut être utilement combinée avec la technique du topogramme, pour mémoriser les différentes branches principales.

Le principe est le suivant. On choisit comme *point d'ancrage* un lieu ou un trajet que l'on connaît parfaitement (une maison, une pièce, ou notre table de travail). Puis on s'imagine en train de se déplacer dans ce lieu parfaitement connu, en passant d'une pièce à une autre, d'un endroit à un autre, ou d'un objet à un autre.

En chaque endroit, on crée une image mentale (ayant toujours les mêmes caractéristiques : *colorée*, *exagérée*, avec du *mouvement*) mettant en scène l'idée que l'on souhaite retenir.

Ayant fait cela, il suffira ensuite de se « promener » dans ce lieu connu pour que chaque image mentale refasse surface, permettant ainsi de retrouver l'idée que l'on souhaitait mémoriser.

Prenons un exemple. Soit à mémoriser :

LES CLÉS D'UN BON APPRENTISSAGE

- s'inspirer de la manière d'apprendre du petit enfant
- mieux connaître comment fonctionne le cerveau
- les intelligences multiples
- un environnement émotionnel riche et positif
- la relaxation et la capacité à créer des images mentales
- le rôle de l'inconscient
- le rôle du mouvement
- le rôle de la musique
- des outils adaptés

Imaginons un trajet que vous faites tous les jours, et des scènes à chaque endroit important :

LIEU	IDÉE À RETENIR	IMAGE MENTALE
porte d'entrée de la maison	*s'inspirer de la manière d'apprendre du petit enfant*	Vous ouvrez la porte. Il y a sur le seuil plusieurs petits enfants qui jouent, d'une manière très concentrée. Les regarder un instant vous fait du bien. Vous devez les enjamber pour arriver à sortir. Vous leur dites une phrase gentille.
garage	*mieux connaître comment fonctionne le cerveau*	Un gros cerveau en forme de bonhomme musclé et sympathique est dans le garage, près de la voiture. Il est entouré de chercheurs en blouse blanche, avec des loupes, etc., qui s'exclament, émerveillés.
sortie du garage	*les intelligences multiples*	Le long de la petite allée qui conduit à la route se trouvent des palmiers, dont les palmes donnent l'idée de multiplicité.
premier feu rouge	*un environnement émotionnel riche et positif*	À cet endroit se rejoue une scène de votre enfance particulièrement forte et agréable, où vous vous êtes senti « bien » à l'école, et où vous avez appris quelque chose que vous n'oublierez jamais.
station d'essence	*la relaxation et la capacité à créer des images mentales*	Le pompiste fait une séance de yoga, entre deux clients. Il imagine qu'il est Einstein chevauchant un rayon lumineux.
grand carrefour	*le rôle de l'inconscient*	Au centre du carrefour, un grand cylindre bleu clair, avec une petite bande blanche tout en haut. Sur la partie bleue est écrit en gros caractères « 90% », sur la petite partie blanche « 10% ». Cela représente la partie des informations traitées respectivement par l'inconscient et par le conscient.
supermarché	*le rôle du mouvement*	Sur le toit du supermarché, on voit très bien des groupes faisant de la gymnastique, sautant, courant, marchant, faisant de la natation, etc.
parking	*le rôle de la musique*	En arrivant dans le parking, vous êtes accueilli par un orchestre, qui vous accompagne jusqu'à votre place de stationnement.
hall d'accueil	*des outils adaptés*	L'hôtesse à la réception est entourée d'ouvriers sympathiques, qui portent avec eux des outils variés et curieux.

Troisième exercice : retenir des mots d'une langue étrangère

Pour retenir des mots d'une langue étrangère, on peut également utiliser des images mentales en relation avec des calembours, des euphonies, des associations de sons, etc. C'est une technique que nous avons tous employée un jour ou l'autre, mais que l'on peut utiliser très largement.

On pourra trouver scandaleux le fait d'associer à un mot une image mentale totalement déconnectée. En fait, à l'usage, ce type de mnémonique basé sur la visualisation ne sert que tant qu'on en a besoin. Dès que nous connaissons le mot et qu'il nous vient à l'esprit d'une manière naturelle, l'image qui nous aidait à le retenir se dissout et disparaît.

Soit par exemple à retenir ces mots d'arabe égyptien (transcrits phonétiquement), avec leur signification bien entendu.

MOT	TRADUCTION	IMAGE MENTALE
infirmière	*momarreda*	Une infirmière au service des urgences. Un brancard arrive, avec un homme allongé. Une femme se précipite vers l'infirmière, en criant (avec un terrible accent russe) : « Mon marrrî, da ! » *(Puis on rectifie la prononciation.)*
exploration	*istikshaaf*	Un explorateur caricatural avec chapeau colonial, dans la brousse. Il est en train de regarder la carte de son exploration. L'un de ses bras est très gonflé, et un sorcier-guérisseur noir est en train de le soigner. Il retire un petit point noir du bras et s'écrie, tout joyeux en sautant sur place : « C'est c'tique, chef ! » *(Puis on rectific la prononciation.)*
république	*gumhoreyya*	Un jeune artiste dessine un buste de Marianne (représentant la République). Son vieux professeur lui tend une énorme gomme et lui dit d'une manière très vive : « Gomme les oreilles, là ! » Le jeune homme s'exécute aussitôt. *(Puis on rectifie la prononciation.)*
commerçant	*taajer*	Dans une épicerie arabe. Un étranger assoiffé (un Belge) entre et demande au commerçant, en le montrant du doigt : « T'as ger(boise fraîche) ? » Le commerçant sort aussitôt une bière bien fraîche de son réfrigérateur en riant et la lui offre. *(Puis on rectifie la prononciation.)*
tapis	*seggada*	Dans une mosquée. James Bond a rendez-vous avec son contact, derrière un pilier. Celui-ci (un Russe) lui dit, montrant un groupe de méchants sur un magnifique tapis : « Ces gars, da ! » Bond prend le tapis et tire d'un coup sec pour les faire tomber. *(Puis on rectifie la prononciation.)*

Quatrième exercice : retenir des formules complexes

Cette technique a été décrite par le neurologiste et psychologue soviétique A. Luria. Dans son livre *Une prodigieuse mémoire*, il raconte l'histoire d'un homme étonnant, qu'il appelle Veniamin. Cet homme pouvait, entre autres choses, mémoriser des formules extrêmement complexes et s'en souvenir instantanément des années plus tard. Il avait mis au point un système personnel de transcription en image mentale de n'importe quelle formule, dans laquelle il faisait intervenir des couleurs, des mouvements, des sons, des impressions tactiles, etc. Il *traduisait* ainsi une formule totalement abstraite en soirée au coin du feu, avec bûches qui craquent et dîner aux chandelles. En se remémorant la scène, il reconstruisait sans effort la formule.

Prenons un exemple. Soit à retenir : la formule de distribution de Laplace-Gauss utilisée en probabilités :

$$Y = \frac{1}{\sigma.\sqrt{2\pi}} \cdot e^{-\frac{1}{2}(X-\mu)^2 / \sigma^2}$$

où σ représente l'écart-type, X le nombre de succès et μ la moyenne (e est la base des logarithmes népériens). Imaginons par exemple l'histoire suivante :

Messieurs Laplace et Gauss sont chargés de la *distribution* de cadeaux à Noël. Ils envoient un père Noël avec sa hotte (**Y**), qui entre dans une maison par la porte (=) et arrive directement au premier étage (**1**). Il entend du bruit en dessous (—), au rez-de-chaussée. Il descend et trouve un gros escargot (σ) qui écarte très largement ses antennes (σ = écart-type) et qui laisse tomber une grosse goutte de bave (.). Il y a également sous une table ($\sqrt{\ }$) deux enfants qui font pipi (2π).

Il remonte au premier étage et dépose une grosse pipe devant la cheminée (**e**), puis monte à la mezzanine (exposant). Il y a là deux lits superposés : sur celui du haut, il trouve d'abord un livre (–) puis un verre de bière (**1/2**). Ensuite il voit une malle (l'ensemble compris entre les deux parenthèses) recouverte d'un tissu à motifs carrés (*exposant : puissance 2*). Il ouvre cette malle à trésor, et découvre successivement : la carte avec l'emplacement du trésor (**X**, nombre de succès), une longue-vue (–) et un bicorne (μ). Il referme la malle, en notant bien son tissu à motifs carrés.

Puis il descend sur le lit inférieur : il découvre deux gros escargots en train de se monter dessus (σ^2). Il considère alors qu'il en a assez vu et s'en va.

*

Il existe de très nombreux mnémoniques, et on peut en inventer soi-même. On remarquera que les plus efficaces sont ceux qui font créer des images mentales.

Retenir des choses aussi sérieuses que du vocabulaire étranger ou des formules scientifiques complexes d'une manière plutôt amusante risque de faire considérer un tel système comme de peu de valeur. On ne fait pourtant qu'utiliser une propriété bien utile du cerveau.

CHAPITRE 10

Un environnement
conçu pour apprendre

Chacun est sensible à son cadre de vie : on imagine mal vivre indéfiniment dans une maison ou un appartement aux murs nus et gris, avec deux tables et quatre chaises. On imagine mal mettre son enfant dans une crèche qui n'ait pas des couleurs agréables, des endroits sympathiques pour jouer, se reposer, bouger, vivre quoi !

Lorsque l'on apprend, curieusement, tout cela semble accessoire ; comme si la notion d'apprendre était forcément liée à une nécessaire souffrance, ou du moins à l'absence de plaisir : l'important, que diable, c'est le cours de management, ou de mathématiques, ou d'informatique, mais pas la couleur des murs !

Dans un environnement d'apprentissage soigné, pourtant, on apprend mieux. Et surtout, on peut développer d'autres choses que le simple fait d'apprendre : renforcer sa confiance en soi, apprendre à écouter les autres, sortir de sa zone de confort et prendre des risques, vivre une relation plus humaine avec ce que l'on apprend et avec ceux avec qui l'on apprend : c'est loin d'être négligeable.

Les facteurs qui créent un environnement sont relativement difficiles à cerner car complexes et subtils, et parce qu'ils dépendent de chaque personne. Il y a le lieu, l'ambiance, le sujet étudié, le professeur… ; et cette lumière de fin d'après-midi d'automne, ou bien la neige qui tombe ; et beaucoup d'autres choses. Souvent on se sent bien, ou mal, sans trop savoir pourquoi. Et la qualité de ce que nous apprenons est liée à cet ensemble de facteurs.

CARACTÉRISTIQUES GÉNÉRALES
D'UN ENVIRONNEMENT OÙ L'ON APPREND BIEN

S'intéresser à l'environnement d'apprentissage, c'est vouloir mettre l'apprenant dans un état réceptif optimal, en créant un cadre qui le soutienne et en éliminant toutes les causes de tension inutiles. Car, contrairement à ce que l'on pense parfois, on n'apprend pas mieux lorsque l'on est en situation de difficulté ou de stress.

L'environnement d'apprentissage peut toucher deux lieux très différents :

• l'environnement personnel d'apprentissage, où l'on jouit en général d'une assez grande liberté d'action ;
• les lieux collectifs d'apprentissage où l'on pense (à tort ou à raison) que les marges de manœuvre sont très étroites.

D'une manière générale, on peut considérer que l'on apprend mieux lorsque l'on ressent :

• une ambiance physique confortable ;
• un environnement social amical et coopératif, et une relation de confiance avec le professeur ;
• un environnement émotionnel où l'on se sent en sécurité ;
• un environnement mental stimulant.

Une ambiance physique confortable

Le confort physique est loin d'être négligeable, bien entendu. Vous avez peut-être le souvenir d'une conférence ou d'un concert totalement gâché par l'inconfort d'une chaise ou une température désagréable. Inversement, une réunion banale, une conférence au sujet difficile peuvent être transformées si l'on se sent physiquement bien. On voit mal alors comment on peut justifier ces lieux d'apprentissage laids, impersonnels, tristes, désagréables, que l'on désigne parfois par « fonctionnels » c'est-à-dire qui peuvent servir à tout et à tous indifféremment, et que l'on souhaite quitter au plus vite.

D'une manière générale, on peut espérer d'un environnement physique d'apprentissage qu'il soit plaisant, coloré, beau, confortable, attractif, etc. Cela ne coûte pas forcément cher (argument courant pour refuser un tel environnement). Avec un peu d'imagination et de bonne volonté, on peut souvent arranger un lieu d'apprentissage pour presque rien : choses données ou empruntées, fins de série, créations personnelles, etc.

Voici quelques pistes pour améliorer l'environnement physique, chez soi ou ailleurs :

• Même à l'école (une fois le premier étonnement passé), qui n'appréciera pas le bouquet de fleurs fraîches, des étagères aux livres variés, une possibilité d'écouter de la musique, et même un coin arrangé avec un tapis et quelques coussins ?
• On apprend beaucoup à travers la relation aux autres (et on développe ainsi son « intelligence interpersonnelle »), ce qui nécessite un certain niveau de bruit, de temps à autre. Apprendre à communiquer sans élever la voix n'est pas si difficile. Savoir s'arrêter de parler lorsque c'est nécessaire peut s'apprendre assez facilement.

• La voix de celui qui transmet un savoir a une grande importance : certaines voix, nous en avons tous fait l'expérience, sont particulièrement pénibles à écouter. Le ton, les intonations, le rythme de la voix peuvent se travailler relativement facilement. Bien placée et agréable à écouter, la voix, par ses modulations et ses intonations, permet de mieux retenir l'attention de celui qui écoute.

• Dans l'environnement sonore d'un lieu où l'on apprend, la musique peut également jouer un rôle important. Nous en reparlerons au chapitre 16.

• À défaut de la lumière solaire, le remplacement de l'éclairage au néon par un éclairage à incandescence (ampoules) ou, mieux, par un éclairage halogène est bénéfique pour les yeux et crée en même temps un climat chaleureux propice au travail et à l'apprentissage. Reste à choisir entre une meilleure qualité de travail, et les injonctions de l'intendant ou du directeur financier...

• L'influence des couleurs dans la qualité de l'environnement est connue depuis toujours. De nombreuses expériences ont montré que la couleur des murs d'un lieu d'apprentissage pouvait jouer un rôle très important : un rouge vif rendra toute concentration difficile ; au contraire, les teintes pastel mettent naturellement dans un état de bien-être [1].

• Sentir est un sens que nous sous-utilisons, en particulier en situation d'apprentissage. Pourquoi ne pas parfumer discrètement, de temps à autre, le lieu où l'on apprend ? En changeant de senteur selon les moments, les époques de l'année ? Certaines odeurs sont réputées calmantes (comme la lavande, le tilleul...), d'autres stimulantes (menthe, citron...).

• Chez soi, la posture préférée pour travailler varie considérablement d'une personne à une autre : assis sur un siège mou ou dur, debout, en marchant, assis le dos contre un mur, en tailleur, allongé sur un lit, etc. On a bien le sentiment que cette posture n'est pas totalement indifférente, et répond à un besoin instinctif du corps. La brider inutilement, en général pour des raisons sociales (« ça ne se fait pas »), n'est pas forcément souhaitable. Être vissé indéfiniment sur une chaise n'est pas *forcément* la meilleure posture pour apprendre. Dans certaines écoles, les salles de cours, comme en maternelle et parfois en primaire, ont un coin avec tapis et coussins où les élèves qui le souhaitent peuvent aller s'asseoir pour suivre le cours. Scandaleux ?

D'autres facteurs peuvent également intervenir pour créer un environnement physique optimal : le respect des rythmes biologiques, la qualité de la nourriture, la couleur du tableau, le mobilier, le fait de rester toujours dans la même salle, etc. De petites causes qui peuvent avoir de grands effets.

Un environnement social de qualité

Les caractéristiques sociales d'un environnement où l'on apprend bien pourraient être les suivantes :

La qualité d'accueil du professeur ou du formateur

Un sourire, un regard, un mot d'accueil peuvent servir de petits points de départ pour une relation d'apprentissage plus humaine et plus riche. Cela nécessite une disponibilité totale au moment où les apprenants arrivent dans la salle.

Bien vivre ensemble : un environnement amical et coopératif à l'intérieur du groupe

La conclusion de la commission internationale sur l'Éducation pour le XXIᵉ siècle de l'Unesco a proposé que les quatre objectifs de l'éducation de demain soient : apprendre à connaître, apprendre à faire, apprendre à être et *apprendre à vivre ensemble*. Bien vivre ensemble est donc maintenant pris en compte comme l'un des éléments clé d'un bon enseignement.

En particulier, introduire et développer un esprit de coopération dans un groupe peut être particulièrement enrichissant pour tous, y compris pour l'enseignant ou le formateur, et il est souhaitable d'y porter une grande attention dès la formation d'un groupe d'apprenants. Certaines activités (sorties, jeux [2], travail en groupe, etc.) peuvent développer ce climat particulier où l'on est bien ensemble pour apprendre, mais il y faut prudence et doigté afin d'éviter de déclencher des réactions hostiles au départ. Le fondement d'un esprit de coopération est toujours le respect mutuel.

LE CHAUDOUDOU DU JOUR et TROIS CHOSES BIEN[3]

Afin à la fois de créer un climat de relation amicale dans un groupe et de développer une attitude positive sur ce que l'on vit, on peut proposer aux participants, en début de cours ou de session, de dire à tour de rôle quelque chose de « bien et nouveau » (que l'on peut appeler *Le chaudoudou du jour*) qui lui est arrivé dans les dernières vingt-quatre heures, pas forcément dans le travail. On peut employer une balle en mousse comme modérateur : c'est celui qui a la balle qui parle.

Si quelqu'un n'a rien à dire de « bien et nouveau », cela donne l'occasion d'une autre activité de recadrage, *Trois choses bien* : d'autres membres du groupe (au moins trois) disent une chose qu'ils apprécient chez la personne (un détail vestimentaire, ou un trait de caractère, ou sa contribution au groupe). C'est une occasion de faire ressortir des choses qui n'ont peut-être jamais l'occasion d'être dites.

Quand cette technique est adoptée dans la culture du groupe, quelqu'un qui se sent mal un jour pourra dire : « J'ai besoin d'entendre *trois choses bien* tout de suite ». Cela peut paraître bizarre la première fois, mais avec un peu d'habitude on constate que cela redonne beaucoup d'énergie.

LE CERCLE D'ANNIVERSAIRE [4]

L'occasion d'un anniversaire peut aider à créer un climat amical et à développer l'attention aux autres.

La personne dont c'est l'anniversaire est assise au centre du cercle. Chaque personne lui dit une phrase commençant par : « Je suis heureux que tu sois né parce que... » Le compliment doit être sincère, pas de basse flatterie. La personne au centre ne dit rien.

L'Américain Peter Kline raconte : « Contrairement à ce que l'on pourrait penser, un groupe de 30 adolescents faisant un cercle d'anniversaire peut vous faire voir l'avenir sous un jour meilleur. Loin des sarcasmes et des comportements défensifs auxquels on pourrait s'attendre, on y entend des choses étonnantes. » Et pourquoi pas entre adultes ? Ou pour le départ à la retraite d'un collègue ? C'est parfois l'occasion d'exprimer, en paroles ou en gestes, des choses qui ne l'ont jamais été.

Des outils efficaces de résolution de conflits

Toute situation d'apprentissage est susceptible de créer ou de faire apparaître des conflits. Mais toute situation conflictuelle freine le processus d'apprentissage. Quelques propositions sur ce point seront faites au chapitre 19.

L'absence de compétition

La compétition dans l'apprentissage est encore extrêmement fréquente, et souvent encouragée. Pourtant des études faites sur l'intérêt de stimuler la rivalité entre des apprenants ont montré que la compétition ne donnait jamais de meilleurs résultats que le travail en coopération. Les résultats sont soit inférieurs, soit égaux [5]. De plus, apprendre à travailler ensemble est sûrement l'un des outils les plus utiles et les plus enrichissants que l'on puisse acquérir.

La « bonne distance »

Il est souhaitable que professeur et élèves soient dans une relation de confiance mutuelle, et soient entre euxà la « bonne distance ». Entre les extrêmes

(mépris de celui qui sait, ou copinage), cette « bonne distance » est plus intuitive qu'objective. C'est le respect des uns pour les autres qui permet de la déterminer.

L'écoute

Tout apprentissage se fait en partie par l'écoute : on écoute le professeur, le formateur, le parent, etc. Mais peut-on bien apprendre sans être bien écouté ? Il semble essentiel que l'apprenant puisse exprimer, sous une forme ou une autre, ce qu'il

pense, ce qu'il souhaite ou ce qu'il vit. Et qu'il puisse être *entendu* [6]. Savoir écouter autrui est tout aussi essentiel. C'est une qualité qui a parfois besoin d'être développée et encouragée, par des jeux ou des règles de comportements.

JE T'ÉCOUTE[7]

L'une des principales barrières à une pensée de qualité est que l'on a peu l'occasion d'aller au bout de cette pensée. Pour cela, nous avons besoin d'être écouté sans interruption. Mais souvent les gens vous arrêtent pour discuter, essayer de vous aider, donner les mots ou les idées qui vous manquent. Derrière les silences, les hésitations, il y a peut-être une idée importante qui cherche à se dire. « Je t'écoute » est une activité simple pour développer l'écoute mutuelle, et qui peut également être utilisée pour la résolution de problèmes, de conflit ou de désaccord. On peut aussi l'utiliser pour promouvoir la pensée créative, et pour aider progressivement chacun à parler en public.

Les règles sont les suivantes :
• se mettre par paires ; déterminer de quoi on va parler ; fixer le temps de parole (une durée de 5 minutes est bien pour un début) ;
• établir la confidentialité de ce qui sera dit ;
• celui qui écoute regarde celui qui parle ; celui qui parle regarde où il veut ;
• celui qui écoute n'interrompt pas celui qui parle ;
• les silences font partie de la parole, ils servent au cerveau à mettre en forme ses idées.

Un environnement émotionnel riche

Même si le fait est mal admis et parfois pourchassé, nous apportons forcément avec nous des émotions dans toute situation d'apprentissage. On peut considérer cet état émotionnel comme une contrainte, un frein à l'apprentissage. Cela peut être le contraire. Créer un lieu où les émotions et les sentiments de chacun puissent avoir leur place et soient pris en compte (sans forcément s'exprimer ouvertement) pourra favoriser considérablement la qualité d'un apprentissage*.

LES CARTES D'HUMEUR [8]

Afin de permettre à chacun d'exprimer ses émotions du jour, chaque élève reçoit deux petites cartes, l'une verte, l'autre rouge, pliées en deux afin de pouvoir tenir debout. On explique que si un jour quelqu'un se sent de mauvaise humeur (en colère, déçu, frustré, désespéré, irrité, blessé, etc.), il peut (s'il le souhaite) le faire savoir aux autres et au professeur en mettant sur sa table la carte rouge. Par contre, chacun peut faire savoir au reste de la classe qu'il est de bonne humeur en mettant la carte verte.
Le professeur peut également utiliser les « cartes d'humeur » pour lui-même.

Le simple fait de proposer ce système signifie que l'on accepte de ne pas être toujours d'humeur égale : c'est déjà beaucoup. Cela permet aussi, en douceur :
• d'exprimer des sentiments sans les expliciter forcément ;
• de prévenir clairement son entourage de son état d'esprit, et d'éviter ainsi le déclenchement de conflits par incompréhension ;
• de porter une attention aux sentiments des autres.

---

* On confond souvent émotions et instincts. Et cette confusion conduit à une certaine méfiance vis-à-vis des émotions, auxquelles on prête l'irrationalité des comportements instinctifs. Pour reprendre le modèle des trois cerveaux de MacLean, c'est confondre le cerveau archaïque (reptilien) avec le système limbique.

Les caractéristiques d'un environnement émotionnel où l'on apprend bien pourraient être les suivantes :

Se sentir en sécurité, physiquement et psychiquement

Les menaces (et l'anxiété qu'elles suscitent) sont inutiles pour bien apprendre. Les systèmes d'apprentissage basés essentiellement sur des récompenses et des punitions (sous des formes plus ou moins élaborées) ne favorisent ni l'apprentissage ni le développement harmonieux de la personnalité.

Par contre, se sentir en totale sécurité physique et psychique permet paradoxalement à l'apprenant de sortir de sa zone de confort, et de découvrir l'intérêt qu'il y a à prendre des risques.

Accepter les émotions des uns et des autres

Des émotions mal vécues ou non exprimées peuvent rendre indisponible pour apprendre. Par contre, la simple possibilité de pouvoir exprimer ses émotions, si on le souhaite, est en général suffisant pour éviter ce blocage.

LE CAHIER BLEU

Pour un enseignant, il est illusoire de penser que ses élèves laissent à la porte de la classe leurs sentiments, leurs émotions et leurs questions. Ce qu'ils amènent avec eux est parfois très lourd, et les élèves manquent souvent d'un lieu où ils peuvent exprimer cela.

Le « cahier bleu » leur donne un moyen d'expression qu'ils préfèrent parfois à la parole. Ce cahier permet également l'établissement d'un dialogue à plusieurs voix, qui se prolonge au fil des semaines et des mois.

Le professeur achète un beau cahier (bleu, ou d'une autre couleur) assez épais. Il propose à l'ensemble de la classe que ce cahier soit confié chaque semaine à un élève différent, qui devra l'avoir en permanence dans son sac.

Lorsqu'un élève souhaite consulter le cahier ou y écrire, il le demande à l'élève qui en est responsable, et lui rend aussitôt après.

On peut proposer les règles de fonctionnement suivantes :
• ce cahier est fait pour exprimer d'une manière écrite ses sentiments, ses idées, ses questions, et pour les faire partager aux autres élèves de la classe ;
• on peut tout écrire dans ce cahier, dans un respect mutuel des autres. On évitera ainsi les formes injurieuses, les médisances ou calomnies, etc. ;

> • on n'est pas obligé de signer lorsque l'on écrit dans le cahier, on peut y écrire d'une manière anonyme ;
> • le contenu de ce cahier est confidentiel dans le cadre de la classe ;
> • par l'intermédiaire de ce cahier, on peut se parler, se répondre, faire des commentaires ;
> • l'accès d'un professeur à ce cahier, auquel il peut participer, doit faire l'objet de l'accord de l'ensemble des élèves ;
> • avant la fin de l'année, les élèves choisissent la personne qui gardera définitivement le cahier.
> Ce mode d'expression permet curieusement un dialogue souvent très riche entre élèves qui se côtoient pourtant très souvent. Même si l'anonymat n'est le plus souvent qu'illusoire, cela permet pourtant à ceux qui le souhaitent de dire ce qu'ils ont sur le cœur ou d'exprimer des sentiments forts.

Participer au processus d'apprentissage

Celui qui possède le savoir ne connaît pas forcément la manière idéale de le transmettre, ni comment est reçue son information.

Accepter d'entendre les propositions et les suggestions des apprenants peut apporter un enrichissement réciproque : celui qui transmet l'information aura un « retour d'information » lui permettant les ajustements nécessaires ; et l'apprenant se sentira plus impliqué dans son apprentissage.

Les erreurs font partie du processus d'apprentissage

La manière dont sont traitées les erreurs de l'apprenant peut jouer un rôle très positif ou très négatif selon les cas : si par exemple les erreurs sont une remise en cause de la personne (du genre « Vous êtes nul ! »), il y a peu de chances que le résultat final soit positif. Par contre, considérer les erreurs comme un élément naturel lorsque l'on apprend permettra souvent d'aider à progresser.

Utiliser des rites discrets

Les rites sécurisent et peuvent jouer une part non négligeable dans la structure d'un apprentissage. Ils participent ainsi à cet état émotionnel riche qui respecte et soutient l'apprenant dans sa démarche.

Laisser une place à l'humour et la fantaisie

On peut apprendre très sérieusement et beaucoup s'amuser. L'humour et la fantaisie permettent de sortir de l'enseignement linéaire qui déplaît souverainement, nous l'avons vu, à notre cerveau. À l'inverse, le « sérieux » de l'attitude engendre bien souvent l'ennui. Et quand on s'ennuie, on n'apprend pas, ou mal. De plus, l'ennui provoque des réactions de fuite : soit la fuite physique quand on le peut (on quitte la conférence mortellement ennuyeuse), soit la fuite mentale par l'intermédiaire de la rêverie dans laquelle on se laisse entraîner.

Voici un moyen très efficace d'introduire de l'humour et de la fantaisie dans un lieu d'apprentissage.

L'EMPLOI DE MARIONNETTES À MAIN

Des marionnettes à main permettent de dire ce qu'il serait difficile d'exprimer ouvertement. On met ainsi des paroles, des sentiments, des opinions dans la bouche de personnages qui ne sont pas « sérieux », permettant ainsi d'éviter les blocages.
Certaines peuvent être là à demeure, et participer au cours selon la nécessité du moment. D'autres peuvent venir épisodiquement pour régler un conflit, donner une information particulière ou une opinion, établir un dialogue. On peut leur donner un nom, bien entendu, et progressivement une personnalité.

LE DIALOGUE

Le dialogue est un outil particulièrement riche et efficace pour transmettre une information et stimuler les apprenants : Platon (dans ses *Dialogues socratiques*) ou Galilée (dans son *Dialogue sur les deux grands systèmes du monde*) en sont les plus célèbres utilisateurs.
La forme du dialogue permet toutes sortes de digressions, de questions surprenantes, de mises en scène qui soutiennent l'attention et avivent l'intérêt. Le dialogue permet de poser des questions incongrues ou impertinentes, ce qui donne une plus grande profondeur à l'information exposée.

L'environnement mental

Les caractéristiques d'un environnement mental où l'on apprend bien pourraient être les suivantes :

- il stimule sans forcer,
- il donne envie d'apprendre et d'en savoir plus,
- il aiguise la curiosité et engendre les questions,
- il favorise la participation active et ouvre le regard sur la vie,
- il propose à la fois une approche linéaire et une approche globale,
- les évaluations sont considérées comme une information pour l'élève et le guident dans son apprentissage [9],
- une certaine place est laissée à l'ambigu, à l'absurde, au non-défini-à-l'avance.

Toute personne qui a eu un jour à transmettre un savoir sait la difficulté de trouver un juste équilibre pour créer un environnement mental stimulant sans qu'il soit perçu comme une contrainte supplémentaire. La sur-stimulation imposée peut être tout aussi mal vécue qu'une sous-stimulation qui engendre l'ennui et l'apathie. L'intuition du professeur joue un rôle essentiel pour créer cet environnement qui donne envie d'apprendre, et bien doser ses différentes composantes.

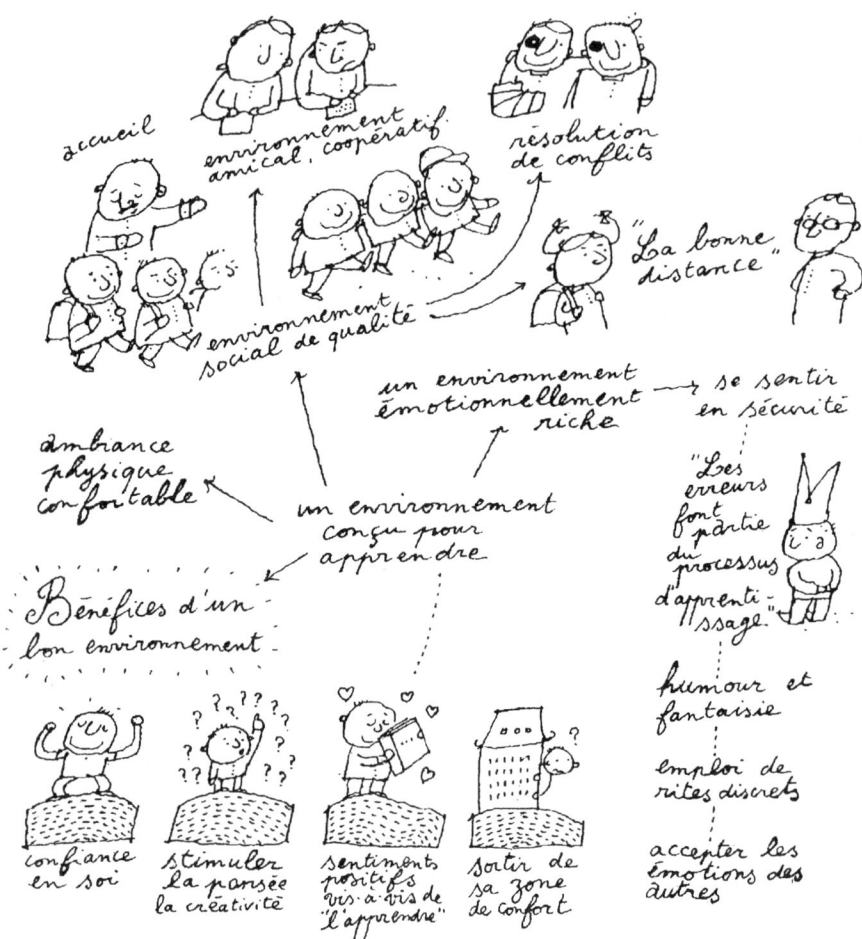

BÉNÉFICES D'UN BON ENVIRONNEMENT

Un environnement de qualité, quel que soit le sujet enseigné, peut créer cet état bien particulier de « détente concentrée » où l'on se sent réceptif, calme et alerte, soutenu et désireux d'en savoir plus. L'information traverse librement le filtre du cerveau émotionnel et s'y enrichit, et peut avoir accès au néo-cortex, où s'élaborent les apprentissages complexes.

Un environnement de qualité apporte bien plus qu'un confort physique ou psychique : par l'intermédiaire de ce que nous apprenons, nous pouvons développer plus harmonieusement notre personnalité.

Un meilleur environnement pourra souvent, par exemple :

* stimuler la pensée et la créativité,
* aider à construire la confiance en soi et influencer positivement l'image que l'on a de soi,
* aider à sortir de sa « zone de confort » et à prendre des risques,
* donner des sentiments positifs vis-à-vis de « l'apprendre »,
* donner le sens de l'équilibre, du beau, de l'harmonie,
* donner une idée de la richesse infinie du monde où nous vivons,
* donner une image plutôt positive de l'avenir,
* améliorer les relations entre les élèves, et entre les élèves et le professeur,
* stimuler l'intérêt pour la matière étudiée,
* etc.

Environnement et cocon

Cet environnement idéal – à adapter aux circonstances – pourra sembler une sorte de cocon, un reste de sein maternel dont il faudra bien sortir un jour ou l'autre, et le plus vite possible. On pourra craindre qu'un tel environnement appliqué à l'école rende les enfants incompétents à résoudre les difficultés futures, et trouver cet environnement tel qu'il a été décrit non seulement inutile, mais laissant l'apprenant dans un sentiment de sécurité illusoire dont il faut absolument le sortir.

Pourtant, les écoles qui ont employé ce type d'approche ont constaté qu'un tel environnement, qui soutient les élèves et leur donne confiance en eux, ne les enfermait absolument pas dans des comportements de repli. Au contraire, il les aidait à mieux vivre les situations difficiles, pendant leur scolarité ou ensuite.

On pourra craindre également que ce type d'environnement n'apprenne pas à « faire des efforts ».

Là encore, une confusion est attachée au mot « effort ». Il y a l'effort librement accepté, qui est lié en général à une forme de plaisir : faire 80 longueurs de piscine, une course en montagne, 100 km à vélo au petit matin, chercher absolument à résoudre un problème d'échecs, faire une recherche documentaire approfondie sur le Tadjikistan, lire un roman de science-fiction en anglais, etc.

Mais le mot effort est souvent utilisé avec une connotation de souffrance, en particulier lorsque l'on apprend. Les Grecs disaient : « Par la souffrance la connaissance », les Anglo-Saxons disent : « *No pain, no gain* » (« On n'a rien sans souffrir »). C'est une des idées les plus ancrées dans nos mentalités, et sûrement l'une des plus fausses et qui a fait le plus de ravages. Elle est souvent défendue par ceux qui ont, justement, beaucoup souffert eux-mêmes, qui en ont été marqués à vie et qui ont du mal à accepter que leur souffrance ait été inutile.

Environnement et confiance en soi

Dans un sens, un environnement de qualité est un cocon, mais un cocon utile parce qu'il nous aide à développer la confiance en nos possibilités.

La confiance en soi est un élément essentiel de la personnalité. Elle permet dans de très nombreuses circonstances de mieux vivre, d'entreprendre des actions nouvelles, de tenter de nouvelles aventures. Cette confiance en soi se met en place essentiellement dans la petite enfance et à l'école. Le petit enfant a une confiance en lui naturelle, qui semble se perdre, souvent tragiquement vite, au fil des années.

Développer sa confiance en soi, c'est accepter de prendre des risques. Et, même si cela paraît paradoxal au premier abord, on n'apprend à prendre des risques que dans un environnement où l'on se sent parfaitement en sécurité. Car dès que nous avons le sentiment que notre intégrité physique ou émotionnelle est menacée, nous refusons d'aller de l'avant et nous nous replions dans notre zone de confort (qui parfois, hélas, rétrécit au fil du temps).

Développer la confiance en soi est devenu un juteux marché dans le domaine de la formation pour adultes. La panoplie des activités proposées pour redonner confiance en soi est vaste et s'enrichit au fil des modes. Plus que donner confiance en soi, d'ailleurs, ces formations s'attachent essentiellement à démonter la non-confiance en soi qui s'est bâtie dans la jeunesse, parfois pour des causes parfaitement explicites et claires.

Un pas plus loin...

On a l'intuition qu'un environnement d'apprentissage qui fonctionne bien forme un tout, où le physique a autant sa place que l'émotionnel ou le mental. Savoir doser au mieux tous ces paramètres peut être particulièrement important lorsque l'on apprend, mais également passionnant pour celui qui enseigne.

Orchestrer harmonieusement tous ces éléments permettra de mettre en valeur ce qui est transmis et favorisera l'épanouissement des élèves : apprendre reprend ainsi son sens.

CHAPITRE 11

Connecteurs
et déconnecteurs

De quoi avons-nous besoin, finalement, pour bien apprendre ? Et d'une manière pratique, y a-t-il certaines choses qui sont conseillées et d'autres qui sont déconseillées ? Qu'est-ce qui nous *connecte* avec ce que nous apprenons, et qu'est-ce qui nous en *déconnecte* ?

Le bon sens populaire autant que les recherches neurologiques récentes (grâce aux électroencéphalogrammes, scanners, appareils à résonance magnétique et autres) nous apprennent ou nous rappellent que certains éléments, certaines substances et certaines activités ont tendance à favoriser (ou à freiner) un processus d'apprentissage.

Le cerveau a des besoins précis pour bien fonctionner : bien apprendre, c'est avant tout lui fournir ce qui lui convient le mieux, et éviter ce qui ne lui convient pas.

Curieusement, on donne des conseils d'hygiène et de bonne santé pour avoir le teint clair, la peau lisse, l'œil frais, mais rarement des conseils d'hygiène mentale. Nous traitons notre cerveau avec le même dédain que, disons, nos pieds : ils sont là pour marcher, alors marchons et n'en parlons plus (pourtant ceux qui marchent beaucoup savent que de l'état et du soin de leurs pieds dépend la qualité de la marche). On donne de nombreux conseils aux sportifs du dimanche ou de haut niveau sur les régimes à suivre mais on donnera peu ou pas de conseils, lors d'un apprentissage, sur la meilleure façon d'affronter des épreuves intellectuelles, que cela soit un simple contrôle d'anglais ou le concours de l'ENA. C'est un domaine souvent négligé par les enseignants, sûrement à tort : nous savons par expérience que les meilleures compétences deviennent inutiles si l'on n'est pas correctement *connecté* à ce que l'on fait.

DÉCONNECTEURS

Certains *comportements* sont révélateurs d'une *déconnexion*, même si l'on peut rarement les relier à une cause précise. On constate alors que, dans l'état où l'on est, on apprend mal, que quelque chose freine ou bloque notre capacité à apprendre. Voici quelques signes montrant souvent qu'il y a déconnexion :

- un sentiment de confusion face à un travail à faire,
- l'incapacité à prendre des décisions,
- l'hyperactivité,
- la difficulté à se concentrer,
- un manque chronique de motivation,
- le manque d'énergie,
- la somnolence,
- l'ennui,
- la sensibilité au stress, la crainte irraisonnée,
- des conduites destructrices,
- des difficultés à comprendre et à mémoriser,
- la difficulté à avoir un comportement social équilibré,
- l'incapacité à communiquer efficacement et réellement,
- des mouvements peu gracieux, mal équilibrés, mal contrôlés, etc.

Petit classement des déconnecteurs

Voici une liste (non limitative) de ce qui peut favoriser une déconnexion lors d'un apprentissage :

- *des manques* : d'oxygène (atmosphère enfumée), d'eau, de nourriture adaptée, de sommeil régulier, d'exercice et de mouvement ; des problèmes médicaux (en particulier auditifs) ; la fringale de 11 heures ;
- *des excès* : les repas trop copieux, l'abus de sucre ;
- *l'environnement d'apprentissage* : le bruit, la musique « dure », la télévision, les meubles avec des angles vifs, les lignes à haute tension, l'éclairage au néon, le papier peint à rayures, certaines couleurs, les sièges inconfortables ; un « tableau noir » trop brillant ;
- *des substances et des matériaux particuliers* : le tabac, l'alcool, les autres drogues ; les vêtements en fibres synthétiques ;
- *le stress physique et émotionnel* susceptible de créer une augmentation des fréquences cérébrales et de provoquer des comportements archaïques ;
- *des comportements particuliers d'apprentissage* : « faire des efforts ! », rabâcher, se forcer à apprendre et à travailler, etc.

QUELQUES CONNECTEURS

Les connecteurs, pour bien apprendre, sont éminemment naturels :

- boire de l'eau pure,
- respirer de l'air pur,
- manger une nourriture saine, variée et équilibrée,
- faire quelques mouvements simples,

- faire quelques exercices simples de relaxation,
- des couleurs plaisantes [1],
- un sommeil régulier et suffisant,
- de la musique « douce »,
- un environnement de qualité,
- des exercices de respiration,
- de bonnes odeurs,
- un éclairage naturel, ou « plein spectre » [2],
- des vêtements en fibres naturelles.

L'eau

Sans doute l'avez-vous déjà remarqué : dans des situations nécessitant une attention soutenue – la conduite sur autoroute par exemple –, le simple fait de boire quelques gorgées d'eau fraîche vous redonne en quelques secondes une meilleure attention et une meilleure concentration.

L'eau, c'est la potion magique pour bien apprendre, bien travailler, bien réfléchir, créer, avoir une attention soutenue.

Pourquoi l'eau est-elle si essentielle pour apprendre ?

L'eau comme constituant essentiel du cerveau

Notre corps est constitué de 50 à 75% d'eau, et l'eau entre pour 90% dans la constitution de notre cerveau. Elle joue en particulier un rôle important comme constituant du liquide cérébro-spinal, qui entoure et baigne le cerveau et le garde hydraté.

Une des conséquences du manque d'eau est le mal de tête (après une soirée trop arrosée par exemple).

L'eau et le corps électrique

L'essentiel du fonctionnement de notre corps est électrique (il est aussi chimique, nous l'avons vu). Et plus particulièrement, ce sont les transmissions électriques à travers le système nerveux qui nous font sentir, apprendre, penser, agir. Dans ce processus, l'eau joue un rôle essentiel sur deux points :

- pour la transmission des messages électriques ;
- pour maintenir notre potentiel électrique à un niveau correct.

Les cellules nerveuses ont une charge électrique liée à un phénomène d'électrolyse. Dans notre cerveau, l'eau décompose les sels absorbés par la nourriture en ions positifs et en ions négatifs, permettant la conductivité des cellules nerveuses – et leur bon fonctionnement.

La différence de potentiel d'une cellule nerveuse est d'environ – 70 mV (millivolts). Si ce potentiel augmente trop, jusqu'à – 30 mV, et y reste (en cas de déshydratation avancée ou de grave malnutrition), c'est la mort.

Une différence de potentiel faible augmente le seuil de sensibilité de la cellule nerveuse, permettant un meilleur fonctionnement : cela favorise particulièrement la *concentration* et renforce le système immunitaire et la santé.

L'équilibre eau-sel

Un bon fonctionnement de notre corps électrique (donc, entre autres choses, de notre capacité à apprendre) nécessite de maintenir l'équilibre entre le sel et l'eau.

Le corps fait cela – en principe – naturellement. Mais certaines substances (comme le café, le thé, le chocolat et l'alcool) sont diurétiques, c'est-à-dire qu'elles empêchent l'absorption et la rétention de l'eau. Cela rompt l'équilibre eau-sel. Et lorsque cet équilibre est rompu, les neurones fonctionnent moins bien.

L'eau, plutôt que n'importe quoi d'autre

Les jus de fruits, les sodas et autres boissons ne sont pas conseillés en tant que sources d'eau. Ils sont considérés par l'estomac comme un aliment, donc déclenchent un processus de digestion qui absorbe de l'énergie. Certaines de ces boissons sont également une source de sucre supplémentaire, ce qui peut créer d'autres problèmes.

Tout particulièrement lorsque l'on apprend, il est indispensable de boire suffisamment d'eau, et si possible à la bouteille (on boit en général plus à la bouteille qu'avec un verre, sans doute parce qu'on avale moins d'air en buvant). C'est une habitude simple, facile, efficace et peu coûteuse. Dans les écoles comme dans les entreprises, l'eau devrait être disponible dans tous les endroits où l'on apprend, et tout particulièrement en cas de stress (enseignement difficile, périodes de contrôle ou d'examen) [3].

L'eau joue également un rôle crucial dans l'acheminement de l'oxygène au cerveau. Les chercheurs ont remarqué qu'augmenter la quantité d'eau favorisait considérablement les capacités de l'hémoglobine à transporter l'oxygène.

L'oxygène

L'oxygène sert à oxyder la nourriture, et libère ainsi de l'énergie. Il est également intéressant de savoir que l'oxygène influence notre capacité à apprendre.

Le cerveau ne représente que 7% du poids du corps, mais utilise 20% de l'oxygène que nous inspirons. La première artère qui sort du cœur, transportant du sang fraîchement oxygéné, est la carotide qui va directement au cerveau : le cerveau semble servi en priorité.

Lorsque nous apprenons ou travaillons, fournir au corps – et en particulier au cerveau – l'oxygène dont il a besoin se fait essentiellement de deux manières :

• Être dans un lieu où la source d'oxygène est maximale, c'est-à-dire avec un air pur, souvent renouvelé. Une atmosphère confinée ou enfumée n'est pas favorable à un travail ou un apprentissage. On a par ailleurs remarqué que fumer pendant la grossesse a statistiquement un rapport avec certaines difficultés scolaires ultérieures de l'enfant.

• Avoir des possibilités nombreuses de mouvement. Une bonne oxygénation du corps (les sportifs le savent bien) est une oxygénation *active*. Ouvrir les fenêtres régénère l'air d'une pièce, mais ne suffit pas vraiment pour renouveler correctement l'oxygène du corps : le mouvement est nécessaire. Certains mouvements sont plus efficaces que d'autres, et il est souhaitable de les faire tous ensemble et régulièrement (professeur compris bien entendu).

Ne pas faire de mouvement ou d'exercice pendant une journée où l'on est censé employer en permanence son cerveau est une absurdité, que cela soit pour des écoliers ou pour des adultes.

La nourriture

C'est une idée mal admise que le cerveau ait des besoins particuliers en nourriture. Nous accordons toute notre attention à l'estomac (régimes pour maigrir, pilules ou eau pétillante pour digérer), mais il vient moins à l'esprit de faire un régime pour mieux faire travailler nos neurones, tant nous dissocions la fonction intellectuelle du cerveau de son processus biologique.

L'importance d'une bonne nourriture

Dès le départ, la nourriture joue un rôle vital pour la formation des cellules nerveuses. Lorsque la mère est sous-alimentée, en particulier en protéines, l'enfant peut avoir jusqu'à 50% de neurones en moins qu'un enfant de mère correctement nourrie.

Ensuite, après la naissance, une bonne nourriture est tout aussi vitale pour le développement des connexions entre les neurones, c'est-à-dire pour le développement de l'intelligence.

Et tout le reste de notre vie, le bon fonctionnement de notre cerveau dépendra pour une bonne part de la manière dont nous nous alimentons. Inversement, bien entendu, un déficit nutritionnel pourra avoir des conséquences directes sur l'apprentissage, et donc les difficultés ou les échecs scolaires.

On a également montré qu'un déficit nutritionnel pouvait modifier le fonctionnement de certains neurotransmetteurs, et en conséquence affecter le *comportement* auquel ils sont liés.

Pratiquement, bien se nourrir pour bien apprendre signifie essentiellement deux choses :

• fournir au corps, et en particulier au cerveau, les éléments bruts qui lui sont nécessaires, essentiellement protéines, graisses, et hydrates de carbone (sucres) ;

- éviter d'affaiblir le corps en mangeant des choses mauvaises pour lui et en particulier trop de sucre ajouté. L'aptitude du corps à se protéger et à se reconstituer a des limites.

Les éléments nécessaires

Les protéines et les graisses servent à former la structure des dendrites et permettent le développement de réseaux de neurones.

La synthèse des *protéines* se fait grâce à une vingtaine d'acides aminés, que l'on retrouve dans une alimentation équilibrée. Ces acides aminés doivent venir de l'extérieur car le corps ne sait pas les synthétiser. On les trouve en particulier dans le poisson, la viande, les produits laitiers, les œufs. Les femmes enceintes et les petits enfants ont des besoins supplémentaires en protéines, car ce sont des pièces de construction du développement, en particulier des cellules nerveuses.

Parfois, les difficultés scolaires d'un enfant peuvent être liées directement à une déficience en protéines. Manger un œuf le matin plutôt qu'une tartine pourra, tout simplement, lui être bénéfique [4].

Les *graisses* jouent également un rôle important : la membrane cellulaire est formée à 70% de lipides. Les bonnes graisses, qui favorisent en particulier la mémorisation, sont les acides gras polyinsaturés (ou vitamine F). On les trouve essentiellement dans le poisson gras (comme le thon), les noix, le maïs, le soja, le tournesol.

La nourriture et le corps électrique

Une des conséquences de la malnutrition est d'augmenter la polarité de la membrane cellulaire, comme le manque d'eau. Du point de vue du cerveau et de l'apprentissage, c'est l'une des conséquences les plus dangereuses et les plus insidieuses d'une mauvaise alimentation et de la malnutrition.

Sucre et énergie

Les hydrates de carbone, formés de longues chaînes de sucres, sont la principale source d'énergie du corps. Ils contiennent deux sucres simples dont l'un, le glucose, est la source principale d'énergie du cerveau.

Si le glucose est essentiel, il peut être néfaste en excès. Cela se traduit en particulier par une augmentation de levures, qui se nourrissent essentiellement de sucre. Et les levures participent à la formation de cortisone, qui sert de signal d'alarme pour le corps, mais diminue également les capacités à apprendre et à mémoriser.

Lorsqu'elles sont en excès, ces levures libèrent des toxines, parmi lesquelles l'alcool qui est facilement transmis au sang et altère en priorité les lobes frontaux du cerveau (responsables de la coordination fine des mouvements, du raisonnement complexe et de la parole interne par laquelle s'exprime la conscience).

Dans une situation d'apprentissage, on pourra remarquer les effets d'un excès de sucre par une attention déclinante, des problèmes de comportement, des conduites destructrices, une irritabilité ou une hyperactivité, un comportement dépressif.

Au cours des cinquante dernières années, la consommation de produits laitiers a baissé de 20%, tandis que celle de sucre a augmenté de 70% : boissons gazeuses, petits gâteaux, friandises, etc. Imaginons des écoles, des lycées, des entreprises avec des distributeurs de noisettes, de fruits secs, de yaourts, de fromage, plutôt que de sodas et de café. Et de l'eau !

Un pas plus loin...

Derrière toute difficulté à apprendre, nous avons souvent un sentiment de fatalité. On peut bien entendu trouver des causes externes, par exemple dans un environnement social difficile, ou accuser la pédagogie du professeur.

Mais il y a souvent de toutes petites choses, à portée de main, qui peuvent grandement nous aider. Du genre de ces micro-actions dont il a déjà été question et que nous retrouverons tout au long de ces pages.

En ce qui concerne les connecteurs et déconnecteurs, la responsabilité des parents et des enseignants est grande : non pour imposer, mais pour faire comprendre l'importance de telle ou telle chose. Apprendre l'importance de l'eau et de la nourriture (avec leurs aspects scientifiques) aide à faire prendre conscience à un enfant comme à un adulte de ce qui peut l'aider ou le bloquer lorsqu'il apprend. Et savoir cela est un pas capital vers l'autonomie dans l'apprentissage, et une richesse pour la vie.

CHAPITRE 12

Un apprentissage
« compatible avec le cerveau »

QUELQUES PRINCIPES FONDAMENTAUX

Les recherches actuelles sur les modes de fonctionnement du cerveau conduisent à cette idée que la plupart des environnements d'apprentissage ne favorisent pas un fonctionnement naturel et optimal du cerveau. Bien souvent, ils s'opposent plutôt à ce fonctionnement naturel en étant surstructurés, surcontrôlés, linéaires et basés sur la crainte de conséquences désagréables si les normes établies ne sont pas suivies.

La plupart du temps, ces structures d'apprentissage antagonistes sont employées avec les meilleures intentions par les enseignants, les formateurs ou les parents. Certes, le cerveau s'adapte, mais au prix d'efforts inutiles, et pour des résultats souvent décevants.

Dire qu'une approche est « compatible avec le cerveau » ne signifie pas que l'approche habituelle est forcément et totalement « incompatible ». On peut simplement constater que certaines idées bien établies sur la manière d'apprendre ne sont pas les meilleures.

Nous allons voir – ou rappeler – quelques pistes permettant de construire un apprentissage plus naturel, mieux adapté au mode de fonctionnement du cerveau. On peut relever six pistes principales :

- Le cerveau est un détecteur de structures.
- Le cerveau fonctionne mieux en parallèle qu'en série.
- Apprendre implique la personne tout entière.
- On apprend mal sous la menace et la crainte.
- Apprendre implique à la fois le conscient et le non-conscient.
- Apprendre nécessite un retour d'information (feed-back) immédiat.

Le cerveau est un détecteur de structures

C'est peut-être l'une des caractéristiques les plus étonnantes du cerveau : donner une signification à l'énorme quantité d'informations entrantes, et les intégrer dans une structure mentale appropriée. C'est ce que fait en permanence le petit enfant, face à l'immensité des choses nouvelles qu'il découvre. Les « mots d'enfant » sont souvent significatifs de cette faculté d'ordonner tout ce qu'il découvre pour lui donner une signification dans un ensemble plus global. Apprendre, pourrait-on dire, c'est comme faire de la tapisserie :

- dès le départ, il est souhaitable d'avoir une bonne image globale de ce que l'on souhaite ;
- ensuite, on crée la trame, qui donne la forme générale de la tapisserie ;
- puis on crée un réseau plus ou moins dense de « nœuds » : ce sont les points d'ancrage de l'information à venir à partir desquels pourront se bâtir des structures complexes ;
- enfin on remplit progressivement cette trame, en se référant régulièrement à l'image finale, pour aboutir à un ensemble à la fois structuré, cohérent et beau : la tapisserie.

Avoir une image globale de ce que l'on étudie

Le cerveau aime avoir une vue globale de ce qu'il apprend, c'est son aspect « hémisphère droit ». Présenter l'image générale de ce que l'on va apprendre, que cela soit pour un chapitre ou pour un cours s'étendant sur une année, permettra aux nouvelles connaissances de se mettre plus facilement en place.

Donner à l'apprenant la vue globale de ce qu'il va apprendre peut également diminuer notablement son angoisse face à un ensemble de connaissances à acquérir dont il ne cerne absolument pas, au départ, les limites.

Pratiquement, cela peut se faire de nombreuses manières :

- D'une manière graphique, sous forme d'un grand puzzle (ouvert, sans cadre) dessiné en noir et blanc, affiché au mur. Chaque partie du puzzle représente les notions à étudier. On place progressivement les pièces (en couleur) au fur et à mesure que l'on apprend.
- En passant au début de l'année un moment sur chaque chapitre, pour en voir les grandes lignes, les aspects intéressants, et surtout les rapports de l'un

à l'autre. Outre le fait de donner une vue générale d'un « programme », cela peut attiser la curiosité des apprenants. Et lorsque le professeur reviendra sur la notion en profondeur, même plusieurs mois après, l'élève aura un sentiment de familiarité qui l'aidera à la comprendre et à l'assimiler ;

• On peut aller plus loin, souvent avec succès : faire le plus difficile dès le début. Un professeur de langue pourra commencer par l'étude d'un texte où sont rassemblées toutes les formes grammaticales qui seront étudiées pendant l'année. Un professeur de mathématiques pourra expliquer à ses élèves un problème complet (bien choisi) de fin d'année, en donnant quelques indications simples sur chaque notion inconnue.

Créer ses propres structures mentales

On impose souvent un savoir très fortement structuré. Les connaissances que présente le professeur (parfois le fruit d'une longue et tortueuse évolution) le sont souvent d'une manière rigide et fixée. Cette façon de faire ne permet pas au cerveau de l'apprenant de créer ses propres structures mentales, de bâtir lui-même la trame dans laquelle va se mettre en place l'information nouvelle, et rend plus difficile son assimilation. Bien sûr, le professeur a le souci louable de donner dès le départ les « bonnes structures » à l'élève, pour éviter justement qu'il ne crée des structures fausses. Mais paradoxalement, cette manière de faire conduit souvent au résultat inverse, selon le processus suivant :

• l'élève aura du mal à intégrer une structure qu'il n'aura pas contribué à bâtir lui-même ; il quittera la salle de cours avec une notion floue, sinon fausse, de cette notion ;
• le travail personnel qu'on lui demande, censé renforcer cette connaissance, risque alors de rigidifier une mauvaise compréhension (si personne ne peut l'aider à rétablir la structure correcte) ;
• il reviendra en salle de cours avec des exercices faux, ce qui aura contribué à l'éloigner encore plus de la structure correcte ;
• il sera alors nécessaire de démonter le processus faux puis d'en reconstruire un juste à la place, ce qui demandera un effort supplémentaire (que ne fera pas toujours l'élève).

Il est bien plus intéressant que l'élève contribue à la construction de sa propre structure mentale, et qu'il puisse en vérifier aussitôt la justesse avec le professeur[1].

Créer des points d'ancrage

Les points d'ancrage, nous l'avons vu, sont des connaissances ponctuelles sur lesquelles d'autres connaissances peuvent s'accrocher.

Chaque fois que des parents proposent à leur enfant une activité nouvelle, ils créent ces points d'ancrage : aller au théâtre, visiter un musée, partir en voyage, ramasser des pommes de terre, écouter un air d'opéra, changer une prise électrique…

Créer de nouveaux points d'ancrage est tout aussi valable pour l'adulte, bien entendu : des activités nouvelles, pas forcément extraordinaires mais en dehors de ses conduites habituelles, peuvent lui permettre de créer de nouveaux pôles d'intérêt sur lesquels des connaissances pourront s'agglutiner ensuite : lire une nouvelle revue, visiter un musée, goûter à une cuisine inconnue, écouter une émission de radio à thème, commencer un nouveau travail, participer à un projet, faire des rencontres nouvelles, etc. Les voyages, si faciles maintenant, peuvent être particulièrement riches en nouveaux points d'ancrage.

À l'école, les possibilités sont également nombreuses, et pas nécessairement coûteuses. Les enseignants connaissent bien les richesses apportées par les sorties au théâtre, les voyages scolaires, la visite d'usines, l'invitation faite à tel parent ou telle connaissance pour parler de son domaine de compétence, ou laisser sa place à un autre professeur.

Et il n'est pas forcément nécessaire d'en faire un travail académique en exigeant ensuite rapport de stage, rédaction ou compte rendu détaillé, qui gâchent parfois le plaisir de la découverte. Une discussion, ouverte ou selon certaines règles, peut permettre d'exprimer ce qui a été vécu et de mettre en commun les richesses récoltées, renforçant ainsi ces nouveaux points d'ancrage.

En voici un moyen :

DE CINQ EN CINQ [2]

Dans un premier temps, chaque participant fait une liste des choses qui lui ont semblé les plus intéressantes.

Ensuite on forme des groupes de cinq personnes qui mettent en commun leurs idées puis réduisent cette longue liste aux cinq points les plus importants, cela en cinq minutes. Puis on établit avec le groupe entier une liste d'idées, chaque groupe donnant à tour de rôle une idée qui lui semble importante (et qui n'a pas encore été proposée par un autre groupe). Ces idées sont écrites au tableau, jusqu'à ce qu'il y en ait, par exemple, dix.

Pour déterminer les plus intéressantes, on emploie la stratégie du « consensus forcé » : chaque groupe décide non de l'idée qu'il préfère, mais de l'idée qui sera choisie par le plus grand nombre de groupes. L'idée obtenant le plus de suffrages est alors notée n° 1. Puis on utilise le même processus pour déterminer, par exemple, les cinq meilleures idées parmi la liste de dix.

Le cerveau fonctionne mieux en parallèle qu'en série

Cette image, qui sera familière aux électriciens et aux scientifiques, signifie que le cerveau préfère faire plusieurs choses à la fois : il n'aime pas trop la linéarité, le « d'abord » suivi de l'« ensuite ». Il aime bien attaquer un chantier en plusieurs endroits à la fois, lire plusieurs livres en même temps, découvrir un paysage de plusieurs points de vue différents.

Pour apprendre, c'est la même chose. Rien de plus ennuyeux, en général, que d'étudier trois heures de suite le même sujet de la même façon. Par contre, aborder un sujet de plusieurs côtés à la fois stimule la curiosité, permet de diversifier les points d'ancrage et s'adresse à un plus grand nombre d'« intelligences » (selon la théorie de Gardner). Nous avons vu au chapitre 7 quelques applications pratiques que l'on peut faire de cette théorie.

Cette « orchestration » par l'enseignant ou le formateur de diverses approches peut être tout à fait passionnante. C'est souvent pour lui l'occasion d'utiliser ses richesses personnelles, qui sont rarement limitées à ses compétences purement académiques : ses goûts, ses connaissances dans d'autres domaines que la matière qu'il enseigne, ses différents talents peuvent trouver là un champ d'application passionnant.

Apprendre implique la personne tout entière

Même si les notions de « pensée », de « conscience » et d'« esprit » restent encore mal expliquées par les biologistes, le cerveau est un organe qui fonctionne selon des lois physiologiques, en relation directe avec l'ensemble du corps. Apprendre peut être considéré comme une fonction aussi *naturelle* que respirer. Et, comme telle, peut être favorisée ou inhibée.

Nous l'avons vu ou nous le verrons plus loin, la nutrition, le mouvement, l'oxygénation, la relaxation, un bas niveau de stress, et bien d'autres éléments sont importants dans un processus d'apprentissage, de même que les émotions, qui jouent également un rôle important dans la mémorisation.

On apprend mal sous la menace et la crainte

On apprend mieux dans un environnement exempt de tensions négatives et de crainte. C'est dans ces conditions que l'on peut accepter de sortir de sa « zone de confort », et de prendre des risques pour découvrir de nouvelles choses.

Un sentiment de menace ou de crainte chez celui qui apprend se traduit souvent par toute une pathologie à laquelle s'intéresse peu la médecine : angoisse de la « page blanche », incapacité à répondre, crampes d'estomac ou vomissements, larmes, insomnies, etc. D'autres caractéristiques peuvent apparaître également, telles que le basculement vers des comportements archaïques, ou le désintérêt pour apprendre, ou la baisse du système immunitaire.

Il peut y avoir des menaces plus latentes et plus diffuses, à l'école comme dans l'entreprise : le confinement physique, la crainte du jugement d'un supérieur ou du qu'en-dira-t-on, la peur de la sanction, etc.

Nous développerons plus en détail cet aspect au chapitre 14.

Apprendre implique à la fois le conscient et le non-conscient

Environ 90% de nos perceptions sensorielles sont subconscientes. Il semble *a priori* intéressant d'utiliser cette grande quantité d'informations entrantes et non utilisées. Mais est-ce possible ? Et si c'est possible, comment faire ?

L'inconscient de l'apprenant peut à l'inverse jouer un rôle de frein lors d'un apprentissage, par des autosuggestions négatives (comme « Je suis nul », « Je n'y arriverai jamais », etc.). C'est l'un des champs qu'a particulièrement étudié le Dr Lozanov, et où il a créé des outils intéressants et utiles.

Ces deux aspects seront développés au chapitre 18.

Apprendre nécessite un feed-back immédiat

Les scientifiques connaissent bien cette utilisation du résultat, succès ou échec, pour progresser dans leur recherche. De la même manière, le cerveau a également besoin de tester la validité des structures mentales qu'il a mises en place lors d'un apprentissage (de vérifier le bon câblage des neurones, pourrait-on dire), et cela le plus tôt possible. Cette nécessité d'un retour d'information immédiat pour apprendre a des conséquences simples et importantes, qui seront vues plus en détail au chapitre 20.

STRATÉGIES ET CONSEILS POUR UN APPRENTISSAGE « COMPATIBLE AVEC LE CERVEAU » [3]

La résolution de problème

La résolution de problème est une activité d'apprentissage souvent très motivante lorsqu'elle est bien menée. Souvent cantonnée aux matières scientifiques du cursus scolaire et universitaire, et posée sous une forme très classique (comme par exemple les exercices en fin de chapitre), elle peut prendre également la forme de problèmes interdisciplinaires à résoudre, d'activités complexes à organiser, d'« études de cas », ou utiliser les principes de la PBL.

LA PBL[4]

La méthode PBL (*Problem-Based Learning*, ou Méthode des Situations-Problèmes), élaborée au Canada, se distingue nettement de la méthode « études de cas » qui développe des capacités à trouver une solution, mais est souvent peu pertinente pour apprendre à poser un problème.

Avec la PBL, l'apprenant doit définir lui-même le problème à partir d'une situation décrite de manière brève, factuelle, parfois floue. La difficulté consiste à se poser les « bonnes questions » pour ensuite chercher l'information, se faire sa propre opinion et résoudre les problèmes mis en lumière.

Pour utiliser les bénéfices de la résolution de problème dans un apprentissage, on peut également utiliser des jeux, soit sous des formes classiques et bien connues éventuellement modifiées (comme les mots croisés, les échecs, le

Cluedo©, etc., et de très nombreux jeux vidéos), soit en inventant d'autres formes. En voici un exemple.

À LA DÉCOUVERTE D'UNE RÈGLE [5]

Le professeur distribue aux élèves une feuille comportant deux colonnes : celle de gauche présente des exemples d'utilisation correcte de la notion, celle de droite des exemples d'utilisation incorrecte. Il fait en sorte qu'il y ait suffisamment d'exemples pour couvrir largement tous les aspects corrects ou incorrects de la notion étudiée.

En groupes de 3 à 5, les élèves cherchent alors à déterminer les caractéristiques acceptables de la notion et celles qui ne le sont pas.

Les résultats sont mis en commun, sous une forme ou sous une autre (par exemple chaque groupe peut proposer chacun à son tour une caractéristique). Ces résultats sont aussitôt validés ou invalidés par le professeur.

On peut (par exemple) découvrir ainsi : une règle de grammaire anglaise (« L'emploi de *for*, *since*, *ago* »), une règle de calcul (« Pour calculer le produit de deux fractions, etc. »), une règle de solfège (« Le soupir est un silence correspondant à une noire »), etc.

Peuvent suivre alors une série d'exercices faisant référence aux caractéristiques découvertes. Puis on peut proposer aux élèves de déterminer par eux-mêmes (en les exprimant avec leurs mots) des formules ou des règles représentant ces caractéristiques.

Le travail en groupe

Le cours magistral, structure fondamentale d'un cours en milieu scolaire, universitaire ou en formation, possède de nombreux avantages (transmission d'une connaissance à un grand nombre de personnes, tranquillité du conférencier, tranquillité des auditeurs, etc.), et également de sérieux inconvénients (passivité, souvent faible taux de rétention, etc.). Cette structure perdure depuis des siècles sans changements fondamentaux, peut-être depuis l'invention de l'université, en Italie, au XIe siècle, et souvent avec le postulat douteux que ce qui est enseigné est forcément compris, assimilé et appris.

Pourtant on sait, soit par expérience soit en se fiant à de nombreuses recherches sur le sujet, qu'un travail en groupe bien structuré produit souvent un bien meilleur apprentissage, une motivation plus grande et moins d'échecs qu'un cours magistral.

Le travail en groupe permet en général une meilleure participation des apprenants, une émulation interne, et peut prendre de nombreuses formes. Sans rejeter le cours magistral (qui a, donc, des avantages certains), on peut le combiner successivement avec une recherche personnelle, une recherche par petits groupes et une recherche en groupe complet.

Le changement

Outre des changements dans la manière de présenter l'information et de l'activer (qui ont été décrits en particulier aux chapitres 7 et 8), et des changements dans l'environnement d'apprentissage (chapitre 10), on peut également modifier dans le déroulement du cours ou de la formation des éléments souvent considérés comme inamovibles, afin de rompre une certaine monotonie que transforme volontiers le cerveau en ennui.

En effet, on peut remarquer que tout apprentissage, d'une manière ou d'une autre, s'ancre dans un contexte. Et qu'il est plus difficile d'apprendre lorsque le contexte est toujours identique, lorsque toutes les informations sont données d'une manière similaire et dans un même lieu, que dans des environnements différents et dans des contextes différents.

Pour introduire un changement qu'appréciera le cerveau, on pourra par exemple agir sur :

• la gestion du temps : raccourcir, augmenter, ou scinder différemment le temps prévu ;

• le contenu : se lancer dans un sujet totalement imprévu (mais que vous savez utile à la formation de vos élèves ou des apprenants) ;

• le lieu : changer de lieu sans préavis, organiser un cours dehors, ou dans un lieu chargé d'un passé symbolique, ou en marchant, etc. ; ou modifier l'arrangement d'une salle de cours ;

• le processus : organiser une visite surprise, une fête, une rencontre ; faire venir un conférencier extérieur ; ou ne pas donner de travail à faire pour le cours suivant.

Mais attention lorsque l'on introduit des changements :

PAS TROP VITE, ET UNE SEULE CHOSE À LA FOIS

L'introduction de nouvelles techniques ou formes d'apprentissage doit toujours être progressive, trop de nouveautés à la fois est déstabilisant.

FAIRE APPEL À UN CONFÉRENCIER EXTÉRIEUR

Où le trouver ? Facile, si vous avez pris le temps avec votre groupe d'apprenants de créer des « pages jaunes » de toutes les ressources qui sont disponibles autour de vous : ce que vos élèves savent faire, les compétences de leur environnement familial et amical, ou celles des personnes de l'administration ou d'autres services. Vous aurez ainsi disponible une riche base de données, dans laquelle vous pourrez piocher facilement. Et à l'occasion ne craignez pas de viser haut : on peut faire venir des gens compétents, passionnants et même connus souvent gratuitement.

Le jeu de rôle

Dans un apprentissage, utiliser un jeu de rôle a de nombreux avantages :
• le corps bouge, la part kinesthésique des apprenants est impliquée ;
• cela engage des émotions, qui aident à la mémorisation à long terme ;
• cela peut aider à la résolution de problème ;
• cela développe la confiance en soi des élèves ;
• etc.

Plusieurs types de jeux de rôle peuvent être utilisés en fonction de différents critères, par exemple :
• *interview d'expert* : la moitié du groupe devient expert dans le sujet traité, et l'autre joue le rôle du groupe de journalistes qui posent des questions ;
• *à la manière de...* : mettre les apprenants par petits groupes ou par paires, et leur demander de préparer une saynète ou une publicité télévisée de 30 secondes sur un aspect de ce qui a été appris (on peut imposer un thème : à la manière d'un commissaire de police, d'un député à la Chambre, d'une hôtesse d'accueil, etc.) ;
• *sculpture vivante* : demander à un élève de venir et de commencer à mimer ce qui a été appris, puis progressivement les autres élèves se joignent au premier pour créer une sculpture vivante des nouvelles connaissances ; on peut aussi jouer (si possible en groupe) la manière de fonctionner d'une machine, d'un service client, d'une voiture, d'un ordinateur, etc.
• *match d'improvisation* : organiser des matchs d'improvisation, par petites équipes, sur le sujet étudié, le reste du groupe jouant le rôle du public et déterminant les meilleures équipes.

Apprendre en faisant

Imaginez que vous ayez appris à faire du vélo en suivant d'abord des cours (compliqués) de mécanique, puis des cours de code de la route, des cours de géographie sur votre environnement proche, des cours de premier secours, des formations à la motivation pour surmonter les échecs, etc., puis qu'ensuite seulement vous puissiez commencer à monter sur un vélo... C'est pourtant ce genre de démarche qui est souvent privilégiée dans un apprentissage, qu'il soit scolaire ou en formation.

Apprendre « sur le tas » présente de nombreux avantages, à condition d'être bien accompagné. En milieu universitaire, les formations en alternance, développées depuis quelques années, permettent justement de combiner l'apprentissage « en faisant » avec des cours théoriques permettant de mieux enraciner les connaissances.

Avoir des moyens de surmonter les « blocages de neurones »

Lorsque des apprenants « coincent » dans un apprentissage, cela prend généralement deux formes. En reprenant le modèle de Sperry des deux hémisphères cérébraux, soit c'est le « cerveau gauche » qui bloque, du genre : « J'ai tout essayé, et je n'arrive pas à trouver de solution », soit c'est un blocage de type « cerveau droit », comme « Je suis complètement perdu, je n'y comprends plus rien ! »

On peut trouver divers moyens de surmonter ces blocages :

• le cerveau fonctionne mieux lorsque les deux hémisphères sont utilisés : pour bien connecter les deux hémisphères, on peut utiliser des mouvements croisés comme ceux de la Brain Gym (décrits au chapitre 17), ou de la musique (chapitre 16) ;

• le cerveau fonctionne mieux lorsque le corps est dans un état de détente concentrée (ce point est développé au chapitre 15) ;

• un certain nombre d'éléments peuvent aider à « connecter » le cerveau sur l'apprentissage, comme par exemple boire de l'eau pure, d'autres peuvent le « déconnecter » : voir le chapitre 11 ;

• laisser incuber : il s'agit de laisser le cerveau travailler seul et tranquille, d'une manière inconsciente (ce point sera développé au chapitre 18). C'est une technique bien connue de ceux qui doivent résoudre des problèmes techniques complexes : après avoir tout essayé, on arrête et on y revient le lendemain, ou bien on attend tranquillement en faisant autre chose. Souvent la solution surgit alors d'une manière spontanée ;

• utiliser des comportements paradoxaux : c'est en faisant des activités apparemment sans aucun lien ou même qui semblent contre-indiquées pour résoudre un problème que le déblocage se fait. Paul Watzlawick a largement développé cette technique dans plusieurs de ses ouvrages [6].

Utiliser des questions plus que des réponses

Quand il s'agit d'apprendre, le cerveau est plus réceptif aux questions qu'aux réponses. Pourquoi ?

D'abord la curiosité est un état physiologique particulier, qui induit des modifications dans notre posture, notre attitude, nos mouvements oculaires, et qui déclenche des réactions chimiques favorisant l'attention, l'apprentissage et la mémorisation.

Ensuite, lorsque nous nous posons des questions, le cerveau travaille sur ces questions d'une manière continue et ouverte, alors qu'une réponse (surtout si elle est assenée par une personne extérieure) ferme le sujet. Pour notre cerveau, le processus est de loin plus important et intéressant que la réponse.

Enfin, les questions permettent d'aiguiser l'envie de savoir, créent des points d'ancrage et forment la trame des connaissances futures.

L'ART DE DÉCOUVRIR CE QUE L'ON NE SAIT PAS [7]

Voici un moyen, parmi bien d'autres, pour faire émerger un grand nombre de questions en utilisant le dessin, par exemple dans un cours d'histoire :

Supposons que vous étudiiez la découverte de l'Amérique par Christophe Colomb, et en particulier son voyage à travers l'Atlantique. On peut proposer aux élèves de dessiner le navire-amiral, la Santa Maria, ce à quoi ils répondront bien entendu qu'ils en sont incapables.

On propose alors aux élèves de séparer leur feuille de papier en deux dans le sens de la hauteur. Sur une moitié ils vont dessiner le navire de Christophe Colomb, comme ils le peuvent, et sur l'autre ils vont inscrire les questions pour lesquelles ils auraient besoin de réponses pour faire le dessin :

« La caravelle avait-elle un ou plusieurs mâts ? » « Quel genre de voiles utilisaient-ils ? » « Que mangeaient-ils ? » « Où se trouvaient les réserves d'eau ? » « Combien de temps a duré le voyage ? » « Y avait-il des femmes à bord ? » Et ainsi de suite.

Leur dessin finira sans doute par ressembler à un tableau cubiste mais plusieurs listes de questions auront ainsi été récoltées. Les élèves entourent ensuite (sur leur liste) la question qu'ils préfèrent, et toutes les questions sélec-

tionnées sont alors inscrites au tableau.

Après, lorsque le professeur montrera aux élèves une représentation du navire de Christophe Colomb, ils la verront comme ils ne l'avaient – ou ne l'auraient – jamais vue.

Faire poser des questions les aura aidé à structurer leurs connaissances futures, et en fera des esprits curieux.

Pour faire se poser des questions, on peut également :

• créer un topogramme au tableau, en structurant les questions qui fusent ;

• utiliser un jeu-cadre, comme « Questions à foison » ou « Cherchons ensemble » [8] ;

• ouvrir un tableau mural à l'avance, où l'on puisse écrire toutes les questions que l'on se pose ; ou proposer une « boite à questions » ;

• rassembler des questions venant également des autres collègues, des parents, d'une navigation sur Internet ; etc.

Prendre en compte les cycles et les rythmes de fonctionnement du cerveau

Le cerveau est une machine que l'on sait d'une extraordinaire complexité, où interviennent en particulier des cycles et des rythmes. En voici quelques aperçus, qui peuvent être utiles lors d'un apprentissage :

• Le cerveau fluctue naturellement d'un hémisphère à un autre environ toutes les 90 min, tout au long de la journée. Au sommet d'un cycle, vous êtes plus branché « hémisphère gauche », et au sommet du cycle suivant plus « hémisphère droit ». Si l'on ressent un blocage lors d'un travail ou d'un apprentissage, cela peut être dû à cela. Une pause ou un changement d'activité sont alors bienvenus, en attendant le cycle suivant.

• Nous sommes fortement influencés par notre horloge interne, en particulier quand il s'agit d'apprendre et de nous souvenir de ce qui a été appris. Cette horloge interne est cadencée par la sécrétion périodique et naturelle d'hormones, et cette « balance chimique » a des effets sur l'apprentissage [9].

Le matin, notre cerveau semble mieux mémoriser ce qui est conceptuel, littéral, détaillé. L'après-midi et la soirée sont meilleures pour les relations humaines et la compréhension globale.

• Le cerveau a besoin d'alterner des fonctionnements en attention concentrée et d'autres en attention ouverte (on parle parfois d'« attention floue »). Dans l'attention concentrée, lors d'un cours magistral ou d'une discussion active, le cerveau est dirigé vers un seul sujet. Les ondes Bêta sont alors prédominantes. Dans l'attention ouverte, on laisse plus de liberté au cerveau, on lui « laisse la bride sur le cou », avec une augmentation d'ondes Alpha. On a plus accès à la mémoire profonde, aux associations et aux analogies. Ce que l'on apprend prend plus de sens. Imaginer un projet ou des questions, avoir une discussion à bâtons rompus sont des exemples d'activité privilégiant cette attention ouverte.

Le temps sur lequel on peut rester concentré sur un sujet est fonction de nombreux paramètres (âge de l'apprenant, intérêt pour le sujet, fatigue physique ou psychique, etc.). Il est bon de prévoir des activités permettant cette alternance entre attention concentrée et attention ouverte, en étant attentif aux signaux non verbaux envoyés par les apprenants par lesquels ils expriment leur fatigue, leur lassitude ou leur intérêt.

Le pouvoir des mots et des attitudes non verbales

Les mots que nous entendons peuvent avoir un effet considérable sur notre système nerveux, sur nos sentiments et nos comportements, de même que ce que l'on appelle souvent le « langage non verbal » : les attitudes corporelles, les mimiques, etc. Dans un environnement d'apprentissage ou de travail (et bien entendu ailleurs), ces deux types de langage peuvent créer de l'anxiété, de la violence, de l'angoisse, ou bien peuvent aider, soulager, faire avancer, encourager...

Cela nécessite pour le formateur ou l'enseignant de prendre très précisément conscience de ce que transmettent ses mots et ses attitudes. Différents outils peuvent l'aider à cela, comme la programmation neurolinguistique (PNL) ou la communication non violente, décrite au chapitre 19 sous la forme du « langage girafe ». Il faut également veiller à la *cohérence* entre les langages verbal et non verbal.

Éviter les récompenses formelles et les punitions

Établir un système de récompenses favorise un apprentissage de type pavlovien : « tu fais ça et tu obtiens ça ». Souvent utilisées avec les apprenants considérés comme sous-motivés ou faibles, les récompenses réduisent la motivation intrinsèque et ne permettent pas de donner un sens à l'apprentissage. Ce système d'apprentissage, caractéristique du modèle béhavioriste, encourage les comportements stéréotypés, renforce une forme de mémoire à court terme, et tue le plaisir d'apprendre.

Et les punitions dans un apprentissage ont rarement plus d'intérêt que les récompenses, et pour des raisons semblables.

Avoir un enseignement ouvert

Laisser des choix

Le cerveau fonctionne différemment lorsqu'il a le choix : même sur le plan biologique, la chimie du cerveau varie. Lorsque des apprenants ont à choisir une tâche et ce qui leur faut pour y arriver, ils se sentent plus impliqués, ils ont une vision plus positive de l'apprentissage et de son but. Il y a alors libération de deux endorphines importantes (la dopamine et la sérotonine), qui sont liées à un état de confiance et à un bas niveau de stress.

Au contraire, lorsque l'on manque de choix, que l'on se sent déprimé ou enfermé, le cerveau produit un neurotransmetteur (la norepinephrine) qui a un fort effet inhibiteur. Dans cet état du cerveau, le moral est bas, l'efficacité dans l'apprentissage est faible et la motivation chute.

Est-ce l'état qui crée la chimie du cerveau ou le contraire ? Probablement les deux, selon les circonstances.

Utiliser une stratégie latérale

Par l'utilisation d'une stratégie latérale [10], on fait en sorte que l'apprentissage en cours vienne comme une résultante d'une activité particulière, souvent décalée.

Par exemple, si un groupe se passionne pour l'astronomie, il aura rapidement besoin du calcul intégral pour l'étude des étoiles doubles, et assimilera cet outil mathématique plus facilement.

Pour pouvoir imaginer des stratégies latérales, il faut au préalable déterminer les pôles d'intérêt des élèves, afin de pouvoir les intégrer dans la démarche pédagogique.

On peut également lancer un grand projet interdisciplinaire motivant, qui « obligera » les élèves à acquérir des connaissances nouvelles.

Éviter quatre ennemis majeurs du cerveau quand il apprend

Ces quatre ennemis sont les suivants : la menace, l'excès de stress, l'anxiété, et le « j'y arriverai pas ».

Confronté à ces ennemis, le cerveau perd ses moyens et risque de tomber dans des comportements archaïques ou stéréotypés. Cela réduit la qualité de l'apprentissage, diminue la créativité et la mémorisation.

Ces quatre ennemis peuvent prendre des formes très variées. Voici quelques moyens d'en réduire leur force :

• à l'école, éviter toute menace comme : interrogations écrites surprises, menace de zéro, mise en difficulté émotionnelle d'un élève (comme obligation d'aller au tableau), etc. ;

• créer une attitude et une ambiance où les erreurs font partie de l'apprentissage (voir chapitre 20) ;

• permettre aux apprenants de « changer d'état » lorsqu'une activité précédente les a énervés, déprimés, agacés : on peut proposer une discussion, un exercice de respiration ou de yoga à l'école, mettre de la musique bien choisie, etc.

• le « mais si, je suis sûr que tu y arriveras » est à manier avec précaution, car peut renforcer la *barrière logique* (décrite au chapitre 18). Un soutien discret et respectueux sera souvent mieux vécu par un élève qui traverse une phase difficile que des encouragements verbaux maladroits.

Il est important de prendre conscience qu'une réaction de « je n'y arriverai pas » a souvent son origine dans un traumatisme plus ou moins ancien (qu'il peut être bon de retrouver et de faire verbaliser), et que ce traumatisme a été réveillé par un élément déclencheur dans ce qui est appris à ce moment-là. Faire surmonter un traumatisme d'apprentissage peut être long, et nécessite constance et patience de la part de l'enseignant ou du formateur.

Le cerveau aime rire

Est-ce que rire est bon pour apprendre ? De nombreux chercheurs le pensent. Il semble que le rire augmente la sécrétion de certains neurotransmetteurs cérébraux en rapport avec l'attention et la mémorisation. Cela diminue également le stress et renforce le fonctionnement du système immunitaire. Le rire peut ainsi produire un changement notable d'état chez l'apprenant, en particulier s'il était auparavant anxieux ou stressé. On peut par exemple prévoir des « pauses pour rire », ou raconter des histoires amusantes. Attention de ne choquer personne à travers ces histoires ou ces plaisanteries.

Cerveau et théorie du chaos

La récente « théorie du chaos » a en particulier mis en évidence que le fonctionnement d'un être vivant suivait souvent une conduite « chaotique » pour acquérir un meilleur résultat. Qu'en est-il de nous lorsque nous apprenons ? Il semble que notre cerveau ne soit pas conçu pour travailler constamment dans un environnement en parfait équilibre. Certains chercheurs pensent même que l'apprentissage se passe en fait lors d'une période « chaotique » et émerge de la confusion. L'anticipation, l'excitation, l'incertain, le défi, le suspens, le soulagement sont des émotions qui augmentent l'attention, donnent du sens et favorisent la mémorisation. Garder une salle de cours ou de formation sous contrôle permanent, dans un calme plat, ne semble donc pas la meilleure manière de faire.

Et d'autres...

D'autres moyens « compatibles avec le cerveau » sont approfondis au fil des pages, comme :
• l'usage de périphériques et plus généralement l'emploi de l'inconscient (chapitre 18)
• l'emploi de la musique (chapitre 16)
• une tension positive, tout en éliminant le stress inutile (chapitres 14 et 15)
• utiliser le jeu (chapitre 2)
• trouver des moyens de libérer la créativité des apprenants, comme les « pauses créatives » (chapitre 20)
• utiliser le mouvement (chapitre 17).

Un pas plus loin...

La fonction primordiale du cerveau, finalement, semble bien être celle d'apprendre. Frustrez-le d'apprentissages divers, de nouveautés, d'expériences intéressantes, et il risque de dépérir. Une vie où l'on n'apprend pas (sous des formes infiniment variées) est une triste vie. Et avec un cerveau dépressif parce que n'apprenant pas assez, nous voilà bien mal dans notre peau.

Apprendre quoi ? Tout ce qui tombe sous la main, sans faire le tri comme cela nous est si souvent suggéré dès l'école. Le bébé, lui, ne trie pas : il prend tout, il essaie, il apprend, et il rejette si cela ne lui convient pas. Et, telle la bonne fée penchée sur son berceau, tout ce que l'on peut souhaiter à un nouveau-né est de garder toute la vie sa fringale d'apprendre.

CHAPITRE 13

Assembler les pièces

Les différentes idées de ce livre composent un ensemble de pièces qu'il est souhaitable de correctement ajuster pour créer un apprentissage de qualité. Car, comme dans un puzzle, il s'agit de donner cohérence à des éléments épars, variés et complémentaires.

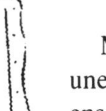

Mais, contrairement au puzzle, il n'y a pas une seule manière – la bonne – de mettre ensemble ces pièces : disons que l'enseignant ou le formateur a maintenant à sa disposition une nouvelle et plus large palette de couleurs, et qu'il s'agit pour lui de les utiliser pour créer des œuvres d'art harmonieuses et de qualité.

MISE EN PRATIQUE

On se souvient de l'intérêt qu'a suscité il y a quelques mois la célèbre émission télévisée *La Marche du millénaire* sur le thème : « Peut-on apprendre autrement ? » Il y était question de cette nécessaire cohérence dans tout apprentissage. Il nous a semblé intéressant de retranscrire ci-dessous le texte de cette émission, ainsi que les topogrammes des intervenants et les questions des invités.

****

20 h 50 : après les innombrables publicités qui suivent le Journal de 20 heures (shampooings pour les dames, voitures pour les messieurs), après la météo (temps pour demain : variable), les téléspectateurs entendent enfin le générique de la célèbre émission de société qui fait la fierté de la chaîne Super 3 000 : La Marche du millénaire, animée par Jean-Michel Vacada.

Après la fin du générique, Jean-Michel Vacada regarde son public dans les yeux et parle en quelques mots du thème du jour, avant de présenter les invités.

– Mesdames, Mesdemoiselles, Messieurs, bonsoir.

Il est un jeu relativement facile auquel nous, journalistes, nous laissons parfois aller : c'est de mettre en évidence les innombrables dysfonctionnements de notre système scolaire. Et il est vrai que pour un extraterrestre (qui serait féru de psychiatrie) débarquant un jour dans nos écoles, notre système apparaîtrait en beaucoup de points comme essentiellement schizophrène, tant on y rencontre une « réalité » qui frise la folie – mais une folie parfaitement admise par tous.

« Par exemple, en caricaturant un peu, on pourrait s'étonner des faits suivants : obliger un enfant de huit ans à rester assis sur une chaise huit heures par jour ; lui demander pendant ce temps une attention totale (alors que la durée moyenne d'attention d'un adulte est de vingt minutes) ; imposer aux enseignants de transmettre des programmes extrêmement ambitieux, tout en acceptant comme norme que les élèves n'en sachent que la moitié – le fameux « 10 de moyenne » ; ne pas s'étonner de jeunes qui vomissent avant un simple contrôle, ou du développement considérable des myopies dès le primaire, comme si les yeux des enfants à la naissance étaient maintenant de moins bonne qualité, etc. Chacun peut jouer indéfiniment à ce jeu-là et non sans raison, car nous avons bien l'intuition que l'enjeu est de taille, bien plus que la réussite scolaire et les diplômes.

« Lorsque nous sortons du système scolaire, nous gardons en général des traces indélébiles de notre passage à l'école. Notre relation à « l'apprendre » en est marqué pour notre vie entière, et rarement pour le meilleur. Qui peut se targuer d'avoir mené sa scolarité sans difficultés, sans souffrances, sans gaspillage d'énergie et de temps ? Et qui n'a pas, au tréfonds de sa personnalité, des limitations inscrites *dès* l'école et souvent *par* l'école ? Des limitations sur nos capacités à apprendre des langues étrangères, à faire des mathématiques ou de l'histoire ? Dire que les Français « sont mauvais en langues étrangères » justifie-t-il l'incapacité de beaucoup d'entre nous à prononcer trois mots en anglais, en allemand ou en espagnol, malgré les centaines d'heures que nous avons passées à l'école à apprendre ces langues ?

« D'où cette question lancinante qui forcément revient sur le devant de la scène : « Peut-on apprendre autrement ? » Une fois adulte, pouvons-nous apprendre autrement qu'à la manière dont *nous* avons appris à l'école ? Et peut-on souhaiter que *nos enfants*, aujourd'hui, à l'école, apprennent autrement ?

« Du côté de l'école, nous le constatons tous les jours, les problèmes se bousculent. Et chacun de critiquer, de chercher des responsabilités, d'imaginer d'autres manières de faire, de proposer des solutions. Une chose est sûre : la nécessité d'un changement. Mais un changement qui ne donne pas l'impression d'un simple replâtrage, ni qui soit une destruction totale du système scolaire avec l'idée que cela sera forcément mieux ensuite. Une sorte de changement à la fois radical et en douceur, en partant de la réalité d'aujourd'hui.

« Et du côté de l'entreprise et de la vie professionnelle, est-ce que les choses se passent mieux ? Même si le souci de rentabilité pousse parfois les entreprises à être novatrices, on constate que la marque du modèle scolaire est encore très forte sur les formations pour adultes.

« L'importance de tout cela n'échappe à personne, car demain est à notre porte, avec des défis et des enjeux considérables. Certes, pour demain les spécialistes ne sont pas avares de prédictions sur la manière d'apprendre de nos enfants et de nos petits-enfants. La plupart s'accordent sur « l'ère de l'information » qui s'ouvre devant nous, où l'informatique, Internet et les médias tiendront une place centrale. Déjà des « lycées virtuels » font leur apparition, des hommes politiques voient dans le branchement à Internet la panacée universelle à tous les problèmes de l'école, on met presque dès le berceau les enfants devant un écran d'ordinateur. Est-ce la solution miraculeuse à tous les problèmes d'apprentissage ?

« Devant ces problèmes qui ne peuvent laisser personne indifférent, il nous a semblé intéressant aujourd'hui d'étudier de près une approche pédagogique originale, parfois nommée le « mieux-apprendre ». Pour cela, nous avons demandé à deux journalistes réputés qui ont étudié cette approche, José Dos Santos et Isabelle Gama, de nous faire part de leurs résultats et commentaires.

– José et Isabelle, vous êtes tous deux journalistes spécialisés dans les problèmes d'éducation et de formation. Permettez-moi d'abord de vous présenter aux téléspectateurs. Isabelle Gama, vous êtes journaliste à l'*Univers de l'éducation*. José Dos Santos, vous êtes journaliste à la revue *Entreprises plus*.

« Bien… Dans un premier temps, je propose aux invités et aux téléspectateurs d'écouter le récit à deux voix de José et d'Isabelle. Puis nous passerons aux questions.

« José a suivi pendant deux semaines un formateur – ou plutôt une formatrice – dans une entreprise. Celle-ci a remodelé ses formations selon les principes du « mieux-apprendre ». Isabelle, quant à elle, a suivi un enseignant de mathématiques d'un lycée de la banlieue parisienne, qui a également reçu une formation à cette approche pédagogique.

« Je leur laisse d'abord le soin de se présenter brièvement, en complétant le rapide tableau que j'ai dressé d'eux, puis de décrire en détail ce qu'ils ont vu et remarqué, leurs réflexions et leurs interrogations.

« Isabelle, pouvez-vous nous dire tout d'abord plus précisément qui vous êtes, et comment s'est globalement passé votre reportage ?

– Merci. Je suis donc journaliste à l'*Univers de l'éducation*, et tout ce qui concerne « l'apprendre » m'a toujours passionnée, sans doute parce que j'ai été l'un de ces élèves dont vous parliez à l'instant, pour qui la scolarité n'a été ni simple ni facile. Je ne garde pas un très bon souvenir de mes années d'école, avec un sentiment mal clarifié de gâchis et de souffrances inutiles. Donc, lorsque notre rédacteur en chef m'a demandé de me charger de ce reportage, avec les quelques éléments de départ qu'il me fournissait, j'ai accepté tout de suite.

– Et vous, José, comment se sont passées vos années d'école ?

– Merveilleusement bien ! Je n'ai jamais eu de réelles difficultés, dès les petites classes. Et je n'ai pas honte de dire que j'étais ce que l'on appelle un « bon élève ». J'ai réussi facilement les examens que je souhaitais passer, et je fais le métier dont je rêve depuis toujours. Donc pour moi, pas de problème. Pourtant, j'ai été tout de suite intéressé par ce reportage au sein d'un organisme de formation d'une grande entreprise. En effet, cette approche pédagogique, dans les premiers éléments que l'on m'avait fournis, promettait un apprentissage de meilleure qualité, en moins de temps. Et de plus cette approche semblait également mettre l'accent sur la qualité des relations humaines lors de l'apprentissage. Tout cela me semblait à la fois trop beau pour être vrai, et tout de même assez fascinant. Et puis j'avais entendu dire que de nombreuses entreprises étrangères avaient déjà remodelé leurs formations selon des principes analogues à ceux du « mieux-apprendre », semblait-il avec succès. Donc cela m'intéressait d'aller y voir, et dans le détail.

– Très bien. Alors, Isabelle, d'abord qu'elle fut votre première impression en entrant dans la salle de classe de M. Rodrigues, qui est, je crois, professeur de mathématiques en classe de seconde ?

– La première impression, à vrai dire, a été très classique. La salle de classe a des tables et des chaises normalement disposées. La classe ressemblait à des milliers d'autres salles de classe. Il y avait cependant des différences, mais qui ne me sont pas apparues instantanément tellement elles semblaient naturelles et bien intégrées. Mais la première chose qui m'ait vraiment frappée, c'est la qualité de l'accueil. L'enseignant est vraiment là, de toute sa personnalité, et il fait en sorte par un sourire ou une petite phrase de créer un vrai lien avec chacun des élèves. La corvée réglementaire de l'« appel » devient un moment important où l'enseignant *regarde* vraiment chacun des élèves.

– José, vous confirmez cette qualité d'accueil par le formateur ?

– Oui, tout à fait, même si la qualité de cet accueil s'exprimait différemment. Il y avait par exemple à l'entrée de la salle de formation un poster, très bien fait, avec les prénoms de chacun des participants, leur origine géographique, le tout surmonté d'un grand « Bienvenue ! » Dans la salle elle-même, la formatrice était près de la porte, disant bonjour à chacun avec un vrai sourire, répondant aux premières questions, orientant les participants. Comme chacun avait reçu d'elle un courrier personnalisé quelques jours auparavant, cela donnait l'impression de personnes qui se connaissaient et s'appréciaient déjà. C'était très subtil, mais très fort.

– Qu'y avait-il dans ce courrier ? Des détails pratiques sur la formation ?

– Oui, ce qui a permis de gagner du temps au départ en évitant des questions d'intendance… Mais pas que ça. Il y avait également quelques renseignements sur la formatrice, en particulier son nom et son prénom, son numéro de téléphone et son adresse électronique, si les participants avaient des questions à lui poser avant le début de la formation. Et puis il y avait les caractéristiques générales de la formation, sous forme imagée, et une présentation de l'approche pédagogique qui allait être utilisée : il fallait en effet préparer en douceur les participants à une manière d'apprendre avec laquelle ils n'étaient pas forcément familiers, qui risquait au départ de les surprendre. Il y avait également des commentaires sympathiques de participants à des sessions antérieures, qui disaient tout le bien qu'ils avaient pensé de cette formation. Tout cela, mine de rien, a permis d'entamer la formation, dès le début, d'une manière très positive.

– Revenons dans notre salle de classe. Isabelle, donc après la phase d'accueil, j'imagine que vous vous êtes assise. Comment était la salle de cours, finalement ? Vous avez dit qu'elle ressemblait à n'importe quelle salle de classe, mais avec de légères différences. Qu'y avait-il de particulier dans cette classe ?

– Eh bien, j'ai tout de suite été frappée, dans les premières minutes, par la qualité de ce l'on pourrait appeler « l'environnement d'apprentissage ». D'abord, l'environnement physique. Aux murs, des sortes de posters que l'on sent chargés de sens, sans pouvoir expliquer clairement au premier abord quel sont leur but. Je saurais plus tard que l'on appelle cela des *périphériques*, et qu'ils jouent un rôle important dans le processus d'apprentissage. Ils sont beaux, colorés, bien placés. Rien à voir avec de vieux posters poussiéreux mis en début d'année pour cacher des tâches ou les lézardes des murs. Et puis il y avait d'autres détails, assez surprenants lorsque l'on garde souvenir des salles de classe de notre enfance : par exemple, il y avait des bouteilles d'eau disponibles dans un coin ; un tapis, avec quelques coussins ; un bouquet de fleurs fraîches ; un appareil de bonne qualité permettant de mettre de la musique ; des livres bien choisis, sur une petite bibliothèque ma foi assez jolie – entre autres choses.

– En effet, cela doit surprendre au premier abord. Mais qui avait acheté tout cela ?

– Personne. M. Rodrigues avait fait appel aux parents des élèves, et, en fouillant les greniers et les caves, c'est fou ce que l'on trouve comme choses pour améliorer l'environnement d'une classe. Et un élève chaque semaine était chargé des plantes et des fleurs. Toutes petites dépenses, mais résultat très agréable. Un jour, il y avait même du parfum, de la citronnelle je crois. Et c'est vrai : pourquoi se priver d'un environnement physique agréable lorsque l'on apprend ?

– Et chez vous, José ?

– Dans la salle de formation, on trouvait également ces *périphériques* dont Isabelle parlait à l'instant, et également de beaux objets. Je me souviens d'une robe de dentelle ancienne, de magnifiques coquillages, de reproductions de sculptures. J'ai d'ailleurs été très frappé, à la fin de la formation, lorsque l'on a vidé la salle de tous ces objets : brusquement, la salle est apparue très laide, très moche, et on ne s'en apercevait qu'à la fin. Cela ne nous avait absolument pas frappés auparavant. Il y avait également une grande table avec une profusion de « petit matériel » : des papiers de différentes tailles, couleurs, textures, des feutres, des crayons, des ciseaux, de la colle, etc. Seule une petite partie de ce matériel a été utilisée, mais il était là, disponible, et c'était important. Cela ouvrait – comment dire – le champ des possibles quant au déroulement de la formation.

– Que voulez-vous dire précisément ?

– Je veux dire que, quelque part, la formation n'était pas figée dans sa forme. Si un participant souhaitait exprimer quelque chose par un dessin, un collage, ou par le mouvement, il le pouvait. Car la salle avait de l'espace libre. L'idéal, d'après la formatrice, c'est une salle environ deux fois plus grande que ce qui est nécessaire pour asseoir les participants en rangs de chaises traditionnels.

– Dans votre salle de cours, Isabelle, comment était l'espace ?

– *(Elle rit)* Comme dans presque toutes les salles de classe : les chaises et les tables en rang, qui remplissaient pratiquement tout l'espace. Mais M. Rodrigues s'en débrouillait, comme j'ai pu le voir au fil des jours.

– Bien. Alors le cours – ou la formation – commence. Comment cela embraye ? On entre directement dans le vif du sujet, ou bien cela se fait progressivement, et alors de quelle manière ? Dans votre salle de cours, Isabelle ?

– M. Rodrigues commençait souvent par une brève activité, sans rapport direct avec sa matière. Cette activité servait à développer un climat de bonnes relations à l'intérieur de la classe. Par exemple, au cours du mardi, le cours commence par « Le chaudoudou du jour ».

– Le quoi ? ?...

– « Le chaudoudou du jour »... Voilà de quoi il s'agit.

« Chaque élève est invité, à tour de rôle, à raconter brièvement quelque chose de *sympathique* et *nouveau* qui lui est arrivé dans les dernières vingt-quatre heures. Cela peut être par exemple une lettre reçue d'un ami lointain, une rencontre imprévue, un moment privilégié avec une copine... Et si un élève ne trouve rien à dire – il y a parfois des journées où rien de sympathique ou rien de neuf ne semble arriver –, le reste du groupe doit lui dire trois choses positives. Un mardi, une fille a ainsi reçu du reste du groupe les trois commentaires suivants : « J'aime la manière dont tu me dis bonjour le matin » ; « Tu as un super pull, tu dois être drôlement bien dedans » ; « J'adore les blagues que tu racontes »...

– Vous imaginez cela possible, José, dans une entreprise ? Cela ne risque pas de paraître un peu « gnangnan », avec des adultes ?

– Ce que je vais vous dire va sans doute vous surprendre, mais on m'a raconté que certaines équipes, en entreprise, pratiquaient régulièrement des activités analogues au « chaudoudou du jour »...

– Quel est l'intérêt général de ce genre d'activité ? Isabelle.

– Je crois que c'est le souci de privilégier la qualité de l'environnement social entre des êtres humains qui vont vivre ensemble de très nombreuses heures, dans une démarche commune. Quand un groupe fonctionne bien, on peut imaginer que l'apprentissage – ou le travail – se fait mieux. J'ai le souvenir, dans le lycée où j'allais, de nombreux conflits, ouverts ou rampants, pour lesquels tout le monde était très démuni. Des conflits entre élèves, entre des élèves et leurs professeurs, entre des professeurs et des personnes de l'administration. Et il n'y avait pas vraiment d'outil pour aider à régler ces conflits. Cela pourrissait parfois considérablement l'atmosphère d'une classe, et c'était dommage. Le genre d'activité telle que « le chaudoudou du jour » me semble aider à – comment dire – bien vivre ensemble. Cela me rappelle d'ailleurs l'histoire de ce prof de maths, en terminale scientifique, qui ne faisait *rien* en maths pendant le premier mois de l'année scolaire. Ils apprenaient tous à vivre ensemble, en faisant du sport, des sorties, en discutant. Et le professeur rattrapait sans difficulté le « retard » qu'il avait pris, parce que la classe ensuite fonctionnait *bien*. Mais, évidemment, les élèves – et les parents – lui faisaient confiance, il était connu pour savoir bien y faire.

– Et dans une formation telle que celle que vous avez suivie, José ?

– Les formes peuvent être différentes, mais le but recherché est finalement le même. Dans une entreprise, la formation est en général courte, quelques jours en général, et il faut créer ce bon fonctionnement de groupe assez rapidement, si possible d'une manière sympathique et stimulante. C'est le principe de l'« *Ice-breaker* » des Américains et d'autres activités permettant rapidement de donner une cohésion au groupe.

– Vous parlez tous les deux de faire en sorte de « bien vivre ensemble » lors d'un apprentissage, ce qui implique forcément de s'intéresser aux sentiments, aux émotions, à la personnalité de chacun. On parle maintenant d'« intelligence émotionnelle ». Des congrès s'intéressent spécifiquement aux émotions lorsque l'on apprend, en particulier pour renforcer la mémoire à long terme. Quelles ont été vos constatations sur ce point dans ce que vous avez vécu, vu et entendu ? Isabelle.

– C'est en effet quelque chose qui tenait une grande importance dans la salle de classe où j'ai été. Il s'agissait pour l'enseignant de créer, pourrait-on dire, un *environnement émotionnel* de qualité, et cela avec des petites choses. Par exemple, il y avait des sortes de petites cartes de couleurs sur la table de certains élèves. Renseignements pris, j'ai appris que chaque élève – et également M. Rodrigues – avait un jeu de ces petites cartes, une bleue et une rouge, permettant de faire savoir aux autres que, aujourd'hui, on est « vraiment bien », ou « pas à prendre avec des pincettes ». Cette manière non verbale d'exprimer son état émotionnel du jour faisait partie d'un ensemble de possibilités permettant à chacun, au niveau qu'il le souhaitait, d'exprimer certains sentiments et certaines émotions qu'il apporte en classe, et d'éviter les incompréhensions. C'est vrai, après tout : jeune ou adulte, on n'est pas tous les jours de bonne humeur. Imaginez par exemple un garçon qui s'est opposé violemment à ses parents. Ou une fille qui est tombée amoureuse d'un beau brun de 1^{re}3 la veille…

« Dans la classe de M. Rodrigues, il y avait également le « cahier bleu », où chacun pouvait exprimer par écrit ses sentiments sur un sujet personnel, ou d'actualité, ou sur telle ou telle chose concernant la classe. Et, curieusement (à ce que l'on m'a dit, car je n'ai pas eu accès à ce cahier), les élèves se disaient entre eux, par l'intermédiaire de ce cahier, des tas de choses qu'ils auraient pu se dire oralement et que pourtant ils ne se disaient pas. Dans tout cela, il ne s'agit en rien de psychodrame ou de déversement de sentiments non contrôlés. Il s'agit pour l'enseignant de créer un climat émotionnel respectueux de chacun, où chacun se sente totalement reconnu. Et d'après M. Rodrigues, c'est une condition essentielle pour que les élèves acceptent de *prendre des risques*, de répondre, d'aller au tableau, de participer à une activité : ils doivent savoir et sentir absolument que leur personnalité ne risque rien, qu'il n'y aura ni critiques, ni moqueries, ni mépris. Le respect semblait être un maître mot de la classe, d'une manière tout à fait naturelle – mais qui ne s'est pas faite en un jour, j'imagine.

– José, qu'en pensez-vous ?

– Je trouve très intéressante l'analyse d'Isabelle. Moi, ce qui m'a frappé à un moment, c'est le langage de Mme Martin, la formatrice. J'ai mis un certain temps à comprendre exactement pourquoi. En l'écoutant bien, je me suis rendu

compte qu'elle employait peu les formes impératives et négatives. Lorsqu'un sta-
giaire faisait une erreur, elle avait toujours une manière positive de réagir pour ne
pas casser la dynamique d'apprentissage. Un enfant, dit-on, reçoit 80 % de
phrases négatives et impératives pendant sa journée. Ce qui, on l'imagine, n'est
pas la meilleure façon de lui parler et de le faire grandir. Et ce qui signifie qu'un
adulte, dans une journée, parle à un enfant essentiellement à la forme impérative
ou négative. Ce qui est également très dommage !

– C'est vrai. Tout cela, nous le sentons bien, est important pour la réussite de
l'apprentissage, que cela soit dans une classe ou dans une salle de formation pour
adultes. Mais je vous ferai remarquer que nous ne sommes toujours pas entrés
dans le vif du sujet, les mathématiques avec Isabelle (mais si j'ai bien compris
cela n'aurait pas été fondamentalement différent s'il s'était agi d'histoire, de
français ou de russe), et le marketing avec José.

« Alors, José, comment l'enseignant ou le formateur entre dans le vif du sujet ?

– On n'y est pas encore tout à fait, mais on y arrive. Après la phase de *préparation* dont nous venons de parler, on entre, pourrait-on dire, dans une deuxième
phase qui est la phase de *connexion* à l'apprentissage.

– Stop. Vous parlez de différentes *phases*, un peu comme une aide pour structurer l'approche que vous décrivez. Ne pensez-vous pas qu'il serait bon de résumer ce que nous avons découvert pour l'instant, afin de ne pas perdre le fil de ce
que vous décrivez ?

– Et si on faisait un topogramme ?

– Isabelle a raison, cela semble le mieux indiqué. Vous auriez un tableau et
quelques feutres de couleurs variées ?

– Pas de problème.

*Un assistant apporte un tableau blanc et une grosse pochette de feutres. José
et Isabelle se lèvent, vont devant le tableau, se parlent un instant et commencent
un topogramme. Isabelle crée la structure, en couleurs, et José rajoute des illustrations. La caméra fait alors un gros plan et l'on voit ceci :*

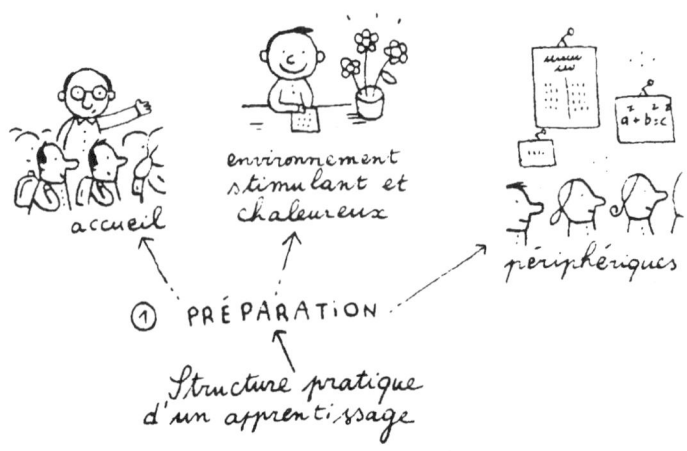

– Cette « structure pratique d'un apprentissage » est-elle à suivre absolument ?

– Non, pas du tout, c'est une aide pour la préparation et le déroulement du cours ou de la formation. Cela permet à celui qui prépare son cours de donner une cohérence à l'ensemble, tout en prenant en compte diverses contraintes, et ses talents propres.

– Très bien. Car j'avoue, personnellement, être assez rétif à toute forme de systématisation d'un processus complexe. Donc cela n'est qu'une aide et en rien une structure figée. Me voilà rassuré.

« Donc vous parliez, José, d'une deuxième phase, une phase de *connexion*. De quoi s'agit-il et pourquoi est-il souhaitable de passer par cette phase ?

– Les apprenants, c'est clair, arrivent du monde extérieur avec un état physique (fatigué, énervé, ou autre), un état mental (curieux, indifférent, que sais-je) et un état émotionnel (soucieux, réjoui, etc.). Isabelle en parlait il y a quelques instants. Et il s'agit de brancher ces apprenants, de les *connecter* sur ce qui va être appris. Il s'agit également – et cette idée m'a semblé très intéressante – de les aider dès le début à *créer leur propre structure mentale* de ce qui va être appris.

– Donc, deux choses dans cette phase de connexion, si je comprends bien : faire en sorte que chaque apprenant entre convenablement dans l'apprentissage proprement dit, et l'aider à créer sa propre structure mentale de ce qu'il doit apprendre.

« Mais n'est-ce pas risqué de laisser un élève se créer sa propre structure mentale ? Ne risque-t-elle pas d'être fausse, erronée ? N'est-il pas plus sûr que l'élève intègre la structure proposée par le professeur, qui est forcément le plus compétent ?

– Non, et je crois que c'est l'un des défauts les plus répandus et les plus préjudiciables à un apprentissage en profondeur. Lorsque nous apprenons quelque chose, notre cerveau rechigne à ce qu'on lui impose une structure trop rigide. C'est une cause fréquente d'ennui ou de rejet. L'exemple le plus connu est « le résumé de fin de chapitre à apprendre par cœur ». Il est beaucoup plus intéressant que l'élève écrive son propre résumé, avec ses propres mots, et que son texte soit vérifié par l'enseignant. Il peut alors se créer une structure mentale de l'apprentissage qui lui est propre, et qui est bien mieux intégrée.

« Prenons une analogie : un petit enfant n'apprend pas à parler à coup de règles de grammaire, il se crée lui-même une structure de la langue, qu'il complète et corrige en permanence avec l'aide des adultes qui l'entourent. Ce n'est que bien après qu'il sera intéressant pour lui de découvrir la grammaire, de formaliser et de clarifier des règles qu'il avait mises en place par lui-même, progressivement. Donc, dans la mesure du possible, il est important d'aider chaque apprenant à se créer sa propre structure mentale.

– Bien, admettons. Alors, comment fait-on, pratiquement ?

– Pour créer cette structure mentale personnelle, il y a deux idées simples mais intéressantes. Il y a d'abord l'idée d'« image globale » de l'apprentissage, que présente au début le formateur. C'est l'ensemble des connaissances à acquérir. Et à chaque notion nouvelle abordée, il fera référence à cette image globale.

« Dans le cas de la formation où j'étais, cette image globale prenait la forme d'un grand topogramme qui était affiché au mur et qui présentait, d'une manière visuelle, les éléments essentiels de l'apprentissage qui allait avoir lieu. Ce topogramme était en noir et blanc, avec beaucoup d'espace libre. À la fin de chaque journée, Mme Martin demandait aux participants de compléter ce topogramme, avec des couleurs et des dessins, en fonction de ce qui avait été fait dans la journée. C'était à la fois une activité sympathique de clôture de la journée, et cela permettait de revoir ce qui avait été vu et de l'intégrer dans l'ensemble de ce qui devait être appris par les participants. Simple, mais très efficace.

– Il y avait également ce même genre de topogramme dans votre classe, Isabelle ?

– Non, mais quelque chose d'équivalent, un grand puzzle au mur, en noir et blanc, chaque pièce représentant une partie de ce qui devait être appris et assimilé par les élèves. Chaque fois qu'un élément était étudié, les élèves coloriaient et illustraient à leur manière la pièce du puzzle correspondant. Ce qui m'a bien plu, c'est que ce puzzle était ouvert, n'était pas dans un cadre, et qu'il comportait également des pièces correspondant à des notions qui seraient au programme des années suivantes. Une manière pour les élèves de comprendre que ce qu'ils apprennent s'insère dans un ensemble plus vaste, et de les familiariser avec ce qu'ils apprendront plus tard. Et chaque élève avait le même puzzle en modèle réduit, lui permettant de suivre en détail sa progression personnelle sur les connaissances à acquérir. Comme dit José : simple, mais très efficace.

– Cela suffit-il à créer cette structure mentale personnelle dont nous parlions à l'instant ? José.

– Non, il y a également l'idée de « points d'ancrage », c'est-à-dire la présentation d'éléments clés de l'apprentissage à venir. Cela aide chacun à créer justement cette structure mentale personnelle. Pour prendre une analogie, c'est comme une tapisserie : les points d'ancrage créent les nœuds de la trame, lui donnent sa structure. Et le tisserand a dans la tête l'image finale de sa tapisserie, l'image globale, qui le guide en permanence dans son ouvrage.

– Comment sont présentés ces points d'ancrage ? Isabelle.

– Je crois qu'il y a de nombreuses manières de faire cela. M. Rodrigues m'a semblé avoir toute une panoplie d'outils. Par exemple, on peut créer une activité structurée où les élèves se posent des questions sur ce qui va être appris, sur ce qu'ils voudraient savoir. Pendant que j'étais là, la classe a commencé à étudier les vecteurs. Avant d'entrer dans la description explicite, mathématique, des vecteurs, il a fait chercher par petits groupes toutes les questions qu'ils se posaient sur les vecteurs, dont tous avaient au départ une vague idée. C'est incroyable le nombre de questions qui sont sorties, certaines curieuses mais intéressantes. Et ainsi les élèves avaient envie d'avoir des réponses à leurs questions, tout simplement, et étaient forcément plus attentifs.

– Et chez vous, José ?

– Pour créer ces points d'ancrage, Mme Martin a présenté brièvement l'ensemble des idées clés et des mots clés qui seraient vus pendant la session de formation. Et elle présentait chacune de ces idées et chacun de ces mots par un exemple, par une utilisation possible, ou bien par une petite histoire. Ainsi ces mots et ces idées commençaient à devenir familiers aux participants. Et, curieusement, ils se sont alors aperçus qu'ils connaissaient déjà ces mots, alors qu'ils ne les avaient jamais étudiés : en fait, ils étaient aux murs, intégrés dans des périphériques, et ils les avaient assimilés d'une manière inconsciente.

– Si je comprends bien, tout cela sert donc à chaque apprenant à créer sa propre structure mentale, qu'il va progressivement remplir, compléter, adapter ou modifier au cours de l'apprentissage.

« Mais revenons un instant à l'*état* des apprenants lorsqu'ils arrivent dans la salle. Le problème est bien connu des enseignants, par exemple lorsque les élèves arrivent surexcités d'un cours de sport où ils ont disputé un match de foot endiablé, et qu'ils doivent passer à une activité plus intellectuelle comme du français ou des mathématiques. Ou lorsqu'ils arrivent le matin encore embrumés de sommeil pour avoir regardé trop tard le film de la veille au soir à la télévision. Comment faire ? Une bonne interrogation écrite surprise, ou envoyer des élèves au tableau, histoire de déclencher quelques bouffées d'adrénaline ? Isabelle.

– À ce sujet, à propos de stress et d'adrénaline, ce genre de comportement (contrôles surprise, menaces, etc.) n'existait pas dans la classe de M. Rodrigues. Si un contrôle était prévu – mais nous reviendrons sans doute sur le sujet de l'évaluation des compétences –, les choses étaient toujours parfaitement claires, dites à l'avance. Pas de mauvaise surprise, ou d'angoisse. Cela faisait partie de cet *environnement émotionnel* où les élèves se sentaient en sûreté. Avantage tangible : lorsque M. Rodrigues demandait un ou une volontaire pour aller au tableau, il avait devant lui une forêt de bras. Parce que, d'une part, c'était toujours pour faire avancer les choses, pour réviser, ou clarifier, et, d'autre part, parce que les élèves étaient absolument sûrs qu'ils pouvaient prendre le risque d'aller au tableau (ce qui n'est jamais facile, avouons-le) sans que leur personnalité soit mise en jeu. Les « Tu es nul », « Comment, tu ne connais pas cela ? ! ! » et autres phrases qui tuent n'avaient pas cours dans la classe, et les élèves le savaient parfaitement.

« Mais pour revenir à la manière de créer chez les élèves un *état* optimal d'apprentissage, là encore il semble y avoir différents outils, que l'enseignant adapte en fonction des circonstances.

– Par exemple ?

– Eh bien par exemple, partant du principe que pour bien apprendre il est souhaitable d'avoir « un esprit alerte dans un corps détendu », l'enseignant peut proposer aux élèves, au moment qui lui semble le plus approprié, un exercice de relaxation, de yoga adapté à l'éducation, ou quelques étirements, ou des exercices simples de respiration ou de détente mentale. Cela peut être au début du cours, ou au milieu lorsqu'il sent chez les élèves un besoin soit de bouger, soit de se reconcentrer. Ou bien aussi vers la fin du cours, mais là dans un but particulier, celui de favoriser la mémorisation à long terme de ce qui a été appris. En tout cas, j'ai été frappée d'une chose, c'est que ces exercices apparemment très simples ont une très grande efficacité, même si on n'y est pas habitué. Étant dans cette classe avec les élèves pendant deux semaines, j'ai joué le jeu, j'ai fait les exercices avec eux, et j'ai été surprise du résultat sur moi-même : incroyable comme certains exercices simples peuvent aider à se détendre, à se calmer ou à se recentrer.

– M. Rodrigues faisait les exercices également ?

– Évidemment. Nous en avons discuté ensemble, et il m'a bien dit que c'était une condition essentielle pour introduire ce genre d'exercices. Pas question de rester à distance. Ce n'est pas « *Vous* allez faire un exercice de respiration », mais « *Nous* allons faire un exercice de respiration ensemble », c'est clair. Et l'enseignant peut en avoir autant besoin que les élèves…

– Il y avait également des exercices de relaxation, de respiration et de détente dans votre formation, José ? J'ai du mal à imaginer un groupe d'adultes acceptant ce genre d'activités, qui ne sont pas vraiment intégrées dans notre manière de faire.

– Vous avez raison, il est sans doute plus facile d'introduire ce type d'exercices avec des enfants ou des adolescents qu'avec des adultes. Mme Martin l'avait bien senti, semble-t-il, et elle a proposé ce type d'activités d'une manière très progressive et en expliquant le pourquoi, en suggérant d'essayer – sans imposer, bien entendu. Dans ce but, j'ai remarqué qu'elle utilisait souvent d'autres moyens mieux acceptés par des adultes pour les aider à bien se connecter en fonction de leur état du moment, en particulier des morceaux de musique bien choisis. Car on s'accorde naturellement à la musique que l'on écoute : une musique énervante vous énerve, une musique de l'époque baroque peut vous aider à vous concentrer, une autre de l'époque romantique peut stimuler votre réflexion, etc. Des tas d'études ont été faites sur ce sujet. La musique est un moyen très intéressant pour, justement, se connecter sur un apprentissage. Mais je suis d'accord avec Isabelle sur l'étonnante efficacité de certains exercices simples, de relaxation par exemple, pour mieux entrer et mieux être dans un apprentissage – et dans d'autres circonstances bien entendu.

– Très bien, très intéressant. Donc tout cela concerne la connexion à l'apprentissage. Y a-t-il d'autres éléments pour bien connecter les élèves ou les apprenants à ce qu'ils vont apprendre ? Isabelle.

– Il y a une clé qu'il ne faut pas laisser de côté, je crois, c'est ce que l'on peut appeler d'une manière générale « la motivation à apprendre ». Le sujet m'intéresse particulièrement, peut-être parce que j'ai souffert toute ma jeunesse d'un manque de ce côté-là. Cette motivation, quand on y regarde de près, comporte de nombreux éléments, en particulier bien sûr le *sens* que l'on donne à ce que l'on fait et à ce que l'on apprend. Il faut y faire très attention. Je dirais, si vous me permettez une image, que la motivation à apprendre est une fleur fragile, qui demande à être entretenue avec soin, respect et patience. Tant qu'elle n'est pas bien enracinée, une fausse manœuvre peut être catastrophique. J'ai plein d'histoires d'adultes dont la motivation à apprendre telle ou telle chose a été cassée définitivement et en quelques instants, souvent par la maladresse d'un enseignant, parfois par bêtise et, parfois hélas ! par volonté délibérée de faire mal et de détruire, pour affirmer un pouvoir mal digéré.

– En effet, la notion de motivation semble très importante, mais nous ne pouvons nous y étendre trop longtemps aujourd'hui. Donc, je crois que nous avons bien approché cette phase de connexion. Pourriez-vous compléter le topogramme que vous aviez commencé tout à l'heure ?

José et Isabelle, pendant quelques minutes, sont devant le tableau et commentent ce qu'ils font. Puis la caméra fait un gros plan du tableau. Cela donne ceci :

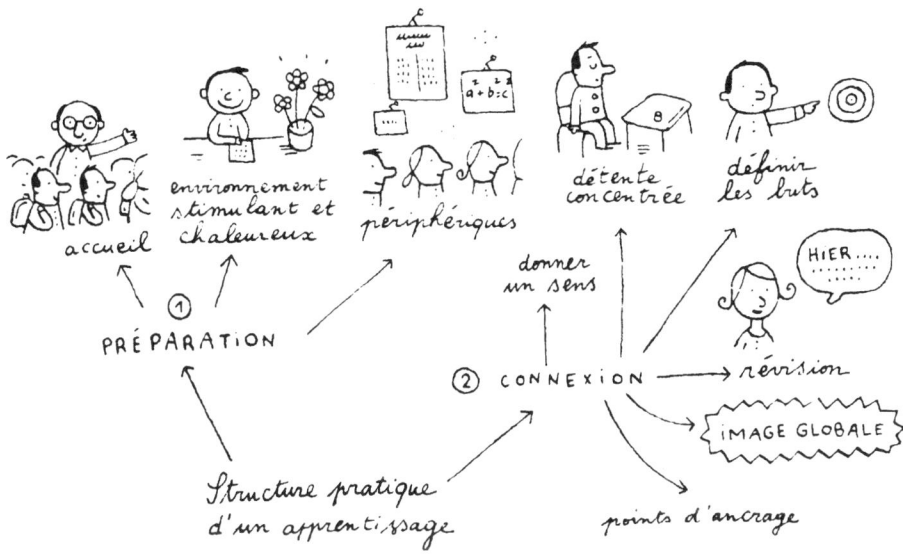

– Bien, je vous remercie. Mais pendant que vous complétiez ce topogramme, j'entendais deux de nos invités se poser une question qui me semble intéressante, et je me la pose également : la préparation, la connexion, tout cela doit prendre beaucoup de temps, et nous n'avons toujours pas commencé véritablement l'apprentissage proprement dit. Qu'en pensez-vous ? José.

– Deux choses. D'abord tout ce processus est assez long à décrire, mais prend beaucoup moins de temps à être vécu. Par exemple, de nombreux éléments de la motivation, dont parlait Isabelle il y a un instant, sont intégrés dans l'ensemble du cours ou de la formation, dans la durée. Il n'y a pas une activité précise de type « motivation », ou bien elle n'aura lieu qu'à certains moments. Tout cela s'inscrit dans la durée, ne l'oublions pas. La confiance réciproque, par exemple, ne s'établit pas en un jour.

« D'autre part, il est vrai que cette approche propose de faire des activités qui ne sont pas directement dans le fil de l'apprentissage, et qui prennent un certain temps. On n'est pas dans la démarche du prof entrant dans la classe et disant aussitôt : « Prenez vos Annales page 65 et faites l'exercice n° 42. » Mais il me semble que le temps apparemment perdu permet un meilleur déroulement de l'apprentissage. La meilleure preuve, s'il en faut, vient peut-être des entreprises qui ont remodelé leurs formations – parfois très techniques – selon le modèle que nous décrivons. Globalement, elles ont constaté deux choses : une amélioration de la qualité de ces formations, et une réduction de leur durée. Comme – c'est bien connu – en entreprise, le temps c'est de l'argent, cela peut prouver que le temps apparemment perdu est vite rattrapé. On revient à l'histoire de ce prof de maths dont parlait Isabelle tout à l'heure.

– Bien, merci de ce commentaire. Alors nous entrons maintenant dans une troisième phase ? Isabelle.

– Oui, tout à fait, dans la phase que l'on pourrait appeler la phase de *transmission*, celle où l'enseignant transmet un savoir effectif. Mais il est souhaitable que cette troisième phase commence par une sorte d'introduction, une *ouverture* au sens musical du terme, comme l'ouverture d'un opéra. Vous savez : la musique commence, mais le rideau n'est pas encore levé. On y est, mais pas encore tout à fait. Les thèmes de l'opéra sont dans l'ouverture, mais pas encore développés.

– Ah, les grandes ouvertures de Mozart, Beethoven et bien d'autres. Mais dans un apprentissage, quelles formes peut prendre cette ouverture ?

– Elle peut prendre des formes très variées. Dans les premières minutes du cours, M. Rodrigues faisait en général une présentation très brève du sujet, mais d'une manière décalée, souvent avec de l'humour, et toujours avec un grand sens du théâtral, ceci pour donner aux élèves l'envie d'en savoir plus, pour créer chez eux ce mélange de curiosité, d'attente et de tension positive, d'excitation à découvrir ce qui allait être présenté. Par exemple, il racontait une histoire, réelle ou inventée, ou une métaphore, une anecdote. Cela aurait pu être un poème, une chanson, pourquoi pas ? Une fois, je me souviens, il a utilisé des marionnettes qui discutaient de la colinéarité de deux vecteurs – la notion qu'il devait introduire ce jour-là. L'un des personnages jouait le rôle du simplet, posant des questions en apparence stupides, et l'autre répondait. Cela permettait aux élèves à la fois de commencer à découvrir le sujet, et à être plus détendus par rapport à une notion totalement nouvelle qui pouvait leur faire peur. Tout apprentissage est déstabilisant et peut effectivement faire peur, surtout s'il s'agit de quelque chose d'entièrement nouveau. Et encore plus lorsque l'on sait que l'on va être noté, c'est-à-dire le plus souvent *jugé* sur cet apprentissage.

– En effet, on ne se rend pas toujours compte, une fois que l'on a quitté les bancs de la classe, comme apprendre est par nature déstabilisant.

« Donc, après cette ouverture, nous entrons maintenant dans la phase de *transmission* de l'information, où l'enseignant fait découvrir en détail les nouvelles notions de mathématiques ou d'histoire, où le formateur transmet les nouvelles notions de marketing, de biologie moléculaire ou de physique nucléaire. Comment cela s'est-il passé chez vous, José ? Est-ce que l'on entre à ce moment-là dans quelque chose de plus classique : le professeur fait son cours, le formateur fait une sorte de conférence, ou bien, là encore, des stratégies particulières sont-elles utilisées ?

– Là encore, l'approche est assez différente de la manière classique de présenter les choses. On touche ici à la notion de « mode préférentiel d'apprentissage », c'est-à-dire que chaque personne a *sa* manière propre d'apprendre, qui est différente de celle de son voisin – et tout particulièrement de celle de son professeur. Ainsi, idéalement, l'information nouvelle doit être présentée par l'enseignant ou le formateur de manière à toucher au mieux cette manière particulière qu'a chaque élève d'apprendre. Pour cela, on peut prendre en compte, selon des schémas assez classiques, les trois modalités sensorielles d'acquisition (visuelle, auditive, kinesthésique), ou bien utiliser la notion d'« intelligences multiples » d'Howard Gardner, très riche en applications pratiques.

– Comment cela se passait chez vous ?

– Mme Martin avait prévu un certain nombre d'activités, qui changeaient environ toutes les vingt minutes mais qui allaient toutes dans le même sens, une sorte d'apprentissage en faisceau. De l'une à l'autre, différentes manières d'apprendre étaient privilégiées : certaines activités étaient plutôt analytiques, et convenaient bien à certaines personnes, d'autres privilégiaient le mouvement et l'espace, et convenaient mieux à d'autres. Ainsi, même sans savoir précisément comment fonctionnait la manière personnelle d'apprendre des participants, elle était sûre de les toucher correctement à un moment ou à un autre. Et cette manière de faire permettait aussi à chacun de découvrir en douceur d'autres manières d'apprendre auxquelles il n'était pas habitué.

– Oui, cette approche en faisceau m'a beaucoup intéressée dans la classe de M. Rodrigues. Il m'a de plus expliqué deux petits concepts bien pratiques : le principe de segmentation et le principe de hiérarchisation.

– De quoi s'agit-il, Isabelle ?

– Le principe de segmentation, c'est le fait de présenter l'information en éléments suffisamment petits pour qu'ils soient facilement assimilables. Cela dépend évidemment des compétences et des connaissances des élèves. Mais je suis persuadée que la difficulté de certains élèves vient essentiellement de « morceaux » trop gros à assimiler. Coupez l'information en morceaux plus petits, et il y aura beaucoup moins de problèmes. C'est d'ailleurs ainsi que l'on arrive à faire faire des choses complexes à des handicapés mentaux, en décomposant les tâches à accomplir en morceaux très petits.

Rires dans la salle. Isabelle se braque légèrement.

« Non, je ne compare pas tous les élèves à des handicapés mentaux. Ou bien il faudrait redéfinir ce qu'est un handicapé mental. Et à ce moment-là, beaucoup d'entre nous risquent de se sentir concernés. Et j'en profite pour dire tout le respect que l'on peut avoir pour les personnes handicapées, physiques ou mentales, qui réalisent souvent des exploits. Et toute l'admiration que l'on peut également avoir pour ceux qui s'occupent de ces personnes handicapées, tous les soignants et les éducateurs qui sont forcés de trouver des moyens non conventionnels d'apprentissage, et qui font souvent des découvertes remarquables. Par exemple…

– Bien, bien, Isabelle, en effet, mais ceci est un autre sujet, sur lequel nous reviendrons sans doute dans une prochaine émission.

« L'idée de segmentation est en effet intéressante, mais la difficulté pratique, je pense, est d'appliquer ce principe à une classe de 35 élèves qui ont tous une faculté d'assimilation différente. Et le principe de hiérarchisation, qu'est-ce que c'est ?

– Des chercheurs ont constaté – et on peut le remarquer facilement par nous-mêmes – que le début et la fin d'une période d'enseignement sont les moments où l'on comprend et retient le mieux. D'où l'idée de segmenter et de hiérarchiser le cours pour en tenir compte, en particulier en faisant d'assez nombreuses pauses, mais des pauses brèves, qui ne coupent pas la dynamique de l'apprentissage mais créent beaucoup de « débuts » et de « fins ».

– Pas bête. Justement les pauses, parlons-en. Vous dites qu'il est souhaitable qu'elles soient assez nombreuses et courtes, mais là au moins on est dans le classique : on va prendre l'air un instant, faire pipi, fumer une cigarette ou boire un café, papoter avec un copain ou une copine. Ne me dites pas que les pauses aussi, dans cette approche que vous avez étudiée, sont différentes de ce que nous connaissons tous !

– Eh si ! Là aussi on peut innover, cela m'a frappée dans la classe de M. Rodrigues… Outre les pauses traditionnelles, comme vous dites pour faire pipi ou aller boire quelque chose, il proposait parfois de curieuses « pauses créatives ».

– Expliquez-nous cela.

– Le principe est simple : proposer aux élèves une activité permettant de libérer la créativité de chacun en deux-trois minutes, d'une manière sympathique et acceptable par tous. On peut utiliser pour cela la pure imagination, ou jouer avec les mots, ou dessiner, ou autre chose. Une fois que l'on a compris le principe, on trouve des idées de pauses créatives très facilement.

– Le mieux serait peut-être de prendre un exemple. Isabelle, si vous nous faisiez faire une pause créative, sur ce plateau de télévision, à nous tous ici présents et aux téléspectateurs ?

– D'accord. Mais il me faut un autre tableau.

On apporte un autre tableau, et Isabelle dessine ceci :

– Cette pause créative s'appelle « *la face cachée du dessin* ». Comme vous le voyez, j'ai mis tous mes talents artistiques en jeu pour dessiner cette maison et cette petite fille. Mon petit neveu de trois ans serait, je pense, assez critique, mais heureusement à cette heure de la soirée, il dort. Donc, vous voyez dessinées une maison et une petite fille. Rien de particulier ou d'original là-dedans. Mais ce qui serait intéressant de savoir, c'est ce qu'il y a *derrière* la maison. José, qu'y a-t-il derrière la maison ?

– Euh, moi, je vois une vache, blanche et noire, qui rumine en regardant passer un train.

– Monsieur Vacada, qu'y a-t-il derrière la vache qui rumine en regardant passer un train ?

– Mmm, un lac gelé, avec deux sapins légèrement penchés sur le bord et deux enfants qui patinent.

– Madame, qu'y a-t-il derrière le lac gelé avec deux sapins légèrement penchés sur le bord et les deux enfants qui patinent ?

– Une petite fille qui joue avec un cerceau bleu.

Le jeu se poursuit ainsi d'une personne à l'autre, puis M. Vacada laisse quelques instants aux téléspectateurs pour continuer chez eux à dire ce qu'il y a derrière la maison. On saura par la suite que certains, derrière la maison, ont trouvé des extraterrestres à trois têtes, des baleines qui soufflaient du Coca-Cola, des sous-marins paquebots, etc.

– Incroyable, Isabelle, tout ce qu'il y a derrière cette maison, finalement.

– N'est-ce pas ? Et je suis sûr que l'on est loin d'avoir tout vu…

– Bien, après cette « pause créative », poursuivons maintenant notre reportage. Donc l'enseignant ou le formateur a transmis ses connaissances avec des approches variées, « en faisceau » comme vous le disiez. Peut-on considérer à ce moment-là que les élèves – ou les apprenants – savent ce qui leur a été transmis ? José.

– Oui et non. Les apprenants ont compris les nouvelles informations, mais ils ne les ont pas forcément assimilées, ils ne les ont pas intégrées, c'est-à-dire qu'ils ne les ont pas encore vraiment reliées à leur bagage de connaissances personnelles. Nous entrons – toujours en systématisant un peu – dans ce que l'on peut appeler la phase d'*activation*. Il s'agit pour les apprenants d'utiliser de manières variées les nouvelles connaissances qu'ils ont découvertes, afin justement de bien les intégrer.

– Cette phase prend du temps ?

– Oui, et ce temps est nécessaire. Certains chercheurs considèrent que cette phase devrait prendre 70 % du temps d'apprentissage. Si je peux oser une comparaison, je dirais que l'assimilation d'une connaissance est un peu comme l'assimilation d'une nourriture. Peut-être vos parents vous répétaient-ils souvent, lorsque vous étiez petit : « Mâche bien. » Pourquoi est-il préférable de bien mâcher les aliments ? Pour pouvoir les digérer plus facilement. Ici, c'est du même ordre. La phase d'activation, c'est le moment où l'on mâche les nouvelles informations, on les savoure, on en découvre les subtilités et les richesses. Si on saute cette phase, souvent sous prétexte de « gagner du temps », la digestion sera laborieuse, difficile ou inexistante. Bien souvent, les nouvelles informations seront évacuées sans être digérées.

– Dis donc, José, je trouve que ta comparaison tourne un peu au caca-boudin… *(Rires dans la salle)*

– Comparaison un peu osée mais assez parlante. Et comment se font ces activations ? Isabelle.

– De façons très variées. Il s'agit, dans le principe, d'utiliser les nouvelles connaissances de manières aussi différentes que possible. Il y a bien sûr les exercices d'entraînement traditionnels, qui sont souvent utiles et efficaces. Mais on peut faire également des expérimentations, des jeux utilisant les nouvelles notions, on peut créer des topogrammes, faire des recherches individuelles ou en groupe, mettre en scène les nouvelles notions. Je garde un souvenir fasciné de la mise en scène de notions sur les vecteurs dans la classe de M. Rodrigues. Même moi, qui ai été considérée à longueur de scolarité comme nulle en maths, je n'oublierai plus comment on fait la somme et la différence de deux vecteurs, après avoir participé avec des élèves à leur mise en scène.

– Vous avez poussé la conscience professionnelle jusqu'à apprendre des mathématiques pendant votre reportage ? ?

– Eh oui. Et même plus : je crois, après ce reportage, que je vais me replonger pour de vrai dans les mathématiques, histoire de rayer de ma vie une frustration que je croyais définitive. Les maths, tout à coup, cela me semble vraiment passionnant, fascinant, génial. Comme sûrement plein d'autres choses, d'ailleurs.

– Incroyable… Mais vous parliez de « jeux » à l'instant, comme moyen d'activation. Les jeux, ça fait un peu… infantile, perte de temps, pas sérieux. Apprendre, c'est une affaire sérieuse, tout de même. Les jeux, me semble-t-il, c'est fait pour se détendre, pour penser à autre chose. J'ai du mal à imaginer des jeux dans un apprentissage sérieux. Quel est votre avis, José ?

– Vous savez, j'ai découvert à l'occasion de ce reportage que l'on peut apprendre très sérieusement et beaucoup s'amuser. Apprendre et s'amuser sont deux termes qui ne sont absolument pas incompatibles. Mais c'est vrai que cela est très mal intégré dans notre culture de l'apprentissage, dès que l'on entre dans le système scolaire. Pourtant, avant l'école, ou en dehors, l'enfant apprend essentiellement en jouant. Ou plutôt : ce que nous appelons « le jeu » est pour lui un moyen essentiel d'apprentissage.

– Bon, admettons. Et on joue beaucoup dans les formations en entreprises ?

– Plus qu'au collège ou au lycée, sûrement. Et le phénomène fait réfléchir.

– Il faudrait en toucher un mot au ministre, mais je le vois mal s'intéresser aux « jeux » pour mieux apprendre. Il est plutôt du genre : « Faut souffrir pour apprendre », non ?

– Je crois, en effet, mais cela ne veut pas dire qu'il ait forcément raison. On peut être ministre et avoir parfois tort…

– Bon, mais allons un peu plus loin. Les jeux, soit, pourquoi pas. Mais faut-il encore avoir des jeux à proposer. J'imagine qu'il faut des jeux spéciaux, certains pour apprendre des langues étrangères, d'autres pour apprendre les mathématiques, d'autres encore pour le français, la biologie, la vente, le marketing, etc. Et il faut les inventer, ces jeux. Cela prend du temps et demande de l'argent.

– Non, pas forcément. Peut-être un peu de temps, mais même pas toujours.

– Alors là, expliquez-moi. Imaginons que je sois à la place de Mme Martin, chargé de faire une formation au marketing. Peut-être des gens ont-ils inventé des jeux sur le marketing, que je trouverai dans des livres spécialisés. Mais je me vois mal inventer, comme ça, des jeux. C'est compliqué d'inventer un jeu, il faut une idée, des règles qui fonctionnent bien...

– Oui, vous avez raison. Mais on peut utiliser ce que l'on appelle des « jeux-cadres », c'est-à-dire des jeux vides de contenu, qui ne possèdent que des règles. Vous suivez les règles, et mettez le contenu que vous voulez : ce que vous enseignez, ou ce sur quoi vous réfléchissez, ou le problème pour lequel vous cherchez des solutions. L'inventeur de très nombreux « jeux-cadres » disait malicieusement qu'il connaissait, au jour où il parlait, 542 versions de l'un de ses jeux, de l'école primaire jusqu'à l'entreprise. La plupart de ces « jeux-cadres » ne demandent pratiquement aucune préparation. Et, croyez-moi, ils sont efficaces, à la fois pour le but recherché et pour le plaisir que l'on a à y jouer. J'ai rencontré plusieurs formateurs qui en utilisent toute une palette.

– Isabelle, M. Rodrigues employait également des jeux-cadres ?

– Oui, des activités équivalentes. Par exemple, il employait souvent le jeu de Bingo, cher aux Anglaises, par exemple pour faire un petit contrôle des compétences à la fin d'un cours. Chaque élève avait une feuille comprenant 25 cases, avec des réponses. Toutes les feuilles étaient différentes, faites par ordinateur. M. Rodrigues posait une question, et chacun cochait la bonne réponse s'il l'avait sur sa feuille. Le premier qui avait 5 cases alignées criait « Bingo ! » et était le gagnant. Même que ça m'est arrivé une fois... *(Elle rosit)*

– Bravo Isabelle ! Quelle aventure ! Et il y a donc des jeux-cadres adaptés à différentes situations d'apprentissage ?

– Oui, et même en dehors de tout apprentissage. Il y a des jeux-cadres qui permettent aux élèves de mémoriser, de contrôler la validité de ce qu'ils ont appris, de réfléchir sur un sujet particulier ou sur leur manière d'apprendre. Mais ces mêmes jeux-cadres peuvent tout aussi bien vous aider à rendre une conférence moins ennuyeuse.

– Si vous dites vrai, il faudrait lui élever une statue, à cet homme-là. Je veux bien être le premier souscripteur. *(Rires dans la salle)*

« Bien, revenons à cette phase d'activation. Y a-t-il d'autres choses qui vous ont frappés ? José.

– Oui, j'ai remarqué dans la formation de Mme Martin que les activités par petits groupes étaient nombreuses. Il s'agissait toujours de suivre des consignes simples et claires, pendant un temps limité. Ces activités permettaient à chacun d'utiliser les nouvelles connaissances acquises, et de découvrir la richesse et l'intérêt d'apprendre *aux autres* et d'apprendre *des autres*.

– J'ai également remarqué dans la formation de M. Rodrigues de nombreuses activités en petits groupes, comme les décrit José. Même avec une classe bien pleine – 35 élèves –, cela permettait à chacun de « manipuler » les nouvelles connaissances d'une manière très vivante. Mais j'insiste sur les règles que José a énoncées : il faut que les consignes soient simples et claires, et que l'activité soit bien délimitée dans le temps, un temps en général assez court.

– Faire des groupes, diront certains, cela prend du temps, ça fait du bruit… Ou bien on travaille toujours avec le même voisin.

– Pas forcément. Lorsque l'on étudie le plan d'une classe, on peut en général trouver des moyens variés pour créer des groupes de deux, trois ou quatre personnes en ne faisant déplacer qu'un nombre très réduit d'élèves. Cela s'apparente à un jeu de stratégie, pour l'enseignant, et on est surpris par le nombre de possibilités qui existent, justement pour créer cette diversité des groupes possibles.

– J'imagine une « salle des professeurs » d'un lycée où quelqu'un proposerait : « J'ai trouvé une manière de faire 11 groupes de trois personnes dans la salle 314, en ne déplaçant que 2 élèves. J'offre le champagne à qui trouvera la solution avant demain ! »

– Cela stimulerait l'imagination, surtout si le champagne est bon. Bien. Isabelle et José, si vous complétiez notre topogramme ?

– D'accord.

Après un instant, la caméra montre ceci aux téléspectateurs :

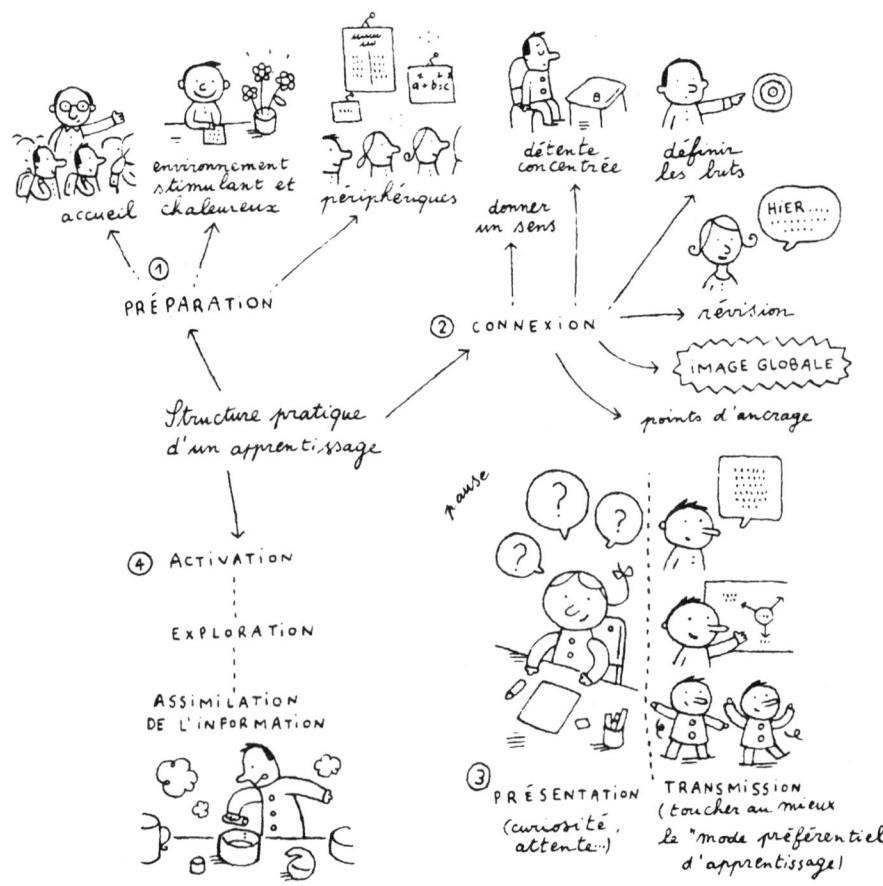

– Merci. Et après cette phase d'activation, que se passe-t-il ? José.

– Il y a ce que l'on peut appeler les phases de *mémorisation* et de *consolida-tion*, qui permettent de mieux ancrer chez les apprenants les nouvelles connaissances acquises.

« La phase de mémorisation est importante, car nous avons tendance à oublier très vite l'essentiel de ce que nous avons appris. Ou bien nous ne le retenons qu'un laps de temps limité, puis nous l'oublions. C'est le « système chasse d'eau », si courant à l'école : on apprend pour le contrôle, et on oublie le lendemain. Dans cette phase, il s'agit de favoriser la mémoire à long terme.

– Comment fait-on pour cela ? Y a-t-il des stratégies particulières pour favoriser la mémoire à long terme ?

– Oui, bien sûr. Mais d'abord, la phase précédente d'activation va déjà aider à cette mémorisation, et c'est pourquoi il faut y attacher du temps et de l'importance. Ensuite, on a découvert – ou redécouvert – depuis quelque temps la relation directe entre mémoire à long terme et émotions. Lorsque l'atmosphère émotionnelle dans laquelle baigne l'apprenant est riche, on retient mieux et pour plus longtemps. Par exemple, nos souvenirs les plus marquants sont toujours liés à des émotions fortes, positives ou négatives d'ailleurs. Les Américains aiment bien prendre comme exemple *« the first kiss »,* que l'on n'oublie en général pas… Dans le cadre d'un apprentissage, il est donc intéressant, pour une bonne mémorisation, de faire baigner ce que l'on apprend dans une atmosphère émotionnelle riche et si possible positive, bien entendu.

– Isabelle. Émotions, *« first kiss »* et tout cela. Qu'en pensez-vous ? Cela vous rappelle des choses ?…

– Je reconnais bien là les Américains… Mais, bon, je crois moi aussi qu'une atmosphère émotionnelle positive peut grandement aider à la mémorisation. J'ai déjà parlé plusieurs fois de l'atmosphère dans la classe de M. Rodrigues, où les élèves se sentaient en totale sécurité émotionnelle, où les sentiments et les émotions pouvaient à l'occasion s'exprimer, sous une forme ou sous une autre. Je suis sûre que cela aide à bien apprendre et également à bien mémoriser. Mais je verrais d'autres éléments qui peuvent favoriser la mémorisation.

– Par exemple ? Et que pensez-vous d'apprendre par cœur, et même de rabâcher quelque chose jusqu'à ce qu'on le sache ? C'est efficace, tout de même !

– Je crois qu'il faut bien distinguer « apprendre par cœur » et « rabâcher ». Apprendre par cœur aide à fortifier la mémoire, comme on développe un muscle. Mais il n'est pas souhaitable d'apprendre n'importe quoi par cœur. Comme le disait José, apprendre par cœur, dans un livre, le résumé à la fin d'une leçon n'est finalement pas une très bonne solution, et les enfants oublient ces résumés plus vite qu'ils ne les ont appris, essentiellement parce que ce ne sont pas leurs propres mots. Par contre, apprendre des poèmes par cœur, des scènes de théâtre, des passages d'auteurs bien choisis est une richesse que l'on conserve toute sa vie.

« Le rabâchage, quant à lui, est une technique, hélas ! que l'on apprend à utiliser souvent très tôt à l'école, et qui est une manière particulièrement stupide d'apprendre. Des années après, j'en veux encore beaucoup à certains professeurs de m'avoir fait croire que c'était un bon moyen pour apprendre. Avec des commentaires dans mes bulletins du genre : « Doit faire des efforts. » Au début du siècle, cela aurait donné, pour un petit Anglais de dix ans travaillant dans une mine de charbon : « Doit pousser plus vite son chariot. »

– On sent que ce sujet est sensible pour vous, Isabelle. Mais revenons à notre phase de mémorisation. Vous disiez que d'autres éléments pouvaient intervenir pour favoriser cette mémorisation. À quoi pensiez-vous ?

– Oui, M. Rodrigues m'expliquait que lorsque l'on était très détendu, la mémoire à long terme était favorisée, s'ouvrait plus largement, pourrait-on dire. C'est pourquoi, vers la fin du cours, il propose souvent un exercice simple de détente mentale, parfois aidé par une musique bien choisie. Une fois les élèves détendus – et concentrés –, il redit les points importants de la leçon. Les élèves écoutent, parfois les yeux fermés. Activité brève, mais je crois très efficace.

« J'ai également été assez fascinée par certaines petites techniques qu'il employait. Un jour, j'ai pris conscience que je retenais facilement ce qu'il disait, le fil de son discours, mais j'ai mis un certain temps à comprendre pourquoi.

« D'abord, il surveillait à l'évidence son débit de paroles lorsqu'il expliquait quelque chose. Et, lorsque le sujet devenait plus difficile, il laissait une petite pause entre ses phrases, comme pour permettre aux neurones d'assimiler et de se recharger. Et puis il faisait très régulièrement, tout le long du cours, de brefs rappels de ce qui avait été vu auparavant, dans les dix minutes ou les quarante-huit heures avant. C'était en général sous forme de questions qu'il posait à l'ensemble de la classe. Cela prenait dix secondes à chaque fois, mais cela renforçait progressivement la mémorisation.

« J'ai aussi découvert la facilité avec laquelle on mémorise quelque chose lorsque l'on traduit ce quelque chose en images mentales. Cicéron, paraît-il, était un fervent adepte de cette manière de faire pour mémoriser ses discours.

« Et puis il y a la mise en scène des notions étudiées… Mais j'en ai déjà parlé. Lorsque vous avez assisté ou participé à la mise en scène d'une idée ou d'un concept, vous ne pouvez plus l'oublier, c'est sûr. Il faut au départ pas mal d'imagination de la part de l'enseignant, mais c'est efficace, je vous assure.

– À vous écouter, Isabelle, j'ai le sentiment tout à coup que pour être un bon enseignant, ou un bon formateur, il faut être un peu acteur, artiste. Qu'en pensez-vous, José ?

– Je suis tout à fait d'accord. D'ailleurs, j'ai entendu dire qu'il y avait des formations spéciales pour enseignants basées sur le théâtre. Et pour un formateur, c'est pareil. Je mettrais cependant une réserve à ce que vous dites : au théâtre, dans la plupart des cas, les spectateurs sont passifs, et tout converge vers l'acteur ou les acteurs. Je dirais que pour être un bon formateur, ou un bon enseignant, il faut avoir certains talents de l'acteur tout en sachant souvent rester en retrait. Il ne s'agit pas de faire un *show*, mais de transmettre et de favoriser l'acquisition de connaissances, ce qui demande souvent de savoir s'effacer et de laisser faire, à leur manière, les apprenants.

« Quant à des compétences d'artiste, je crois également qu'elles sont souhaitables. Les arts, au sens large, favorisent tout apprentissage, j'en suis persuadé. Et cela peut se traduire de manières très variées : dans l'arrangement et la décoration d'une salle, dans un bouquet bien fait, dans des morceaux de musique bien choisis et passés au bon moment, dans la réalisation de périphériques ou dans le choix de reproductions.

– Bien, tout cela ouvre des pistes très intéressantes. Mais revenons à notre « structure d'apprentissage ». Vous parliez, José, de la phase de mémorisation et de consolidation. Qu'entendez-vous par « consolidation » ?

– La phase de consolidation comporte plusieurs éléments importants, qui nécessitent également des stratégies particulières. Il y a d'abord le « contrôle qualité », pour reprendre une expression bien connue en entreprise. Il y a également le fait de donner aux apprenants la possibilité de reconnaître qu'ils ont appris, et bien appris.

« En fait, le « contrôle qualité » consiste à vérifier que la structure mentale que chaque apprenant s'est créée est juste, que ce qu'il a appris est correct. Rien de pire, bien entendu, que de quitter la salle de formation en ayant appris quelque chose d'erroné, et de ne pas le savoir. C'est comme l'enfant qui rentre chez lui, et qui dit : « Je t'assure, maman, le professeur a dit que 6 fois 5 ça fait 35 », et qui ne veut pas en démordre. Donc il s'agit de vérifier, d'une manière ou d'une autre, que l'ensemble de la structure mentale a été correctement mise en place. Et cela donne au formateur un feed-back important sur la qualité de son travail.

– Comment faire ce contrôle qualité et, j'imagine, rapidement ?

– Oh, si je m'en tiens à ce que j'ai vu faire par Mme Martin, il y a d'assez nombreux moyens. Cela peut prendre la forme d'un petit test, sous une forme plus ou moins amusante, ou de petits jeux rapides, ou des sortes d'interviews imaginaires, ou encore d'exercices nécessitant la mise en œuvre des notions étudiées. Mais vous avez raison, il est nécessaire que cette vérification se fasse assez rapidement. Et cela a aussi l'avantage de permettre de revoir les notions étudiées, et de renforcer ainsi l'acquisition en profondeur de nouvelles connaissances.

– Il y avait également cette phase de contrôle qualité dans votre classe, Isabelle ?

– Oui, en effet. Dans ce but, j'ai vu plusieurs fois M. Rodrigues utiliser la technique du topogramme : par exemple il redessinait au tableau un topogramme de la leçon, en suivant les indications de toute la classe ; ou il proposait à chaque élève d'en réaliser un personnellement, puis de le comparer avec celui d'un ou de plusieurs voisins. Cela permettait en général de mettre en évidence les mauvaises compréhensions, et de les rectifier. Et puis, bien sûr, il y avait les tests et les contrôles… Sujet délicat.

– Pourquoi délicat ? Encore quelques mauvais souvenirs qui vous remontent à la mémoire ?

– Oui, c'est sûr, peu de personnes ont la chance comme José de n'avoir eu que des bonnes notes pendant sa scolarité… Et en y réfléchissant je pense que beaucoup d'enseignants ignorent, ou n'ont jamais pris conscience de tous les bénéfices – ou de tous les ravages – qui peuvent découler des tests, selon qu'ils sont bien ou mal conçus, selon qu'ils sont bien ou mal vécus par les élèves. On n'imagine pas la « légèreté », pour ne pas être plus méchante, de certains enseignants dans la conception de leurs tests et contrôles. Et c'est en fonction des résultats à ces tests et à ces contrôles mal conçus que les enfants sont jugés, orientés, parfois dégoûtés à vie de pans entiers de connaissances. C'est scandaleux.

– Vous semblez très révoltée, Isabelle, à nouveau. Peut-être qu'un certain nombre de téléspectateurs partagent d'ailleurs votre révolte. Mais vous parliez également de *bénéfices* que l'on peut tirer des tests, des contrôles, des évaluations...

– Bien sûr, car vous ne pouvez être sûr d'avoir acquis des connaissances que lorsque vous avez prouvé, au reste du monde comme à vous-même, que vous les avez acquises. Et un test ou une évaluation des compétences peut servir à cela, et ne devrait servir qu'à cela, en fait. C'est ce que les spécialistes appellent l'évaluation « formative », à distinguer de l'évaluation « sommative » qui ne sert essentiellement qu'à juger et à classer. Mais il y a d'autres moyens d'effectuer cette évaluation formative, par exemple en faisant un travail chez soi, ou un travail en équipe, ou bien en expliquant ce que l'on a appris à quelqu'un, ou en discutant avec une personne compétente, ou en appliquant ses nouvelles connaissances dans un projet. Mais évidemment le test a l'avantage – très pervers en fait – de transformer cette évaluation en nombre, ce qui permet des manipulations très pratiques.

– Manipulations ? Pervers ?

– Oui. Ne parlons pas de certaines manipulations des notes par certains professeurs, par le jeu de coefficients ou autres, pour avoir une moyenne qu'ils jugent acceptable. Mais ce qui est très pervers, à mon sens, c'est le fait d'utiliser ces notes, ces nombres, comme des données *scientifiques*, comme si ces notes étaient le résultat d'une démarche scientifique. Le problème, c'est que tout le monde accepte ce système, car, en effet, il est très pratique. Vous vous rendez compte : transformer un apprentissage fait d'innombrables choses, d'essais et d'erreurs, de relations humaines complexes, de doutes et de joies, de temps et de recherches, transformer tout cela en une note, que l'on peut additionner à d'autres, multiplier à des coefficients habilement choisis. Magique ! Magique, mais souvent pervers, à mon sens.

– Bon, mais creusons un peu cette notion de tests, car cela semble un point important, même si un test ne prend que peu de temps dans l'ensemble d'un apprentissage. José, quel est votre avis sur le sujet ?

– Vous savez, je crois que nous avons une culture du test et de l'évaluation des compétences – ou plutôt du contrôle des connaissances – qui impose un pourcentage attendu d'échecs. C'est comme cela, et on ne peut sans doute pas y changer grand-chose, du moins dans le court terme. Et pourtant nous voulons parallèlement que tous les élèves réussissent. C'est soit une utopie acceptée, soit une hypocrisie délibérée. Mais nous entrons là dans la structure même du système éducatif, dont nous sommes totalement imbibés et qu'il nous sera vraiment difficile de changer. Car, comme le dit Isabelle, cela a l'avantage d'être très pratique. Imaginez que l'on vous propose, pour trier les milliers d'œufs pondus dans une usine, soit d'utiliser une machine qui calibre les œufs automatiquement, soit de mettre des personnes qui évaluent un par un la taille, la couleur, la forme des œufs, et qui les trient selon ces critères complexes et assez subjectifs. Que choisiriez-vous ?...

– A priori la machine à calibrer, parce que c'est plus rapide et plus pratique. Mais les élèves ne sont pas des œufs de poules élevées en batterie, c'est cela que vous voulez dire ? Isabelle, qu'en pensez-vous ?

– Analogie intéressante. On pourrait en effet comparer le fait de laisser des enfants assis huit heures par jour dans une salle exiguë à un élevage en batterie ou au gavage des oies. Mais il faudrait pousser l'analogie plus loin et revoir d'autres aspects, en particulier ce que l'on donne comme « nourriture » intellectuelle aux enfants, et ce qu'on ne leur donne pas et dont ils auraient vraiment besoin, comme…

– Bien, bien, merci !... Mais nous nous égarons un peu. José, terminez ce que vous aviez à dire sur les tests. Comment concevoir un test, à votre avis ? Isabelle s'insurgeait à l'instant sur les tests mal conçus, qu'en pensez-vous ?

– Je crois que le meilleur moyen de concevoir un test serait de le considérer comme un « point de contrôle » pour voir *de combien l'apprenant s'approche de la maîtrise du sujet ou du concept*. Il ne s'agit pas alors de savoir *si* nous avons réussi à acquérir les connaissances, mais de savoir *quand* nous aurons réussi à les acquérir. Lorsque le temps n'est que la seule variable du succès, les apprenants sont bien plus motivés pour continuer à apprendre. Le test ne devrait être qu'une des étapes précédant un succès certain. La meilleure analogie est sans doute celle du petit enfant qui apprend à marcher : tout le monde sait que le petit enfant marchera, tout le monde est *certain* de sa réussite, et ses « échecs » ne font que le rapprocher de ce succès certain. Et pourtant, apprendre à marcher est un apprentissage très très complexe…

– Mmm, cela laisse songeur… Et donc, maintenant nous avons terminé le processus, semble-t-il. Faisons le tour : la préparation, la connexion, la transmission, l'activation des nouvelles connaissances, la mémorisation et la consolidation, vérifiées par des tests ou d'autres moyens moins sensibles. Ça y est ? On peut rentrer chez soi, avec le sentiment d'avoir bien appris ou bien enseigné ? Ou manque-t-il encore quelque chose ? Isabelle.

– Il manque en fait une partie souvent négligée et qui est comme le symétrique du début, de l'accueil : il s'agit de la *phase de clôture*, qui permet de donner une cohérence à l'ensemble de l'apprentissage.

– Pourquoi est-ce important ?

– Eh bien, cette phase de clôture permet de donner aux élèves – et également à l'enseignant – le sentiment d'une tâche bien réalisée, bien terminée, bien validée. Cela permet également de donner aux élèves le sentiment de contrôler le processus d'apprentissage, d'être totalement partie prenante, un sentiment de responsabilité partagée sur ce qui s'est passé pendant le cours.

– Pratiquement, comment cela se passe ?

– Pour bien clôturer, il ne faut pas s'y prendre trop tard, ne pas attendre la sonnerie stridente qui marque la fin du cours. Une bonne clôture prend un certain temps. M. Rodrigues prévoyait au moins cinq minutes avant la sonnerie pour répondre correctement aux ultimes questions, celles que l'on se décide à poser au dernier moment. Parfois il en profitait pour revoir et clarifier les points essentiels, ou pour élargir le sujet et ouvrir de nouvelles pistes. Ou bien les élèves complétaient le puzzle qui était au mur. Et puis il parlait du cours suivant, se débrouillant pour qu'il y ait une petite part de mystère, de choses passionnantes à découvrir la prochaine fois, donner l'envie de revenir. Comme Shéhérazade à la fin d'un conte, pour donner envie à son prince d'en écouter un autre la nuit suivante…

– Et de votre côté, José, il y avait cette phase de clôture ?

– Oui, tout à fait, mais qui avait des buts légèrement différents. Il s'agissait en particulier d'évaluer la journée de formation, de vérifier en quelque sorte le « retour sur investissement ». Mais tous les aspects dont parle Isabelle sont aussi valables dans une formation. La clôture permet en effet de donner sa cohérence à l'ensemble du processus. Et, évidemment, cette phase prend plus d'importance à la fin de la formation, où l'évaluation est plus approfondie, où chacun essaie de préciser les bénéfices de la formation et les améliorations que l'on pourrait y faire. C'est très important à la fois pour le formateur et pour les participants. Mais c'est un aspect bien connu de tous les formateurs compétents.

– Et dans la classe de M. Rodrigues, il y avait cette sorte d'évaluation de la qualité du cours ?

– Pas directement, mais si un élève souhaitait exprimer quelque chose dans ce sens, il le pouvait, bien entendu. Non, je dirais que M. Rodrigues essayait plutôt de favoriser la réflexion de ses élèves sur leur apprentissage pour qu'ils prennent conscience par eux-mêmes de ce qui avait bien marché et de ce qui aurait pu mieux se passer. Mais cela n'arrivait pas à tous les cours, évidemment. C'est arrivé une fois pendant les deux semaines que j'ai passées dans la classe. Cela coïncidait avec la fin de l'étude d'un chapitre, et toute la classe a fait le point, à la fois personnellement et en groupe, en utilisant un des jeux-cadres dont nous parlions tout à l'heure. C'était très riche et très intéressant.

– Vous avez participé à cette évaluation ?

– Oui, bien entendu. Et les élèves ont été amusés – gentiment amusés – par mon enthousiasme. C'est là que j'ai compris qu'ils avaient parfaitement intégré le mode de fonctionnement de M. Rodrigues, qui était si différent de tout ce que j'ai connu dans ma scolarité. C'était devenu pour eux tout à fait naturel.

« Mais je dois aussi ajouter que la phase de clôture avait souvent une autre composante… Comment dire ? Je ne voudrais pas choquer… tant pis, j'ose : une activité pour se faire plaisir, pour se récompenser en quelque sorte d'avoir bien travaillé. Parfois le cours s'arrêtait un peu plus tôt, et un élève (de mèche avec M. Rodrigues) sortait un gâteau, que l'on mangeait ensemble : ça surprend, et ça fait plaisir ! Ou bien il racontait une histoire, qui n'avait pas vraiment de rapport avec le cours, mais il fallait voir tous les élèves – et peut-être même moi – la bouche ouverte, suspendus à ses lèvres. Un petit moment de plaisir, quoi, pour bien terminer. Et le jour où je suis partie, ils avaient organisé une petite fête, et j'ai bien senti que ce n'était pas exceptionnel. C'était une sorte de rite, pour se récompenser du travail accompli, à intervalles réguliers. Et après, on incube !

– Incuber ? C'est-à-dire ?

– On laisse le cerveau continuer son travail tout seul, en faisant autre chose ou en se reposant.

– C'est évidemment la partie la plus agréable d'un apprentissage…

« Bien, merci Isabelle et José de tous ces commentaires. Nous sommes, hélas ! pris par le temps. Voulez-vous terminer le topogramme, s'il vous plaît, cela va laisser un peu de temps à l'assistance pour préparer des questions.

José et Isabelle terminent le topogramme, rajoutent des petits dessins, d'autres couleurs, rient entre eux, oublient à l'évidence qu'ils sont sur un plateau de télévision, tout à leur réalisation. Ils finissent par s'écarter du tableau et la caméra peut enfin présenter le topogramme final.

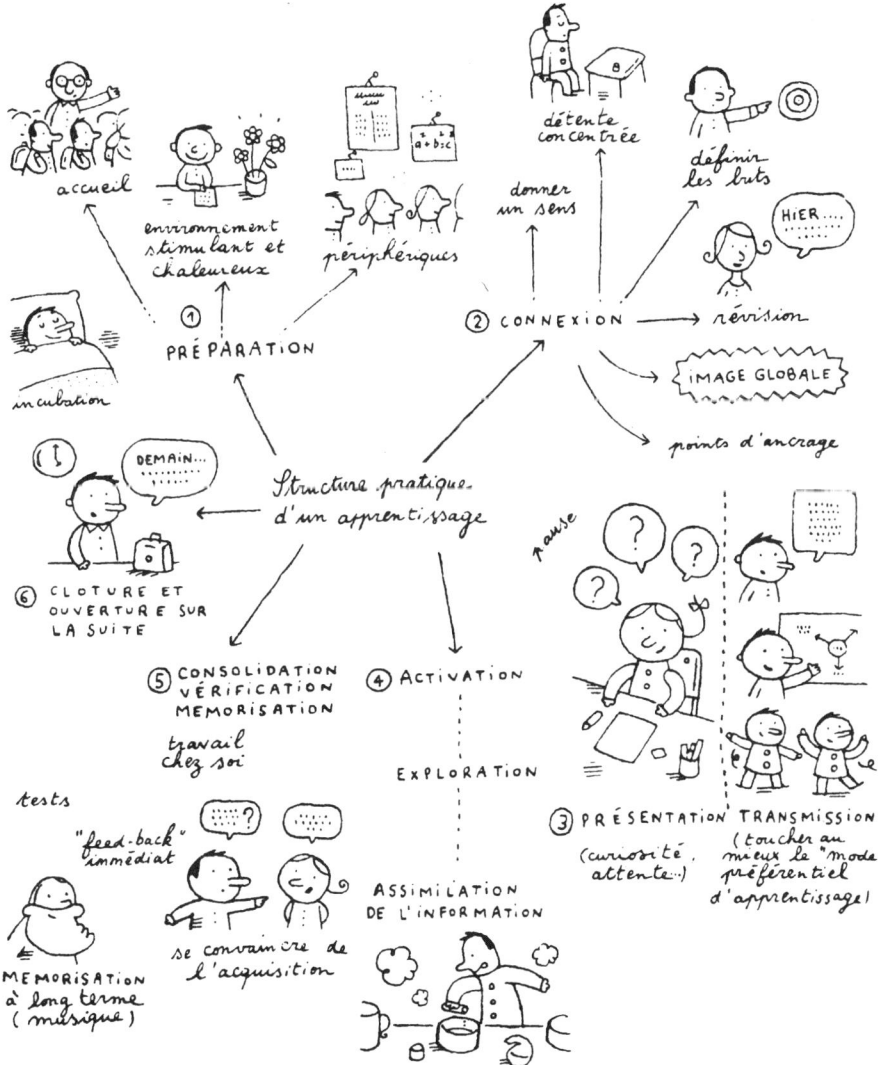

– Bien, très bien, merci. Passons maintenant aux questions. Madame, au troisième rang, vous avez la parole.

– Merci. Je suis enseignante et j'ai été très intéressée, quoique un peu sceptique, par la présentation de Mlle Gama et de M. Dos Santos. Je m'attacherai plus particulièrement à l'expérience qu'a vécue Mlle Gama, et j'ai deux questions. Peut-on considérer M. Rodrigues comme un enseignant exceptionnel ? Et, dans ce cas, son exemple restant exceptionnel peut difficilement servir d'exemple à des enseignants plus « ordinaires ». Et puis : Comment cela se passe quand les élèves changent d'enseignant, soit pour une autre matière, soit l'année suivante, quand ces autres enseignants enseignent d'une façon, disons, plus traditionnelle ?

– Isabelle.

– Ce sont deux questions très intéressantes. D'abord, M. Rodrigues est-il un enseignant exceptionnel ? Je dirais oui et non. Non, ce n'est pas un enseignant exceptionnel. Je m'explique. Un jour, il m'a avoué en souriant qu'il y a quelques années, cela ne se passait pas bien du tout pour lui. Il avait une mauvaise relation avec ses élèves, essayait de les faire avancer par la contrainte, ou bien ne s'intéressait qu'à ceux qui voulaient bien lui porter un minimum d'attention. Bref, il considérait son métier comme de plus en plus pénible, se surprenait souvent à traiter ses élèves de « nuls », accusant alternativement le ministre de l'Éducation et sa énième réforme, les parents démissionnaires, les enfants inattentifs et démotivés, etc. Jusqu'au jour où il a eu la possibilité de faire une formation, pendant ses vacances. Cette formation, donc, au « mieux-apprendre », n'a duré que quatre jours. Mais elle a servi de déclencheur, elle lui a fait prendre conscience que l'on pouvait enseigner autrement, d'une manière (m'a-t-il dit) plus « humaine ». Il a découvert qu'il avait des richesses personnelles dont il ne se servait absolument pas dans sa classe, et qu'il pouvait très bien les utiliser. Qu'il était même souhaitable qu'il les utilise. Alors, très progressivement, il a cherché et creusé, et sa manière d'enseigner à évolué et est devenue, à mon sens, remarquable.

« Je dirais que M. Rodrigues est *devenu* l'enseignant exceptionnel qu'il était au fond de lui-même. Et je suis persuadée qu'une majorité d'enseignants sont des enseignants exceptionnels potentiels. Quelques-uns sont exceptionnels naturellement, et d'autres sont de mauvais enseignants et le resteront à vie. Mais la grande majorité peut devenir d'excellents enseignants, c'est ma conviction.

– La deuxième question concernait le changement d'enseignants. Comment les enfants vivent-ils cela ?

– À ma connaissance, pas toujours bien, il faut l'avouer. En particulier d'une année à l'autre, lorsque la même matière est enseignée par un autre professeur, certains refusent parfois de revenir à un système très rigide d'enseignement, comme on le rencontre encore assez souvent. Et cela peut créer des drames, des enfants qui se démotivent complètement. C'est un risque important, dont était bien conscient M. Rodrigues. Dans sa classe, il faisait assez souvent des *a parte* sur la manière de faire d'autres collègues, sans jamais les juger, en faisant bien comprendre que leur manière de faire était ce qu'elle était, et qu'il leur faudrait s'y adapter. Et, en fait, beaucoup s'adaptent relativement facilement, parce qu'ils se sentent alors suffisamment forts dans leur personnalité. Mais il arrive aussi, m'a-t-on dit, que les élèves fassent en sorte de persuader en douceur leurs autres professeurs d'enseigner autrement. Et quelquefois, ça marche…

– Merci Isabelle. Une deuxième question ?… Oui, monsieur…

– Merci. Je me demande si tout cela est bien nouveau ? Tout ce que vous nous avez raconté semble relever surtout du bon sens. Alors, « mieux-apprendre », je veux bien s'il faut donner un nom à toute chose. Mais tout cela est-il aussi révolutionnaire que mademoiselle et monsieur veulent nous le faire croire ?

– José, vous voulez répondre à cette question ?

– Oui, bien sûr. Je dirais pour ma part que cette approche n'est en rien révolutionnaire au sens de « totalement nouvelle », comme vous le faites remarquer. Les principes de cette approche rappellent même ceux qui fondaient la rhétorique d'Aristote ou l'école de Pythagore, et de nombreux pédagogues, célèbres ou inconnus, pourraient ou peuvent se retrouver sans mal dans ces idées.

« Mais je crois que ce qui est nouveau, dans le contexte de notre époque, c'est cette proposition de redonner toute sa valeur à l'être humain dans sa totalité lorsqu'il apprend. Comme si apprendre était vraiment l'un des fondements essentiels de la personnalité d'un être humain. Ce respect de la personnalité de l'apprenant, de son mode particulier d'apprentissage, de ses richesses propres, tout cela vient sans doute à son heure, sous la pression d'une nécessité grandissante. On ne peut plus enseigner comme on le faisait autrefois, pour de très nombreuses raisons qui sont maintenant bien connues. C'est peut-être le moment, justement, de refaire du neuf avec de l'ancien, en l'adaptant, et en y intégrant les résultats des recherches en pédagogie et en neurosciences, très nombreuses et très riches d'applications possibles.

– Qui souhaite poser une autre question ? Oui, mademoiselle, c'est à vous.

– Merci. Je voudrais savoir si l'approche pédagogique qui nous a été présentée à travers ces deux exemples avait des implications indirectes. Je m'explique : est-ce que les élèves ou les adultes en formation apprennent mieux, et voilà tout, ou bien est-ce qu'ils en retirent également d'autres bénéfices ? Est-ce que – comment dire – ils se sentent mieux dans leurs baskets, par exemple ? Et puis pourriez-vous un peu développer cette notion de plaisir dans un apprentissage ?

– Qui souhaite répondre ? José ? Allez-y.

– Votre première question, sur les implications indirectes de ce type d'approche, est très intéressante et très importante. Je dirais même que pour moi, ce sont ces « produits dérivés » qui rendent cette approche humainement riche et passionnante. En acceptant une approche d'apprentissage plus naturelle et mieux adaptée à la personnalité de chaque apprenant, on constate par la même occasion qu'on l'aide à développer chez lui, par exemple, la confiance en soi ; qu'on l'aide à développer et à entretenir son plaisir à apprendre ; qu'on lui donne une motivation interne plus forte, de meilleures capacités d'apprentissage, et des outils d'apprentissage dont il pourra se servir toute sa vie. Etc. Et on constate également des implications très positives chez les formateurs – et sans doute chez les enseignants – qui entrent dans cette approche.

– Isabelle, vous souhaitez ajouter quelque chose ?

– Oui, merci. On constate aussi – et c'est très important pour moi – que l'on peut ainsi toucher *tout le monde*. Il n'y a plus ceux qui sont classés comme intelligents et les autres. À la limite, l'échec scolaire devient virtuellement l'échec d'un système, et non un échec par manque d'intelligence ou de capacités. Non que tout le monde soit identique et ait les mêmes capacités, bien entendu, mais chacun a un faisceau de richesses, de compétences et de talents à développer, qui va infiniment plus loin que ce que développe et juge l'école. Et non seulement on *doit* – ce qui est souvent un vœu pieux – développer ces talents, mais maintenant je suis persuadée qu'on le *peut*. Ainsi on redonne leur pleine dignité à tous ceux qui ont été exclus de « l'apprendre », pour une raison ou pour une autre.

– Et à propos du plaisir quand on apprend ? Peut-on apprendre sans efforts ?

– Je crois que l'intuition des anciens pédagogues – et des bons professeurs – est la bonne : on n'apprend bien qu'avec plaisir. Ce plaisir n'est pas incompatible avec l'effort, bien au contraire. On ne monte pas en haut d'une montagne sans effort, mais on n'y monte pas sans plaisir. Cette approche, à mon sens, pousse à cette sorte d'effort, et permet même, semble-t-il, à de nombreux élèves de se dépasser au-delà de ce qu'ils se seraient crus capables. Rien à voir ici avec le « Doit faire des efforts ! » qui encombre les bulletins scolaires.

– Une autre question ? Oui, monsieur.

– Je dois dire que je suis scandalisé. *(Il se lève.)* Scandalisé au point de regretter le temps de la censure où, pour le bien public, des hommes sains de corps et d'esprit écartaient de la connaissance du citoyen, d'esprit faible et vulnérable, certaines idées dangereuses.

« Scandalisé par le fatras de pseudo-idées qui nous ont été présentées, mélange insipide de post-rousseauisme, de soixante-huitardisme décadent et de pseudo-New Age : joli mélange.

« La référence au plaisir dans toute situation d'apprentissage, sur laquelle Mlle Gama et M. Dos Santos se complaisent et s'émerveillent, est tout particulièrement obscène. N'est-ce pas dans l'effort et la souffrance que l'être humain s'est toujours bâti ? N'est-ce pas en quittant le Paradis terrestre qu'il a appris que rien ne s'acquérait sans souffrance, et tout particulièrement le savoir ? Vouloir faire croire qu'apprendre peut s'accompagner de plaisir est une de ces idées fausses qui attirent facilement les faibles d'esprit (qui sont, soit dit en passant, de plus en plus nombreux), mais dont la perversité peut faire des ravages. Le sens de l'effort qui a permis de faire de la France un grand pays dans des époques hélas ! révolues, ce sens de l'effort se perd, et ces sortes d'idées porteront une part de responsabilité dans le tragique naufrage de notre beau pays.

« Autre idée particulièrement malfaisante et démagogique : si je comprends bien Mlle Gama et l'enseignant de mathématiques dont elle nous a rebattu les oreilles, cet enseignant souhaite donner à *tous* – et je souligne le mot *tous* – des outils pour apprendre toute leur vie, pour développer leur intelligence. Y compris, j'imagine, pour développer l'intelligence de ceux considérés – sur la base de tests objectifs et par des personnes compétentes – comme ayant biologiquement une intelligence limitée. Et, en imaginant même que cela soit, nous verrions alors tous les enfants faire des études supérieures, grossir le flot de ces pseudo-étudiants qui encombrent nos facultés et coûtent si cher aux citoyens, laissant vacant ces nécessaires postes d'ouvriers où ils ont leur place, à moins de faire venir un peu plus de travailleurs immigrés pour les remplacer. Et ces travailleurs immigrés auraient eux-mêmes des enfants intelligents! J'imagine la France de demain!

Il se rassied. Grand silence dans l'assistance.

– Qui souhaite répondre à monsieur? Isabelle? Oui, allez-y.

– Monsieur, même si je respecte la personne que vous êtes, je ne peux que m'opposer totalement, viscéralement, à vos propos. *(Elle se lève, prise d'une rage froide. Le technicien fait un gros plan sur elle.)* Moi, il y a quelque chose qui me révolte particulièrement, c'est la souffrance. Laissons de côté la souffrance physique, dont je n'ai que peu l'expérience. Mais parlons de souffrance morale, psychologique. Voyez-vous, avant de faire ce reportage, j'étais déjà allée dans d'autres établissements scolaires et dans d'autres classes, en primaire, en collège, en lycée, à l'université, pour enquêter sur des choses tout à fait différentes. Et chaque fois, je dis bien *chaque fois*, j'ai découvert la souffrance, la souffrance d'enfants délaissés par certains enseignants, écrasés d'échecs, de mépris, de moqueries ou d'indifférence, développant en eux une violence inouïe, mais qu'ils cachaient soigneusement. Et cette souffrance, que je ressens peut-être si fort parce que je l'ai moi-même vécue, j'ai découvert qu'elle était inutile. Oui, tout simplement inutile. Et j'irai même plus loin: je suis maintenant persuadée qu'apprendre peut être un moyen essentiel pour *lutter* contre la souffrance, la souffrance physique comme la souffrance morale. Et que toutes les richesses, toutes les connaissances doivent pouvoir être accessibles à tous. Quelle dérision de voir qu'apprendre peut parfois et si souvent être créateur de souffrance, que cet outil si merveilleux et si riche puisse être dévoyé à ce point!

« Mais, en fait, vous avez raison: accepter d'introduire dans les écoles, les universités ou dans les entreprises cette manière d'apprendre dont il a été question ici ce soir, c'est prendre un risque majeur. Vous savez bien que c'est souvent l'ignorance qui fait le lit des conflits, des haines, des incompréhensions, des guerres. En redonnant toute sa place – comment dire – à *l'humanité* du fait d'apprendre, on apprend progressivement à se respecter et à respecter l'autre dans sa différence, on peut éviter le rejet et l'exclusion; on a une pensée plus créative, avec moins de risque de s'enfermer dans des dichotomies « pour-contre » si faciles à manipuler. Et cela permet aussi de développer une bonne confiance en soi, et de savoir dire non. Alors, c'est vrai, ces jeunes et ces adultes risquent d'être inadaptés aux systèmes économique et politique actuels. L'un qui nécessite pour fonctionner une obéissance inconsciente à certains principes tels que: on peut faire toute sa vie un travail stupide; il faut gagner le plus d'argent possible; il faut consommer plus pour réduire le chômage, etc. Et l'autre où la motivation essentielle des actes est souvent l'accaparement du pouvoir, et de s'y maintenir coûte que coûte, avec tout un tas de vilenies et de compromissions si nécessaire.

« Vous avez raison : un nombre de plus en plus grand de personnes risque alors de ne plus vouloir jouer au jeu mortifère de la consommation à tout prix, de la lutte pour l'argent, du dédain (recouvert de bonnes paroles) pour les pauvres, des guerres prétendues « propres », du non-respect de la nature. Et cette approche pédagogique dont il est question ici y aurait sa part de responsabilité, c'est vrai.

« Vous avez raison, monsieur, d'avoir peur. *(Elle se rassied, le visage grave. Et soudain un sourire lumineux éclaire son visage.)*

– Merci Isabelle. Il est maintenant l'heure de nous quitter. Merci à Isabelle Gama et à José Dos Santos, à tous nos invités et à vous tous qui avez bien voulu suivre cette émission. Merci, et à la semaine prochaine pour une nouvelle émission. C'était *La Marche du millénaire*, présentée par Jean-Michel Vacada.

UN PEU DE THÉORIE

L'approche présentée ici par Isabelle et José est une approche pédagogique qui suit une structure classique d'enseignement : il y a un enseignant qui transmet des connaissances, et des enseignés. Cette approche se veut à la fois classique dans sa démarche mais très différente dans son esprit : elle prend en compte des éléments souvent négligés (comme l'environnement d'apprentissage ou le respect du mode préférentiel d'apprentissage des élèves), l'enrichit d'outils pédagogiques puissants (comme les intelligences multiples de Gardner) tout en donnant une nécessaire cohérence entre ces différents outils et éléments.

Bien que classique dans sa forme, elle rejoint en de nombreux points les caractéristiques des pédagogies dites « actives ».

PÉDAGOGIE « CLASSIQUE » ET PÉDAGOGIE « ACTIVE »

Se démarquant assez radicalement de la pédagogie « classique » utilisée dans le système scolaire, la pédagogie « active » est souvent décrite par ses cinq caractéristiques principales :
• l'apprenant est engagé personnellement dans la démarche d'apprentissage ;
• le sujet à étudier crée une motivation interne chez l'apprenant ;
• le travail en groupe tient une part importante dans le processus ;
• le formateur (ou l'enseignant) est plus un catalyseur, une personne ressource, qu'un instructeur au sens strict ;
• le contrôle des connaissances, surtout s'il s'agit d'adultes, est généralement plus une auto-évaluation qu'un contrôle externe.
Dans ce type d'approche, il n'y a pas (ou peu) d'exposés magistraux. C'est souvent une pédagogie inductive, partant de situations ou de problèmes à résoudre, de phénomènes à expliquer. Cette pédagogie a de nombreux avantages, en particulier pour motiver les apprenants, et pas mal d'inconvénients : trop différente dans sa structure de la manière « classique » d'apprendre, elle peut créer de forts blocages.

La structure de l'approche présentée ici est donc la suivante :
• préparation
• connexion
• présentation et transmission de l'information
• activation, exploration et assimilation de l'information
• consolidation, vérification, mémorisation
• clôture et ouverture sur la suite

Cette structure n'est pas figée : c'est uniquement une aide à la réalisation d'un apprentissage de qualité*.

La préparation

Sous le terme de « préparation », on peut considérer :
• tout ce à quoi le formateur ou l'enseignant doit s'attacher avant le début effectif du cours ou de la session ;
• la préparation du « cadre » dans lequel va se dérouler l'apprentissage, c'est-à-dire l'environnement d'apprentissage ;
• la phase importante de l'accueil des élèves, juste avant le début du cours.

La connexion

La phase de connexion permet :
• de partir de là où en sont les élèves, et de les mettre dans un état d'apprentissage optimal ;
• de donner les moyens aux élèves de se créer, dès le début, leur propre structure mentale où pourront se mettre progressivement en place les nouvelles informations : c'est le but de l'« image globale » et des « points d'ancrage » ;
• de donner des racines à leur motivation ;
• de créer une dynamique d'apprentissage, qui se poursuivra et sera entretenue dans la suite du cours : c'est le but d'une introduction de bonne qualité.

Présentation et transmission de l'information

Cette transmission n'a vraiment de sens que si les nouvelles informations sont bien reçues, bien comprises, bien assimilées, bien mémorisées.

Il est bon de rappeler quelques idées qui peuvent changer notre vision sur la transmission d'un savoir :
• nous avons tous un « mode préférentiel d'apprentissage » particulier, nous apprenons tous de manière différente ;
• le formateur ou l'enseignant a *sa* manière particulière d'enseigner, qui est souvent la manière dont il a été lui-même enseigné, et qu'il a tendance à considérer comme la seule, ou la meilleure ;

---

* La mise en application pratique de cette structure est décrite en détail dans *Guide du mieux-apprendre*, de Bruno Hourst (à paraître aux Éd. d'Organisation).

• on peut en déduire qu'il est souhaitable que le formateur ou l'enseignant s'adapte, d'une manière ou d'une autre, à la manière d'apprendre des personnes dont il a la charge.

Les « intelligences multiples », présentées au chapitre 7, sont un outil particulièrement riche pour trouver des modes de transmission autres que le « cours » traditionnel.

Temps de concentration

Une étude a montré que le temps moyen pendant lequel un adulte est attentif lors d'un cours ou d'une conférence est inférieur à douze minutes. Passé cette période, il commence à rêvasser (ce qui ne l'empêche pas de prendre des notes), et 80% de ses rêveries sont à coloration sexuelle (plutôt *soft,* précise l'étude).
La règle suivante donne une bonne approximation du temps de concentration :

temps de concentration (en min) = âge de l'apprenant + 2 (jusqu'à 20 minutes).

On peut tenir compte de cette *réalité* en variant fréquemment l'activité ou la forme de présentation.
On peut également apprendre à augmenter progressivement son temps de concentration, à l'aide d'exercices particuliers.

Activation et exploration de l'information

Pour permettre une mémorisation à long terme de l'information et acquérir la capacité à bien employer cette information, il est nécessaire en premier lieu de l'utiliser d'une manière active et interactive.

Il est souhaitable que l'activation des nouvelles connaissances (qui peut prendre de 60% à 70% du temps) soit particulièrement riche et variée. Cette variété permet de toucher, d'une manière ou d'une autre, le « mode préférentiel d'apprentissage » de chaque élève.

La théorie des « intelligences multiples » est, là encore, un outil particulièrement utile et pratique pour cela, mais d'autres formes d'activations sont également possibles, allant de l'exercice d'entraînement traditionnel à un jeu, ou à une mise en scène.

Ces activations ne doivent jamais être ennuyeuses. Cela nécessite en particulier d'en changer relativement souvent, et qu'elles soient menées à un rythme assez soutenu.

Mémorisation

Les moyens de faciliter la mémorisation sont surtout le fait de l'enseignant ou du formateur :
• en préparant avec un grand soin les matériels pédagogiques d'apprentissage ;

• en soignant la qualité de l'atmosphère d'apprentissage ;
• en proposant des activités permettant une détente du corps tout en gardant l'esprit alerte ;
• en trouvant un rythme (activités, pauses, etc.) bien adapté aux apprenants ;
• en faisant découvrir des stratégies efficaces de mémorisation.

RÉVISION DE L'INFORMATION

Le cycle de révision souvent conseillé est celui du 10/48/7 : revoir l'information dans les dix minutes, dans les quarante-huit heures, et dans les sept jours.
On peut poser une question pour rappeler l'information ; faire une brève activation de l'information (topogramme, jeu, révision à deux, interview...) ; etc.

Consolidation

Après avoir appris, on a besoin :
• de vérifier la justesse des connaissances acquises : c'est le « contrôle qualité » de l'apprentissage ;
• de reconnaître que l'on a bien appris : une reconnaissance personnelle pour entretenir la dynamique d'apprentissage, et une reconnaissance extérieure pour renforcer la confiance en soi ;
• de réinvestir (si possible) les nouvelles connaissances dans des projets, des recherches, etc.

Cette étape permet aussi :
• de vérifier effectivement la qualité des stratégies d'apprentissage utilisées ;
• de renforcer les connaissances acquises, en les faisant passer de la mémoire à court terme à la mémoire à long terme.

LE TRAVAIL CHEZ SOI

Il est souhaitable de prolonger le processus d'apprentissage par un travail personnel, permettant de passer de la « compréhension » à la « capacité à utiliser ». Pour cela deux conditions doivent être remplies :
• que l'on soit sûr d'avoir correctement compris l'information nouvelle (c'est le rôle du « contrôle qualité »), afin de ne pas rigidifier des informations erronées ;
• que ce travail ne gâche pas le plaisir d'apprendre : un travail relativement bref qui rappelle et prolonge ce qui a été fait et appris, si possible sous une forme sympathique et stimulante.

Dans cette étape intervient la nécessaire *évaluation des compétences*. Cette évaluation, sous une forme ou sous une autre, peut apporter beaucoup au processus d'apprentissage, mais peut également casser la dynamique mise en place depuis le début. Une attention particulière doit y être apportée.

TESTS ET ÉVALUATIONS

Quelques principes
Quelques principes simples permettent que les tests et les évaluations de compétences soient à la fois bien vécus par les participants et participent au mieux à l'apprentissage, en particulier :
• tester pour le succès, jamais pour l'échec ;
• faire pratiquer beaucoup avant de tester ;
• laisser les périphériques aux murs ;
• laisser parfois utiliser la documentation ;
• proposer au début des tests faciles ;
• être clair sur les compétences demandées ;
• faire souvent des tests non notés, non ramassés ;
• faire des tests autocorrigés.

Différentes formes possibles
Ces évaluations peuvent prendre différentes formes :
• tests classiques ;
• tests particuliers à faire à deux ou en équipe ;
• formulaire à compléter ;
• QCM ;
• bingo et autres « jeux » ;
• poser des questions « à la manière de... » ; etc.

Clôture et ouverture sur la suite

Cette phase de clôture permet de donner aux élèves le sentiment :
• d'une tâche bien réalisée, bien terminée, bien validée ;
• de mieux comprendre la structure du processus d'apprentissage ;
• d'avoir la responsabilité partagée de l'apprentissage.

Pour bien clôturer, il ne faut pas s'y prendre trop tard. Une bonne clôture prend un certain temps, permettant :
• de répondre correctement aux dernières questions ;
• de revoir et de clarifier les points essentiels ;
• d'élargir le sujet et d'ouvrir de nouvelles pistes ;
• et parfois de fêter le plaisir du travail bien fait.

CHAPITRE 14

Stress et apprentissage

PREMIÈRES APPROCHES DU STRESS

Un phénomène courant

Le stress est un phénomène à la fois vague et familier à beaucoup d'entre nous, et qui semble avoir pris une importance considérable à notre époque. Il s'agit en général d'une réaction physiologique, souvent désagréable, déclenchée par un événement, un objet, une personne ou des circonstances particulières. Le stress peut être limité dans le temps ou chronique. Il peut être diffus ou intense. Il peut être bien vécu ou difficilement supporté. Il peut rendre agressif ou déprimé.

Une vaste industrie s'est spécialisée dans la « gestion » du stress, essentiellement dans le monde de l'entreprise. Si l'on sait – plus ou moins – que le stress agit sur la santé et sur la qualité du travail, on sait moins qu'il peut freiner ou inhiber nos capacités à apprendre, réfléchir et mémoriser.

Différentes sortes de stress

Certains font une distinction entre « stress positif » et « stress négatif ». En fait, c'est la manière dont nous *percevons* un événement qui en fait un « stress positif » ou un « stress négatif » : avons-nous le sentiment que nous pourrons rester maître de l'événement, que nous pourrons lui donner une solution appropriée ? Ou avons-nous le sentiment d'en être incapable ?

Comment ressentez-vous le fait de passer un examen, de devoir rencontrer un inconnu, de faire un discours, de prendre l'avion, de devoir traiter une affaire importante, d'être dans une pièce enfumée, d'avoir un travail à rendre dans des délais précis, de vous marier, d'être seul la nuit dans une maison isolée ? Les possibilités sont infinies, les réponses aussi. Et dès le moment où nous percevons une situation comme menaçante, nous sécrétons de l'adrénaline.

La distinction entre ces deux types de stress est importante : dans le premier cas, nous avons une difficulté à surmonter et nous nous sentons capable de la surmonter : c'est un défi, qui crée cette sorte d'excitation particulière où le corps, bien que fatigué, récupérera facilement. Dans l'autre cas, nous nous sentons incapable de répondre correctement à l'événement et déclenchons des comportements « archaïques » (selon la terminologie du cerveau *trine*). Le corps est affaibli. Cela peut conduire au stress chronique et, à terme, à la maladie.

Le stress, un phénomène naturel

Le stress est avant tout une réaction naturelle à la perception d'une menace pour, à la limite, rester en vie. C'est une série de réactions qui se déclenchent afin de nous préparer à agir physiquement et mentalement pour faire face au danger.

En cas de danger réel, ces réactions de survie sont extrêmement utiles. Elles nous font réagir très vite, augmentent notre sensibilité à l'environnement, intensifient notre force musculaire, augmentent la tension sanguine et la distribution d'oxygène, modifient notre posture. Mais cela se fait au détriment d'autres choses, évidemment, en particulier de toutes les fonctions cognitives du cerveau : il est difficile de réfléchir, de résoudre un problème, de mémoriser, d'être créatif.

Description d'une réaction d'alerte

Confronté à une menace, réelle ou supposée, le corps prend des mesures mettant la personne en état d'alerte maximale pour pouvoir répondre à cette menace [1].

Le stress et le corps chimique

Sous l'action du stress, une des réponses du corps consiste à envoyer des messagers chimiques puissants et particuliers qui diffusent l'alerte générale dans le système tout entier et déclenchent des réactions de survie. Le plus connu de ces messagers est l'*adrénaline*. La libération d'adrénaline est graduée en fonction de la perception de la menace. Mais lorsqu'elle est libérée, il faut un certain temps pour que son niveau diminue. Le foie doit décomposer toute l'adrénaline avant que nous nous sentions à nouveau calme.

Une autre réaction du corps en cas de stress est la sécrétion d'hormones appelées glucocorticoïdes, dont la plus importante est la *cortisone*. Celle-ci augmente le niveau de sucre dans le sang, permettant de fournir l'énergie nécessaire aux muscles pour une action immédiate. Mais cette augmentation de cortisone diminue les capacités à apprendre, à mémoriser et à fixer son attention.

Le corps réagit également au stress en sécrétant des endorphines naturelles. Ces opiacées naturelles (de la même famille que l'opium) permettent la disparition momentanée de la douleur pour fuir un danger immédiat. Mais elles diminuent ou suppriment alors l'activité des cellules T (ou lymphocytes-T) qui jouent un rôle important dans le système immunitaire. Cela a en particulier pour effet d'abaisser la résistance à la fatigue et au stress, aux maladies et notamment au cancer*.

Le stress et le corps électrique

L'adrénaline qui est libérée lors de la perception d'une menace disperse l'électrolyse dans l'ensemble du corps afin de servir en priorité les muscles (au

---

* Des recherches ont montré que des étudiants en période d'examen ont un taux plus faible de cellules T. Lorsque les étudiants font des exercices de relaxation, les cellules T augmentent.

Le GABA

Un neurotransmetteur mérite une mention spéciale pour son rôle dans l'apprentissage. Pour apprendre, raisonner activement et se souvenir de nouvelles informations, il est essentiel que le cerveau bloque tous les stimuli non importants, afin de pouvoir rester concentré. C'est le rôle de l'acide gamma-aminobutyrique. Avec le GABA, le corps choisit son niveau de concentration de manière sélective plutôt que de réagir, comme il le fait sous l'action de l'adrénaline, à tous les stimuli qui l'entourent. Nous activons des neurones qui sécrètent du GABA quand, par exemple, nous lisons un livre très absorbant. Nous sécrétons également du GABA la nuit pour bloquer les stimuli lumineux, sonores ou tactiles, ce qui nous permet de dormir. Ce sont des zones particulières du cerveau qui sécrètent ce neurotransmetteur. Un environnement favorisant la concentration calme permet de développer ces zones.

---

détriment du cerveau) et leur permettre de se contracter et de se préparer à une action immédiate. Mais cette dispersion de l'électrolyse à travers tout le corps augmente le potentiel électrique des neurones. Et plus ce potentiel augmente, plus nous sommes sensibles à des petits stimuli (petit bruit, léger mouvement, etc.), nous empêchant de focaliser sélectivement notre attention et de contrôler notre pensée. À ce moment, apprendre est très difficile*.

Autre conséquence du stress : la contraction des muscles pour une action immédiate produit de la chaleur, et donc de la sueur pour évacuer cette chaleur. Cela augmente la perte d'eau et contribue à augmenter le potentiel cellulaire. D'où la nécessité de boire plus d'eau en cas de stress.

Le stress et le corps physique

L'adrénaline qui est libérée lors de la perception d'une menace prépare l'organisme à réagir en augmentant le flot sanguin vers le cœur, les poumons et les grands muscles, au détriment du système digestif et (en partie) du cerveau.

Ce fait de préparer les muscles à une action immédiate est souvent résumé par l'expression imagée de « combattre ou fuir » : double image qui peut faire réfléchir sur les comportements humains, en particulier dans une situation d'apprentissage.

Autre modification physique lorsqu'une alerte est déclenchée : les ondes cérébrales deviennent plus rapides (haut Bêta), permettant d'avoir une conscience plus grande de l'environnement, mais peu favorables à la réflexion créatrice et à la mémorisation.

Une manifestation musculaire particulière déclenchée par le stress est le « réflexe tendineux ». Cette action réflexe raccourcit les muscles du mollet et bloque l'arrière des genoux, préparant le corps à se lever, à « combattre ou fuir ».

Lorsque l'arrière des genoux se bloque et que le corps avance sur les orteils pendant le stress, le reste du corps doit s'aligner pour conserver l'équilibre, nécessitant de contracter les muscles du bas du dos et du cou.

---

* Par contre, d'autres neurotransmetteurs (comme l'interféron) sont libérés lorsque nous sommes détendu, dans un état d'esprit positif, passionné, etc. Ces neurotransmetteurs diminuent la polarité de la membrane cellulaire et renforcent les défenses immunitaires.

On comprend alors que ce réflexe naturel, fait pour être limité dans le temps, puisse avoir des répercussions graves sur notre corps lorsque nous sommes soumis à un stress chronique, conduisant à des blocages du bas du dos ou à des hernies discales.

Des exercices particuliers d'élongation des muscles du mollet permettent progressivement d'inverser le processus (voir chapitre 17).

Un curieux phénomène

Il est très important de remarquer un phénomène curieux, dont nous subissons les conséquences ou dont nous utilisons la propriété : *le cerveau fait mal la distinction entre le réel et l'imaginaire*. C'est-à-dire qu'il ne fera pas la distinction nette entre une menace réelle et une menace imaginaire.

Le meilleur exemple est la télévision, où un film « stressant » déclenchera chez nous des flots d'adrénaline, pour une menace bien sûr tout à fait imaginaire. Les images que nous voyons (et qui ne sont que des *images*) déclenchent des réactions « archaïques » d'alerte comme si nous étions face à un danger réel, pour préparer le corps à une réaction physique de sauvegarde. Ce surcroît d'adrénaline mettra du temps à être décomposé par le foie, nous laissant dans un état de tension important bien après la fin du film.

Un surcroît permanent d'adrénaline peut contribuer à rendre des enfants hyperactifs : l'excès d'énergie libérée par l'adrénaline les rend incapables de se concentrer et de tenir en place.

On peut ainsi considérer la télévision et le cinéma, avec leurs images (réelles ou fictives) de violence et de mort, comme des stresseurs très importants qui agissent sur toute une société [2].

STRESSEURS ET RÉACTIONS AU STRESS

Il est intéressant de déterminer les *stresseurs* principaux de l'environnement dans lequel nous vivons, c'est-à-dire ce que nous ressentons comme une menace et ce qui déclenche une réaction d'alerte. Certains sont omniprésents, d'autres plus particuliers et plus liés à notre histoire personnelle.

Des chercheurs ont établi des tables d'événements stressants, en attribuant à chacun un certain nombre de points [3]. Au-delà d'un certain niveau de stress pendant une période, la personne risque fort de tomber malade, parfois gravement.

Quelques stresseurs généraux

- un sentiment d'incertitude face à l'avenir,
- une situation difficile à l'école ou au travail,
- la compétition à l'école ou sur le marché du travail,
- l'accélération des changements,
- un divorce ou un mariage,

- un changement de situation ou un changement d'école,
- une simple contravention, etc.

Au travail

- votre patron vous impose un travail, quel que soit votre avis,
- un travail doit être fait dans des limites rigides de temps,
- un travail est entièrement préspécifié, vous n'avez aucune latitude sur le résultat final,
- vous ne supportez pas votre collègue de bureau, etc.

À l'école

- la crainte de l'échec,
- un enseignement mal équilibré (trop de logique, peu d'artistique, peu de mouvement),
- un « mode préférentiel d'apprentissage » non reconnu,
- un système d'éducation rigide,
- un système d'enseignement rigide, répétitif,
- la compétition excessive sous différentes formes,
- la pression des parents pour que leur enfant « réussisse »,
- des limites de temps déraisonnables,
- une « motivation » par la honte et la culpabilité,
- une mauvaise relation avec le professeur,
- la violence verbale, la moquerie ou le mépris venant d'un professeur, etc.

Parmi les stresseurs physiques, on peut citer une mauvaise vue non corrigée, une mauvaise alimentation, des infections de l'oreille, un manque d'oxygène ou de sommeil, etc.

Les *situations de conflit psychologique* peuvent également être pour l'enfant (et l'adulte) une cause importante de stress. On rencontre ce genre de stress lorsque langage verbal et langage non verbal sont en contradiction (par exemple, votre patron vous couvre de compliments alors que son comportement montre à l'évidence qu'il pense le contraire). Ce type de contradiction développe du stress, et pourra conduire à l'anxiété ou à l'agressivité, au désir de vengeance ou à l'apathie, à la résignation, etc.

Quelques réactions symptomatiques sous l'effet du stress

Quand nous percevons une menace et que nous y réagissons sous forme de stress négatif, les parties les plus primitives du cerveau ont tendance à prendre le dessus. Dans une situation d'apprentissage, on pourra alors rencontrer certains des comportements suivants :

- réduction de la capacité à résoudre des problèmes complexes,
- difficulté à accepter les nouveaux apprentissages,
- refus de discuter et d'explorer de nouveaux comportements,

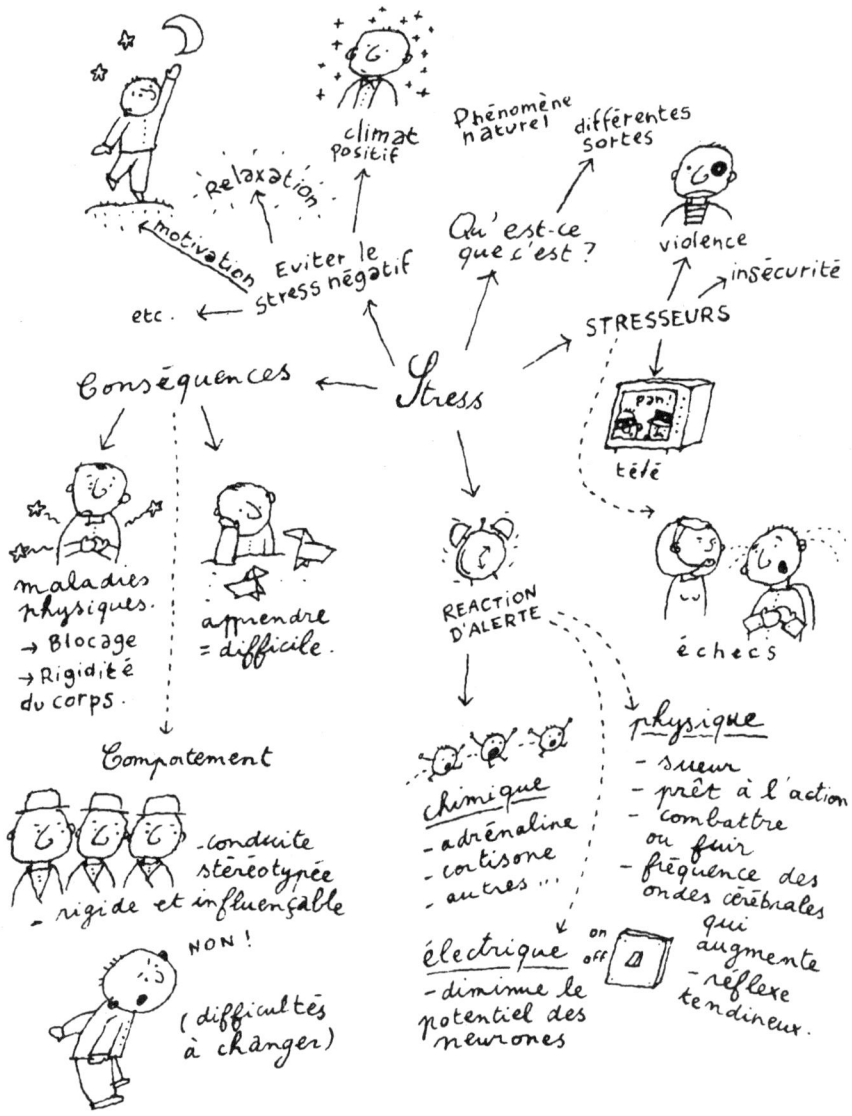

• la personne est plus facilement influençable ; elle choisira des buts formulés par d'autres plutôt que de chercher ce qui a pour elle une signification réelle,
• excès de prudence, assiduité rigide,
• résistance au changement,
• amitiés exclusives,
• agressivité sous différentes formes,
• impossibilité d'accepter une récompense différée (on a montré le lien direct entre succès et récompense différée),
• faible souci d'améliorer sa manière d'apprendre,
• préférence pour un système externe de récompenses plutôt que motivation personnelle,

- augmentation des conduites et des pensées stéréoty-
pées, à bas degré de risque,
- imitation de modèles (stars, etc.),
- préférence pour les apprentissages avec un faible
degré d'incertitude, plutôt que ceux nécessitant une
participation active,
- identification à un groupe, parfois ceux privilégiant des comportements sectaires,
- recherche permanente d'une responsabilité externe pour tout ce qui arrive :
les autres, le système, l'État, etc.

Dans de telles conditions, apprendre devient très difficile. Les
vieux comportements sont maintenus, l'influence des camarades
ou des collègues devient prépondérante. Même les tentatives pour
changer ces comportements apparaissent comme menaçantes.

On comprend ainsi que certains enfants considérés comme
« à problèmes » ou « hyperactifs » ne font souvent que réagir à
une situation de stress qu'ils sont incapables de maîtriser.

Comment nous transmettons le stress

Le stress est très contagieux, nous le savons bien : difficile de garder son sang-
froid lorsque les personnes autour de nous sont en état de stress.

Cela peut commencer très tôt : une future mère notera que les mouvements du
fœtus sont différents lorsqu'elle est très tendue. Puis les parents attentionnés
transfèrent parfois leurs craintes à leur enfant en lui « apprenant la vie » : la
crainte physique (« Oh mon Dieu, tu t'es fait mal ! »), la crainte morale qu'on les
considère comme « mal élevés » (sous la forme d'injonctions négatives : « Ne
fais pas ci ; ne fais pas ça »), etc.

En arrivant à l'école, la plupart des enfants font preuve d'une curiosité naturelle et infinie, qui se manifeste dans une posture droite, sans effort, alerte. Au
bout de quelques années de scolarité (parfois très peu), on constate souvent un
déclin notable du port et de l'équilibre. Le dos arrondi et les visages tendus
deviennent de plus en plus communs, d'année en année, et beaucoup d'élèves
terminent le lycée avec des corps à la fois avachis et tendus. Parmi d'autres tensions mentales, la crainte de l'échec (dominante principale du processus scolaire)
joue sans aucun doute un rôle important dans cette modification d'attitude.

Comme nous l'avons vu, une constante universelle en psychologie est la répétition. Éviter de transmettre nos peurs inutiles et nos craintes sans fondement
nous aidera à prendre de la distance avec notre propre stress, et à éviter de le
transmettre à nos enfants. On peut également et très tôt apprendre aux enfants
des techniques simples qui leur permettront de mieux se connaître et de bien
réagir aux situations de stress.

Le stress chronique

On imagine bien que répondre perpétuellement à un monde stressant influence l'ensemble de la personne, à différents niveaux.

Au niveau du développement du cerveau, le stress chronique favorise le développement des réseaux de neurones et la myélinisation dans les *aires de survie* du cerveau, au détriment du système limbique et du néo-cortex. Les personnes qui vivent beaucoup en situation de stress peuvent difficilement mettre en place des points d'ancrage nouveaux et des réseaux de neurones permettant de fonder de nouvelles connaissances, ont du mal à intégrer de nouveaux apprentissages, sources de pensée et de création. Au niveau biologique, la sécrétion trop importante et régulière de cortisone (en cas de stress chronique) agit négativement sur l'hippocampe, région du cerveau associée à la mémoire. Des chercheurs ont également montré qu'un niveau d'adrénaline chroniquement élevé peut détruire des neurones dans des zones du cerveau cruciales pour la pensée et la mémoire.

Stress et maladie

La vulnérabilité à la maladie semble directement liée à un stress accru : beaucoup de médecins soutiennent que plus de 90% des maladies sont liées au stress. Et pourtant bien peu d'entre nous changeront leur manière de vivre, à moins d'une nécessité absolue (une maladie grave par exemple) ou par une prise de conscience  après un long cheminement. Les chercheurs indiquent que des niveaux élevés de cortisone contribuent à provoquer dépression, désordres immunitaires et maladies cardiaques. L'adrénaline et les neurotransmetteurs déclenchés par le stress, en augmentant la polarité de la membrane cellulaire, affaiblissent les cellules et les rendent moins résistantes aux bactéries et aux virus pathogènes qui s'attaquent aux cellules vulnérables de l'organisme.

On peut considérer que nombre de maladies que l'on rencontre dans les écoles, rarement graves heureusement, sont déclenchées par le stress généré par l'école. Plutôt que de ne s'attaquer qu'au système scolaire en tant que générateur de stress, on pourrait souhaiter que l'école donne aux enfants des outils leur permettant de ne pas supporter passivement les effets du stress.

STRESS ET SITUATIONS D'APPRENTISSAGE

Le stress est-il utile pour apprendre ?

La crainte, petite ou grande, est un sentiment naturel et utile. Mais tout dépend de la manière dont nous la vivons. Nous pouvons y réagir positivement, apprendre à la maîtriser. Mais elle peut aussi nous paralyser, nous faire tomber dans des comportements « primitifs ». C'est le cas lorsque nous avons l'impression de ne pas être capable d'y faire face, lorsque nous ne pouvons attendre aucune aide de l'extérieur, lorsque nous avons ce sentiment plus ou moins diffus d'être abandonné face à un problème qui nous dépasse.

L'idéal dans un apprentissage est de transformer positivement la crainte inutile, de donner à l'élève la capacité de transformer la menace naturelle en désir de découvrir. « Ressentir la peur, et pourtant agir » : cela permet de transformer l'énergie de la peur en enthousiasme et en passion [4].

L'emploi de la menace comme outil d'éducation est par contre tout à fait discutable, même s'il donne facilement des résultats pratiques. Il ne devrait être réservé qu'à certaines circonstances, pour s'assurer qu'un fait ou une procédure importante sont mémorisés (comme des règles de sécurité pour les petits enfants).

Le fait que l'enseignement donné sous la menace puisse induire une certaine mémorisation est trompeur : il tient plus du dressage que d'un véritable développement intellectuel. Non seulement l'élève apprend mal, mais de plus il s'enferme dans des comportements peu créatifs.

Stress et professeur

Comme les élèves, les professeurs peuvent être touchés par le stress et « basculer » vers des comportements associés, très rigides. Ils pourront ressentir comme menaçantes certaines conduites d'élèves (manque de respect, manque de politesse, etc.), et déclencher en retour des réactions « primitives » : conduites et jugements stéréotypés, refus de discuter et d'explorer de nouveaux comportements, agressivité verbale, recherche d'une responsabilité extérieure.

Comment éviter le stress négatif et le « basculement »

Les causes de stress négatif, nous l'avons vu, peuvent être très diverses. Pour éviter dans la mesure du possible ces causes, on pourra par exemple :

- créer un environnement et un climat où l'on se sente en sécurité physique, émotionnelle et psychique,
- apprendre à utiliser des techniques permettant de diminuer et de contrôler le stress (comme la relaxation, le yoga),
- autoriser des résultats relativement ouverts, c'est-à-dire reconnaître qu'il peut y avoir plusieurs manières possibles d'aborder l'information,
- permettre à l'apprenant de donner un sens personnel à ce qu'il apprend,
- prévoir pour un travail des limites de temps assez souples, sauf cas particuliers,
- adapter le degré de difficulté à la personne,
- favoriser la motivation personnelle, plutôt que la motivation externe par récompenses et échecs.

Un pas plus loin...

Le stress est une contrainte naturelle, qui a son utilité. Bien vécu, il participe à notre vie et à notre évolution personnelle. Mais mal vécu, trop intense ou trop répétitif, il nous déconnecte progressivement de notre personnalité profonde.

Et lorsque nous apprenons, toute menace inutile n'a plus lieu d'être. Il semble souhaitable de créer chez l'apprenant ce que l'on peut appeler un *état de détente concentrée* fait de curiosité, d'attente et d'excitation positive, avec un corps détendu et un esprit alerte.

L'état superfluide d'apprentissage à la température ambiante enfin découvert

L'équipe du professeur E. Lacks, du laboratoire de Stressbourg, vient d'annoncer dans la très sérieuse revue *Nature* qu'elle avait découvert les conditions permettant de créer un état superfluide d'apprentissage à température et pression normales.

On sait que cet état superfluide n'avait été constaté auparavant que dans l'espace bien particulier des chambres d'enfants. C'est également un état que nous rencontrons relativement couramment, à condition de ne pas être conscient du fait. Ce que certains chercheurs résument par : « On apprend bien lorsque l'on ne sait pas que l'on apprend. »

Malgré d'innombrables essais et expérimentations, il semblait actuellement impossible de créer artificiellement cet état de superfluidité dans les écoles et dans tous les lieux voués à un apprentissage quels qu'ils soient. Certes on entendait parler ici et là de cas rares de superfluidité dans les écoles, mal expliqués par la science. Mais cela restait soumis à caution.

Le mérite du professeur E. Lacks est d'avoir étudié ces cas inexpliqués, d'avoir su en tirer les « ingrédients » susceptibles de déclencher cet état de superfluidité et d'avoir montré, preuves à l'appui, que cet état pouvait être recréé d'une manière parfaitement naturelle et simple, pratiquement n'importe où. Son mérite n'est pas mince et les conséquences de sa découverte sont considérables. Il lui faut maintenant attendre la réaction de ses collègues spécialistes, qui ne manqueront pas de critiquer tel ou tel aspect de ses travaux. Mais l'essentiel semble être maintenant bien connu, et pourra faire l'objet d'applications très prochainement.

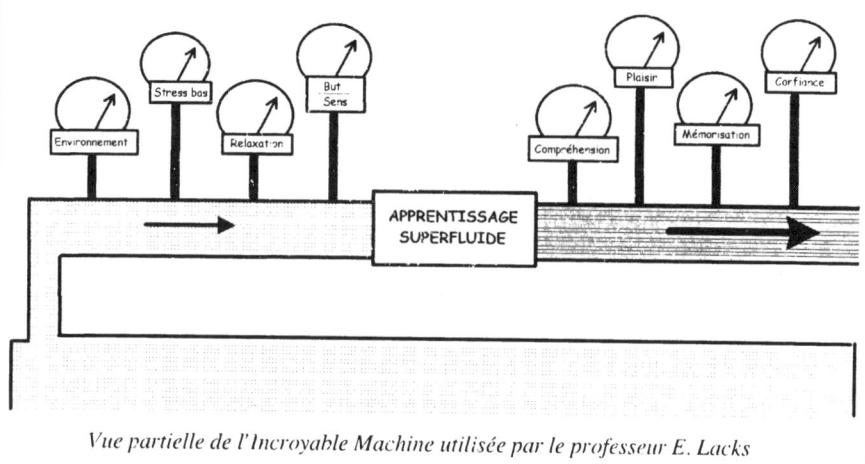

Vue partielle de l'Incroyable Machine utilisée par le professeur E. Lacks

CHAPITRE 15

Relaxation
et visualisation

Bien apprendre semble s'appuyer sur un paradoxe que l'on doit tenter de creuser jusqu'au bout : plus on est détendu, physiquement et mentalement, mieux on apprend. Le stress créé par une échéance ou la menace d'une punition, les tensions engendrées par notre environnement ou par notre manière de vivre forment des barrières à un apprentissage de qualité, et ne sont en aucune manière une aide pour bien apprendre.

Par contre, la capacité de nous détendre et de nous « relaxer » permet d'agrandir notre aptitude à assimiler tout nouveau savoir, et d'éviter les blocages qui ont été décrits plus haut. Et si c'est un paradoxe, c'en est un particulièrement riche en possibilités ouvertes. Encore faut-il accepter d'aller y voir de plus près.

Il peut être également fructueux de relier et de combiner une technique de relaxation avec ce que l'on appelle la visualisation (ou imagerie mentale). L'influence physique d'imageries mentales est maintenant mieux connue et acceptée. Dans un domaine bien particulier, l'Américain Simonton s'est rendu célèbre pour son traitement de cancéreux en phase terminale en utilisant des techniques de visualisation, avec un taux de rémission exceptionnel. Mais le champ d'application de la visualisation est bien plus large, et mérite d'être exploré et moissonné.

Relaxation et visualisation sont des outils étroitement liés même si on les présente souvent séparément, comme il sera fait ici brièvement.

« DOIT FAIRE DES EFFORTS ! »

Une des façons les plus négatives de considérer un apprentissage est d'affirmer qu'il suffit de « travailler plus » et de « faire des efforts » pour obtenir de meilleurs résultats*. Ce conseil est d'ailleurs souvent donné en toute bonne foi, car cela semble en général la *seule* manière d'améliorer un apprentissage. Ce que nous savons maintenant du fonctionnement du cerveau nous permet pourtant de

---

* Nous avons vu que le mot effort peut prêter à confusion. Il y a des efforts qui sont liés à une certaine forme de plaisir (apprendre, faire du sport, pratiquer un art, découvrir les mystères de la nature, etc.), et d'autres qui sont mal vécus car forcés et n'ayant pas de sens pour celui que l'on force.

mieux comprendre que cette manière d'apprendre n'a pas les résultats que l'on
attend :

- « Faire des efforts » dans la réalisation d'une tâche met en œuvre majoritairement l'hémisphère gauche (logique), ce qui nous fait nous concentrer sur un
apprentissage linéaire, négligeant ainsi les caractéristiques de l'hémisphère
droit plus apte à *donner un sens* global à ce que l'on apprend et à stocker l'information.
- « Faire des efforts » peut déclencher de l'anxiété ou du stress, et provoquer
dans le système limbique la réaction automatique de « combattre ou fuir »
dont il a été question au chapitre précédent. Cela peut disjoncter l'accès à la
partie supérieure du cerveau (le néo-cortex), empêchant tout apprentissage.

« Faire plus d'efforts » peut donner des résultats, bien entendu. Mais ceux-ci
sont le plus souvent tragiquement médiocres par rapport à l'énergie dépensée et à
la souffrance engendrée par ce comportement.

D'innombrables tensions physiques et mentales s'accumulent alors et deviennent notre manière « naturelle » de nous comporter et d'apprendre. Trop souvent
forcé à faire des efforts, nous voilà ensuite obligé d'essayer de dénouer progressivement tous ces nœuds (physiques et mentaux) qui se sont mis en place depuis
notre enfance, depuis cette époque où nous savions apprendre sans tensions et
sans aucun effort, où nous connaissions le *plaisir d'apprendre*.

L'équilibre et l'élégance :
un état (qui devrait être) naturel

Qui parlera des épaules voûtées, des visages tendus, des corps avachis que
l'on trouve de plus en plus nombreux sur les bancs des classes au fur et à mesure
que l'on avance dans le cursus scolaire ? On peut en trouver la cause dans l'obligation de rester assis au même endroit de nombreuses heures, jour après jour,
année après année. Obligation qui sera sans aucun doute considérée comme bar-
bare un jour prochain. On peut également y voir la transposition dans le corps de
la raideur des structures mentales imposées.

En particulier, la crainte de l'échec, sur lequel est basé le système scolaire
puis parfois toute notre relation au travail, est une cause majeure de la perte de
cet équilibre et de cette élégance naturelle du corps humain.

Car le processus ne s'arrête pas à la sortie de l'école ou de l'université, nous le
savons bien. Bien rares sont les personnes autour de nous qui possèdent cet équilibre et cette élégance, auxquels nous sommes d'ailleurs immédiatement sensible
sans toujours en comprendre la cause.

Pourtant l'équilibre et l'élégance sont l'état naturel du corps. Regardez un
enfant jouer, ou certains artistes se déplacer, ou certains athlètes bouger : ils possèdent cet équilibre qui crée l'élégance.

L'*équilibre*, c'est utiliser la bonne quantité d'énergie au bon endroit et pendant le temps nécessaire. L'*élégance*, c'est supprimer toutes les tensions inutiles et parasites. Et elles sont innombrables, chez la plupart d'entre nous.

Matthias Alexander (un acteur australien qui vivait à la fin du siècle dernier) est resté célèbre pour avoir eu un problème ennuyeux, et avoir trouvé une manière originale de le résoudre.

Au milieu des représentations, Matthias Alexander ne pouvait brusquement plus parler, car sa voix se bloquait. Il avait consulté d'innombrables médecins, bien entendu, des spécialistes de la voix et des formateurs d'acteurs, mais rien n'y faisait.

En désespoir de cause, il eut l'idée d'observer très précisément grâce à des miroirs comment se comportait son corps (en particulier les muscles du cou, du larynx, son ventre, sa poitrine, etc.) lorsqu'il déclamait.

Puis il s'intéressa à toutes les tensions inutiles qu'il mettait dans les gestes les plus courants : s'asseoir, se lever, marcher, boire, manger, parler, écrire, etc. ; il était également ment attentif à tout blocage de sa respiration lorsqu'il faisait quelque chose. Il constata en particulier que les blocages corporels se mettaient en place au moment où il *pensait* à ce qu'il allait réciter.

Il put ainsi prendre conscience de toutes les tensions corporelles inutiles qu'il mettait dans chacun de ses gestes, et de leurs liens avec des tensions mentales. Les supprimer progressivement lui permit (on s'en doute) de pouvoir garder sa voix en toutes circonstances, de devenir un excellent acteur, puis d'aider de nombreuses personnes à régler leurs divers problèmes et de retrouver leur élégance naturelle, grâce à ce que l'on appelle depuis la « méthode Alexander [1] ».

Faites cette petite expérience : demandez à quelqu'un d'écrire un court texte sous votre dictée. Puis proposez-lui de réécrire ce texte en prenant conscience de toutes les tensions qui sont inutiles pour écrire (tensions parasites dans les mains, le bras, les épaules, le visage, les pieds, le ventre, etc.) : elles sont en général très nombreuses…

Dénouer progressivement les tensions inutiles, retrouver notre élégance naturelle et améliorer la coordination entre le corps et l'esprit est un but qui dépasse largement le cadre de ce livre. Mais on se doute bien que l'on doit apprendre infiniment mieux lorsque l'on retrouve cette élégance naturelle. Car nous l'avons tous eue, dans notre petite enfance, et nous l'avons perdue, pour la plupart d'entre nous.

La relaxation est une des voies d'accès royales à cette élégance et à cet équilibre.

RELAXATION

Nous savons par expérience – et les recherches le confirment – que pour supporter les tensions, la relaxation est bien plus efficace que d'autres activités habituelles et conventionnelles de détente et de repos.

Toute situation d'apprentissage créant en général des tensions, la relaxation pourra être utilisée avec profit pour éviter que ces tensions freinent ou bloquent l'apprentissage.

De la détente à la relaxation

Nous avons tous une certaine idée de ce que peut être la *détente* physique et mentale. Nous savons tous naturellement qu'un bâillement, un massage par une personne compétente ou une bonne sieste procurent une détente dont nous ressentons des effets plus ou moins profonds.

La *relaxation* est autre chose : c'est une démarche *active* et *volontaire* qui fait intervenir à la fois le physique et le mental, et qui a pour but de diminuer nos tensions, également physiques et mentales. Car corps et esprit sont intimement liés, et le mental ne peut se détendre profondément que si le corps est bien détendu.

La relaxation n'est pas une fin en soi : c'est un outil qui permet progressivement une meilleure alliance du corps et de l'esprit.

Quand employer la relaxation ?

On pourrait dire : le plus souvent possible. Nous avons tous besoin de nous relaxer :

- avant n'importe quelle activité physique, mentale, créative, artistique,
- à n'importe quel moment dès que nous nous sentons inquiet, déconnecté, anxieux, fatigué, terrassé par l'ennui, stressé, paniqué ou autre.

Dans le cadre d'un apprentissage, des exercices de relaxation peuvent en particulier nous aider à :

- calmer notre mental ;
- créer un état de concentration active qui favorise un apprentissage de qualité et permette de développer la confiance en soi ;
- permettre la compréhension de l'information, son assimilation et sa mémorisation ;
- faire revenir à la conscience l'information mémorisée, en particulier lors de tests ou d'examens (pour éviter le phénomène d'angoisse de « la page blanche ») ;
- redonner de l'énergie à un corps fatigué ;
- apprendre à vivre ensemble, en étant mieux à l'écoute des autres comme de nous-même, et à canaliser nos pulsions.

Cela prend-il du temps ?

On imagine souvent la relaxation comme une série d'exercices nécessitant un lieu particulier, des postures particulières (allongé par terre ou la tête en bas), un temps particulier.

S'il est vrai qu'apprendre à pratiquer des exercices de relaxation prend du temps au départ, il existe certains exercices que l'on peut faire pratiquement n'importe où, dans n'importe quelles circonstances, et très rapidement [2].

Certains enseignants pourront dire : « Je ne peux déjà pas finir correctement le programme, je ne vais pas *en plus* prendre (sous-entendu : perdre) du temps avec des exercices de relaxation. »

C'est en général ce que l'on dit lorsque l'on n'a jamais fait de relaxation avec des élèves. Mais lorsque l'on a découvert la qualité de leur écoute après cinq minutes d'exercices, on comprend qu'il est bien plus intéressant de « perdre du temps » en relaxation et d'avoir des élèves plus attentifs, moins tendus, et qui retiennent mieux.

Mais comment proposer des exercices qui entrent si peu dans les habitudes d'un enseignement traditionnel ? La condition essentielle est sans doute *d'essayer* les exercices sur soi-même, et si possible de suivre une formation minimale. Une fois que l'on est convaincu de l'intérêt de la relaxation pour soi, il est beaucoup plus facile de la proposer à d'autres.

Comment se relaxer ?

Il y a de nombreuses manières de se relaxer, adaptations de traditions orientales ou méthodes particulières. Cela dépend de ce que l'on recherche et de ce qui nous convient le mieux. Certains exercices peuvent se faire pratiquement n'importe où (en attendant le bus, à son bureau, pendant une conférence ou dans une salle de classe) et permettent de retrouver rapidement un état de détente satisfaisant du corps et de l'esprit. D'autres exercices (permettant une relaxation plus profonde) nécessitent des conditions particulières de calme et de disponibilité.

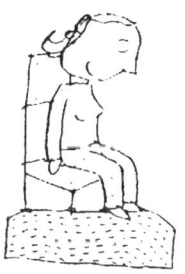

Le yoga reste le moyen le mieux connu (et le mieux accepté) pour obtenir cet état de détente concentré. De nombreuses traditions de yoga existent, ainsi que de nombreuses adaptations [3].

Voici quelques pistes pour mieux comprendre les moyens de se relaxer.

Le mouvement concentré comme moyen de relaxation

Tendre et détendre doucement les muscles, en prenant bien conscience du mouvement, est un moyen simple et rapide de calmer un corps trop tendu et un esprit trop crispé. Voici un exemple de petit exercice où le mouvement conduit à une relaxation physique et mentale.

Le balancement de l'éléphant [4].

Cet exercice se fait debout, tête droite, bras tombants, pieds à plat et parallèles. *On fait porter lentement le poids du corps alternativement d'une jambe sur l'autre en tournant le buste d'un quart de tour : lorsque le poids du corps est sur la jambe droite, on tourne le buste vers la droite, et réciproquement. Le pied qui ne porte plus se sou-*

lève sur la pointe, le cou et la tête suivent avec souplesse, les épaules laissent les bras osciller. Les yeux sont ouverts, le regard suit le mouvement et va loin derrière le dos. C'est une sorte de danse lente (en restant sur place), qui fait progressivement disparaître les tensions et les contractions. On peut compter à haute voix chaque partie du mouvement, ou écouter une musique adaptée (valse lente par exemple).

La respiration comme moyen de relaxation

Les traditions orientales connaissent depuis toujours l'importance de la respiration pour obtenir une détente profonde du corps et de l'esprit. Bien respirer permet de retrouver un calme intérieur et de le conserver. L'observation du souffle exerce et affine l'attention.

Toutes ces traditions insistent sur l'importance de la respiration abdominale, qui donne sa *stabilité intérieure* à l'être humain [5]. Voici la description d'un exercice simple mais complet qui, en permettant une meilleure oxygénation du cerveau, favorise l'attention et la mémoire. Cet exercice permet également de retrouver rapidement son calme en cas de trac ou d'anxiété.

La respiration complète.

Cet exercice permet de bien distinguer les trois étages de la respiration (on peut au début suivre avec une main le déplacement de l'inspiration).
Dans la mesure du possible, il est toujours conseillé de respirer par le nez plutôt que par la bouche.
On inspire en commençant par gonfler le ventre (respiration abdominale, au niveau du nombril), puis on continue en écartant les côtes (respiration thoracique), et on termine par le haut de la poitrine (respiration claviculaire).
Puis on expire doucement, dans l'ordre inverse : clavicules, thorax, abdomen...

La musique comme moyen de relaxation

En Orient comme en Occident, on a utilisé et on continue d'utiliser certaines formes de musique pour aider à obtenir un état de détente profond du corps et de l'esprit. Des mantras hindous psalmodiés au chant grégorien, l'homme sait depuis toujours que certains rythmes et certaines harmonies peuvent aider le corps à se calmer de ses tensions et l'esprit à se concentrer. (D'autres musiques ont l'effet inverse, nous le savons tous.)

Les personnes qui n'ont pas l'habitude d'utiliser la musique dans ce but sont souvent surprises de la rapidité avec laquelle elles peuvent se détendre profondément grâce à la musique. Nous en reparlerons au chapitre suivant.

La posture comme moyen de relaxation

Voir un hindou dans la position célèbre du *lotus* donne aussitôt une impression de calme et de concentration. Mais c'est une position inaccessible à presque tous les Occidentaux.

Toutefois une bonne posture, en particulier la *rectitude du dos*, peut déjà jouer un rôle important pour détendre le corps et l'esprit. Bien entendu il ne s'agit pas ici du « Tiens-toi droit ! » (rigide, crispé et où l'on cambre le dos) que répètent à l'occasion parents ou professeurs. Il s'agit de la rectitude naturelle que l'on donne à toute la colonne vertébrale, permettant d'ouvrir la cage thoracique et de replacer les vertèbres cervicales dans l'axe de la colonne vertébrale.

Voici par exemple un petit exercice simple pour redresser naturellement le dos.

La petite salutation au travail

Cet exercice se fait assis, par exemple en cours de travail, en écartant la chaise d'une vingtaine de centimètres de la table.

On laisse pendre les bras de chaque côté du corps, en dégageant le cou des épaules et en décambrant les reins.

En inspirant, on lève doucement les bras devant soi, jusqu'à la verticale.

En expirant, on descend les bras verticalement pour que les mains se rejoignent derrière la nuque. Les coudes sont alors écartés de chaque côté de la tête.

On pousse vers l'avant, comme si on voulait faire basculer la tête, mais on résiste pour garder l'ensemble droit.

On inspire dans cette position puis, toujours dans cette position, on expire en descendant le buste très lentement vers la table, en gardant le dos parfaitement plat (regarder un point devant soi permet de garder cette rectitude du dos).

On remonte alors doucement en inspirant, et on ramène lentement les bras le long du corps en expirant.

La visualisation comme moyen de relaxation

Diverses techniques utilisent la visualisation comme moyen de relaxation.

On peut par exemple parcourir progressivement son corps en imagination, en s'attachant à en détendre chaque partie. À la fin du processus, les tensions musculaires inutiles ont disparu et l'esprit est plus alerte. Le yoga propose des techniques de ce genre.

Le « bio-feed-back » est également basé sur ce principe : on pense à une partie particulière du corps et on l'imagine devenir chaude et lourde. Le passage de la sensation de lourdeur et de chaleur à la relaxation a été mis en valeur par le « training autogène ».

Également, on peut tout simplement se souvenir de moments agréables : le corps, le visage (en particulier les yeux) et l'esprit se détendront naturellement, en reprenant l'état qu'ils avaient lors de l'événement réel.

VISUALISATION

L'intérêt et la puissance créatrice de la visualisation commencent à être bien connus. De nombreux livres en décrivent les principes, proposent des exercices pratiques et soulignent les résultats que l'on peut en attendre, qui dépassent de loin le cadre des simples processus d'apprentissage.

On commence à comprendre comment agissent sur le corps les images mentales que nous créons. Nous nous bornerons à décrire comment on peut les utiliser, en suivant quelques règles simples.

Ce que l'on appelle « visualisation »

Penser en images est une fonction naturelle de l'être humain. Lorsque nous « rêvons » dans notre sommeil ou à l'état de veille (« arrête de rêvasser ! »), nous créons des images mentales qui expriment nos désirs, nos rêves, nos angoisses ou autres sentiments. Nous faisons cela naturellement mais d'une manière non volontaire.

Le principe de la visualisation est de créer *consciemment* et *volontairement* des images mentales, en gardant le contrôle total de son esprit. Pour employer utilement cette capacité à former des images mentales, en particulier pour apprendre, il faut un minimum de pratique, et suivre certaines règles simples.

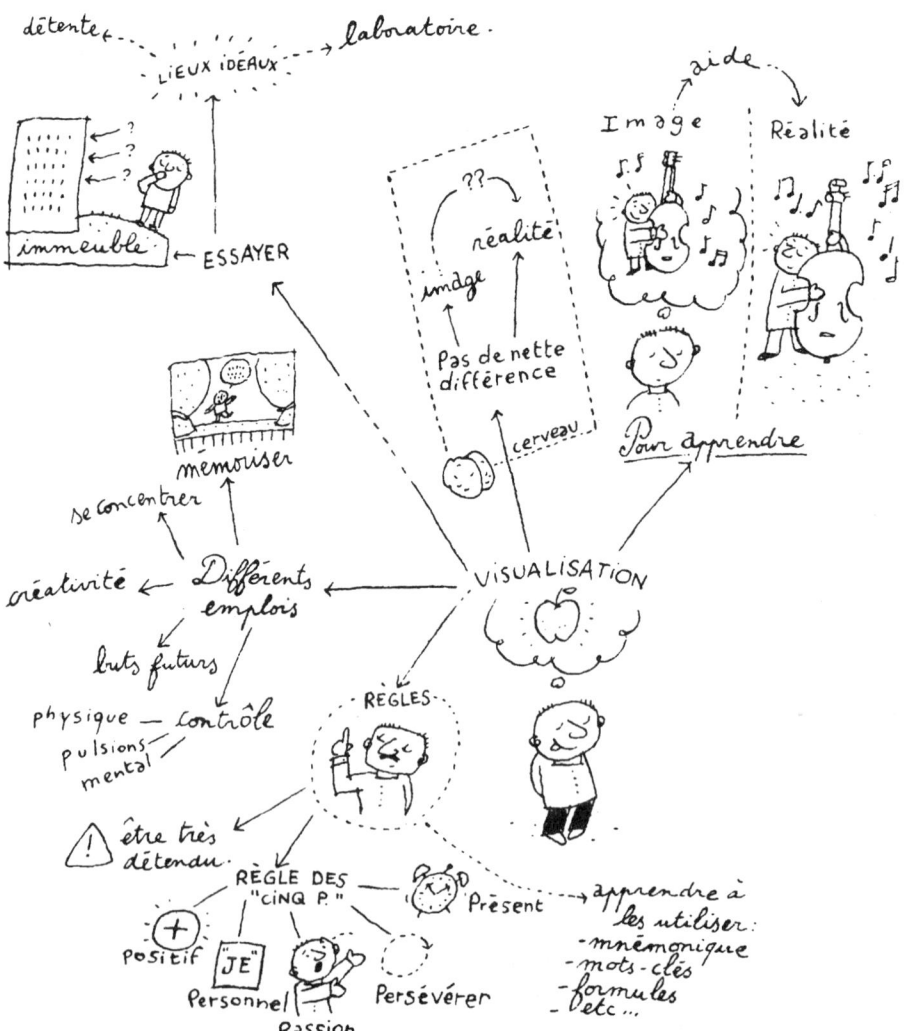

L'influence physique d'images mentales

Dans la visualisation, on utilise cette capacité curieuse du subconscient (dont il a été question au chapitre précédent) de ne pas faire la différence nette entre imagination et réalité. Nous connaissons bien ce phénomène : si nous nous *imaginons* couper un citron et en aspirer le jus, le corps déclenchera une émission de salive comme si nous sucions réellement notre demi-citron.

Les images mentales peuvent également influencer notre état général, dans un sens positif comme dans un sens négatif. Nous savons bien par exemple que des images mentales négatives (« se faire du souci », « imaginer le pire », etc.) ont une influence sur notre bien-être (ou mal-être) physique. Ces images mentales créent des tensions, bloquent notre respiration naturelle, affectent ainsi notre corps et peuvent déclencher des maladies.

Inversement, utiliser ce lien curieux mais bien réel entre les images que nous créons et la réalité peut être d'un grand intérêt, surtout si nous créons des images mentales positives : le corps et le reste de notre personnalité réagiront de telle manière que cette image puisse devenir, dans la mesure du possible, la réalité.

Ainsi des maladies graves sont soignées en utilisant (entre autres) des exercices de visualisation [6]. On peut également contrôler de cette manière des fonctions du corps considérées comme automatiques telles que le rythme cardiaque, la pression artérielle ou la température de la peau.

La visualisation pour apprendre

Les sens intérieurs

Dans notre cerveau, les zones en rapport avec les cinq sens de la perception sont localisées à différents endroits. On sait maintenant que la « vue intérieure » et la « vue extérieure » ne sont pas localisées au même endroit du cerveau, et il en est de même pour les quatre autres sens : quand je regarde quelqu'un assis en face de moi, c'est ma vue extérieure qui fonctionne ; mais si je ferme les yeux et « vois » dans ma tête l'image de cette personne, ce sont des parties différentes de mon cerveau qui travaillent. Donc, plus on sollicite de sens (extérieurs + intérieurs) dans un processus d'apprentissage, mieux on apprend, puisque l'on met en jeu une plus grande partie de notre cerveau.

Visualisation et entraînement

Il est maintenant bien connu que les sportifs de haut niveau intègrent des exercices de visualisation dans leur entraînement. Ils se voient faisant encore mieux que ce dont ils sont habituellement capables, et c'est souvent ce qui arrive. Voici une petite histoire de visualisation, parmi bien d'autres.

Un chercheur australien, Alan Richardson, a fait l'expérience suivante. Il a pris un groupe de joueurs de basket-ball, et a testé leurs performances au lancer au panier. Puis il a séparé le groupe en trois sous-groupes, et a demandé au premier de s'entraîner vingt minutes par jour tous les jours, au deuxième de ne pas pratiquer du tout le basket pendant cette période et d'éviter d'y penser. Il a enfin proposé au troisième de s'asseoir pendant vingt minutes par jour, de se détendre et de s'imaginer réussissant des paniers. Il leur suggéra de bien ressentir (en imagination) le moment où la balle quittait leur main, d'imaginer la balle décrivant un arc parfait, d'entendre le bruit de la balle passant à travers le filet, d'imaginer le plaisir du panier réussi.

Après la période expérimentale, il testa à nouveau les trois groupes. Le premier et le troisième groupe avaient amélioré leurs performances de 25%, le second n'avait pas fait de progrès.

De nombreuses autres expérimentations du même type ont été réalisées, avec le même résultat : la visualisation permet d'améliorer ses capacités à faire quelque chose sans s'y entraîner concrètement. Cela peut être utile dans de nombreuses circonstances, en particulier lorsque l'on doit faire quelque chose une seule fois (un examen, une conférence, une compétition sportive, etc.).

L'emploi fréquent de la visualisation dans une démarche d'apprentissage peut également affecter positivement la créativité, la mémoire et l'aptitude à résoudre des problèmes.

Différents types de visualisations

Imagerie guidée

On apprend souvent à visualiser avec l'aide d'un professeur ou d'un formateur, qui conduit celui qui apprend à travers un processus appelé *imagerie guidée* (ou rêve éveillé). Il raconte une histoire remplie d'images visuelles, suggère des images, des sons, des sensations, des odeurs. À partir de là, l'auditeur crée ses propres images mentales.

Cela peut servir à introduire une leçon, à préparer une action à venir (comme un examen), à avoir de soi une image plus positive, etc. Plutôt qu'une histoire, on peut également utiliser une métaphore.

Imagerie semi-guidée

Les grandes lignes des scènes que crée l'auditeur sont données par quelqu'un d'extérieur, mais qui laisse des plages de temps permettant de « rentrer » plus personnellement dans les images mentales. Ce type d'imagerie permet l'établissement d'un dialogue plus profond avec son inconscient.

Imagerie non guidée

On laisse les images se créer naturellement, sans canevas particulier. Ce type d'imagerie peut être utile dans une démarche de créativité, pour trouver des idées.

Une forme particulière d'imagerie non guidée consiste à décrire ce que l'on « voit » à une personne, dans un journal intime ou au magnétophone, permettant ainsi d'archiver des idées qui ont souvent un fort poids créatif.

Visualiser dans différentes circonstances

Visualiser pour mémoriser

Nous avons vu dans le chapitre sur la mémoire que l'on retient beaucoup plus facilement des images mentales que des concepts, des mots ou des formules. Lorsque nous n'avons plus besoin de l'image mentale pour avoir accès à ces concepts, mots ou formules, cette image mentale se dissout et disparaît.

Visualiser pour se concentrer

Cela rejoint certaines techniques de relaxation. On peut par exemple « projeter » les images qui nous viennent à l'esprit sur un écran intérieur, pour prendre de la distance par rapport à ces pensées.

La technique dite « de la clémentine », très ancienne, favorise également la concentration*.

Visualiser pour libérer la créativité

De nombreuses histoires de personnes célèbres montrent qu'il faut se détendre et vider son esprit pour être créatif. De plus, ces personnes ont en général une aptitude exceptionnelle à créer des images mentales leur permettant de résoudre des problèmes.

> Nikola Tesla, physicien célèbre du début du siècle, imaginait en détail des machines puis les faisait tourner (mentalement) plusieurs jours ou plusieurs semaines. Il démontait ensuite ces machines (toujours mentalement), en remarquant les défauts et l'usure anormale. Au bout du processus, il pouvait dessiner les plans (bien réels) de ces machines, qui fonctionnaient alors parfaitement.

Visualiser pour préparer une situation future

Tout le monde a vu des images de ces astronautes qui répètent indéfiniment dans une piscine ou dans un simulateur les gestes qu'ils feront dans l'espace. Ce type de simulation peut se faire mentalement. Il est bien sûr important que la scène soit vécue positivement, et que tout se passe bien et se termine bien, malgré les difficultés qui peuvent surgir. En s'étant pour ainsi dire « programmé » pour la réussite d'une action, nous ferons (non consciemment) en sorte que le résultat soit aussi proche que possible de notre attente.

Visualiser pour se donner des buts

On peut « programmer » son subconscient pour atteindre des buts.

Il faut s'assurer que cette programmation est faite dans un certain « langage » (que nous verrons au paragraphe suivant), et qu'elle soit *mesurable*, *réaliste* et *fixée dans le temps*.

Plutôt que : « Quand j'aurai fait de la relaxation, je serai moins stressé », on

---

* Cette technique est décrite page 244.

peut se donner ce but, en imaginant la scène : « Lors de mon prochain examen, je suis agréablement surpris en constatant que je suis bien détendu, l'esprit clair. J'ai le temps de relire ma copie tranquillement avant de la rendre. »

Plutôt que : « Je parlerai le japonais dans trois mois », on peut visualiser ce but : « Dans trois mois, lors de mon voyage au Japon, mes interlocuteurs sont étonnés et ravis de pouvoir avoir une conversation intéressante avec moi. »

Et si l'on a des difficultés importantes, il est préférable d'imaginer une mention AB à l'examen plutôt qu'une mention TB avec félicitations du jury...

Visualiser pour contrôler ses pulsions

C'est une manière de *prendre de la distance* par rapport à un geste ou à une action.

Imaginez que vous êtes très énervé, prêt à frapper la personne en face de vous. Si vous vous « tournez le film » du poing dans la figure avant d'agir, vous prenez de la distance par rapport à votre impulsion, ce qui vous permet de réduire votre agressivité.

Voici un exercice qui est souvent proposé à des enfants pour leur apprendre à mettre un temps de latence entre la pensée et le geste, en particulier dans des situations de conflit et de violence.

Un geste mesuré

Bien détendu, on met les mains sur la table.
Puis on imagine la main droite se fermer très progressivement, et devenir un poing serré.
Ensuite, on réalise, toujours très doucement, le geste lui-même : on ferme progressivement la main jusqu'à serrer le poing.
Puis on ouvre la main doucement jusqu'à la position de départ.
On fait de même avec l'autre main.
On peut varier cet exercice avec d'autres parties du corps, ou pour des actions plus complexes.

Apprendre les règles de la visualisation

Quelques petites clés essentielles

On peut employer des visualisations de différentes manières, mais elles présupposent toujours une condition pour être efficaces : être très bien détendu. *La visualisation est intimement liée à la relaxation.*

Il est donc important de faire précéder un exercice de visualisation par un exercice de relaxation. On peut également choisir des moments où l'on est naturellement très détendu : juste avant de s'endormir, ou au réveil (lorsqu'une obligation ne nous pousse pas hors du lit).

Il importe également de mettre beaucoup de détails dans ses images, et en particulier d'utiliser tous ses sens (d'une manière imaginaire) lors d'un exercice de visualisation. Les images mentales sont alors beaucoup plus fortes et plus actives. Dans les images que l'on crée, on peut ainsi s'imaginer faire des gestes, toucher, sentir, écouter des bruits ou en faire, etc.

Une précaution d'emploi : lorsque l'on guide une visualisation, il est important de donner des « consignes de fin de visualisation ». On pourra dire par exemple avant de commencer : « À la fin, je compterai jusqu'à trois, comme cela : un, deux, trois. Vous ouvrirez les yeux, votre esprit sera bien clair et prêt à commencer telle activité. »

Apprendre à créer des images mentales

Pour ceux qui déclarent ne pas être capables de créer des images mentales, demandez-leur de décrire leur voiture, leur salon ou une pomme : à l'évidence, tout le monde est capable de faire cela. Mais (vous diront-ils) ils créent alors des images mentales de choses qui existent *réellement*.

Un bon moyen pour apprendre à créer volontairement des images mentales de choses qui n'existent pas est l'exercice des mots clés proposé au chapitre 9. Cela permet de bien prendre conscience de l'intérêt qu'il y a à traduire une notion en image pour mieux la mémoriser. Cela permet également de tester l'emploi des règles de visualisation : si nous oublions certains mots dans cet exercice, c'est que l'image mentale n'était pas correctement construite.

Apprendre à parler au subconscient

Pour parler au subconscient (ou à l'inconscient), il faut parler son langage. Ce langage obéit à certaines règles, que l'on peut résumer en la règle des 5 P :

- Parler au **P**ositif. L'inconscient ne comprend pas la négation. Essayez de penser à un « non arc-en-ciel » : difficile. Dire à quelqu'un « N'oublie pas » revient à lui suggérer qu'il peut oublier. Dire à quelqu'un : « Ce n'est pas difficile » revient à lui faire comprendre qu'en fait cela pose des difficultés.

- Parler au temps **P**résent. L'inconscient a une très mauvaise notion du temps. Un événement vieux de trente ans peut nous toucher encore comme si cela s'était passé hier. D'où l'intérêt dans une visualisation de s'imaginer en train de faire l'action comme si elle se passait actuellement.
- Utiliser un langage **P**ersonnel. L'inconscient comprend mieux le « je » que le « nous ».
- **P**ersévérer (ou ré**P**éter). Coué et sa méthode portent une grande sagesse, qu'il est dommage d'oublier. On peut aller plus loin que la simple répétition de mots ou de phrases positives (comme « Je vais de mieux en mieux »). Se « projeter » souvent les films de ses visualisations permet de mieux ancrer le message dans l'inconscient.
- Mettre de la **P**assion, des émotions fortes, des couleurs dans les visualisations. La force des émotions influence notre rapport avec le subconscient. On

peut par exemple se souvenir d'émotions positives (comme la joie d'une réussite) pour les réutiliser comme supports pour d'autres buts futurs.

La visualisation à l'école

Utiliser la visualisation dans un contexte scolaire peut être tout particulièrement intéressant, mais nécessite certaines précautions simples.

D'abord, les techniques de visualisation (comme celles de relaxation) nécessitent un minimum de formation ; elles exigent d'utiliser soi-même ces techniques avant de les proposer à d'autres.

Il est bon d'établir une relation de confiance avec les élèves, de proposer sans imposer, de bien expliquer le principe de la visualisation. Les exercices doivent être très progressifs. Il est important d'informer les parents et les autres personnes responsables.

Deux pistes de visualisation

Les emplois possibles de la visualisation sont nombreux. Certaines personnes s'en servent pour se détendre, d'autres pour combattre la douleur, d'autres encore pour être plus créatives, ou pour trouver des solutions à des problèmes de tous ordres. De nombreux livres, de nombreuses méthodes qui utilisent la visualisation proposent des idées dans ce sens. Deux pistes de départ sont proposées ici succinctement.

Un début de visualisation

Voici une manière, parmi bien d'autres, de commencer une visualisation.

Vous vous trouvez dans une pièce, au septième étage d'un immeuble. Dans cette pièce, tout est rouge : il y a des fruits rouges, des rideaux rouges aux fenêtres, le sol est rouge, etc. Des vitraux colorent la lumière de la pièce en rouge. Vous marchez tranquillement vers l'autre extrémité de la pièce, en prenant conscience de toutes ces choses rouges. Vous pouvez toucher et goûter certains fruits. Il peut y avoir de la musique.
Au bout de la pièce se trouve un escalator qui descend. Cet escalator est parfaitement silencieux et parfaitement sûr. Vous mettez le pied sur cet escalator et commencez à descendre. Vous quittez progressivement l'étage « rouge » et découvrez le sixième étage, une nouvelle pièce où tout est orange.
Vous quittez l'escalator et marchez tranquillement à l'autre extrémité de la pièce, en remarquant cette couleur orange qui baigne la pièce et en prenant conscience de tous les objets orange.
De même, à l'extrémité de la pièce, il y a un escalator parfaitement silencieux et parfaitement sûr, que vous prenez. Il vous fait descendre progressivement au cinquième étage, où tout est jaune. Etc.

On découvre ensuite progressivement le quatrième étage où tout est vert, puis le troisième où tout est bleu clair, le deuxième étage où tout est bleu foncé, et enfin le premier étage où tout est violet (on remarquera que l'on suit les couleurs de l'arc-en-ciel).

Arrivé là, on est en général très détendu. La visualisation peut continuer soit dans un paysage, soit dans un lieu de travail (que l'on peut appeler son « laboratoire intérieur »), ou de toute autre manière.

Ce début de visualisation a de nombreuses variantes, que l'on peut utiliser pour aller plus rapidement au début proprement dit de la visualisation. Cela peut être un ascenseur (parfaitement sûr) où la lumière passe progressivement du rouge au violet. Ou des marches que l'on descend, toujours du rouge au violet, etc.

On peut également préférer aller du bas vers le haut : du rouge (en bas) vers le violet (en haut).

Créer un « lieu de détente idéal » et un « laboratoire intérieur »

Cet exercice de visualisation comporte deux parties : d'abord créer mentalement ces lieux ; ensuite, faire en sorte de pouvoir s'y rendre très rapidement.

D'abord la création de ces lieux.

Après un début de visualisation comme celui proposé ci-dessus, on peut découvrir un chemin qui nous mène à un lieu (qui peut exister réellement ou non) où nous nous sentons particulièrement bien. C'est un endroit agréable et familier qui donne une sensation plaisante de chaleur, de confort, de paix et de sérénité. Là, on découvre progressivement les détails de ce lieu : on en fait le tour, on « touche » les arbres et les murs, on « respire » les odeurs, on « marche » sur les chemins, etc.

Puis on revient à la réalité progressivement, par exemple avec un ascenseur à variation de lumière comme décrit ci-dessus.

De la même manière, nous pouvons créer un endroit particulièrement propice pour travailler (au sens le plus large du terme), un laboratoire intérieur : par exemple une pièce avec bureau, archives, spécialistes que l'on peut consulter, salle de conférence, etc.

Ensuite, pour pouvoir revenir rapidement (et de plus en plus rapidement) dans ces lieux, on crée ce que l'on appelle un « geste d'ancrage ».

Lorsque nous sommes dans ces lieux imaginaires, nous faisons un geste (bien réel) comme par exemple joindre les doigts d'une main ou nous toucher la joue, en nous disant mentalement : « Pour revenir dans ce lieu rapidement, il me suffira de faire ce geste. »

Et effectivement, au bout d'un certain nombre de fois, le simple fait de faire ce geste particulier nous fait « aller » instantanément dans ce lieu, avec tous les bénéfices qui y sont liés : dans le « lieu de détente idéal », on sent une détente immédiate du corps et de l'esprit. Le fait de nous mettre au travail dans notre « laboratoire intérieur » permettra une bien meilleure qualité dans ce que nous allons faire ensuite réellement.

CHAPITRE 16

La musique
pour mieux apprendre

Richard Strauss se vantait de pouvoir exprimer en musique la mousse d'un bock de bière. Mendelssohn affirmait pour sa part que la musique est plus précise que les mots. L'idéal serait donc ici d'exprimer en musique l'importance que peut avoir cet art particulier dans un processus d'apprentissage. Car la musique peut nous aider considérablement à mieux apprendre, et de très nombreuses manières : l'idée est vieille de plusieurs dizaines de siècles, mais mérite d'être réhabilitée.

LA MUSIQUE :
UNE PLACE EXCEPTIONNELLE DANS L'UNIVERS

La musique dans l'histoire de l'humanité

À toutes les époques, des sociétés ont su que certaines musiques provoquent un état de relaxation profonde, permettant de mémoriser de très longues histoires ou de très longs textes. On retrouve par exemple ce principe chez les anciens Grecs (qui récitaient de longues histoires rythmées par le son de la lyre), chez les griots africains ou les Maoris de Nouvelle-Zélande qui utilisent le rythme pour réciter des généalogies des jours entiers. Toutes les religions, dans tous les monastères, utilisent le rythme et la musique pour mémoriser les textes sacrés.

Certaines grandes civilisations allaient plus loin : la Chine ancienne considérait la musique comme un fondement de la société, la plaçant au cœur de tout comportement social y compris l'éducation, le gouvernement, la religion et la médecine.

Dans l'Inde ancienne, la musique était considérée non seulement comme capable d'influencer l'esprit et les émotions d'une personne, mais aussi comme pouvant modeler et changer le cours des événements.

La musique a pu même être considérée comme fondement de l'Univers. Dans les enseignements de Pythagore et de ses successeurs, le système de sons et de rythmes, ordonnés par les nombres, montrait la perfection et l'harmonie du cosmos : la musique était le principe d'ordre par lequel toutes choses étaient unies. Et Pythagore affirmait pouvoir entendre « la musique des sphères », les sons infiniment mélodieux que faisaient les planètes en se déplaçant dans le ciel.

Les choses ont bien changé, et l'on peut considérer avec une indifférence amusée ces conceptions de la musique. Pourtant, la musique semble bien plus qu'un passe-temps ou qu'un moyen de remplir le silence. Et la science confirme maintenant cette intuition universelle que la musique est partout, et que certains types de musique peuvent avoir une influence considérable sur notre état d'esprit, sur nos aptitudes à mémoriser et à apprendre, sur nos sentiments et nos émotions.

La musique et la nature

Les relations entre musique et nature ouvrent un champ de recherche immense et fascinant. Depuis l'Antiquité, de très nombreuses relations ont été faites entre la musique et la structure de la matière, à l'échelle micro- et macroscopique. Les intervalles élémentaires qui fondent l'harmonie (octave, tierce, quinte, quarte) correspondent à des cadres numériques que l'on retrouve en chimie, en physique atomique, en cristallographie, en astronomie, en botanique, etc. Toute matière vibre selon certains rythmes et selon certaines harmoniques, toute matière, pourrait-on dire, *est* musique.

L'influence de la musique sur les plantes et les animaux a donné lieu à de très nombreuses expériences surprenantes. Avec certaines musiques, la productivité

des plantes et des animaux augmente : les poules pondent plus d'œufs, les vaches produisent plus de lait, les plantes potagères sont plus grosses et résistent mieux aux maladies.

On connaît également les curieuses expériences où l'on fait « écouter » de la musique à des plantes : avec certaines musiques (rock, jazz) elles poussent en s'écartant au maximum des haut-parleurs, et meurent rapidement ; avec d'autres (musique baroque, musique indienne), elles s'en rapprochent à des inclinaisons parfois incroyables et les enlacent...

La musique et l'homme

Quelle est l'influence de la musique sur l'homme ? La sensibilité du corps humain à la musique va bien au-delà de la perception de sons par l'oreille, et dans des proportions qui nous échappent en grande partie. La musique peut affecter en particulier la digestion, les sécrétions internes, la nutrition, la respiration, le système immunitaire, le rythme cardiaque, la tension sanguine, etc.

Des études en hôpital sur des opérés montrent que certaines musiques réduisent l'anxiété, diminuent la douleur, réduisent les besoins en médicaments avant et après l'opération, et accélèrent la guérison.

Alfred Tomatis est maintenant célèbre dans le monde entier pour ses travaux sur l'audition et la musique, et en particulier sur la résolution de problèmes d'apprentissage grâce à la musique. Des problèmes d'échec scolaire mais également des problèmes de surdité, d'épilepsie, d'hyperactivité et d'autisme ont été grandement améliorés, parfois de manière très spectaculaire, par la méthode Tomatis et d'autres formes de musicothérapie [1].

La musique dans notre société

La musique accompagne de nombreux moments de notre vie de tous les jours ; elle est même devenue pour beaucoup d'entre nous un accompagnement permanent dont nous avons bien du mal à nous passer.

La musique est aussi l'un des véhicules les plus puissants de suggestion dans notre culture. Elle est utilisée massivement par la publicité – et nombre de téléspectateurs seraient étonnés d'apprendre que les musiques qu'ils préfèrent dans les publicités sont des œuvres de Beethoven, Verdi ou Chostakovitch.

On peut également constater que certaines musiques véhiculent de fortes suggestions de violence et de désespoir, et conditionnent forcément (mais d'une manière difficile à cerner) ceux qui les écoutent.

Pourtant la musique est presque totalement absente d'une activité importante et vitale de l'être humain : apprendre.

LA MUSIQUE :
UN OUTIL EXCEPTIONNEL D'APPRENTISSAGE

Certains chercheurs considèrent que l'absence d'art et de musique dans la petite enfance peut retarder le développement mental de l'enfant [2].

On a constaté également qu'une intégration plus substantielle de la musique (et des arts plastiques également) dans l'ensemble d'un programme scolaire conduisait à des améliorations très sensibles en mathématiques, en lecture, en expression écrite et dans d'autres matières.

Employer la musique dans une situation d'apprentissage pourra sembler une idée bizarre ou inutilisable. Pourtant les bénéfices que l'on peut en retirer sont considérables, pour celui qui apprend comme pour celui qui enseigne. Au nom de quoi s'en priver ?

Une meilleure connexion des deux hémisphères cérébraux

Chacun des deux hémisphères cérébraux, nous l'avons vu, a un mode de fonctionnement spécifique : au gauche ce qui est plutôt linéaire et analytique, au droit ce qui est global et analogique. L'idéal, nous l'avons vu également, est une connexion aussi bonne que possible entre les deux hémisphères.

Certaines musiques semblent améliorer cette connexion. C'est un champ de recherche vaste et encore mal exploré. Par exemple, la tonalité de la musique ainsi que les harmonies et les dissonances peuvent avoir des effets très différents. Des scanners d'un cerveau écoutant différentes sortes de musiques ont ainsi montré que les accords dissonants (comme les accords de seconde mineure ou septième majeure) stimulaient uniquement l'hémisphère gauche, tandis que des accords harmonieux (quarte, quinte, etc.) stimulaient essentiellement l'hémisphère droit [3].

La construction de la musique semble jouer également un rôle important. Les musiques à la fois harmonieuses et d'une construction complexe (tout particulièrement les musiques classique et romantique) semblent pouvoir jouer au plus haut degré ce rôle de connecteur. On a pu également remarquer que l'*alliance simultanée* de la musique, des mots écrits, des mots parlés et des images est une voie idéale pour l'apprentissage et la mémorisation. Des images de scanner ont montré que de plus nombreuses parties du cerveau fonctionnent alors ensemble ; des liens plus nombreux sont alors créés, et on apprend mieux.

C'est ce principe qui est utilisé dans les « concerts » de Lozanov qui seront présentés un peu plus loin.

La personne qui écoute « s'accorde » avec la musique

Lynn Dhority, professeur et formateur américain, a étudié en détail l'emploi de la musique dans un processus d'apprentissage, après en avoir remarqué les aspects positifs [4].

Lors de nombreux séminaires de formation, il a fait écouter trois à quatre minutes du *Divertimento pour cordes* K 136 de Mozart, demandant aux participants quelles qualités ils trouvaient à cette musique. La plupart y trouvaient toujours les mêmes : vitalité, ordre, liberté, équilibre, profondeur, plaisir, beauté, énergie, optimisme, spontanéité, harmonie, humour, joie, gaieté, imagination, vivacité.

Cela suggère que certaines musiques comme celle de Mozart puissent aider à créer ces mêmes qualités chez les personnes qui écoutent ; elles accordent inconsciemment et automatiquement leurs sentiments et leur état d'esprit avec ce que transmet la musique.

Les implications de ce principe sont très nombreuses :

• la musique permet de modifier les émotions et les sentiments : dans un processus d'apprentissage, elle peut aider à créer un environnement émotionnel positif et chaleureux ;

• la musique permet de se détendre, de se concentrer, de réduire le stress : en réduisant les tensions et l'anxiété liées à tout apprentissage, elle permet en particulier de dissoudre progressivement les barrières personnelles qui limitent notre capacité à apprendre ;

• la musique permet de stimuler l'imagination et la réflexion : les musiques classique et romantique, en particulier, sont considérées comme des catalyseurs idéals pour stimuler l'imagination et la réflexion. Par leur richesse harmonique et leurs fréquents changements de rythme et de mélodie, elles provoquent des images et stimulent les émotions [5] ;

• la musique, en changeant l'état de celui qui écoute, permet de changer son comportement. En transmettant à une personne ou à un groupe les sentiments et les émotions qu'elle véhicule, une musique bien choisie donne du courage, peut aider à créer une image de soi plus positive, incite à l'action.

La musique peut également renforcer les conduites constructives et contribuer à réduire les problèmes de discipline en milieu scolaire.

QUELQUES UTILISATIONS DE LA MUSIQUE DANS UN APPRENTISSAGE

Nous savons tous que certaines musiques nous aident naturellement et sans effort à nous sentir plus détendu et qu'elles favorisent une activité concentrée. Il peut être intéressant d'en tirer des conséquences pratiques :

• chez soi, être attentif à l'action de telle ou telle musique lorsque l'on apprend ou que l'on travaille ;
• dans un lieu d'apprentissage, utiliser la musique (lorsque cela est possible) pour soutenir telle ou telle activité. Voici quelques idées d'applications.

La musique au début et à la fin de chaque cours, ou pendant les pauses

Chaque élève arrive dans une salle de cours avec son humeur, bonne ou mauvaise, ses problèmes, ses pensées, etc. Plutôt que de l'accueillir par du silence, la musique permet d'harmoniser son état individuel avec ce qui va se passer dans la salle de classe. Une musique bien choisie, assez vive et agréable, mettra en quelques minutes toutes les personnes (y compris le professeur) dans un état optimal pour le cours. Le choix des musiques est très vaste, en évitant cependant les musiques « dures ».

On veillera à bien régler le volume sonore, afin que la musique ne soit pas une gêne pour ceux qui veulent échanger quelques mots.

La musique comme soutien d'une activité

La musique peut être utilisée en arrière-plan d'activités très diverses.

Pour profiter des qualités que transmet la musique, il ne semble pas nécessaire de l'écouter. L'entendre à un niveau juste audible (donc sans y prêter une attention consciente) suffit pour favoriser la concentration générale et l'assimilation des informations.

On peut craindre que la musique ne devienne alors qu'un fond sonore sirupeux comme celui que l'on entend dans les supermarchés. Ceux qui ont essayé cet emploi de la musique, pour une très grande majorité, ont au contraire remarqué que le professeur se sentait mieux soutenu dans son activité, que les élèves étaient plus détendus et participaient mieux à l'apprentissage.

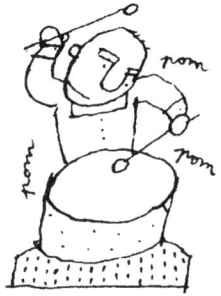

Le choix de la musique dépend de l'activité, bien entendu. Une musique rapide et vive peut être utile pour des activités stimulantes, ou pour faire quelque chose assez rapidement. Plus lente, elle aide à la créativité, à la mémorisation, à la révision.

La musique peut également être utilisée lors d'exercices de relaxation ou de visualisation.

Mettre l'information en musique

C'est un emploi qui est privilégié dans les classes de maternelle, mais qui est également particulièrement recommandé pour l'enseignement des langues étrangères.

Pour d'autres sujets, on peut également proposer à des élèves de changer les mots d'une chanson connue (chansons traditionnelles, chansons populaires, rap, etc.) en les remplaçant par les nouvelles informations à mémoriser. Et bien sûr de chanter ces chansons, si possible à plusieurs voix.

A *Chorus Line*, ou petite scène dans une école primaire de Charlestown East, Australie

Je visitais une classe de CE1-CE2 accompagné de la directrice. L'instituteur, la quarantaine grisonnante, faisait une leçon de calcul.

À un certain moment, révision des tables de multiplication. Il fait lever ses élèves et met un CD avec les tables de multiplication en chansons. Je vois alors ce spectacle étonnant : tous, élèves et professeur, se mettent à chanter et à danser, comme dans une comédie musicale, en suivant les rythmes variés des morceaux. Le plaisir de tous est incroyable... et ils savent leurs tables, sans aucun doute possible.

Le plus étonnant est venu ensuite, une fois sorti de la classe. La directrice m'expliqua alors que ce professeur, deux ans auparavant, était au bout du rouleau : aigri, mauvais contact avec ses élèves. Il avait alors découvert lors d'un stage de formation de l'*Accelerative Learning Initiative* qu'il pouvait enseigner autrement. Musicien amateur, l'introduction de la musique lui avait permis de faire entrer dans sa classe tout un pan de sa personnalité qui en était auparavant exclu.

LES « CONCERTS » DE LOZANOV

Après de nombreuses expérimentations, le Dr Lozanov a découvert que certaines sortes de musiques étaient des médiateurs idéaux à la fois pour créer un état mental concentré et détendu, et pour véhiculer l'information au cerveau.

Il a ainsi développé deux concepts utilisant la musique, qu'il a appelés le « concert actif » et le « concert passif ». Ces deux concerts ont une place bien définie dans un processus d'apprentissage : le premier est utilisé pour présenter une nouvelle information, le second (en fin de processus) permet d'ouvrir la mémoire à long terme à cette information. Selon Lozanov, des concerts bien exécutés peuvent faire 60% du travail d'enseignement en 5% du temps.

Le concert actif (ou premier concert)

Le professeur fait une lecture *théâtrale** d'un texte où il présente les nouvelles informations qui vont être étudiées, en suivant au mieux les lignes mélodiques d'un morceau de musique. Il fait ainsi varier la tonalité de sa voix, son volume, sa hauteur en « surfant » sur la mélodie dans la lecture de son texte ; il lit lentement ; les élèves ont une copie du texte, qu'ils lisent mentalement en même temps que le professeur. Ce texte peut comporter des images en rapport avec le texte.

C'est une technique relativement difficile et même un art, qui nécessite de la part du professeur une très bonne connaissance du morceau de musique et une bonne maîtrise de sa voix. Le volume sonore de la musique doit être très bien réglé, pour soutenir la voix sans la couvrir.

Les musiques privilégiées pour ce « concert » sont celles de Mozart, Haydn, Beethoven, et des compositeurs de l'époque romantique : une musique à la fois émotionnellement forte, harmonieusement structurée, et qui se termine d'une manière équilibrée.

Une variante moins difficile – mais moins efficace – du concert actif est la lecture du texte de présentation avec un simple fond musical, à la limite de l'audible.

---

* Cela concerne essentiellement les changements d'intonation. On peut ainsi mêler une intonation naturelle, une intonation chuchotée (ambiguë, mystérieuse) et une intonation autoritaire (forte, dominatrice).

Le concert passif (ou second concert)

C'est en général la dernière activité du cours, si possible en fin de journée. Le concert passif vise à ouvrir la mémoire à long terme, et vient après la présentation et les activations qui touchent, elles, d'abord le travail de réflexion et la mémoire à court terme.

Un exercice de relaxation préalable permet aux élèves d'être bien détendus. Cela favorise l'apparition d'ondes cérébrales Alpha, favorables à une mémorisation à long terme.

Le professeur a, cette fois, une voix normale, non théâtrale : claire, bien articulée, plaisante, en évitant les changements soudains de volume ou d'articulation. Il parle sans notes, reprenant les points importants appris pendant la séance, en évitant de se déplacer. Les élèves écoutent, si possible les yeux fermés.

Il est bon de terminer le concert passif en douceur (en particulier avant le déclenchement d'une sonnerie stridente), en laissant le temps aux apprenants de sortir progressivement de leur état de détente concentrée.

La musique employée est en général de la musique baroque* avec un tempo d'environ 60 battements par minute, correspondant à un rythme cardiaque très détendu [6].

Quelques remarques pratiques sur les « concerts »

Ce sont des outils assez surprenants, qu'il faut que les élèves acceptent. Leur introduction dans un processus d'apprentissage doit être expliquée et ne peut être que progressive, lorsqu'une confiance réciproque s'est établie entre l'enseignant et ses élèves.

Le même morceau de musique peut être utilisé plusieurs fois, pour différentes présentations.

Les concerts ne sont pas prévus pour être faits tous les jours. Leur fréquence dépend de la complexité de ce qui doit être appris, de la vitesse d'apprentissage que l'on souhaite et d'autres circonstances particulières au groupe qui apprend.

Le concert ne rend pas forcément l'information directement accessible, mais la stocke juste sous la surface de la conscience. Après un temps d'incubation (repos, nuit) et avec une activité supplémentaire, cette information revient facilement à la conscience.

Le concept des concerts actif et passif peut être adapté à un apprentissage autonome. On peut, dans le cadre de sa chambre ou de son salon, déclamer ce que l'on veut apprendre en suivant une musique que l'on connaît bien (en évitant toute musique avec paroles !), puis réviser les notions apprises en écoutant de la musique baroque, après s'être bien détendu.

---

* Par ordre chronologique, les représentants les plus illustres de la période baroque sont : Monteverdi, Lully, Corelli, Purcell, Couperin, Vivaldi, Telemann, Rameau, D. Scarlatti, Bach, Haendel.

QUELLES MUSIQUES ?

Deux éléments principaux (de bon sens) sont à considérer : d'une part la personne qui écoute la musique ; et d'autre part le but recherché.

La musique, pour qui ?

D'une manière générale, on s'accorde à dire que la musique classique* est mieux reçue (sur les plans psychologique comme physiologique) que, par exemple, la musique rock. C'est-à-dire que lorsque l'on ne connaît pas précisément les personnes composant un groupe, il vaudra mieux choisir de la musique classique. Cela ne signifie pas que la musique contemporaine ou d'autres types de musique n'auront pas d'effet, mais leur action sera plus difficile à prévoir.

Il faudra parfois introduire une sensibilisation progressive à des musiques (essentiellement du XVIIe au XIXe siècle) qui ne sont pas forcément familières aux apprenants, et auxquelles ils sont peut-être insensibles et parfois même hostiles. On peut alors faire remarquer qu'il ne s'agit pas d'écouter de la musique en tant que telle (musique qui peut leur déplaire), mais d'utiliser la musique pour mieux apprendre.

Il y a par contre des musiques qui ne conviennent absolument pas à un processus d'apprentissage. On évitera par exemple les musiques dures comme le « heavy metal » ou le « hard rock ».

Les chansons (même en langue étrangère) sont également déconseillées (sauf au début d'une session, ou pour marquer la fin d'une pause par exemple), afin de ne pas créer d'interférences entre les idées que l'on apprend et les mots de la chanson.

La musique, pour quoi ?

Différents chercheurs ont proposé des listes de morceaux de musique bien adaptés à telles ou telles circonstances. Pourtant la meilleure démarche, si l'on a quelques préférences musicales, est sans doute de réécouter ses classiques favoris en se demandant dans quelles circonstances (autres que la simple écoute) telle ou telle musique peut être utilisée, et de les introduire progressivement dans son lieu d'apprentissage ou de formation**.

Voici quelques propositions très générales :
• favoriser un travail en groupe : Haendel, Vivaldi ;
• favoriser la recherche personnelle : Beethoven, Mozart, musique indienne ;

---

* Par musique classique, on entend ici la musique des grands compositeurs de la tradition musicale occidentale, par opposition à la fois au jazz, aux musiques folkloriques, etc., et à la musique contemporaine souvent difficile d'accès.

** On pourra également en tirer des indications générales : par exemple que les œuvres uniquement pour instruments à vent sont souvent mieux adaptées que les œuvres pour instruments à cordes pour favoriser tel ou tel type d'apprentissage.

- favoriser la synthèse d'informations : Bach, Scarlatti, musique baroque (Vivaldi, Albinoni, Corelli, etc.) ;
- favoriser la compréhension d'un processus complexe : Bach, Mozart ;
- créer un état d'esprit de curiosité et de plaisir de la découverte : Haydn, Mozart ;
- aider à la concentration : Bach, Debussy, Fauré, Mozart ;
- aider à développer la confiance en soi et pour donner du courage : Beethoven, Mozart, Berlioz, Haendel, Mendelssohn ;
- aider à sortir de l'ennui et de la répétition : danses (Tchaïkovski, Brahms, Dvorak, Weber) et surtout valses (Johann et Richard Strauss, Chostakovitch) ;
- imagerie guidée, visualisation : musique romantique lente ;
- pause, ou pour redonner du tonus : danses populaires, rock des années 60, thèmes de musiques de films.

Si l'on souhaite utiliser la musique dans un lieu d'apprentissage, voici quelques conseils simples :
- introduire de la musique doit être progressif et parfois expliqué. Il ne s'agit pas de mettre n'importe quelle musique à n'importe quel moment, ni de faire plaisir à tel ou telle en utilisant sa musique préférée, qui est mal adaptée à ce que l'on recherche ;
- être très attentif aux auditeurs, et respectueux de ce qu'ils sont. Tenir compte de leurs remarques ;
- ne pas mettre de la musique tout le temps ;
- être très attentif à l'atmosphère de la classe. Éviter que la musique soit en trop grand déphasage avec cette atmosphère ;
- l'utilisation de la musique peut faire l'objet de rites discrets : par exemple, tel jour de la semaine, on commence par le même morceau de musique ;
- donner le nom du morceau et le compositeur : cela évitera à certains (qui connaissent la musique) de passer leur temps à rechercher le nom du morceau ;
- être très attentif au volume sonore, pour qu'il ne soit en aucun cas une gêne ; éviter des appareils de mauvaise qualité sonore.

Si on utilise des cassettes :
- utiliser des cassettes de la longueur du morceau (certaines maisons spécialisées vendent des cassettes de toutes durées) ;
- penser à rembobiner toutes les cassettes avant la session ;
- mettre le même morceau sur les deux faces de la cassette ;
- utiliser un système de repérage simple et clair permettant de trouver instantanément la cassette selon le type de musique que l'on souhaite.

Si on utilise des CD :
- avoir les références de chaque morceau prêtes et clairement lisibles ;
- utiliser un système de repérage simple et clair permettant de trouver instantanément le type de musique que l'on souhaite.

Un pas plus loin, avec la musique...

La musique est une clé majeure pour favoriser un apprentissage, mais elle est très sous-employée.

On peut aller beaucoup plus loin en considérant la musique comme un élément essentiel au développement harmonieux de tout être humain. Mais n'importe quelle musique ne peut jouer ce rôle.

Savoir faire découvrir au petit enfant la musique dans toute sa richesse et sa complexité, introduire la musique au cœur de tout système éducatif (et non la reléguer dans les coins de programme), développer la pratique de la musique à tous les niveaux de la société, introduire la musique (mais pas n'importe laquelle) dans les lieux de travail : cela pourrait peut-être changer bien des choses...

Urgences

La double porte du service des urgences est violemment repoussée, laissant passer un chariot. Sur le chariot, un homme allongé entouré par trois secouristes. L'un crie au médecin qui se précipite :

« Homme, cinquante ans, mal habillé, hyperstressé, signes d'hyperactivité, insensible au coucher du soleil et à une poignée de main amicale. On l'a trouvé étendu inconscient devant son poste de télévision. D'après sa femme, il ne se nourrissait depuis plusieurs mois que de hamburgers et de musique prémâchée pauvre en harmoniques.

– Je suis le docteur Bensaïd, je m'en occupe. Conduisez-le en salle de réanimation n° 3. Attention pour le soulever : un, deux, trois. Caroline, faites venir Nester. »

Nester, le jeune et brillant externe en chirurgie d'urgences, entre quelques instants plus tard dans la salle en enfilant une blouse vert d'eau. Pendant ce temps, les infirmières annoncent les paramètres :

« Réactions vitales faibles ; pas de réaction des pupilles à un arc-en-ciel ; réactions aux émotions et aux pensées de sympathie pratiquement inexistantes ; taux de sentiments dans le sang : 8%.

– Que dit l'encéphalogramme ?

– Saturation en ondes Bêta, avec effet Larsen.

– Nester, à quoi cela te fait penser ?

– Oreilles atrophiées, yeux amorphes, encéphalogramme saturé, je dirais : lassitude a-créatrice due à une déficience grave en environnement musical et artistique. Surexposition à des feuilletons débiles à la télévision ayant créé un amorphisme sentimental des ventricules droit et gauche. Forme aiguë et pathologique pouvant évoluer vers la mort émotionnelle puis cérébrale.

– Bien vu, Nester. Que proposes-tu ?

– D'abord cinq minutes de Mozart, pour bloquer le processus. Je suggère le deuxième mouvement du concerto pour clarinette.

– Bien, on fait comme ça, mais je préfère ne pas prendre de risque. Caroline, je veux une radio, d'urgence. Nester, pronostic ?

– Réservé. Le cas semble gravissime. Il semble avoir perdu toute envie de rire.

– Docteur Bensaïd, voici la radio.

– Bien. Réglez-la sur Radio-Classique. On va l'en sortir. Suzanne, comment va le cœur ?

– Pas d'amélioration sensible pour l'instant. Il... Il s'enfonce !

– On continue. Deux plaisanteries par minute. Faites-lui respirer un bouquet de violettes fraîchement coupées et écouter le chant d'un rossignol. Nester, tu vas faire une voix centrale. Rappelle-moi la procédure.

– Une voix centrale ? ! Je n'en ai jamais fait !

– C'est le moment d'apprendre. La procédure ?

– Installation d'une sonde polyphonique directement au contact du cœur, et émission de sons mélodieux en montant progressivement la gamme diatonique.

– OK, vas-y. »

Le jeune Nester, ému mais déjà très sûr dans ses mouvements, met en place la sonde en quelques instants.

« Réglage sur un accord de *sol* majeur. Attention, on dégage ! »

L'homme, allongé sur la table, a un soubresaut et retombe, toujours inanimé.

« On augmente la dose, un accord de si bémol mineur. Attention, on dégage !

– Ça y est ! s'écrie une infirmière. Le cœur recommence à ressentir quelque chose ! Le taux de sentiments humains dans le sang remonte, 38%.

– Traces d'ondes Alpha dans l'encéphalogramme !

– Bien, il est sauvé. Conduisez-le dans la chambre verte aux rideaux chamarrés. Nester, occupe-toi du traitement à long terme. »

Un peu plus tard, vers 22 heures, dans le vestiaire des chirurgiens...

« Docteur Bensaïd...

– Oui, Nester, qu'est-ce qu'il y a ?

– Je vous remercie pour la voix centrale tout à l'heure.

– Tu es là pour apprendre. Quel traitement lui as-tu donné ?

– Un bouquet de fleurs fraîches tous les jours, concert de musique de chambre matin et soir par trois jolies musiciennes, reproductions de peintures et de sculptures, pensées affectueuses toutes les trois heures données par les infirmières et les femmes de service, regarder jouer un petit enfant deux fois quinze minutes par jour. Et une perfusion de musique riche en harmoniques.

– Bien, Nester. Ah, je veux pour demain matin 8 heures les comptes rendus des 150 derniers dossiers d'opérations. À 9 heures, tu fais avec moi une idéfixoctomie. Tu connais toutes les manières de bloquer le cerveau gauche ?

– ... Il y en a... beaucoup...

– Révise ton Watzlawick. On sera sans doute obligé de faire un by-pass, avec injection massive de paradoxes et d'ambiguïté. Une opération intéressante. Demain 8 heures, Nester. Bonne nuit.

– Bonne nuit, docteur Bensaïd. »

Le docteur Bensaïd, au moment de passer la porte, se retourne et dit de son air bourru :

« Nester... Tu seras un bon médecin. » Puis il sort, laissant le jeune homme entre sourire et grimace.

CHAPITRE 17

Le mouvement
dans l'apprentissage

Rien de plus statique en général qu'un lieu où l'on apprend.

Bien sûr, en maternelle ou en primaire, les enfants peuvent bouger dans la classe, se déplacent souvent. Mais entrez dans une salle de classe de collège ou de lycée, dans un stage de formation en entreprise, dans un cours du soir pour adultes ou dans un amphithéâtre d'université. À de rarissimes exceptions près, vous verrez des élèves assis à leurs tables des heures durant, en train de noter ce que dit le professeur.

Bien entendu, tout professeur attentionné fera une pause de temps à autre, pour permettre à chacun d'aller aux toilettes ou de fumer une cigarette. Mais on imagine mal des activités avec du mouvement et qui soient directement ou indirectement liées à ce que l'on apprend.

La part du mouvement dans l'apprentissage est donc infime, et le plus souvent considérée comme une gêne. Le plus souvent, le professeur demande à ses élèves de *ne pas bouger* plutôt que d'intégrer dans son cours, de temps à autre, des activités où ils puissent le faire.

Bien sûr, dira-t-on, il faut voir l'aspect pratique. Si tous les étudiants d'un amphithéâtre se mettaient à bouger n'importe comment, où irait-on ? Impossible de se concentrer, de travailler, d'écouter le professeur.

Pourtant on ne peut évacuer aussi facilement cette idée de mouvement pour mieux apprendre. Revenons au petit enfant : imagine-t-on qu'il puisse apprendre sans bouger ? Le mouvement fait partie intégrante de sa manière de découvrir le monde. Il apprend en bougeant, comme il apprend également à contrôler progressivement ses muscles et ses mouvements.

De plus en plus de chercheurs soulignent l'importance du mouvement pour apprendre. Des congrès entiers se réunissent sur ce thème. Est-ce totalement *impossible* de faire entrer le mouvement dans un processus d'apprentissage ? Et (en imaginant que cela soit possible) comment faire pratiquement ? Après une brève réflexion sur le mouvement et ses différents aspects, nous ouvrirons succinctement deux pistes :

• D'abord, comment traduire certaines parties de l'apprentissage en mouvement. Cela permet en particulier de toucher chez les apprenants l'intelligence kinesthésique dont nous avons parlé.

• Ensuite, pour mieux apprendre, il existe un outil simple utilisant le mouvement qui mérite d'être connu : la *Brain gym*. Cet outil donne des résultats souvent spectaculaires.

NOTRE CONCEPTION HABITUELLE DU MOUVEMENT DANS L'APPRENTISSAGE

Un divorce de longue date

Il y a bien longtemps que la supériorité de la raison sur le corps fonde nos attitudes et notre manière de concevoir l'apprendre. Au corps certaines fonctions (support du cerveau, reproduction, sentiments, émotions, etc.) indépendantes des mécanismes de la pensée, fonctions considérées comme plus nobles.

Nous négligeons ainsi les bases *physiques* de la pensée. La pensée ne peut pleinement s'exercer qu'avec la participation du corps, au niveau biologique comme sur le plan physique. Mais cette participation est le plus souvent considérée comme une participation passive, comme une gêne nécessaire, et non comme une participation active.

Mouvement et développement du cerveau

De nombreux chercheurs et pionniers ont montré que le mouvement était une porte privilégiée de l'apprentissage chez le petit enfant [1]. En particulier, une étape importante pour son développement mental est celle où il rampe. Il est intéressant de comprendre pourquoi, car cela aide à saisir le principe de la *Brain gym*.

Ramper est une suite de mouvements complexes qui utilisent de nombreuses parties du corps d'une manière croisée (le bras droit et la jambe gauche avancent tandis que le bras gauche se replie et que la jambe gauche s'étend, la tête pivote, libérant alternativement une oreille puis l'autre, etc.). Au niveau du cerveau, cela se traduit par le développement du corps calleux, ce réseau de fibres qui relie les deux hémisphères cérébraux et qui permet leur bonne intégration.

Mais le mouvement comme porte de l'apprentissage n'est pas utile au seul petit enfant. Pendant toute notre vie, c'est un moyen essentiel pour intégrer et ancrer les nouvelles informations et les nouvelles expériences dans nos réseaux de neurones [2]. Chaque fois que nous bougeons d'une manière organisée, volontaire et fine, de plus nombreuses zones du cerveau sont activées et la porte de l'apprendre s'ouvre naturellement.

UTILISER LE MOUVEMENT DANS L'APPRENTISSAGE

Introduire le mouvement dans le lieu où l'on apprend est possible, quels que soient (presque) le sujet étudié et l'âge des participants, même si cela choque notre conception habituelle de toute forme d'enseignement.

Nous avons vu, dans la présentation des intelligences multiples de Gardner (et en particulier de
l'intelligence kinesthésique), quelques idées pour
traduire une notion étudiée sous une forme intégrant du mouvement. En voici quelques autres :

- pour étudier un événement historique : faire
jouer la scène ;
- pour étudier l'orthographe : représenter une lettre
et se lever au bon moment lorsque l'on épelle un mot ;
- en économie : faire représenter par des élèves un histogramme, et mimer
l'évolution d'un paramètre ;
- en mathématiques : dessiner un problème de géométrie sur le sol ;
- en biologie : représenter par une scène un processus d'évolution ;
- la mère faisant réciter à son fils une leçon de géographie pourra créer montagnes et vallées dans le salon ;
- le père qui tente de faire partager les joies de la géométrie analytique à sa
fille pourra employer les carreaux du parquet vitrifié pour dessiner un repère
orthonormé, des droites et des courbes ; etc.

La difficulté essentielle pour faire entrer (dans certaines limites bien entendu) le
mouvement dans un apprentissage est notre propre réticence à le faire. Mais une
fois sauté le pas, on en remarque l'efficacité, et on y trouve également ce plaisir
créateur à traduire en mouvements ce qui n'était auparavant que purement statique.

LA *BRAIN GYM*

La *Brain gym* a été développée dans les années 70 par l'Américain Paul Dennison, au départ pour tenter de résoudre les problèmes de dyslexie et de vision
chez l'enfant et l'adulte [3]. En synthétisant les travaux de nombreux chercheurs, il
a montré le lien étroit qui existe entre le corps en mouvement et le fonctionnement du cerveau : en faisant certains mouvements simples, on permet au cerveau
de mieux fonctionner et ainsi de mieux apprendre. Cela peut également permettre
de corriger des problèmes datant de la petite enfance. Dans ce but, Dennison a
mis au point un protocole expérimental, appelé « Remodelage latéral », permettant de détecter ces problèmes.

Certains mouvements de *Brain gym* sont des créations de Dennison, d'autres
sont issus de différentes traditions (comme le yoga) et de différentes formations
(comme la danse).

La *Brain gym* peut avoir des résultats spectaculaires, en particulier dans les
cas de dyslexie, d'échec scolaire, et de maladie ou handicap mental. Son emploi
en milieu scolaire permet souvent d'améliorer l'apprentissage et le comportement des élèves, tout particulièrement de ceux en difficulté. Dans la vie de tous
les jours, les personnes qui l'emploient constatent souvent une amélioration dans
leur travail, une meilleure confiance en soi et un contrôle du stress plus facile.

Les trois types de mouvements de la *Brain gym*

Nous apprenons mieux lorsque tout le cerveau est impliqué. Les mouvements de la *Brain gym* aident à un meilleur fonctionnement du cerveau de trois manières principales :

Favoriser la connexion entre les deux hémisphères cérébraux

Pour créer cette connexion optimale, on se sert du fait que chaque hémisphère cérébral commande la partie opposée du corps : l'hémisphère gauche commande le bras droit, l'œil droit, l'oreille droite, etc., et inversement. En faisant des mouvements mettant en œuvre simultanément des parties gauches et des parties droites du corps, on aide cette connexion cérébrale à se faire.

Diminuer les tensions et le stress

C'est essentiellement le rôle d'exercices d'allongement de certains muscles. Ces exercices ont en particulier pour but de diminuer le « réflexe tendineux » déclenché par la crainte et le stress, et qui semble jouer un rôle important dans les difficultés d'apprentissage.

Favoriser la concentration

Il s'agit, par l'intermédiaire de certains mouvements, d'aider et de renforcer la concentration.

Quelques exemples de mouvements

Contrairement aux exercices d'échauffement musculaire, tous les exercices de *Brain gym* se font *lentement*, en coordonnant mouvement et respiration.

Le cross-crawl

C'est l'exercice le plus célèbre de la *Brain gym*, qui a de nombreuses variantes. Il s'inspire des mouvements de reptation du petit enfant dont l'importance dans le développement intellectuel est maintenant bien connue.

Dans cet exercice, on coordonne le bras et la jambe opposés : on lève le genou gauche et on le touche avec la main droite, puis on lève le genou droit que l'on touche avec la main gauche. En même temps, le bras disponible peut se lever. C'est une sorte de marche très lente qui active la connexion entre les deux hémisphères cérébraux.

On peut faire également le cross-crawl assis sur une chaise ; les yeux fermés ; avec une musique adaptée ; etc.

Variante : avec une main, on touche par-derrière le pied opposé qui se lève, puis on inverse.

Autres mouvements croisés. Il existe de très nombreux mouvements faisant intervenir simultanément et de manière croisée deux parties symétriques du corps : marcher et courir ; certaines nages (le crawl) ; ramper ; certains mouvements de danse ; jongler ; certains jeux d'enfants. D'autres activités, par contre, sont pauvres en mouvements croisés (mais développent d'autres compétences), comme le vélo.

Les mouvements croisés permettent (quel que soit l'âge) d'améliorer l'apprentissage en général, et favorisent en particulier l'audition et la vision, et toutes les activités mentales et physiques.

L'automne dernier, j'étais en répétition avec un orchestre symphonique. Il y avait parmi les musiciens un jeune et brillant violoniste, infatigable pour travailler et faire de la musique. Il avait pourtant des difficultés avec un passage extrêmement rapide de Paganini, où il n'arrivait pas à coordonner les mouvements de l'archet avec la main gauche. Après une seule séance de cross-crawl, il arriva à jouer son passage impeccablement, sans une hésitation – et à sa grande stupéfaction. Ensuite, il n'arrêtait pas de raconter son expérience (qu'il qualifiait de miraculeuse) à ses collègues [4].

Hook-up

C'est un exercice très simple et très efficace pour diminuer les tensions et le stress, et qui permet de se recentrer après une pause ou une activité physique. Lorsqu'on le fait en état de stress important, on en perçoit immédiatement l'effet.

L'exercice peut se faire debout ou assis. On croise les chevilles. On tend les bras horizontalement, en croisant les poignets de telle manière que les paumes soient face à face (les pouces vers le bas). On entrecroise les doigts, et on ramène l'ensemble contre sa poitrine en faisant un mouvement de bascule vers le bas. On laisse reposer les mains ainsi entrelacées contre la poitrine, les épaules basses. Il est également conseillé de mettre la langue contre le palais.

Lorsque j'étais conseillère d'éducation, j'avais une règle : quand un élève (de cinq à quinze ans) était envoyé dans mon bureau pour mauvais comportement en classe ou après une bagarre, il faisait deux minutes de hook-up avant que l'on commence à parler. À ce moment-là, il était mieux à même d'entendre le point de vue des autres [5]...

L'allongement du mollet

Le stress peut déclencher ce que l'on appelle le « réflexe tendineux », qui durcit et raccourcit les muscles du mollet, verrouille l'arrière du genou et contracte le cou, préparant le corps à « combattre ou fuir » le danger, même s'il est virtuel.

L'exposition permanente au stress renforce ce réflexe tendineux, pouvant créer divers problèmes de dos, de colonne vertébrale et de cou. On a également remarqué le lien qui semble exister entre ce durcissement du mollet et certaines difficultés d'apprentissage, en particulier chez les personnes ayant du mal à formuler leur pensée, à s'exprimer verbalement, chez celles qui ont de graves problèmes d'élocution et chez les autistes. L'allongement du mollet permet d'inverser progressivement ce processus réflexe, et d'améliorer la situation.

D'une manière plus générale, cet exercice permet de diminuer l'influence négative du stress, en particulier lorsque l'on apprend. Comme tous les autres exercices, il doit se faire *lentement*.

On s'appuie des deux mains contre un mur ou sur le dos d'une chaise. On étend une jambe en arrière et on se penche en avant, en pliant le genou avant. Le buste reste droit. Au départ, le talon arrière est décollé du sol. On l'abaisse alors doucement vers le sol en poussant le genou de l'autre jambe vers l'avant, en expirant. Puis on inverse.

> Un enfant autiste de huit ans avait été mis dans une classe pour malentendants. Il restait dans un coin et se balançait indéfiniment. Son professeur utilisait des exercices de *Brain gym* trois à quatre fois par jour, en particulier des exercices d'allongement. Après deux semaines, l'enfant commença à participer de manière limitée à certaines activités. Deux semaines plus tard, il prononçait ses premiers mots, qui devinrent des phrases la même semaine.
> Tous les autistes avec lesquels j'ai travaillé de cette manière et qui n'avaient jamais parlé ont commencé à le faire dans les semaines qui ont suivi [6].

Le huit paresseux

Le huit paresseux (ou huit couché) est un exercice qui favorise la connexion des deux hémisphères cérébraux. Il est particulièrement utile dans les activités d'apprentissage nécessitant de la lecture et de l'écriture. C'est également un bon exercice de décontraction des yeux, du cou et des épaules. Il favorise la vision périphérique, qui est souvent négligée au profit de la vision concentrée sur un point.

On met le pouce d'une main devant soi, à hauteur du visage, le bras à moitié tendu, et on lui fait décrire lentement un huit couché (comme le symbole de l'infini). On suit des yeux le déplacement du pouce, sans bouger la tête. Progressivement, on agrandit le huit pour aller aux limites de son champ visuel.

Le mouvement doit être lent et conscient. On veille à ce que les épaules restent détendues. Un point de repère (sur un mur par exemple) permet de faire un mouvement bien symétrique. On peut le faire trois fois (ou plus) d'une main, trois fois de l'autre, et trois fois les deux pouces joints.

Variantes : on peut faire le huit paresseux assis à sa table de travail, en dessinant un huit couché avec son doigt. Cette variante est utile en cas de blocage mental (examens, tests, etc.). On peut également faire cet exercice dans un plan perpendiculaire au corps : le pouce reste en permanence devant soi, et décrit le huit couché en se rapprochant puis en s'éloignant des yeux.

> Je vous ai amené mon fils de dix ans pour un problème de dyslexie, traité depuis l'âge de cinq ans par diverses méthodes traditionnelles ou non.
> L'écriture de mon fils est crispée et son langage très difficile. Il cherche toujours désespérément ses mots, ce qui l'épuise et le décourage. Il se fatigue très vite.
> Vous m'avez demandé de lui faire pratiquer régulièrement le cross-crawl et le huit couché. J'ai noté très vite une évolution spectaculaire dans le domaine de l'écriture, qui est devenue plus coulée, souple et fluide [7]...

Quelques réflexions sur la *Brain gym*

Les champs d'action de la *Brain gym* semblent extrêmement nombreux. Outre les élèves d'âge scolaire, des résultats excellents ont été obtenus avec des adultes dans leur travail ou en situation d'apprentissage, avec des handicapés, des malades mentaux, etc. Son emploi en sport, en musique, dans les métiers artistiques, etc., a souvent donné d'excellents résultats.

Les écoles, de la maternelle à l'université, sont des lieux idéaux pour la *Brain gym*. Je n'ai jamais travaillé avec un groupe ou une personne qui n'ait pas mieux appris en utilisant ces exercices. C'est cependant avec les élèves catalogués comme « en difficulté » (de toutes sortes) que j'ai rencontré les résultats les plus impressionnants [8].

Il arrive que nous ayons tous les éléments pour réussir quelque chose, mais que ces éléments soient en désordre, donc ne fonctionnent pas correctement. La *Brain gym* semble apporter les ajustements mineurs mais essentiels qui sont nécessaires pour permettre à l'ensemble du processus d'apprentissage de fonctionner. C'est une *micro-intervention* qui fournit *l'intégration d'éléments déjà existants*. C'est comme les pièces d'un puzzle : toutes les pièces sont là, mais il faut les mettre à la bonne place pour que l'image apparaisse.

Un jour, je travaillais avec un garçon trisomique de onze ans. Son professeur tentait de lui apprendre depuis trois mois les nombres de 1 à 10. Il utilisait pour cela une carte où les nombres étaient écrits en chiffres sur la première ligne, en lettres sur la seconde, et représentés par des objets (comme une pomme, deux cerises, trois arbres, etc.) sur la troisième. Le jeune homme devait mettre un carton correspondant sur la bonne case.

Il n'y arrivait pas, quels que soient les efforts qu'il faisait : il prenait le 3, disait 7, et le posait sur le 10. Après de nombreux essais, le professeur et son élève ressentaient un fort sentiment de frustration. Je proposai de faire certains exercices de *Brain gym*. Le garçon accepta avec plaisir. Après une quinzaine de minutes d'exercice, il déclara qu'il était prêt à essayer à nouveau de compléter la carte. Il le fit complètement et juste du premier coup,… tandis que son professeur laissait couler sur ses joues de grosses larmes d'émotion.

Le lendemain, après quelques minutes d'exercice, il s'assit, remplit à nouveau correctement la carte, puis une autre où les cases étaient mélangées et qu'il n'avait jamais vue. Il le fit facilement et sans se tromper [9].

Un pas plus loin

Les exercices de *Brain gym* pourront sembler trop simples pour être efficaces : on accorde en général plus de foi et d'intérêt aux solutions complexes. Si un programme est simple, prend peu de temps et ne coûte pas cher, il semble sans valeur.

Pourtant, dès que nous savons dépasser ces idées préconçues et regarder autour de nous, nous nous apercevons que ce sont souvent des solutions simples qui produisent les meilleurs résultats. Mais ces solutions sont la plupart du temps *décalées* par rapport au problème à traiter, ce qui fait que nous les rejetons.

En particulier, il n'est pas si facile de remettre en cause l'idée que le mouvement n'a rien à voir avec l'intellect, tant nous sommes marqués par l'opposition entre le corps et l'esprit. Pour beaucoup, il restera difficile de croire que des activités physiques puissent nous aider à mieux penser. Et pourtant, c'est une voie particulièrement riche, pour penser et pour apprendre. Réconcilier le corps avec les processus purement intellectuels permet d'apprendre mieux en étant mieux avec soi-même.

CHAPITRE 18

Inconscient
et apprentissage

L'idée de faire participer l'inconscient au processus d'apprentissage pourra surprendre. On pense généralement que l'on apprend lorsque l'on se concentre sur ce que l'on fait ou lorsque l'on est attentif à ce que dit le professeur. Aucune place pour l'inconscient là-dedans, semble-t-il.

Le mot *inconscient*, déjà, peut prêter à confusion. Il y a les pensées subconscientes, en arrière-plan, celles sur lesquelles on ne fixe pas son attention mais sur lesquelles on peut se concentrer si on le souhaite. Et puis il y a l'inconscient des psychanalystes, celui de Freud, de Jung, de Lacan ou d'autres, beaucoup plus difficile d'accès et aux limites inconnues.

Lorsque l'on apprend, ces deux types d'inconscients (en simplifiant) participent à notre insu au processus. On peut les considérer comme négligeables pour apprendre, ou comme une gêne. Ou bien on peut les intégrer dans le processus d'apprentissage, avec des résultats très positifs et parfois surprenants.

SUGGÉRER AVEC RESPECT

La suggestion est un premier moyen pour faire participer l'inconscient à l'apprentissage. Avant d'aborder ce point important, il est bon d'éviter un faux procès.

C'est une constante dans toute relation : on ne peut pas ne pas suggérer. Il est malhonnête de présenter la suggestion comme étant forcément une influence perverse ou un lavage de cerveau. Il y a de très nombreuses suggestions que nous acceptons de recevoir, comme la publicité. Nous sommes soumis chaque jour (si nous prenons des transports en commun, écoutons la radio, regardons la télévision) à plusieurs centaines de messages publicitaires qui nous suggèrent, souvent d'une manière très habile, des comportements.

L'effet placebo dans la pratique médicale donne également un exemple simple de suggestion. Et peut-on accuser le médecin d'avoir trompé son malade ?

Georgi Lozanov, en recherchant systématiquement les facteurs impliqués dans un apprentissage rapide, a mis en évidence l'importance de la suggestion dans tout processus d'apprentissage, allant même jusqu'à appeler *suggestopédie* sa méthode. Son principe de départ est que professeur et élève envoient en permanence des indications et des signaux non conscients qui peuvent freiner ou libérer le processus d'apprentissage. C'est cette communication inconsciente qu'il importe de prendre en compte, afin de créer un climat propice à l'acquisition de l'information.

En fait, la suggestion pour Lozanov sert essentiellement à *désuggestionner* l'apprenant, c'est-à-dire à éliminer progressivement certaines des barrières mentales qui l'empêchent d'apprendre autant et aussi bien qu'il le pourrait [1].

Le rôle de la suggestion

La suggestion dans un apprentissage, telle qu'elle a été proposée par Lozanov, est délibérément et exclusivement positive, et vise plusieurs buts :

- d'abord, convaincre l'élève qu'apprendre une très grande quantité d'informations est une faculté normale de l'être humain ;
- ensuite, que l'on peut apprendre beaucoup, avec plaisir (ce qui ne signifie pas forcément sans efforts) ;
- enfin, que l'on peut créer un environnement physique, émotionnel et mental permettant d'éliminer en grande partie ce qui empêche le cerveau d'absorber librement l'information.

Comme le souligne Lozanov, il n'y a pas de suggestion positive possible sans désuggestion : nous avons tous à nous déconditionner de nos expériences négatives, à nous débarrasser progressivement de certaines limitations mentales qui sont inscrites en nous, à découvrir que nous pouvons apprendre bien plus et mieux que ce que nous croyions. C'est une tâche difficile, car ces limitations sont souvent très fortes. Nous sommes tous programmés (le mot n'est pas trop fort) depuis notre enfance à croire en certaines limites qui nous semblent impossibles à dépasser.

La suggestion positive peut progressivement nous convaincre que ces limites peuvent être largement repoussées. C'est ce que font naturellement les parents lorsqu'ils encouragent leur enfant à marcher ou à se mettre debout.

Les barrières à la suggestion

La résistance principale à surmonter pour apprendre plus naturellement prend en général la forme d'un manque de confiance en ses possibilités (quel que soit l'âge de celui qui apprend). C'est tout l'intérêt de la suggestion de dissoudre progressivement cette résistance. Dans ce processus de désuggestion, trois barrières doivent être prises en compte :

• La *barrière logique*, qui bloque toute suggestion contraire à la logique généralement admise. Par exemple, si dans un cours de soutien à la lecture un professeur bien intentionné donne cette suggestion positive : « Je suis sûr que vous êtes d'excellents lecteurs », les élèves penseront : « Si je suis un si excellent lecteur, pourquoi donc suis-je ici ? », et ils rejetteront la suggestion du professeur.

• La *barrière affective*, qui bloque les suggestions menaçant la confiance en soi et la sécurité émotionnelle. Forcer un élève à faire quelque chose qui le met mal à l'aise peut par exemple déclencher cette barrière.

Afin de lever cette barrière, l'élève doit se sentir détendu, en sécurité, à l'aise et heureux pendant la classe. Il doit également accepter sans tensions les résultats de son activité. (On a vu le cas d'élèves donnant délibérément de fausses réponses parce que la réussite était un sentiment qu'ils n'avaient pas l'habitude de ressentir et d'accepter.)

• La *barrière morale*, qui bloque toute suggestion en contradiction avec le sens individuel qu'a la personne de ce qui est bon et mauvais. Pour un élève à qui on a toujours dit qu'apprendre était forcément dur et pénible, apprendre autrement pourra déclencher des réactions de refus. Ou bien il considérera comme injuste le fait d'avoir de meilleurs résultats avec moins d'efforts et plus de plaisir.

Il est important de souligner que ces barrières ne peuvent s'éliminer que très progressivement, car elles participent à la personnalité profonde de la personne. On doit en tenir compte de telle manière qu'aucune objection logique, affective ou morale ne puisse apparaître dans le cours de l'apprentissage. Graduellement, elles se dissolvent.

LES MOYENS DE LA SUGGESTION

L'importance de l'environnement

Un environnement physique, émotionnel et mental de qualité « parle » à l'inconscient et lui fait comprendre qu'en ce lieu-là on peut apprendre bien, en sécurité et avec plaisir.

Il est particulièrement important pour les élèves les plus âgés et pour les adultes de retrouver cette confiance en eux, cette spontanéité et cette réceptivité qu'ils avaient dans leur enfance. L'outil privilégié pour retrouver cet état d'esprit est le jeu, sous des formes extrêmement variées et adaptées.

L'importance du langage verbal

La puissance évocatrice des mots est connue depuis toujours. Les civilisations antiques connaissaient déjà tout de l'art du langage, et savaient comment soigner avec les mots. Les mots sont des catalyseurs qui non seulement véhiculent une information, mais déclenchent en nous une réaction lorsqu'ils entrent en contact avec notre inconscient.

Ainsi, pour chacun d'entre nous, des mots ouvrent l'espace tandis que d'autres le ferment. Des mots ouvrent l'univers des possibles, d'autres le rendent inaccessible. Des mots poussent à l'action, d'autres la freinent. Des mots nous parlent, d'autres nous laissent indifférents.

Le problème, c'est que notre langage connaît essentielle-  ment la forme négative. Une étude a montré que, dans le cours d'un professeur « normal », près de 80% du langage étaient à la forme négative ou impérative. Peu importe si vous plaisantez : l'inconscient ne comprend pas la forme négative, et n'a pas le sens de l'humour. Il prend tout au premier degré.

La suggestion négative n'a pas d'effet positif : « Si tu ne travailles pas, tu ne réussiras pas ton bac » n'a pas l'effet positif qu'en attendent parents et professeurs. On n'améliore pas un enfant en étant négatif. Il est donc essen- tiel de nettoyer notre langage de toute négation inutile dans tout contexte d'apprentissage.

Il est à noter que toute suggestion positive doit toujours laisser une « porte de sortie » ; dire : « Cet exercice pourra vous aider à mieux contrôler votre stress », plutôt que : « Cet exercice supprimera votre stress. »

L'importance du langage non verbal

Nous communiquons inconsciemment et malgré nous à travers un « langage non verbal », par le ton de notre voix, nos gestes, notre regard, les expres- sions de notre visage, nos mouvements, nos vête- ments, etc. Nous parlons ainsi de notre enthou- siasme ou de notre ennui, de notre agacement ou de notre plaisir à communiquer, de notre respect pour la personne en face de nous ou de notre mépris viscéral.

Les gestes, les attitudes, les mimiques et même la manière de s'habiller d'un professeur peuvent suggérer qu'apprendre est passionnant ou définitivement rébarbatif. Et le mes- sage est vite compris par l'inconscient des élèves.

Accepter de prendre en compte cette communication non verbale qui parle à l'inconscient a une conséquence directe, mais difficile à admettre d'emblée : pour transmettre un savoir, on doit avoir certaines capacités que l'on reconnaît en général à l'acteur. Tout comme l'acteur, le professeur a la charge de transmettre un message verbal. Et la qualité de cette transmission dépendra pour une bonne part de la qualité de son langage non verbal.

LA PROGRAMMATION NEUROLINGUISTIQUE

La programmation neurolinguistique (PNL) est un outil permettant d'induire certains comportements sur soi ou sur les autres au moyen de certains principes de base et de techniques appropriées. Ces techniques permettent de mieux définir des buts à atteindre, et de développer des relations humaines plus fortes et plus harmonieuses. Cette approche a fait l'objet de très nombreuses adaptations, en particulier dans un contexte d'apprentissage.

Pygmalion à l'école.

L'importance de l'*attente inconsciente* du professeur sur l'élève a été mise en évidence par Robert Rosenthal, lors d'expériences maintenant célèbres [2].

Dans une école élémentaire d'un quartier défavorisé, il fit passer à tous les élèves un test de QI au début de l'année. L'école utilisait un système de répartition des élèves en fonction de leurs résultats scolaires : pour chaque niveau, il y avait une classe pour les meilleurs, une autre pour les moyens, une troisième pour les faibles.

Après les tests, Rosenthal choisit au hasard 20% des enfants de chaque classe, qu'il étiqueta arbitrairement comme supérieurs. Il en donna la liste à l'enseignant, en lui disant que ces élèves auraient sûrement d'excellents résultats, au vu des résultats du test.

Tous les enfants repassèrent un test huit mois après. Les enfants présentés comme « meilleurs » avaient fait des progrès largement supérieurs aux autres élèves, quelle que fût la classe où ils étaient. La vision du professeur sur ces élèves avait agi positivement – mais inconsciemment – sur eux.

Plus surprenant : lorsque Rosenthal fit une expérience équivalente avec des rats et des chercheurs, les rats désignés aux chercheurs comme plus intelligents (en fait choisis au hasard) progressèrent bien mieux que d'autres présentés (toujours au hasard) comme moins intelligents.

APPRENDRE AVEC L'INCONSCIENT

Le langage métaphorique

La métaphore est une figure de langage dans laquelle un mot, une phrase ou toute une histoire est utilisé pour suggérer une similitude ou une analogie.

L'emploi de métaphores est un outil très puissant pour toucher l'inconscient et le faire participer à l'assimilation de savoirs. Une métaphore a l'avantage de ne pas s'adresser directement à la personne, donc de ne pas déclencher une réaction de rejet. La personne qui écoute n'a pas l'impression que la métaphore la concerne directement. Pourtant son inconscient comprend bien le message.

Un exemple bien connu de métaphore est l'histoire de Jonathan Livingstone le goéland, qui peut faire comprendre que l'on peut aller plus haut, développer sa confiance en soi, apprendre à vivre avec d'autres.

Raconter des histoires

Raconter des histoires, comme employer des métaphores, est un outil merveilleux, pour l'apprenant comme pour le professeur.

Tout le monde aime écouter des histoires, et à tout âge. Pourquoi s'en priver dès l'entrée au collège (souvent), et ne pas l'intégrer dans tout enseignement, quel que soit l'âge des apprenants, quelle que soit la matière enseignée ? Le cinéma, le théâtre ne font rien d'autre que de nous raconter des histoires. Tiens, d'ailleurs, je me souviens que lors d'un stage de formation en Australie...

> Nous étions une trentaine de professeurs et formateurs à suivre ce stage de deux jours. Moyenne d'âge : la quarantaine.
>
> À la fin de la première journée, l'un des deux animateurs nous demande d'apporter le lendemain une histoire que nous aimons bien, pour illustrer un point de la journée.
>
> Le lendemain, une femme (dans la moyenne d'âge) propose de nous lire le livre qu'elle a apporté. C'est un livre pour enfants de un à trois ans. Nous nous mettons en cercle autour d'elle, et elle commence.
>
> Il s'agit de l'histoire d'un petit bébé qui part à la recherche d'une maman, et qui rencontre sur son chemin un coq, un chat, un hérisson, etc. À la question : « Veux-tu être ma maman ? », chaque animal lui explique qu'il ne peut pas être sa maman, mais se joint à lui dans sa recherche (les enfants adorent cet aspect répétitif et cumulatif).
>
> Écoutant comme les autres l'histoire, j'ai l'idée à un moment de regarder l'assemblée. Et je m'aperçois que tous écoutent l'histoire fascinés, entièrement plongés dans le récit, les yeux brillants, la respiration suspendue, la bouche entrouverte. La concentration de toutes ces personnes déjà bien éloignées de l'enfance est étonnante.
>
> MORALITÉ : Racontez des histoires et n'importe qui, quel que soit son âge, adorera. Et vous participerez à son plaisir.
>
> Je précise tout de même qu'à la fin de l'histoire, le bébé trouve une maman et même, avec l'aide de la maman, un papa. J'ignore si cette histoire peut créer chez l'enfant des confusions ultérieures sur la manière dont on fait les bébés.

Le contenu de l'histoire dépend du but souhaité : elle peut créer un état particulier, éclairer un point de cours d'une manière décalée, stimuler la créativité, aider à résoudre un problème par analogie, etc.

L'histoire peut ainsi participer à toutes les formes d'enseignement – et beaucoup plus : elle peut participer à la formation de la personnalité de celui qui écoute, d'une manière inconsciente donc sans effort. Elle peut donner envie d'agir, faire découvrir certaines valeurs universelles comme l'écoute, la patience, la compassion, le plaisir d'apprendre, l'espérance, ou le respect de l'autre.

L'emploi de rites

L'importance des rites pour le petit enfant est connue. Mais on peut s'interroger sur leur importance pour structurer toute vie. Les rites s'adressent à des parties très archaïques de notre être et jouent un rôle important dans la structure de notre personnalité. L'absence de rites peut contribuer à créer un sentiment d'absurdité et de vacuité des choses.

Il est souhaitable que toute situation d'apprentissage soit structurée par des rites discrets*. Ce fait est bien connu des institutrices de maternelle ou de primaire, mais souvent oublié ensuite. Les parents avec leurs enfants, les professeurs avec leurs élèves, les formateurs lors d'une session de formation peuvent introduire avec bonheur des rites dans les activités qu'ils proposent.

Il peut y avoir des rites de début et de fin de cours (accueil, musique,...), des rites de groupe (fêter les anniversaires, les succès,...), des rites liés à l'environnement d'apprentissage (apporter un bouquet de fleurs fraîches le lundi matin,...), des rites dans le déroulement de l'apprentissage (commencer chaque cours par cinq minutes de relaxation, marquer la fin d'une pause par une musique entraînante,...), etc.

Les rites peuvent jouer différents rôles :

• ils sécurisent en donnant des points de référence dans la durée, et permettent d'accueillir plus facilement la nouveauté de l'apprentissage ;
• ils structurent l'enchaînement de différentes activités ;
• ils permettent d'annoncer et de préparer une nouvelle activité, de faire une transition ;
• ils clôturent ;
• ils peuvent marquer des événements spéciaux ; etc.

Périphériques

Les informations reçues par nos sens sont perçues, pour une très grande partie, de manière inconsciente (nous ne serions pas conscients d'environ 80% des informations que nous recevons). Voici un moyen simple de comprendre cela :

> Vous vous rendez à votre travail : bus, métro, marche à pied, vous connaissez le trajet par cœur, ce qui vous permet de lire le journal, de réviser une leçon, ou de rêvasser en tentant de continuer votre nuit brisée par la sonnerie du réveil. À la fin du trajet, vous n'avez rien remarqué de particulier : un trajet banal, comme tant d'autres. Mais si pour une quelconque raison quelqu'un vous interroge sur des points précis, de nombreux détails pourront vous revenir : la couleur de la robe de votre voisine de droite, l'odeur de l'after-shave de votre voisin de gauche, le chat qui a traversé la rue et failli se faire écraser, etc. Toutes ces perceptions sont entrées dans votre cerveau mais sont restées inutilisées.

La publicité (légalement) et les images subliminales (illégalement) utilisent ce phénomène de perception inconsciente.

On peut faire participer cette entrée d'informations – qui n'implique aucun

---

* C'est-à-dire non directement perceptibles en tant que rites, par opposition (par exemple) avec certains rites religieux.

effort – au processus d'apprentissage, à travers ce que l'on appelle des *périphériques*, qui s'intègrent dans l'environnement visuel de l'apprenant. Ce sont des éléments qui contiennent des informations, généralement disposés sur les murs.

Quelques suggestions pour les périphériques

Pour pouvoir jouer leur rôle de transmetteur d'informations *via* l'inconscient, il est souhaitable de suivre quelques règles simples pour le choix ou la réalisation de périphériques :

- ils doivent être agréables à regarder, très colorés, certains explicites, certains symboliques ;
- ils doivent pouvoir être compris à distance, c'est-à-dire avoir très peu de texte, être très simples. On ne doit faire aucun effort visuel pour les « lire » ;
- ils doivent être peu nombreux ; éviter l'accumulation et le fouillis ;
- leur localisation dans la pièce doit être choisie avec soin ;
- il faut les changer souvent (au maximum une semaine consécutive sur le mur) ; un périphérique poussiéreux ne joue plus son rôle ;
- le support doit être de qualité ; les recouvrir de plastique donne un aspect plus agréable et permet de les réutiliser ;
- ne pas justifier leur présence ;
- on peut les utiliser lors de contrôles, en particulier les topogrammes réalisés précédemment où n'apparaissent de loin que quelques mots clés.

C'est essentiellement au professeur de créer ces périphériques. Ce qui peut apparaître au premier abord comme une charge de travail supplémentaire peut devenir un moment particulièrement enrichissant dans la préparation de son cours. Il pourra utiliser ses talents cachés de graphiste ou de dessinateur, retrouver le plaisir de faire des découpages ou des collages, découvrir les possibilités insoupçonnées de son ordinateur, et ainsi découvrir le plaisir de concevoir ces petites œuvres chargées de suggérer, d'attiser la curiosité, de pousser ses élèves à se poser des questions.

Les périphériques peuvent jouer différents rôles

- Ils peuvent préparer un cours à venir. On peut ainsi introduire une notion – sans aucun commentaire – sous forme de périphériques plusieurs jours ou même plusieurs semaines avant de l'étudier directement : structures grammaticales ou mots nouveaux, formules mathématiques particulières, reproductions liées à un événement historique, etc. L'élève aura l'impression d'être familier avec cette notion lorsqu'on la présentera, et il l'assimilera plus vite.
- Ils peuvent suggérer. Par exemple l'image d'un voilier qui trace son sillage lentement mais sûrement vers son but sera bien mieux comprise, *via* l'inconscient, qu'une phrase du genre : « Il faut travailler régulièrement pour progresser et réussir. »

• Ils peuvent participer à créer un environnement chaleureux, ouvert sur le monde. On peut ainsi mettre au mur des topogrammes et des travaux antérieurs, des citations qui déclenchent la réflexion. Des reproductions d'œuvres d'art (peintures, sculptures) seront appréciées par le côté « hémisphère droit » de l'élève et pourront favoriser un état mental positif pour apprendre.

• Ils peuvent participer directement à l'enseignement en cours, en particulier en donnant une vue globale de ce que l'on apprend.

Le rôle de l'art

L'art peut être introduit de nombreuses manières dans un processus d'apprentissage, selon deux pistes principales :

• Un environnement où l'art a une place reconnue est un lieu où l'on apprend mieux. L'art favorise l'introduction d'émotions dans l'apprentissage, et à travers le système limbique, ces émotions facilitent l'intégration des informations et leur mémorisation.

• Les activités artistiques nécessitent la mise en œuvre à la fois des capacités de l'hémisphère gauche (plutôt « logique ») et de l'hémisphère droit (plutôt « artiste »). En intégrant la création artistique à l'intérieur même du processus d'apprentissage (par exemple : dessin, graphisme, poésie, peinture, musique, etc.), on favorise une activation plus globale des capacités cérébrales de l'apprenant.

UNE APPLICATION TRÈS PARTICULIÈRE : LA TECHNIQUE DE *PHOTOREADING*

Une des plus surprenantes manières d'utiliser l'inconscient dans un processus d'apprentissage (au sens large) est la technique de *PhotoReading*, où l'on se sert essentiellement de l'inconscient pour assimiler un savoir. Bien qu'utilisant certains procédés de lecture rapide, cette technique fonctionne selon un principe totalement différent. Elle a été mise au point par l'Américain Paul R. Scheele [3].

Une petite expérience que vous avez sûrement faite permet de comprendre le phénomène servant de point de départ au *PhotoReading*. Vous feuilletez rapidement une revue ou un journal, en ne regardant que les gros titres. Brusquement, vous vous dites : « Tiens, j'ai vu quelque chose d'intéressant dans une page précédente ». Et vous avez bien du mal à retrouver le mot, en bas à droite, qui a attiré votre « attention inconsciente »*. C'est sur cette sorte de lecture inconsciente qu'est basée la technique mise au point par Paul Scheele.

Brièvement, les quatre étapes pour mettre en œuvre cette technique sont les suivantes :

_____

* L'aspect mental du processus de vision permet d'enregistrer plus de dix images par seconde.

Se préparer

Il s'agit essentiellement de se détendre et de se concentrer.

Pour se détendre, de nombreux moyens existent : techniques de respiration, de détente musculaire volontaire, de yoga, etc.

Pour se concentrer, Paul Scheele préconise d'utiliser une technique très ancienne, qu'il appelle la *technique de la clémentine* : imaginez une clémentine flottant derrière votre tête et légèrement au-dessus, au point idéal d'attention. Imaginez que toute votre attention est rassemblée en ce point. Cette technique de concentration permet en particulier d'agrandir son champ de vision.

Première approche

Plus on connaît de choses sur ce que l'on va lire, mieux on comprend et plus on retient facilement. Avant de « lire » un livre ou un article par la technique de *PhotoReading*, il est donc intéressant de le survoler, de l'écrémer pour en retirer les mots clés : ils serviront de points d'ancrage sur lesquels des informations plus complètes pourront s'accrocher par la suite.

Pratiquement on peut, en cinq à huit minutes, survoler un livre en s'intéressant uniquement aux titres et sous-titres, et en recherchant les mots clés du livre grâce à la table des matières, à l'index (les mots qui ont le plus de renvois), aux mots qui apparaissent en italiques ou en gras dans le texte. On peut également parcourir la quatrième de couverture, la préface, la conclusion, regarder les illustrations.

Après cette première approche, on pourra avoir déjà une bonne idée de la valeur du livre que l'on va lire, et considérer que l'on en a assez appris après ces quelques minutes de survol intelligent.

La « photolecture »

Bien détendu (dans cet état de détente concentrée dont il était question plus haut), on entre dans un état de focalisation particulier du regard. C'est celui que l'on utilise pour regarder les stéréogrammes, ces curieuses images en trois dimensions. On peut plus facilement utiliser la technique de la « saucisse cocktail » : joignez vos deux index assez loin devant vos yeux, et défocalisez votre regard jusqu'à ce qu'une sorte de petite saucisse apparaisse.

Avec un livre, on retrouve cette focalisation particulière lorsqu'en regardant les deux pages à la fois on voit apparaître une petite « page fantôme » d'environ un centimètre entre les deux pages. C'est dans cet état de focalisation du regard qu'a lieu la « photolecture ».

Une fois dans cet état de détente concentrée et de focalisation particulière, on « photographie » les pages à la vitesse (plus ou moins) d'une page par seconde. Si la concentration est fragile, si la clémentine tombe de sa position ou si la page fantôme disparaît, on reprend tranquillement le processus.

Une fois terminée la « lecture » du livre, on a le sentiment de n'avoir rien lu et rien compris : c'est normal. L'inconscient, lui, est déjà au travail. On clôt le processus en lui disant des choses gentilles, comme : « Je suis curieux de savoir ce que tout ce que j'ai lu va m'apporter. »

L'activation

Il ne s'agit pas ici de chercher à se souvenir de ce que l'on a lu. Il s'agit plutôt d'activer les schémas mentaux qui se sont mis en place lors de la préparation et de la « photolecture ».

Parfois il peut y avoir activation spontanée : l'information revient à notre conscience exactement au moment où nous en avons besoin. Le cas n'est pas rare, mais n'est pas le plus courant. On peut aussi mettre en place une activation volontaire de la façon suivante : d'abord laisser un temps d'incubation minimum, au moins vingt minutes, si possible une nuit ; ensuite se poser des questions comme : « Qu'est-ce qui est important dans ce livre ? » ; « Quelles informations peuvent m'aider dans mon travail en cours (ou pour mon examen) ? »

Il est important de ne pas attendre de réponse claire et immédiate à ces questions. Elles sont faites pour stimuler l'inconscient à continuer à travailler sur ce qui a été lu, à développer la curiosité sur le sujet.

On peut également discuter du sujet avec quelqu'un ; ou faire un topogramme. On peut aussi souhaiter revenir au livre pour en savoir plus. Cela peut se faire en feuilletant le livre à la manière dont Superman découvrirait la Terre : survol à haute altitude, en se laissant guider par l'intuition, et plongées rapides et brèves sur les points qui attirent notre attention.

On imagine bien que Paul Scheele raconte quelques histoires étonnantes d'emplois de sa technique. En voici trois :

Une femme d'affaires américaine, ayant besoin d'apprendre le français, « photo-lit » plusieurs fois un dictionnaire anglais-français avant de suivre une formation chez Berlitz à Bruxelles. Pendant le cours, elle continue chaque soir, en y rajoutant ses notes de la journée. Le responsable de l'école lui annonce à la fin qu'elle a réussi 2,5 fois mieux que le meilleur étudiant qu'il ait jamais eu.

Deux amis jouent régulièrement au tennis ensemble. L'un, après avoir suivi une formation de PhotoReading, « photo-lit » cinq livres sur le tennis. Son jeu s'améliore presque instantanément, à la grande surprise de son ami... qui se met aussitôt à cette technique.

Un homme de cinquante ans avait abandonné l'école très tôt pour travailler. Il n'avait pas lu plus de trois livres de toute sa vie. Après avoir découvert la technique de Photoreading, il se mit à dévorer des dizaines de livres, déclarant (on s'en doute) que sa vie avait totalement changé.

La technique de PhotoReading peut soulever deux types de réticences.

D'abord on peut se dire qu'il n'est pas possible de lire une page à la seconde. On comprend bien qu'il ne s'agit pas ici de *lire* tous les mots imprimés sur chaque page, comme nous le faisons habituellement. L'inconscient repère en un clin d'œil les mots importants de la page, et reconstruit le sens général des phrases. Cette technique est donc plus adaptée pour acquérir des informations factuelles que pour des ouvrages d'une grande abstraction, ou de la poésie.

Ensuite, on peut trouver scandaleux de ne pas tout lire d'un livre. Mais un livre est un objet qui est *à la disposition* du lecteur. Ce sont les domaines d'intérêt du lecteur et les buts qu'il recherche qui vont déterminer ce qu'il veut tirer de sa lecture, et par conséquent son niveau de lecture. Il pourra n'être intéressé que par les idées essentielles et par les faits (la technique de PhotoReading ou les techniques de lecture rapide peuvent alors être intéressantes), ou bien souhaiter tirer plaisir du style, de l'humour ou de la richesse linguistique de l'auteur et adoptera une lecture plus lente.

On peut également se dire : « J'ai déjà suffisamment de mal à lire un livre, cette technique n'est pas pour moi. » Pourtant, et d'une manière assez paradoxale, la technique de PhotoReading (ou les techniques de lecture rapide) peuvent débloquer certains problèmes de lecture.

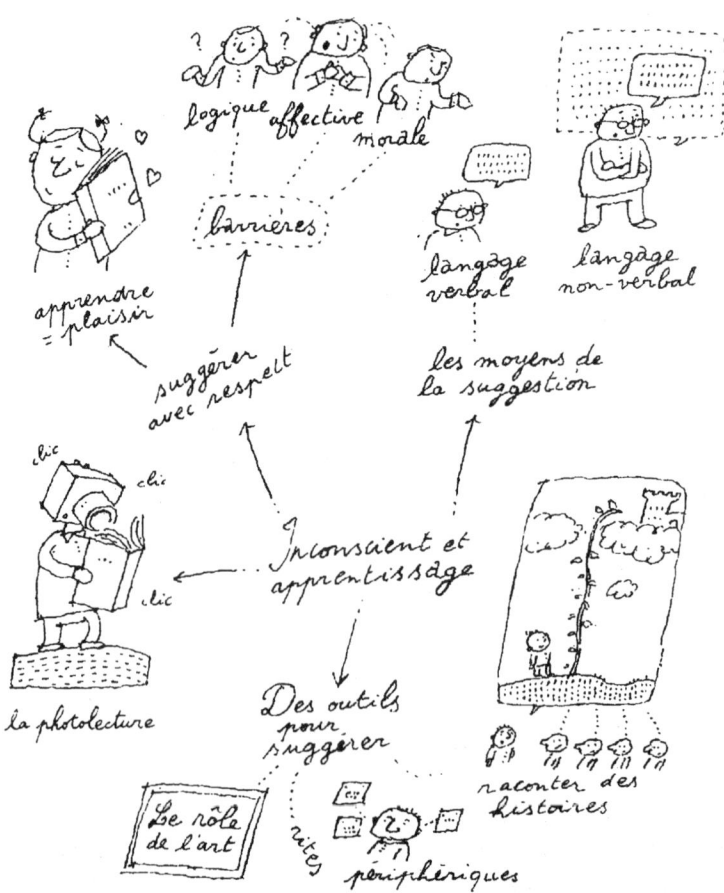

Une curieuse histoire

Après avoir lu le récit d'une expérience faite aux États-Unis sur la « sensibilité » des plantes, un professeur proposa un jour à ses élèves l'expérience suivante. Ils achèteraient trois plantes vertes, identiques et de même origine. Chacune recevrait strictement la même quantité de lumière, d'eau et d'engrais. Par tirage au sort, ils détermineraient le rôle de chacune. L'une recevrait les pensées positives de toute la classe, des compliments ; on lui dirait qu'elle est belle, que ses feuilles sont superbes, qu'elle embellit la classe, etc. On lui dirait le plaisir de la journée, que son équipe de foot a gagné, que l'on s'est réconcilié avec sa meilleure amie, qu'il y a du soleil sur la pelouse, etc.

La deuxième représenterait le neutre : aucune attention particulière. À manger, à boire, de la lumière, c'est tout.

La troisième ne recevrait que des pensées négatives : qu'elle est moche, qu'elle grandit mal, etc. Que l'on s'est pris une torgnole par son père la veille, que l'on a eu un 5 en histoire-géo et qu'on déteste ce prof, qu'on en a marre du voisin de dessus, etc.

L'expérience commença donc.

Le professeur remarqua de temps à autre un élève, le regard dur, fixant la plante « négative » pendant qu'il expliquait un point délicat du cours qui aurait mérité plus d'attention. Ou un autre, le visage épanoui, qui semblait raconter des choses passionnantes à la plante « positive ». Il laissait faire. Au bout de quelque temps, il devint évident que la plante positive s'épanouissait : taille superbe, feuilles luisantes, etc. La plante neutre faisait penser à ces plantes d'appartement dont on ne s'occupe que tous les quinze jours, quand on pense à les arroser. Pas en mauvaise santé, mais pas vraiment épanouie. Une moyenne un peu triste. La plante négative, elle, avait vraiment mauvaise mine : taille rachitique, peu de feuilles, de la mousse sur la terre.

Un jour, à la fin d'un cours, un groupe d'élèves vint voir le professeur. Une fille commença :

« M'sieur, on voudrait arrêter l'expérience, avec les plantes.

– … ?

– Oui, dit un garçon, c'est cruel, votre truc.

– Cruel ?

– Ben oui, on n'a pas le droit de faire souffrir une plante comme ça, pour rien. C'est pas juste. »

Le professeur proposa alors que les trois plantes reçoivent dorénavant des pensées positives. En cas de nécessité, il suggéra la vieille tour en ruine du bois voisin pour recueillir les pensées négatives. Ce qui fut accepté par tous.

Les choses s'améliorèrent pour les deux plantes anciennement neutre et négative. Mais elles ne rattrapèrent jamais leur retard.

Le professeur, une âme simple, raconta candidement cette étrange aventure à des collègues. Il remarqua avec un certain étonnement que certains ne semblaient pas vraiment apprécier son histoire.

CHAPITRE 19

Conflits et apprentissage

Curieusement, pour peu que l'on s'intéresse à cet aspect des choses, on remarque que de très nombreux lieux d'apprentissage sont parcourus et traversés par des conflits, et qu'il est habituel de les négliger.

Qu'il y ait des conflits est normal, car c'est une conséquence de toute vie sociale où l'on tente de faire vivre aussi harmonieusement que possible des personnes ayant des souhaits, des talents, des buts différents. Le conflit fait partie de la vie. La régulation des tensions et la résolution des conflits peuvent consolider les fondements mêmes de la relation, que ce soit dans la famille, dans l'entreprise, à l'école ou au niveau international. Le conflit est souvent facteur de développement et d'évolution.

Mais il faut remarquer que nous sommes accoutumés à résoudre les conflits essentiellement par l'affrontement, qui précède le plus souvent la négociation : on descend d'abord dans la rue avant de s'asseoir à une table pour causer.

Si cette forme d'action peut être nécessaire à l'occasion, il est malgré tout regrettable, dans de nombreux cas, de ne pas épuiser toutes les possibilités de résolution de conflit avant d'aller à l'affrontement. C'est ainsi qu'agissent couramment certaines sociétés, semble-t-il avec profit.

L'école et l'entreprise sont des lieux remplis de conflits. Mais comment imaginer pouvoir apprendre correctement lorsqu'il existe une haine ouverte entre un professeur et ses élèves ? Comment enseigner sereinement lorsque des rumeurs circulent sur la probité du professeur ? Comment faire son travail de formateur lorsque des jalousies larvées sapent la confiance en sa compétence ?

Apprendre à dénouer des situations conflictuelles est un outil dont l'emploi dépasse largement le champ de l'apprendre. Mais dans ce champ-là, cet outil peut être considéré comme essentiel pour deux raisons : d'abord pour régler les conflits qui bloquent l'apprentissage ; ensuite comme outil utile pour toute la vie.

Peu de personnes peuvent dire qu'on leur a appris les quelques règles simples de la médiation. Et pourtant, un conflit bien résolu est infiniment plus porteur d'humanité que, même, l'indifférence polie. Car le processus de médiation va transformer la relation entre les antagonistes, en la faisant passer d'un état de tension « binaire » où règnent la symétrie, l'exclusion, la compétition, la violence, à un processus « ternaire » où la différence va pouvoir à nouveau être acceptée et la responsabilité partagée. On passe d'un processus compétitif à un processus coopératif.

LE CONFLIT

Différents types de conflits

On peut distinguer plusieurs types de conflits [1].

D'abord les *conflits internes*, d'ordre psychologique :

• Dans une personnalité, plusieurs instances psychiques peuvent avoir des exigences contraires, créant conflit.

Nous avons vu que les deux hémisphères cérébraux n'avaient pas la même vision de la « réalité ». Lorsqu'il y a, par exemple, contradiction entre les paroles et les actes d'une personne, il peut y avoir conflit chez la personne en face : que faut-il croire, la parole ou l'acte ? Le petit enfant est particulièrement sensible à ce type de situation, qu'il n'a aucun moyen de résoudre par lui-même. De très nombreux problèmes psychologiques viennent ainsi de conflits internes. Lorsqu'ils ne sont pas résolus, l'aide d'un psychothérapeute peut être nécessaire.

• Lorsqu'il y a conflit entre l'apprenant et ce qu'il doit apprendre.

Cela tient aux barrières mentales et affectives de l'élève. Si on a répété à quelqu'un qu'il est « nul en langues », il aura bien du mal à entrer dans un processus d'apprentissage d'une nouvelle langue étrangère.

Et puis il y a les *conflits externes*, entre personnes ou entre groupes de personnes, qui peuvent prendre d'innombrables formes. La médiation est un outil permettant d'aider à résoudre ces conflits. D'autres outils peuvent être utilisés, comme par exemple le « parler Girafe » de Marshall Rosenberg. Ces deux techniques seront présentées un peu plus loin.

Des jeux peuvent également aider à la résolution de conflits, ou pour apprendre à les résoudre.

Différents niveaux de conflits

Il est important de remarquer qu'un conflit n'arrive pas brutalement et *ex nihilo*. Il a toujours été précédé d'une phase de développement dont les étapes sont en général les suivantes :

• le *malaise* : rien n'est dit, on ne peut pas vraiment parler de problème à ce stade, mais les choses ne tournent pas rond, sans que l'on sache trop pourquoi ;

• les *premiers incidents* : sans qu'ils aient de conséquences graves, des petits incidents vous touchent, vous énervent, vous agacent ;

• l'*incompréhension* : chacun commence à porter des jugements négatifs sur l'autre, à avoir une perception négative de l'autre ;

• la *tension* : des attitudes et des comportements négatifs s'ajoutent à cette appréciation négative ;

• la *crise* : le comportement change, le fonctionnement normal devient difficile, des gestes et des phrases extrêmes sont accomplis. Il peut y avoir rupture brutale, violence, comportements extrêmes.

LA MÉDIATION

La médiation est un processus dans lequel un tiers compétent aide deux personnes à régler un conflit, en établissant ou en rétablissant entre eux une bonne communication. C'est une démarche neutre mais active.

Il faut bien distinguer le processus de médiation d'avec la manière que l'on a souvent d'empêcher un conflit sous un prétexte moral. Lorsque le surveillant d'une cour de récréation sépare deux enfants en leur disant : « Arrêtez tout de suite ! Vous n'avez pas honte de vous battre comme ça : », il ne résout rien, et laisse le conflit ouvert et parfois exacerbé.

La médiation est bien différente : c'est une démarche structurée pour traverser le conflit, pour aller jusqu'au bout et le régler (ou le laisser ouvert, mais d'une façon claire).

Le processus de médiation

Le processus de médiation est simple : il consiste à définir clairement le problème, puis à trouver des solutions acceptables par les deux parties en conflit.

Le médiateur est toujours indépendant, neutre, respectueux et discret. Il ne juge pas, ne donne pas de conseils. Il souhaite que le conflit soit résolu. Il a une bonne capacité d'écoute. Il s'estime compétent pour jouer le rôle de médiateur dans la situation donnée.

La médiation obéit à certaines règles, que les participants s'engagent à respecter :
• la démarche structurée de la médiation sera suivie par tous,
• personne ne sera blâmé ou jugé,
• la violence est prohibée,
• il n'y aura pas forcément d'excuses à faire à la fin,
• une seule personne parle à la fois,
• on n'interrompt pas la personne qui parle,
• chaque personne écoute l'autre,
• on respectera une confidentialité totale sur ce qui est dit.

Une fois que les parties en présence ont accepté le principe de la médiation et les règles générales, le processus peut commencer. Il se décompose généralement en trois parties :

L'exposé des faits

La première personne (qui peut être tirée au hasard) expose les faits à sa manière. La deuxième écoute sans interrompre. Puis la deuxième personne répète avec ses propres mots ce que la première a dit (afin de s'assurer qu'il n'y a pas mauvaise compréhension). Ensuite, on inverse : la deuxième personne expose les faits, que la première écoute sans interrompre puis répète avec ses propres mots.

Cette première partie peut être relativement longue, et doit pouvoir aller jusqu'au bout : il s'agit ici de vider l'abcès, de dire ce que l'on a sur le cœur.

L'expression des sentiments et des souhaits

Chacun à son tour exprime ce qu'il ressent dans ce conflit, et ce qu'il souhaite pour que le conflit soit résolu.

La recherche d'une solution acceptable par tous

Chacun à son tour donne son avis sur la manière dont le conflit peut être résolu, ce qui devrait changer ou ce dont on a besoin pour régler le conflit.

À partir de là, le médiateur favorise la création d'un terrain d'entente acceptable par les deux parties.

Lorsqu'une solution est trouvée, le médiateur s'assure qu'elle est bien acceptée par chacun. Il est souhaitable que cette solution soit un consensus, non un compromis. Il est conseillé de l'exprimer par écrit.

Quand employer la médiation

Certains principes de bon sens doivent être appliqués :
• Que les parties en conflit acceptent la médiation. Faire ce premier pas n'est pas si simple, car on pourra trouver un intérêt à rester dans le conflit. Même si cela est refusé dans un premier temps, proposer une médiation n'est jamais inutile. Cela peut permettre qu'elle soit acceptée plus tard, en particulier si le conflit s'aggrave.
• Que le médiateur soit compétent pour le conflit. Dans les cas où le médiateur est un enfant ou un adolescent, il doit savoir très précisément quels types de conflits sont de son ressort (bagarres, médisances et calomnies, rejet, disputes, taquineries, etc.) et quels autres sont du ressort d'adultes (propos racistes ou antireligieux, vol, racket, drogue, violence, sexe, problèmes psychologiques graves, etc.).

L'outil de la médiation peut être employé en dehors des situations de conflit ouvert. Le bon médiateur est celui qui voit là où il manque une passerelle, avant que son absence crée un conflit.

Les à-côtés de la médiation

Quelques règles permettent au processus de médiation de bien fonctionner :
• éviter que les personnes en conflit soient assises face à face ;
• décider du temps de la médiation, et du nombre de rencontres que les deux parties acceptent pour arriver à une solution ;
• bien expliquer le rôle du médiateur : ni juge ni conseiller, et discrétion totale ;
• bien expliquer la structure de la médiation, et demander l'accord des parties pour suivre jusqu'au bout cette structure ;

- le silence éventuel fait partie du temps de parole accordé à chacun ;
- proposer des pauses si nécessaire, en particulier lorsque les réactions émotionnelles deviennent excessives ;
- proposer à la fin que la résolution du conflit débouche sur une action.

Des expériences de médiation

Seules nous intéressent ici directement les expériences de médiation dans des lieux où l'on apprend, mais la médiation est un outil utile et utilisé dans bien d'autres domaines, en particulier dans ce que l'on appelle la *médiation de proximité* : on installe un lieu de médiation sans rapport avec la municipalité, la police ou la justice dans des lieux particulièrement riches en tensions [2].

En milieu scolaire, la formation de jeunes médiateurs (médiation « par les pairs ») se développe essentiellement dans les pays anglo-saxons, en particulier aux États-Unis et en Australie. En France, quelques associations proposent une formation à la médiation des enseignants et des élèves, et des expériences ont été faites en collège [3].

À l'école primaire, les jeunes médiateurs interviennent à la cantine ou dans la cour de récréation, et aident leurs camarades à résoudre leurs conflits sur-le-champ. Au collège ou au lycée, il y a souvent une pièce réservée à la médiation. On fait en sorte que les médiateurs soient bien représentatifs de la population de l'école. Les médiateurs sont suivis par des adultes, et connaissent les conflits qu'ils peuvent aider à résoudre et ceux qui doivent être transmis à un adulte.

Un rapport américain sur la médiation par les pairs souligne l'intérêt de ce type de médiation : 98% des enseignants interrogés (et ayant participé à la formation) pensent que la médiation par les pairs donne aux enfants un outil important pour résoudre les conflits de tous les jours ; et 84% des jeunes médiateurs interrogés pensent que le fait d'être médiateur leur a donné des capacités qu'ils pourront utiliser toute leur vie [4].

Suzanne Miller n'avait jamais entendu parler de résolution de conflit ni de médiation avant d'être nommée directrice adjointe d'un lycée du Wisconsin (États-Unis). Ce lycée avait mauvaise réputation. Il y avait beaucoup de bagarres et les professeurs remplaçants refusaient de venir y travailler.

Avec un comité de volontaires, elle chercha des moyens de ramener la paix dans le lycée. Mais elle avait bien le sentiment que les propositions classiques (modifications techniques, systèmes de surveillance, augmentation du nombre de surveillants, etc.) n'étaient pas de vraies solutions.

Ayant entendu parler d'un programme de médiation, elle l'introduisit dans son lycée, avec des résultats exceptionnels, et remarqua : « L'humanité a un besoin fondamental de savoir résoudre les conflits sans violence. Et c'est précisément cela que nous enseignons à nos élèves. Quand je vois des enfants pratiquer la médiation en dehors de l'école, je vois l'avenir avec plus d'optimisme [5]. »

CHANGER SON LANGAGE : PARLEZ-VOUS GIRAFE ?

Dans un conflit, le langage, à un moment ou à un autre, devient violence.

Le juge posa à Eichmann, grand criminel de guerre nazi, cette question : « Comment avez-vous pu envoyer à la mort tant de personnes ? » Eichmann répondit : « Notre langage rendait cela facile : "Vous devez..., ordre supérieur..., c'est un ordre..." »

L'Américain Marshall Rosenberg est un spécialiste de la résolution de conflit [6]. Il a mis au point un outil qui s'attache directement au langage en tant que porteur du conflit. « Changez le langage, dit-il en substance, et le conflit sera sur le chemin de sa résolution. »

Plus précisément, il a imaginé deux personnages (représentés par des marionnettes) : le chacal et la girafe. Le chacal hurle pour communiquer. C'est un langage fait de critiques et d'interprétations qui amplifie le conflit (et parfois le crée). La girafe parle autrement : elle observe sans juger, elle exprime des sentiments sans en rendre l'autre responsable. C'est le langage du cœur (la girafe est le mammifère terrestre qui a le plus gros cœur).

Lorsque la situation conflictuelle passe au niveau du langage, il s'agit alors de transformer la forme et la tournure des phrases pour passer d'un langage *chacal* à un langage *girafe*. C'est donc un outil de résolution de conflit sans intervention d'une tierce personne.

C'est un outil d'une grande simplicité mais d'une grande efficacité. C'est avec lui que Marshall Rosenberg parcourt le monde, enseignant le « parler girafe » dans les lieux les plus conflictuels de notre planète... et les autres.

Le « parler chacal »

Nous parlons tous couramment le *chacal*, sans le savoir bien entendu. C'est le langage qui juge, étiquette, diagnostique, pose des exigences, manipule, fait du chantage, culpabilise. Il établit un rapport de force. Il fait porter à l'autre la responsabilité de nos propres sentiments.

C'est une manière de communiquer qui pousse aussitôt l'interlocuteur à un comportement servile, ou à répondre vertement, ou à lancer un regard furieux, ou à ruminer la remarque pendant des semaines.

Quelques exemples typiques d'expressions chacal

Celles qui nient l'existence d'un choix :

« Il y a des choses que vous devez faire, que ça vous plaise ou non. »

« Je ne peux rien y faire. »

Celles qui attribuent la cause de quelque chose à quelqu'un d'autre ou à quelque chose d'autre :
« Je l'ai fait parce que tout le monde le fait. »
« Je n'ai pas le temps. »
Celles où l'on justifie une action par un état psychologique :
« J'ai agi ainsi parce que j'étais fatigué. »
« Je t'ai frappé parce que j'ai mauvais caractère. »
Celles qui attribuent la cause d'une action à la nécessité d'obéir à une autorité :
« J'ai menti parce que mon patron m'a dit de mentir. »
« Je l'ai fait parce que le docteur m'a dit de le faire. »
« Je vous mets des notes parce qu'on me demande de le faire. »
« Je déteste écrire ces rapports, mais ce sont les règles de l'administration qui m'imposent de le faire. »
Celles qui portent un jugement :
« Tu es paresseux. »
« Tu es égoïste. »
« Tu as des problèmes psychologiques. »
« Je suis trop gros. »
« Vous êtes nul(le) ! »
« Comment ! ? Vous ne savez pas cela ? ! »

Le langage *chacal* n'est en général que l'expression d'une difficulté à exprimer ce que l'on ressent et ce que l'on souhaite. Car, comme le dit Rosenberg, les « chacals » ne sont que des « girafes » qui ont un problème de langage.

Le « parler girafe »

Les quatre composantes de ce langage particulier peuvent être résumées dans cette phrase :
Observer sans juger : « Quand je vous entends (vois, imagine, etc.) dire cela... »
Exprimer son sentiment : « ... j'ai le sentiment que... »
Exprimer ce qui est important pour soi : « parce que j'aurais voulu... »
Exprimer son besoin : « et j'aimerais maintenant que... »

Observer sans juger

Il est très important de faire la séparation entre l'observation et le jugement. L'observation s'attache à des actions spécifiques (« Elle a dit ceci », « Il a fait cela »), le jugement interprète (« Il est ceci », « Elle est cela »).

CHACAL : « C'est un lâcheur. »
GIRAFE : « Il n'est pas venu. »

CHACAL : « Jacques empêche les autres de parler. »
GIRAFE : « Jacques ne m'a pas demandé mon avis. »

Une observation ne fait pas référence aux motifs d'une personne, à ses sentiments ou à ses pensées. Un bon moyen d'exprimer une observation est de citer précisément ce qu'a dit quelqu'un.

Exprimer ce que nous ressentons

Les sentiments sont l'expression de la manière dont nous vivons quelque chose. Mais il y a une manière *girafe* et une manière *chacal* d'exprimer un sentiment [7].

CHACAL : « Tu es paresseux, tu n'as pas fait ton travail. »

GIRAFE : « Quand je vois tes résultats, j'ai peur que tu ne réussisses pas. »

CHACAL : « Cette prof est folle ! »

GIRAFE : « Mme X nous a donné 12 exercices à faire pour demain, et j'ai peur de ne pas y arriver. »

Exprimer ce qui a de l'importance pour nous

La manière dont nous ressentons les actions des autres est fonction de la satisfaction plus ou moins complète de ce que nous désirons. Clarifier les désirs qui sont à la source de nos sentiments, sans exiger des autres de faire ce que nous demandons, est alors important.

CHACAL : « Les flics sont tous des pourris. »

GIRAFE : « Je suis furieux quand je vois certains policiers ne pas respecter la loi. »

CHACAL : « Vous êtes toujours en retard. »

GIRAFE : « Je n'aime pas lorsque vous arrivez en retard. J'aime être à l'heure, et j'apprécie que les autres le soient. »

Exprimer clairement ce que nous souhaitons

Cette quatrième partie permet une évolution positive de la relation à l'autre. Un langage positif sera alors beaucoup plus riche que le langage négatif : si l'on dit uniquement ce que l'on ne veut pas ou ne supporte pas, sans clarifier ce que l'on veut, une évolution est plus difficile.

CHACAL : « J'ai envie de me flinguer. »

GIRAFE : « J'ai besoin d'aide. Actuellement, je traverse une période difficile. »

CHACAL : « Je veux que tu travailles plus. »

GIRAFE : « Je serais heureux que tu réussisses tes examens. Mais je suis inquiet de ne pas te voir régulièrement à ta table de travail. »

CHACAL : « Je comprends rien, j'y arriverai jamais. »

GIRAFE : « J'ai du mal avec cette leçon, j'aimerais que quelqu'un m'aide à la comprendre. »

Le langage girafe en action

Parler girafe n'est pas si facile. Comme tout langage, il faut le pratiquer pour le parler couramment. Et il est plus facile de remarquer chez l'autre : « Ce que tu viens de dire est une expression chacal » (ce qui est d'ailleurs en soi une manière chacal de parler) que de savoir comment y répondre.

Une personne parlant couramment girafe sera progressivement capable de percevoir ce que ressent et attend la personne qui parle chacal ; une communication plus claire et plus riche pourra alors s'établir entre les deux.

Introduire le langage girafe dans les lieux où l'on apprend change considérablement à la fois la qualité de l'apprentissage et les relations qui s'établissent entre les personnes. Mais on trouve dans ces lieux un langage de jugement et de critique bien plus souvent que de respect et de soutien. L'emploi des formes impérative et négative est largement plus répandu que l'emploi de formes affirmatives.

L'emploi de ces personnages fictifs que sont le chacal et la girafe, éventuellement sous forme de marionnettes, favorise la prise de conscience (en douceur) de ce que véhicule notre langage et permet de le faire évoluer.

Le jeu est un outil efficace pour la résolution de conflit. En voici un [8].

DE 1 À 100

Les deux personnes en conflit se tiennent l'une en face de l'autre. Elles peuvent exprimer leurs émotions (par exemple l'indignation) et leurs sentiments (par exemple l'incompréhension) par des gestes, des mimiques, le ton de leur voix, etc., mais pas par de vraies paroles : elles doivent uniquement compter à haute voix de 1 à 100, comme si chaque nombre était une insulte, un argument, une proposition, etc. Elles doivent avoir trouvé une solution en arrivant à 100.

C'est un jeu simple qui permet d'apprendre à résoudre les conflits à travers une communication non verbale.
On peut également utiliser cette technique pour simplement apprendre à régler des conflits. Par exemple, on joue une scène où deux personnes se rencontrent. Progressivement un conflit se développe entre eux (vers 50). Lorsqu'elles arrivent à 100, le conflit doit être résolu.

CONFLITS ET VIOLENCE

La violence est en général une conséquence visible d'un conflit, qu'il soit interne ou externe. Sur ce sujet complexe, deux petites remarques.

Si l'on accepte la démarche de Rosenberg et l'importance qu'il donne au langage dans le déclenchement de la violence, on est obligé de remettre en question son propre langage. Et l'on découvre que l'on parle plus souvent *chacal* que *girafe*.

Pour un professeur, un parent, ou n'importe qui d'autre, cela peut être une prise de conscience radicale que de découvrir que certaines paroles (et certaines attitudes) qui semblent banales peuvent en fait véhiculer beaucoup de violence. De nombreuses phrases qui ne semblent pas porter à conséquence (« Votre travail est nul ! » ; « Vous êtes la plus mauvaise classe que j'ai jamais eue » ; « Je ne veux pas le savoir » ; « Travaillez plus ! », etc.) portent en elles de la violence et ne peuvent qu'en déclencher en retour.

Tout adulte pourra alors se poser la question : « À travers la violence de mon langage, quelle est *ma part* de responsabilité dans la violence que l'on constate (comme un fait de société) chez les jeunes ? »

Tel enseignant pourra s'interroger : « Quelle violence est créée en retour chez mes élèves par mon mépris pour eux, par ma paresse à changer mon cours et à le rendre plus vivant, par mon cynisme occasionnel, par ma non-confiance en leurs possibilités, par mon désintérêt pour les élèves en échec, par mon plaisir pervers à les voir se tromper ? »

Tel cadre pourra se demander : « Quelle est ma part de responsabilité dans la mauvaise qualité du travail de mes subordonnés et dans le déclenchement de conflits dans ma société ? » Etc.

On peut se rappeler également une curieuse expérience [9] du professeur Laborit, avec toutes les réserves d'usage (comme disent les diplomates) :

> Un rat est soumis à des décharges électriques, sans qu'il puisse les relier à une cause précise (c'est-à-dire qu'on le « punit » sans raison). S'il est seul dans sa cage, il dépérit rapidement. Si par contre il a la possibilité d'être agressif vis-à-vis d'un autre rat, il reste en bonne santé.

Un pas plus loin...

Peut-on répondre à la violence par des propositions d'apprendre ? Voici une petite histoire entendue lors d'un congrès aux États-Unis :

> Un enseignant français, professeur d'anglais, était en cours avec ses élèves. Soudain la porte s'ouvre violemment, laissant apparaître un jeune homme, blouson à clous et l'air méchant. Celui-ci crie au professeur : « Espèce de fils de pute ! ». L'enseignant, sans se démonter, lui répond : « Entre, c'est justement cela que l'on allait apprendre à dire en anglais aujourd'hui. »

Cette histoire (sans doute vraie, mais dont on ne connaît pas la suite) est un exemple remarquable de la technique dite de *recadrage* [10] : elle consiste à ne pas laisser enfermée une personne dans un cadre invivable, mais à lui proposer une réalité toute différente qu'elle puisse accepter – par exemple apprendre quelque chose qui l'intéresse. On peut imaginer les bienfaits qu'il y aurait à transformer cette technique de recadrage en état d'esprit et en actions.

CHAPITRE 20

Une pensée ouverte et créative

On pourrait dire qu'apprendre, pour être plus qu'une simple accumulation de savoirs, inclut forcément trois particularités :

- savoir apprendre de ses erreurs ;
- être ouvert à ce que l'on ne connaît pas ;
- savoir penser d'une manière créative ;
- savoir penser d'une manière décalée.

C'est cela qui nous permet de changer, d'évoluer, de nous intéresser à des choses nouvelles, de ne pas rester crispé sur nos connaissances passées.

APPRENTISSAGE ET ERREURS

Thomas Edison est resté célèbre pour ses très nombreuses inventions, dont l'ampoule électrique, et pour ses innombrables « échecs ». Après avoir fait sauter

trois laboratoires, et alors que ses amis le pressaient de faire un autre métier, il répondait que, grâce à ses erreurs, il savait mieux que jamais comment faire et que son succès était inévitable.

Une autre version de l'histoire fait dire à Edison, lorsque quelqu'un s'étonnait de ses innombrables échecs dans la fabrication d'une ampoule électrique (près de 10 000 essais) : « Je n'ai pas échoué, j'ai juste trouvé 10 000 manières de *ne pas faire* une ampoule électrique. »

Faire des erreurs est une constante de l'humanité, et il est particulièrement intéressant de reconnaître ce fait comme partie intégrante d'un processus d'apprentissage et d'évolution*.

---

* Le mot « erreur » peut prêter à confusion. On différenciera bien évidemment ici l'erreur lorsque l'on apprend avec d'autres champs où l'erreur, même si elle arrive parfois, n'est pas acceptable : l'erreur judiciaire, l'erreur médicale en particulier. Le nazisme et le stalinisme n'ont pas été des « erreurs », même si des erreurs politiques ont permis qu'ils arrivent.

Erreurs et petit enfant

Pour le petit enfant, les notions d'erreur et d'échec n'existent pas. Lorsqu'il apprend à marcher ou à faire du vélo (processus tellement complexes qu'ils sont impossibles à détailler analytiquement), il essaye, tombe, se cogne, se fait consoler et recommence. Il n'a qu'un but, celui de marcher sur ses deux jambes ou de pédaler sur son petit vélo avec sa cousine.

Et ses parents participent au processus d'apprentissage : ils encouragent, soutiennent, se réjouissent ou pleurent avec lui. Car ils sont convaincus que ce système d'essais et d'erreurs est le seul moyen d'apprendre.

L'erreur à l'école

Peter Kline rapporte cette expérience intéressante faite un jour par un professeur de lycée [1].

Il avait deux classes de même niveau, mais dont l'une était considérée comme rassemblant les meilleurs élèves et l'autre les moins bons. Ce professeur raconte comment il a transformé les bons élèves en mauvais, et les mauvais en bons.
« Très facile, dit-il : lorsqu'un élève de la *bonne classe* faisait une erreur, je le punissais. Lorsqu'un élève de la *mauvaise classe* faisait une erreur, j'essayais au maximum d'en tirer parti, et l'encourageais à avancer. Très rapidement, les mauvais sont devenus bons, et les bons sont devenus mauvais. »
Bien entendu, le professeur ajouta qu'il n'avait pas poursuivi très longtemps son comportement destructeur vis-à-vis de la bonne classe.

La plupart des systèmes d'apprentissage *sanctionnent* l'erreur plutôt que d'en tirer parti, dans une sorte de rapport de force entre celui qui a la connaissance et celui qui ne l'a pas. Un professeur (dans un système d'éducation traditionnel) assimilera souvent une erreur à une faute presque morale (contre la Culture, la Grammaire, les Mathématiques, etc.) et suggérera – souvent explicitement – que cette faute est la preuve d'un manque d'intelligence. Parfois même, il réagira aux erreurs comme si l'élève lui infligeait de mauvais traitements.

Lorsqu'il aura été ridiculisé et pénalisé à cause des erreurs qu'il aura commises, l'élève constatera que le rapport de force est en sa complète défaveur. À ce moment-là, il n'essaiera même plus de *penser*. Son but premier sera d'éviter la sanction de la mauvaise note et les conséquences qui y sont attachées.

Il y a bien sûr beaucoup d'hypocrisie inconsciente de la part des adultes vis-à-vis des erreurs des enfants et des adolescents. Le parent comme le professeur savent ce qui est juste et ce qui est faux, ce qui est souhaitable et ce qui ne l'est pas, mais auront du mal à avouer qu'ils ont, eux aussi, fait des erreurs. Pourtant, ils en ont fait, nécessairement.

Et c'est le plus souvent en fonction des erreurs que le professeur décidera de la compétence de tel ou telle élève, et de ses capacités à comprendre sa matière. Et pourra sur ces bases décider de son avenir.

Erreurs, confiance en soi et prise de risques

C'est lorsque l'on a la possibilité de faire des erreurs (sans être « puni » pour cela) que l'on peut développer sa confiance en soi et accepter de prendre des risques.

Il sera alors intéressant, dans une situation d'apprentissage, de permettre à l'apprenant de développer *sans risques réels* cette capacité à prendre des risques. Un environnement qui rassure (apprendre est fondamentalement déstabilisant), une atmosphère discrètement chaleureuse, faite de respect et de coopération, aideront l'apprenant à tirer positivement parti de ses erreurs, à développer sa confiance en soi et à *sortir de sa zone de confort*. Encourager à prendre des risques est sûrement l'un des fondements d'un apprentissage de qualité.

Ceux qui font peu d'erreurs sont en général ceux qui prennent peu de risques. Mais pour faire avancer les choses, pour soi, pour son entreprise ou pour l'humanité, il faut prendre des risques, donc accepter de faire des erreurs et d'en tirer profit. Ne rien faire et critiquer : une spécialité répandue, mais sans avenir.

Voici une histoire (souvent racontée) d'un cadre d'une grande société américaine :

> « J'avais développé un nouveau produit qui avait été un échec retentissant. Mon directeur général m'appelle, et j'étais sûr qu'il allait me vider. Il me dit :
> – Vous avez perdu un million de dollars.
> Je répondis :
> – Oui monsieur, c'est exact.
> Il se leva alors et me serra la main :
> – Je voulais vous féliciter. Faire des affaires, c'est prendre des décisions. Si vous ne prenez pas de décisions, vous n'avez aucun échec. Mon plus gros problème est de rendre les gens capables de prendre des décisions. Si vous faites la même erreur une deuxième fois, je vous vire. Mais j'espère que vous prendrez beaucoup d'autres décisions, et je suis sûr qu'il y aura plus de succès que d'échecs. »

Une autre version de l'histoire est également intéressante :

> « Je pense, monsieur, qu'après avoir perdu un million de dollars, vous allez me licencier.
> – Vous plaisantez. J'ai dépensé un million de dollars pour vous former, j'espère bien que vous saurez tirer parti de ce que vous avez appris par cet échec. »

Erreurs et feed-back immédiat

L'erreur joue un rôle constructif dans un apprentissage lorsque l'on s'aperçoit très tôt que l'on s'est trompé. Cela nécessite de recevoir de l'extérieur une indication claire de notre erreur : la remarque d'un parent, l'observation d'un professeur, ou une réaction externe à notre action.

Les exemples de ce retour immédiat d'information sont nombreux dans la vie courante. L'enfant qui commence à parler ou à marcher reçoit à chaque moment des indications complètes et complexes lui indiquant s'il est sur la bonne voie ou non. De même chez l'adulte, lorsque l'on apprend à conduire, ou à jouer du violon (les voisins vous font part rapidement de leurs réactions), ou que l'on s'essaye à parler une langue étrangère.

Pour apprendre vite et bien, il faut pouvoir recevoir un feed-back suffisamment rapide pour que l'erreur ne s'ossifie pas. Il est donc nécessaire d'inclure cette vérification dans chaque « bloc » d'apprentissage : à la fin d'un cours, d'une conférence, d'une session. Cela peut se faire de nombreuses manières.

La forme la plus connue de vérification est le test. C'est souvent la plus pratique et la plus efficace à condition que ses résultats soient connus *immédiatement*. On peut également utiliser d'autres manières de vérifier ses nouvelles connaissances : un jeu, un topogramme (que l'on compare et vérifie avec une autre personne), une batterie de brèves questions orales, une interview ou une conférence de presse fictive, etc.

Un test rendu corrigé même le lendemain ne joue plus correctement son rôle de vérificateur de compétences. Lorsqu'un professeur rend à un élève un contrôle quinze jours plus tard, il est illusoire d'attendre de lui qu'il utilise les corrections pour en tirer une meilleure connaissance sur le sujet.

La forme que prend ce feed-back est également importante, car le désir de continuer ou non dépendra souvent d'elle. Si elle est désagréable (« Vous n'avez rien compris ! Des fautes inacceptables ! »), nous serons tenté d'abandonner. Si elle est positive (malgré les erreurs éventuelles), nous serons encouragé à rectifier nos erreurs et à aller plus loin.

Et dans le feed-back positif, il vaudra mieux dire, pour le formateur ou l'enseignant : « J'aime cela » (c'est son opinion, et cela permet à l'autre de suivre son chemin) plutôt que : « C'est bien » (qui est un jugement et semble se référer à un standard universel).

D'une manière plus générale, il sera particulièrement profitable de régulièrement réfléchir à la manière dont on a appris. Prendre le temps d'étudier ses succès et ses erreurs permet de créer un système bouclé, et d'analyser en permanence la validité du processus d'apprentissage pour l'améliorer. L'erreur est normale lorsque nous apprenons. C'est lorsque nous ne tirons pas les conséquences de nos erreurs que nous sommes dans l'échec.

APPRENDRE À TOLÉRER LA CONFUSION ET L'AMBIGU

Apprendre à accepter une autre réalité

Au soir du XIXe siècle, les physiciens pensaient avoir tout découvert des lois qui régissent l'univers physique. Lord Kelvin, célèbre physicien anglais, déclarait alors : « La science physique forme aujourd'hui, pour l'essentiel, un ensemble parfaitement harmonieux, un ensemble pratiquement achevé. » Il ajoutait cependant que deux petits problèmes *agaçants* restés non résolus venaient ternir cet éclatant tableau. Nul doute pour lui que ces deux tâches devaient être rapidement effacées par la physique triomphante de l'époque.

Or, derrière ces deux petits problèmes se cachaient, nous le savons maintenant, ce qui deviendra la relativité et la physique quantique : excusez du peu. Et cette dernière va tout particulièrement mettre à mal l'un des fondements mêmes de la pensée occidentale, la très vieille règle logique d'Aristote du « tiers exclu » *(tertium non datur)* : deux affirmations contradictoires ne peuvent concerner le même objet. Pourtant, dans l'univers quantique, on peut être deux choses contradictoires en même temps. Imaginez une politique quantique, où l'on puisse être à la fois de droite et de gauche : impensable !

Apprendre à tolérer l'inconnu et l'ambigu, à accepter qu'il y ait des questions sans réponse, et que puissent exister d'autres manières de penser, de vivre ou de raisonner semble tout particulièrement une nécessité de notre époque.

Mais il est rare que l'école donne l'occasion d'apprendre cette forme de tolérance, d'apprendre à accepter qu'il y ait des faits incompréhensibles, de proposer des questions qui n'ont pas forcément une réponse *juste* et une réponse *fausse*. Le savoir scolaire est un savoir sans ambiguïtés (pour le bien des élèves bien entendu), où l'idéal est d'éviter toute confusion et toute incertitude.

Pourtant, le simple fait d'apprendre nécessite de savoir supporter la confusion : c'est en effet l'état que nous traversons entre la découverte de la nouvelle connaissance (que nous ne comprenons pas encore), et le moment où nous l'avons comprise et intégrée. Car ce que nous apprenons ne se réduit pas à ce que nous comprenons instantanément.

Paul Watzlawick propose qu'un curieux petit livre, *Flatland*, soit inclus au programme des lycées pour justement apprendre cette tolérance à une autre réalité que la sienne [2]. C'est aussi un livre que l'on peut apprécier à tout âge.

Flatland (littéralement : le pays plat) est une fantaisie métaphysique teintée de beaucoup d'humour, sortie de l'imagination du révérend Edwin A. Abbott au début du XXᵉ siècle [3]. Cette « aventure à plusieurs dimensions » est racontée par un *Carré*, habitant d'un monde à deux dimensions, c'est-à-dire n'ayant que longueur et largeur, mais pas de hauteur.

Avec de nombreux détails, ce Carré raconte les caractéristiques de *Flatland* : la météorologie, les différences sociales (depuis les Triangles-soldats, dangereux et frustres avec leurs angles aigus, jusqu'aux Cercles, qui constituent la caste des prêtres) ; les femmes, représentées par des segments (ce qui les rend particulièrement dangereuses et pose de nombreux problèmes) ; l'habitat (pourquoi une porte est réservée aux femmes, l'orientation des maisons) ; l'importance du brouillard dans la vie sociale, etc.

Le narrateur fait un jour un songe étrange. Il est entraîné dans un voyage imaginaire à *Lineland*, un monde à une dimension. Le rêveur tente (vainement) d'expliquer aux habitants de ce monde qu'un autre monde existe, à deux dimensions, et n'est sauvé du bûcher que par la cloche du petit déjeuner qui le ramène à sa « réalité », celle de Flatland.

Un peu plus tard, un étrange visiteur venu d'ailleurs apparaît au narrateur. Il affirme venir de Spaceland, un espace à trois dimensions. Ce visiteur, qui se nomme lui-même une « Sphère », se présente au Carré comme un Cercle ayant des propriétés déconcertantes et inexplicables pour un habitant de *Flatland* : son diamètre peut varier, se réduire à un simple point ou disparaître complètement (lorsqu'une sphère coupe un plan, la seule trace visible de la sphère dans le plan est un cercle).

Après un voyage dans la troisième dimension en compagnie de la Sphère, le Carré est finalement convaincu et veut faire partager sa découverte aux autres habitants, témoigner de ce qu'il a vu et compris, avec les conséquences que l'on imagine : il n'est pas brûlé sur la place publique, mais emprisonné.

Le Grand Cercle – c'est-à-dire le grand prêtre – lui rend visite chaque année : dialogue de sourd. Le Carré ne peut qu'espérer que son expérience donnera naissance un jour à une génération qu'impatientera un monde à deux dimensions, une génération capable de « sortir du cadre » et d'imaginer un monde plus vaste et plus riche.

Apprendre l'ambigu

L'ambigu, c'est ce qui n'a pas de réponse claire. Apprendre l'ambigu, c'est se familiariser avec des situations ou des problèmes qui possèdent cette part d'incertitude, et qui puissent nous permettre d'accepter la situation de confusion que nous traversons dans tout apprentissage.

Il y a des domaines apparemment sans ambiguïté, comme les sciences. Pourtant, les paradoxes physiques ou mathématiques sont nombreux, et donnent une bonne approche de cette tolérance à l'ambigu. Par exemple, le paradoxe de Poincaré explique qu'il existe une manière simple de réparer un pneu crevé.

On soulève la roue pour que le boyau reprenne sa forme, et on attend, rustine à la main, que l'air veuille bien rentrer par le trou d'où il est sorti. Et cela arrivera, avec une certitude mathématique. Il suffit d'être patient, car le temps nécessaire pour que cette éventualité puisse arriver est de beaucoup supérieur à l'âge du Soleil.

En mathématiques, il a fallu plus de vingt siècles pour sortir du fameux paradoxe imaginé par Zénon :

Un archer bande son arc, et tire une flèche vers la cible. Au bout d'un certain temps, la flèche a parcouru *la moitié* du chemin. Puis elle va parcourir *la moitié* du chemin restant. Puis encore *la moitié* de ce qui lui reste à parcourir, etc. Il lui restera ainsi toujours *une moitié* à parcourir, donc la flèche n'atteindra jamais la cible…

Voici un problème que pourrait soumettre à ses élèves un professeur de sciences physiques [4] :

En utilisant un baromètre, comment pouvez-vous mesurer la hauteur d'un immeuble ?

La bonne réponse qu'attend le professeur consiste à dire que l'on mesure la pression barométrique à la base et au sommet de l'immeuble, et que l'on peut ainsi trouver (en utilisant la formule adéquate) la différence de hauteur entre les deux points de mesure.

Il peut cependant y avoir d'autres réponses à la question. Il y a bien sûr des méthodes géométriques (comme celle qu'utilisa Thalès pour mesurer la hauteur de la Grande Pyramide), en mesurant l'ombre de l'immeuble. Mais un élève pourra également répondre ainsi :

• accrocher le baromètre à une ficelle, le faire pendre du haut de l'immeuble, et mesurer la longueur de la ficelle ;

• se servir du baromètre comme d'une règle, mesurer la hauteur d'une

marche d'escalier et compter le nombre de marches entre le bas et le haut de l'immeuble ;

• chronométrer le temps que mettra le baromètre, lancé sans vitesse initiale du sommet, pour tomber dans un filet au pied de l'immeuble ;

• aller voir l'architecte qui a construit l'immeuble, et échanger le baromètre contre la réponse souhaitée ;

• accrocher le baromètre à un ballon d'enfant (en lui promettant un bonbon) et faire s'envoler le ballon (avec une ficelle très longue) jusqu'au sommet ;

• menacer de casser le baromètre si quelqu'un ne nous donne pas la réponse ; etc.

Proposer de trouver des réponses non conventionnelles en même temps que la réponse « juste » n'est pas qu'un jeu de l'esprit. Cela ouvre les portes de la créativité pour résoudre des problèmes de tous ordres. On apprend ainsi qu'il n'y a en général pas qu'une seule réponse juste, de même qu'il n'y a en général pas qu'une seule solution à un problème de la vie courante.

UNE PENSÉE CRÉATIVE

Fonction créatrice et apprentissage

L'action de créer tient, en fait, du démiurge. C'est : une chose n'est pas, et soudain elle prend forme et existe, créant en nous un sentiment de puissance dont découlent fierté, confiance en soi, regard nouveau sur la vie.

L'action de créer fait appel à nos ressources intellectuelles, psychiques, émotionnelles, sensorielles, et ainsi nous révèle à nous-même, nous rend plus visible à nous-même. Et la fonction créatrice nous relie également aux autres, car elle modifie le réel qui nous entoure.

La place de la fonction créatrice dans un apprentissage est souvent très faible, à part lors des années de maternelle et les premières années de primaire – et encore. Les cours d'arts plastiques et de musique au collège, lieux possibles de créativité, sont souvent soumis aux impératifs du système scolaire, et il faut toute l'inventivité de l'enseignant pour que cela soit vraiment un lieu de créativité. Ensuite, sorti du collège, la créativité est souvent définitivement enterrée, du moins lors des enseignements académiques. Est-ce pourtant impossible de libérer la créativité des élèves, au nom du « sérieux », du « programme à finir », du « manque de temps » ou autre ? La pensée décalée, présentée au paragraphe suivant, est déjà du domaine du créatif, dès le moment où l'on sort du connu et du « normal ». On peut également insérer dans le cours d'un apprentissage, quelle que soit la matière enseignée ou l'âge des élèves, des « pauses créatives ».

Pauses créatives

Tout le monde sait – ou devrait savoir – l'importance de faire des pauses dans un processus d'apprentissage. Comme nous l'avons vu, même si le travail marche bien, on a intérêt à faire des pauses, assez brèves et nombreuses, permettant essentiellement au corps de bouger : on peut alors aérer la pièce où l'on apprend, aller aux toilettes ou, pour certains, fumer une cigarette, boire un café, etc.

Si ces pauses physiques sont indispensables, on peut également imaginer des « pauses créatives ». Le principe en est simple : il s'agit de proposer une activité très brève donnant l'occasion aux élèves (et également au professeur) d'utiliser, de développer et de libérer leur créativité.

Caractéristiques d'une pause créative

Une pause créative doit pouvoir toucher tous les apprenants, d'une manière ou d'une autre, tout en respectant totalement leur personnalité.

On peut proposer les conseils suivants :

• faire en sorte que tous puissent participer, sans avoir le sentiment d'être forcé à le faire (comme dans un travail académique) ;

• faire en sorte que chacun puisse participer sans peur d'être jugé en aucune façon (sécurité émotionnelle) ;

• faire en sorte que différentes formes de créativité puissent s'exprimer.

La pause créative doit être brève (environ 5 minutes) : d'abord pour ne pas décourager les enseignants ou les formateurs de l'utiliser, au nom du « programme à terminer » ; ensuite pour ne pas brusquer les élèves à qui l'on a fait perdre l'envie, depuis longtemps, d'utiliser leur créativité.

Il est souhaitable que la pause créative soit juste avant une pause physique.

Il peut être intéressant de refaire la même pause créative après un certain temps, donnant ainsi la possibilité à des élèves qui étaient bloqués la première fois de mesurer la libération de leur créativité.

Quelques exemples de pauses créatives [5]

On peut imaginer des pauses créatives dans de très nombreux domaines. En voici quelques exemples, classés selon les rubriques suivantes :
- utilisation pure de l'imagination ;
- jouer avec les mots ;
- avec le dessin ;
- observation ;
- improvisation théâtrale ;
- avec l'art ;
- avec la musique.

Avec ces quelques exemples, on verra qu'il est ensuite assez facile de trouver par soi-même de nombreuses idées de pauses créatives, selon ses goûts et ses talents. L'imagination de l'enseignant ou du formateur est ainsi mise à contribution, et il peut également demander des idées de pauses créatives à ses élèves.

Utilisation pure de l'imagination

• *La face cachée du dessin*
On dessine au tableau (par exemple) une maison, à la manière d'un petit enfant, et on demande à chacun, à tour de rôle :
– Qu'y a-t-il derrière la maison ?
La première personne répond (par exemple) :
– Une vache.
– Et derrière la vache ?
– Un lac gelé.
– Et derrière le lac gelé ?
– Une petite fille qui joue au cerceau. Etc.
On peut ainsi aller à des millions de kilomètres, sur une autre planète ou au centre de la Terre : tout est possible.

• *Tous les usages inhabituels que l'on peut faire d'un objet*
Par exemple tout ce que l'on peut faire avec des haricots secs ; des crayons de couleurs ; un livre ; un chapeau de cow-boy ; une feuille de papier ; un parapluie ; un trombone ; etc.

• *Faire une liste de 10 associations d'idées successives à partir d'un mot concret*
Par exemple, faire 10 associations successives à partir du mot « stylo », ou « bague ». Puis chacun lit sa liste à haute voix. L'enseignant marque au tableau le premier et le dernier mot de chaque liste.
On remarquera souvent que l'on va sans s'en apercevoir du plus concret au plus abstrait, du physique au métaphysique. Lors de cet exercice, on exprime pratiquement toujours, dans le cours de la liste, des choses qui sont importantes pour soi.

• *Imaginer des contraires qui n'existent pas*
Quel serait le contraire du soleil ? D'une brouette ? D'une souris ?

• *Questions sans limites*
Le professeur montre la reproduction d'un tableau ou d'une image, et demande aux élèves, en 30 secondes, de trouver autant de questions qu'ils le peuvent à propos de cette image. Si l'image représente (par exemple) une voiture de sport sous un arbre, les

questions pourraient être : « à qui est cette voiture ? », « où a été fabriqué le caoutchouc des pneus ? », « qu'est-ce que peuvent ressentir les molécules d'air enfermées toute la journée dans des pneus chauds ? », « est-ce que la fille du conducteur aime les papillons et est-elle déjà montée sur la tour Eiffel ? », etc.

• *Trouver la légende*

Prendre un dessin peu connu ou une caricature, supprimer la légende et demander aux élèves d'en imaginer une.

Les dessinateurs utilisant volontiers l'absurde (comme Gary Larson) sont une mine pour ce type d'activité.

• *Archéologie future*

On imagine que les appareils utilisant certains objets ont disparu. Pour un archéologue du XXXe siècle, à quoi pouvait servir : un CD ; une cassette vidéo ; une souris d'ordinateur ; une antenne parabolique ? etc.

Jouer avec les mots

• *Inventer des mots qui n'existent pas*

Par exemple, trouver un mot qui exprime l'idée de : « entrer dans une pièce et oublier ce que vous êtes venu y faire » ; un adjectif pour définir le goût de la soupe à la tomate ; etc.

• *Relier des mots impossibles*

Choisir au hasard deux mots. Ensuite, les élèves recherchent tous les rapports possibles entre les deux mots.

Avec le dessin

• *Dessiner un objet qui n'existe pas*

Par exemple, dessiner : une machine à gazouiller ; une fleur des possibles ; une courbure du temps ; une fleur de la liberté ; un « parce que c'est comme ça ».

• *« Surtout, faites des erreurs ! »*

Il s'agit d'inciter les élèves à faire ce qu'ils ont le plus peur de faire (des erreurs), en leur proposant de faire un dessin où tout est faux, aussi faux que possible : le soleil est carré, bleu, en bas du dessin ; les arbres portent des bouteilles, ont leurs racines en haut, et sont roses ; les baleines volent, sont jaunes et crachent du Coca-Cola ; etc.

• *Le dessin qui n'en finit pas*

Chaque élève a une feuille blanche et un crayon. Pendant que vous racontez une courte histoire – si possible absurde et très imagée –, les élèves « dessinent » l'histoire sur leur feuille, *sans lever leur crayon de leur feuille et sans s'arrêter.*

Ensuite, les élèves se mettent par deux, et chacun redit l'histoire en s'appuyant sur le « dessin » de son camarade.

Ce petit exercice est particulièrement utile pour débloquer les élèves qui se considèrent comme « nuls en dessin ».

Observation

• *Le détective*

Demander à vos élèves de chercher des yeux, dans la salle, tout ce qui est rouge, tout ce qui est plat, tout ce qui est rond, ou magenta, ou triangulaire, ou ondulé, ou qui pèse plus de 15 kilos, ou qui a la forme d'un diamant, etc.

Vous pouvez aussi demander à vos élèves de trouver, dans la salle, des choses que personne d'autre n'a encore vues. Il suffit de chercher *une seule* chose, quelle qu'elle soit, et c'est toute la salle qui vous « saute aux yeux ».

• *Dis-moi tout sur lui*

Mettre les élèves par deux. Chacun devra examiner un objet de son choix et le décrire à l'autre. Par exemple pour un crayon, cela pourrait être : « Il est vert, il a des petites marques près du bout, il a une gomme un peu rose, des petites taches bleues tout autour, il pèse à peu près vingt grammes, il sent un peu le poil de chien et le feu de cheminée, dessus il y a marqué "Télé" », etc.

L'élève qui écoute compte le nombre de choses dites par celui qui décrit l'objet. Ensuite, les élèves intervertissent les rôles et celui qui écoutait décrit à son tour l'objet de son choix.

Observer les objets permet de concentrer l'attention.

Avec l'art
• *Le titre du tableau*
Montrer une reproduction d'un tableau, et demander à chacun d'imaginer un titre pour ce tableau. Puis chacun dit son titre, et l'enseignant à la fin indique le titre imaginé par le peintre.
• *Entrez dans le tableau*
Montrer une reproduction d'un tableau figuratif, et proposer d'entrer dans le tableau, de décrire à haute voix, chacun à son tour, la rugosité de l'écorce de l'arbre, le chant des oiseaux et l'aboiement du chien, le parfum des fleurs, etc.

Avec la musique
• *Derrière la musique*
Faire écouter un bref morceau de musique et demander à chacun d'imaginer le compositeur en train d'écrire cette musique. À la fin du morceau, chacun donne un élément de cette scène imaginaire : sentiments du compositeur, environnement physique, le paysage qu'il voit de sa fenêtre, la pile de factures impayées sur le bureau, sa rage de dent, son plus jeune enfant en train de griffonner sur la partition, etc.
• *Le chef d'orchestre*
Mettre les élèves debout, leur proposer de fermer les yeux et de diriger un orchestre imaginaire en écoutant un morceau de musique bien choisi.

APPRENDRE
LA « PENSÉE DÉCALÉE »

Notre mode de pensée suit en général un processus linéaire et logique. Pour cela, nous avons développé d'excellents systèmes, dont les mathématiques, les statistiques, le traitement de l'information, le langage, la logique, etc.

La « pensée décalée », grâce à certaines techniques, permet de sortir des schémas de pensée qui nous sont habituels afin de trouver des idées novatrices et originales. Elle permet de trouver des alternatives aux solutions qui nous semblent les plus naturelles. Car il n'y a aucune raison de penser que la première solution trouvée (que nous adoptons le plus souvent) soit la meilleure.

Les pensées décalées pourront apparaître comme provocatrices, dans le sens où elles sortent de nos cadres de pensée habituels. Elles peuvent nous aider à découvrir d'autres visions du monde.

Il y a de nombreuses manières de mettre en œuvre une pensée décalée, y compris en s'en remettant au hasard. Voici quelques exemples de pensée décalée [6] :

Prendre une affirmation, et la mettre à l'envers

C'est sur ce principe qu'est fondée la figure de style croisée que l'on appelle le chiasme. On en connaît certains exemples célèbres : « Il faut manger pour vivre, et non vivre pour manger » (Molière) ou « ... car ceux qui travaillent ne possèdent rien, et ceux qui possèdent ne travaillent pas » (Marx).

On peut utiliser cette technique pour réfléchir à un problème, par exemple celui du travail dans notre société : « On va à l'école jusqu'à vingt ans, puis on travaille » deviendrait « On travaille jusqu'à vingt ans, puis on va à l'école » (permet par exemple de faire ressortir l'importance de l'expérience pratique dans un enseignement théorique) ; « On travaille pour gagner de l'argent » deviendrait « On gagne de l'argent pour pouvoir travailler » (pour faire la différence entre un travail « alimentaire » et un travail que l'on souhaite vraiment).

« Apprendre est nécessaire pour trouver du travail » deviendrait « Trouver du travail est nécessaire pour apprendre » (le travail considéré dans sa fonction de développement personnel, avant sa fonction rémunératrice).

Relier le problème à un mot quelconque

Dans une pensée décalée, un mot sans aucun rapport logique avec le problème peut donner un point de départ original qui augmente nos chances d'aborder le problème d'une manière nouvelle et intéressante. Pour trouver ce mot quelconque, on peut s'en remettre au hasard : prendre un livre, demander trois nombres. Le premier donnera la page, le deuxième la ligne, le troisième le mot dans la ligne (si c'est un verbe, le transformer en nom, plus facile à utiliser). Ensuite, relier le problème en cours avec le mot trouvé.

On peut ainsi réfléchir sur le travail d'une manière décalée en le reliant à des mots comme : symphonie, pomme, classeur, photographie, rouleau de scotch, chêne, etc. On peut s'intéresser à la violence en partant des mots : perle, souris, art moderne, papier, etc.

Faire s'entrechoquer des mots comme grenouille et démocratie, univers et marguerite, tour et casserole peut réserver des surprises. Et ce jeu, aux ressources infinies, peut se pratiquer en attendant l'autobus, en bronzant sur une plage, ou en subissant une conférence ennuyeuse. Il est bien entendu particulièrement intéressant de le pratiquer à plusieurs.

Une variante de cette intéressante activité est d'explorer des combinaisons improbables entre des objets ou des personnes : quels rapports y a-t-il entre une porte et un lave-vaisselle ? Entre un avion et un crayon ? Entre un chirurgien et une brouette ? On peut bien entendu utiliser le sens symbolique des mots pour établir des liaisons.

« Personnifier » le problème

Représenter une personne par un animal ou un objet est un jeu vieux comme le monde (le portrait chinois). On peut également donner une personnalité au problème que l'on veut résoudre, et ainsi entrer en relation avec lui d'une manière décalée. On tirera d'intéressantes conclusions de sa description physique, de son caractère ou de son sens moral.

Que serait le travail si c'était : un animal ; une ville ; une plante ; un héros de bande dessinée ; un tableau célèbre ; etc. Que serait l'école si c'était : un roman ; un plat cuisiné ; un monument ; un artisan ; etc.

Mettre au clair les idées préconçues

Rechercher systématiquement les idées préconçues pourra parfois faire découvrir des idées ou des solutions originales.

Quelles sont par exemple les idées préconçues que nous avons sur les chiens ; la ville de Strasbourg ; la culture des hortensias ; ce qu'il faut apprendre à l'école ; la vie privée d'une strip-teaseuse ; une maison d'édition célèbre ; la vie d'un Australien ; etc.

SIX CHAPEAUX POUR PENSER

> – Hippocrate dit cela ?
> – Oui.
> – Dans quel chapitre, s'il vous plaît ?
> – Dans son chapitre… des chapeaux.
> Molière, *Le Médecin malgré lui*

Lorsque l'on réfléchit sur un sujet, on emploie en général la structure « pour – contre » ou « thèse – antithèse – synthèse ». Cette forme de réflexion ancre l'idée que le monde marche essentiellement d'une manière binaire. On en retrouve ensuite l'équivalent dans de nombreux comportements basés sur l'affrontement (« Je suis pour, je suis contre »), manière de faire qui néglige toujours de nombreux aspects du problème. Et au plus fort, ou au plus habile, ou au plus gradé la victoire. Mais ce n'est pas forcément la victoire de la pensée créatrice et novatrice.

Un autre point remarquable de notre système de pensée est la part très importante que nous donnons à la critique : critiquer est un sport national pratiqué par la plupart d'entre nous, et qui est souvent considéré comme la seule forme d'intelligence acceptable. Proposer des idées nouvelles devient alors très difficile car il est bien plus facile (et plaisant) de détruire une idée qui n'a pas encore fait ses preuves que d'en reconnaître les richesses potentielles.

Nous avons également tendance à partir d'une opinion, et à tenter de la justifier ensuite. C'est d'ailleurs ce que l'on apprend également à l'école : mettre l'idée de conclusion dans l'introduction.

On peut imaginer qu'un processus différent de pensée puisse ouvrir plus largement le champ des idées : se lancer dans une recherche sans *a priori*, sans critique systématique et sans jugement binaire avec les *pour* et les *contre*.

Mais il faut pour cela d'autres outils de pensée. En voici un, appelé les « Six chapeaux pour penser ». Élaboré par l'anglais Edward De Bono, c'est une méthode de réflexion et de résolution de problèmes permettant de sortir des approches traditionnelles définies ci-dessus. C'est un outil enseigné et utilisé aussi bien dans des entreprises que dans de nombreuses écoles primaires et secondaires du monde anglo-saxon [7].

L'idée générale des « six chapeaux », très simple, est la suivante. Lorsque l'on réfléchit à un problème, de quelque nature qu'il soit, seul ou en groupe, on peut se coiffer délibérément d'un chapeau (fictif ou réel) dont la couleur représente les types de pensée que l'on s'autorise à avoir.

De cette manière, on endosse une sorte de déguisement qui nous permet d'exprimer des idées de toutes natures sans crainte de paraître ridicule, sans peur d'être jugé, ou sans tout autre sentiment qui nous inhibe généralement.

blanc   noir   rouge   vert   jaune   bleu

LE CHAPEAU BLANC

Le blanc indique la neutralité.

Avec le chapeau blanc, on ne s'autorise que les faits indiscutables, en général chiffrés, à la manière d'un ordinateur. On s'efforce d'être neutre et le plus objectif possible. Comme il est impossible de tout vérifier avec une parfaite rigueur scientifique, on peut distinguer les *faits vérifiés* et les *faits non vérifiés*, afin de les utiliser chacun à leur niveau. On peut également préciser la probabilité de validité d'un fait.

LE CHAPEAU VERT

Le vert symbolise la créativité, la fertilité, ce qui pousse et grandit.

Avec le chapeau vert, on crée des idées, de manière parfois surprenante. On propose des solutions, même les plus étonnantes. La « pensée décalée » est encouragée.

LE CHAPEAU NOIR

La couleur noire est négative.

Le chapeau noir se concentre uniquement sur ce qui est négatif dans le problème.

Le chapeau noir met en évidence ce qui ne va pas, ce qui est incorrect ou erroné, sans passion ou jugement. Il met en évidence les risques et les dangers. Le chapeau noir est négatif, mais n'est pas émotionnel (les émotions négatives sont pour le chapeau rouge).

LE CHAPEAU ROUGE

Le rouge suggère les émotions.
Le chapeau rouge permet d'exprimer des sentiments, des émotions, des intuitions vagues. On

ne cherche jamais à les justi-
fier ou à leur donner une base
logique. C'est l'opposé de l'information neutre et objective.
Le chapeau rouge légitime (en
les canalisant) les émotions et
les sentiments. Cela évite
qu'ils soient entremêlés avec
les faits, les opinions ou les
critiques.

LE CHAPEAU JAUNE

Le jaune symbolise le soleil, la
clarté et l'optimisme.
Avec le chapeau jaune, on
explore les idées d'une manière positive. On cherche à
trouver les bénéfices possibles
des idées. Du chapeau jaune
viennent des propositions
concrètes et des suggestions. Il
couvre également les rêves, les
visions et les espoirs.
Dans le cas d'idées nouvelles,
on doit toujours utiliser le chapeau jaune avant le chapeau
noir, car il est toujours plus
facile de voir les défauts d'une
proposition que ses vertus.

LE CHAPEAU BLEU

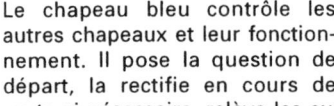

Le bleu symbolise le calme, la
maîtrise. C'est également la couleur du ciel, qui domine.
Le chapeau bleu contrôle les
autres chapeaux et leur fonctionnement. Il pose la question de
départ, la rectifie en cours de
route si nécessaire, relève les excès de tel ou
tel autre chapeau, et tire les conclusions.

Chapeau noir ?

« Les preuves réellement scientifiques de l'efficacité d'une telle approche semblent peu nombreuses, et leur fiabilité nécessiterait une étude approfondie. »

« Ton truc, là, est trop compliqué. Ce dont nous avons besoin, c'est de plus de surveillants pour assurer la sécurité dans les écoles. »

« Un certain nombre de professeurs n'ont pas la formation nécessaire pour uti-liser correctement cette approche. »

« Accepter la suggestion (même positive) comme outil d'apprentissage va déclencher des réactions de rejet chez de nombreuses personnes, en particulier chez des professeurs et des associations de parents d'élèves. »

« Certains penseront que ce n'est pas sérieux comme manière d'apprendre, que le programme risque de ne pas être couvert. »

« Introduire une telle approche serait prendre un risque très important. Les jeunes formés ainsi auront à leur disposition des outils d'apprentissage efficaces, une bonne confiance en eux, sauront penser d'une manière décalée et s'enferme-ront moins facilement dans une dichotomie "pour-contre" si facile à manipuler. Ils risquent de devenir inadaptés au système économique actuel. »

... Chapeau rouge ?

« C'est archi-connu, tout ça. »

« Peut-être que ça peut convenir à certains, mais sûrement pas à moi. »

« Génial ! J'attendais cela depuis vingt ans ! »

« Le développement de la confiance en soi, les phrases positives, tout ça : c'est 100 % américain. Insupportable. »

« Tiens, une approche de l'apprendre où l'on ne nous bassine pas les oreilles avec l'informatique et Internet. »

« Ça a l'air super, cette manière d'apprendre, mais c'est trop tard pour moi : je viens d'avoir mon bac. »

« Tout ça, c'est utopique. »

« J'aimerais bien essayer quelques outils, mais j'ai peur de ne pas y arriver. »

« C'est sans doute bien tout ça, mais la bonne vieille méthode a fait ses preuves. On n'en est pas mort, après tout, et ça nous a réussi. Regardez, moi, par exemple, j'ai un bon métier, je ne me plains pas. »

« Apprendre plus et mieux, d'accord, mais ça servira à quoi ? À accélérer le délire de l'économie triomphante ? À rendre les gens plus productifs ? Produire plus, vendre plus, consommer plus, ça nous mène à quoi, tout ça ? »

« J'aime bien cette approche. Elle me rend (comment dire ?) à la fois plus sereine, plus confiante dans l'avenir, et plus audacieuse. Curieux mélange, non ? »

... ou chapeau vert ?...

La scène se passe dans la salle de conférence n° 7 bis, 3ᵉ étage, bâtiment B. Le président, après quelques moments houleux (chacun avait alors un curieux chapeau rouge sur la tête), intervient :

« Mesdames et messieurs, je vous propose maintenant de coiffer mentalement votre chapeau vert concernant cette approche de l'apprentissage et ce que l'on peut en faire. »

– On pourrait en parler au ministre. Je connais le frère de la concubine de l'ex de son chef de cabinet. Elle pourrait lui en toucher un mot.

– Le Club Med serait peut-être preneur de ce genre de choses, non ? Dans leurs clubs, il y a bien des initiations à l'informatique, aux échecs, à je ne sais quoi. Dès lors qu'on peut y trouver du plaisir, pourquoi ne pas leur proposer d'apprendre autrement, sous les cocotiers ?

– Le développement dans les écoles me semble important. On pourrait commencer dans des classes clés comme la sixième ou la seconde. Il faudrait bien entendu l'accord des profs, du proviseur, expliquer tout cela aux enfants et aux parents.

– On pourrait aussi imaginer, à côté des classes de neige, de nature ou de découverte, des classes pour apprendre ainsi. Tranquille, au vert, on apprendrait aux enfants le topogramme, la lecture rapide, comment le cerveau fonctionne, la *Brain gym*, des jeux mnémoniques, etc.

– C'est une bonne idée. J'ai entendu dire qu'il existait un truc comme ça aux États-Unis. Cela se passe pendant l'été, une dizaine de jours. Ils appellent ça *SuperCamp*.

– Et les prisons ? Cela pourrait donner une motivation fantastique aux détenus, surtout chez les jeunes délinquants.

– Et pourquoi pas les maisons du troisième âge et les hospices tant que vous y êtes ?

– Moi, je verrais bien du côté de la télévision. La Cinquième serait tout indiquée pour une série d'émissions, non ? Ça s'est fait au Venezuela et en Nouvelle-Zélande, paraît-il.

– Et les SDF ? Si on imaginait une école pour SDF, pour apprendre à apprendre ?

– Pour moi, il y a un lieu idéal pour utiliser ça : c'est l'armée. Aux jeunes qui s'engagent, on apprend à nager, à conduire, à manier un fusil, etc. Pourquoi ne pas intégrer une formation « Apprendre mieux », et « Apprendre à penser » ?

– « Réfléchir, c'est commencer à désobéir », c'est ce que disait l'adjudant quand je faisais mon service. *(Rires et brouhaha.)*

– Mesdames et messieurs, je vous en prie, un peu de calme. Pour tirer le meilleur parti de ces premières idées, je vous propose de continuer en utilisant le jeu de la page 143. Nous nous retrouvons tous dans dix minutes, après une pause. »

Un pas plus loin...

Lorsqu'on développe une pensée plus ouverte, chez soi ou chez d'autres, on peut progressivement briser l'illusion qu'il n'y a qu'une seule réalité « réelle » (la sienne, ou celle qui nous est imposée). On apprend ainsi à vivre avec une réalité plus relative, avec des questions parfois sans réponse et une part de paradoxes et d'incertitudes. Car le monde est ainsi fait : tout n'y est pas linéaire, certain, parfaitement défini.

Cette « relativité » peut avoir diverses conséquences : on se prend moins au sérieux ; les comportements intolérants nous semblent plus difficiles à comprendre ; on laisse le champ plus libre à une certaine fantaisie ; il nous est plus facile de respecter d'autres manières de faire et d'agir. On peut également découvrir qu'il est possible de faire des choses très sérieuses – comme apprendre – avec beaucoup d'humour.

CHAPITRE 21

Avis de tempête

DONNER UN SENS

Peut-être connaissez-vous l'histoire des deux compagnons tailleurs de pierre, au Moyen Âge. L'un dit : « Je taille des pierres », l'autre : « Je construis une cathédrale. » Même action, mais à laquelle chacun donne un sens différent.

Donner un sens à ce que nous vivons et à ce que nous percevons est sans doute l'un des critères primordiaux qui différencient l'homme de l'animal. Que l'on cherche ce sens dans la religion, la métaphysique, l'explication scientifique, la lutte des classes ou un avenir meilleur, cette recherche de sens est un fondement de ce que l'on peut appeler l'être humain.

Donner un sens à ce que l'on apprend n'est pas uniquement en avoir une compréhension intellectuelle. C'est nous *approprier* une connaissance, et la connecter à ce que nous sommes et ce que nous voulons être.

La signification du contenu

L'expérience a eu lieu en 1980. À l'Institut de recherche sur l'enseignement des mathématiques (IREM) de Grenoble, un professeur a eu un jour l'idée de proposer à des enfants de CE1 et CE2 le problème suivant :

« Sur un bateau, il y a 26 moutons et 10 chèvres. Quel est l'âge du capitaine ? »

Sur 97 élèves, 76 donnèrent une réponse en combinant les nombres de l'énoncé. Malgré l'absurdité de ces réponses, on peut cependant parier qu'un bon nombre de ces enfants ont fait par la suite d'excellentes études (comme on dit), même en mathématiques. Mais cela laisse songeur sur la signification que donnent les élèves à ce qu'ils apprennent.

Outre les notions qui peuvent avoir été mal assimilées dans le passé, nous mettons parfois une curieuse signification derrière tel ou tel mot qui semble sans aucune ambiguïté. En mathématiques par exemple, le signe « moins » comme le nombre « zéro » restent souvent entachés d'une connotation moralement négative. Des élèves transforment ainsi, sans y prendre garde et sans raison logique, un signe « moins » en un signe « plus », ou rechignent à écrire qu'une expression algébrique est égale à zéro.

S'intéresser à la *signification* que donnent les apprenants à des choses « supposées connues » ou aux informations nouvelles qu'ils reçoivent peut réserver des surprises. On découvre parfois des « filtres d'entrée » (dont il a été question au chapitre 8) curieux et étonnants.

Donner un sens à ce que l'on apprend

On apprend mieux lorsque ce que l'on apprend a un sens. Lorsqu'un adulte décide d'apprendre quelque chose, il sait en général pourquoi : pour avoir un poste de plus grande responsabilité dans son entreprise, pour être plus compétent dans son domaine d'activité, parce qu'il a besoin d'une langue étrangère. Il apprendra la peinture pour réaliser un rêve, le pilotage pour pouvoir voler et voyager, le violoncelle pour faire partie d'un orchestre, etc. Mais si cela ne signifie rien pour lui, il n'apprend pas et voilà tout.

La recherche de sens est également ce qui pousse en avant le petit enfant : comme un détective, il cherche à *comprendre* le sens d'éléments disparates, il cherche, réfléchit, questionne, imagine ; il met les pièces dans différents ordres, expérimente, etc.

Entre ces deux âges, bien souvent, apprendre perd son sens. Le système scolaire fait trop souvent apprendre à la manière béhavioriste (bonne réponse = récompense ou bonne note, mauvaise réponse = punition, ou mauvaise note). Cela pousse à utiliser essentiellement la mémoire à court terme et à négliger le sens que donne l'enfant à ce qu'il apprend.

Donner un sens ne signifie pas tout comprendre instantanément, bien entendu. C'est rester dans une démarche ouverte permettant de relier les nouvelles connaissances aux anciennes et à ce que nous sommes. C'est une démarche de confiance : à la fois en nos aptitudes à acquérir de nouvelles connaissances, et en celles du professeur à les transmettre.

Sens et motivation

La motivation personnelle joue un rôle essentiel dans un apprentissage de qualité. Elle est naturelle, ou doit être encouragée. Mais elle est rarement affaire de pure logique : des phrases comme « Travaille à l'école pour ne pas être chômeur plus tard » sont bien moins motivantes que (par exemple) le désir d'apprendre le portugais parce qu'on adore tout ce qui vient du Brésil et que l'on rêve d'y aller. Le *sens* que l'on donne à ce qu'on apprend est relié à l'ensemble de notre personnalité.

Une des clés de la motivation dans un apprentissage est justement de donner une place primordiale au sens que l'on donne à ce qui est appris. Étant impliqué personnellement dans cette démarche, on aura alors moins tendance à faire porter la responsabilité de l'apprentissage sur des causes extérieures (« Le professeur est mauvais » ; « Je suis mauvais en français comme ma mère l'était » ; « Le chargé de TD ne nous avait pas habitués à des partiels aussi difficiles » ; « S'il y avait plus de locaux et plus d'argent, tout irait mieux » ; etc.).

Développer chez les apprenants à la fois cette recherche du sens et ce sentiment de responsabilité vis-à-vis de son apprentissage est un travail souvent long, qui demande intuition et surtout *cohérence* : la motivation est souvent un mécanisme fragile impliquant des émotions, et l'on peut durablement bloquer ce mécanisme par une phrase malheureuse ou un comportement inadapté.

L'illumination

Cela commence par un sentiment vague et non articulé de sympathie et d'intimité avec ce que nous apprenons. Et brusquement nous avons ce sentiment intense de plaisir, au moment où la *compréhension* et le *sens* de ce que nous apprenons sont réunis.

C'est la sensation que nous éprouvons en trouvant la solution à un problème complexe, qu'il soit de mathématiques ou dans la mise en place d'un processus délicat. Ou lorsque nous comprenons une belle démonstration de géométrie. Ou lorsque nous trouvons une analogie qui nous permet de comprendre la signification d'un événement. Toutes les pièces se mettent tout à coup à leur bonne place et l'image apparaît, donnant sens à ce qui est appris.

À ce moment-là, on remarque en général un sentiment de détente, de soulagement et un supplément d'énergie. Les yeux brillent, on est bien, le monde semble meilleur. Nul doute que cette forme ultime d'un bon apprentissage ne soit bonne pour la santé physique et mentale [1].

DES LIEUX POUR APPRENDRE ENSEMBLE

Des richesses qui dorment

Une aberration banale est de n'utiliser les écoles que de 8 heures à 18 heures, dix mois par an, sans parler des universités pratiquement vides six mois par an. Les lieux d'apprentissage sont une des ressources les plus mal utilisées. L'école pourrait pourtant devenir un lieu où chacun pourrait apprendre, intégré dans un quartier ou dans une zone rurale, être un lieu centré sur la communauté plutôt que sur les individus. Une telle conception de l'école nécessite souplesse et organisation, ainsi que le développement d'un esprit communautaire ; et c'est en général l'école elle-même ainsi conçue qui pourra être le fondement de cet état d'esprit communautaire.

De tels lieux commencent à apparaître ici et là dans le monde. Ce sont des lieux ouverts où apprendre est valorisé, où l'on peut apprendre à tout âge, où se développe un sens de l'entraide et de la coopération. L'acquisition de savoirs n'est plus réservée à un âge de la vie. La transmission de connaissances n'est plus le seul fait de professionnels : le parent peut à l'occasion transmettre ce qu'il connaît bien, ou venir lui-même apprendre. Le grand-parent peut être d'une grande utilité pour encadrer des activités ou transmettre son expérience. L'élève peut transmettre des connaissances que son professeur ignore (comme l'informatique, ou l'histoire des dinosaures)*.

Ce qui a été décrit tout au long de ce livre se prête plutôt bien à une telle structure ouverte d'apprentissage. Et la formation à cet *état d'esprit* n'est pas bien longue. Les écoles et les entreprises qui ont tenté l'aventure ont souvent constaté un rapide et durable enthousiasme des professeurs et des formateurs à s'impliquer, à écrire des dialogues, à préparer des périphériques ou à utiliser le topogramme. Et les élèves suivent, évidemment.

À défaut de pouvoir se développer dans et autour d'une école, on voit apparaître ici ou là des *réseaux d'échanges de savoir*, où celui qui sait (qu'il soit employé, technicien, artisan, enseignant, cadre – ou ministre peut-être?) apprend à celui qui ne sait pas encore et qui aimerait savoir. Car il n'est pas forcément nécessaire d'être enseignant professionnel pour transmettre une connaissance.

Un étonnant projet

Entre 1979 à 1984, au Venezuela, un ambitieux projet a été conçu et réalisé par le Dr Machado. Nommé « ministre d'État chargé du développement de l'intelligence » par le président vénézuélien Luis Herrera Campina, il fonda son projet sur les principes suivants [2] :

• élaborer des programmes destinés à toute la population, et plus spécialement aux classes défavorisées ;
• considérer que l'être humain se réalise à travers l'acquisition de connaissances, et qu'il n'est jamais trop tôt ni trop tard pour les développer ;
• utiliser des programmes ayant une base scientifique rigoureuse et construits sur des données récentes de la recherche scientifique ;
• y faire participer des chercheurs et des enseignants de toutes tendances politiques et idéologiques, sans aucune discrimination ;
• réduire le coût du projet grâce à l'utilisation des structures déjà existantes ;
• adapter les méthodes utilisées aux besoins locaux.

Les différents programmes visaient toutes les couches de la population, depuis un programme familial (d'avant la naissance à six ans) jusqu'à des programmes de formation pour adultes. Plus de 100 000 enseignants et formateurs participèrent à ce projet. Lors d'une conférence, le Dr Machado déclara :

---

* D'après des spécialistes de programmes scolaires, aucun adulte ne possède l'ensemble des connaissances qu'est censé intégrer un élève de seconde.

Pour garantir la paix, la démocratie et la liberté à travers le monde, le développement de l'intelligence de chacun doit devenir un but national dans chaque pays. Pouvons-nous permettre à certains de mieux faire fonctionner leur cerveau que d'autres simplement parce que leur mère savait mieux s'y prendre que d'autres, alors qu'il est si facile de le faire pour tous ?

Nous devons démocratiser cette connaissance. Nous devons prendre cette connaissance et la mettre dans les mains et le cœur de toutes les mères et de tous les pères. Les parents seront plus heureux parce que voir se développer les capacités de leurs enfants les rendra plus heureux.

Cet étonnant programme* (qui a dû apparaître comme pure utopie au départ) prouve au moins qu'il est possible de mener à bien un grand projet riche d'implications et d'humanité. Car en aidant à un meilleur développement de l'intelligence pour tous (chez le petit enfant comme chez l'adulte, pour les personnes défavorisées comme pour les nantis), on peut permettre à chacun d'avoir une vie personnelle, familiale et sociale plus harmonieuse. À chaque époque ses grands projets : l'expérience vénézuélienne peut nous faire imaginer des chemins nouveaux à défricher.

APPEL À TOUS

Le bulletin météo

... Appel à tous-Appel à tous-Appel à tous... Appel à tous-Appel à tous-Appel à tous... Appel à tous-Appel à tous-Appel à tous... Appel à tous-Appel à tous-Appel à tous...

C'est par cette litanie indéfiniment répétée sur les ondes que le marin est prévenu de l'arrivée imminente d'une tempête.

Voici le bulletin de météo marine.

Fort coup de vent à violente tempête prévu sur l'ensemble de la zone. Dépression très active qui s'étend progressivement en se creusant fortement. Vent de force 6 à 7, localement 8 à 9, menace de 11. Mer forte devenant localement grosse à très grosse. Violentes rafales. Visibilité réduite sous les grains.

Pas d'amélioration prévue dans le court terme.

Les prévisions météo ont un côté fascinant dont on n'a plus vraiment conscience : les grands-prêtres de la météorologie prévoient le temps futur, voient pour nous dans l'avenir. Qu'il y ait d'énormes ordinateurs derrière, cela nous importe peu : ils augurent du soleil et de la pluie, tels les devins de l'ancien temps.

On aimerait avoir de la même façon une vue même approximative de l'évolution de notre monde. Certaines années, on déclare que « l'automne sera chaud »

---

* Une évaluation du programme vénézuélien a été faite par l'université d'Harvard et des missions d'experts envoyés par des pays étrangers (Colombie, Suède, Bulgarie, Corée du Sud, Cuba, États-Unis) et par l'Unesco.

avec la même certitude que les météorologues nous avaient prédit un été pluvieux. D'autres disent « qu'il y a de l'orage dans l'air » et « qu'il faut que ça pète », et autres analogies météorologiques devant lesquelles on se sent bien incapable de discerner le futur qui nous attend.

Pour la météo, il y a les ordinateurs, les photos satellite ou les vieilles recettes : les rhumatismes du papy et la grenouille sur son échelle. Mais pour l'évolution du monde ? Les ravages de la violence, de la pollution ou des impératifs économiques, le taux de chômage qui grimpe sont-ils les seuls indicateurs d'un orage à venir ? Ou n'est-ce qu'une petite partie d'un ensemble plus vaste dont la conscience nous échappe, car trop difficile à cerner ?

Dans cette difficile période où nous vivons, nous avons bien l'intuition que le taux de chômage n'explique pas tout. Que la violence ou l'exclusion sont les conséquences d'une évolution dont le sens nous dépasse et nous échappe. Tout cela sera facile à expliquer – après : nul doute que les historiens futurs sauront expliquer ce qui s'est passé à notre époque, comme ils expliquent que les émeutes de 1934 ont ouvert le chemin au Front populaire. Mais qui aurait pu le prévoir, à ce moment-là ?

Donner le dégoût d'apprendre : un crime contre l'humanité

L'analogie pourra sembler de bien mauvais goût. Cette expression, maintenant hélas commune, fut employée pour la première fois au procès de Nuremberg où étaient jugés les grands criminels nazis. Elle est pourtant porteuse d'un sens bien plus vaste que rapportée à tel ou tel génocide.

En blessant une personne (quel que soit son âge) dans sa relation à l'apprendre, on touche à sa personnalité profonde. Et à travers elle, on pourrait dire que c'est l'humanité tout entière qui est blessée : car qui peut connaître les répercussions de telles blessures, pour lesquelles il n'existe ni service d'urgences ni hôpitaux ? Et selon quels critères décréter que l'échec (qui résulte souvent de ces blessures) est négligeable, malheureusement inéluctable – ou même nécessaire ? Donner et entretenir le goût d'apprendre est un moyen privilégié de ne pas transformer des enfants en adultes aigris, malsains ou dangereux.

En cas de cyclone...

Qui pourrait nier qu'il y a un « avis de tempête » en cours, c'est-à-dire une probabilité forte de modification brutale de la situation présente ? Ce ne sera certes ni la première ni la dernière que traversera l'humanité. Mais c'est celle que nous vivons, ou que nous allons vivre, et c'est celle-là qui nous importe. Et cette tempête risque d'avoir la force destructrice d'un cyclone.

Lorsqu'il y a un avis de cyclone, la pire des solutions (paradoxalement) est de se réfugier au port, ou de rester au port : c'est pourtant la tentation naturelle. Mais on ne connaît jamais la trajectoire que va suivre un cyclone. En restant au port, on s'en remet au hasard, ou à la volonté divine : soit le cyclone passe à l'écart et nous épargne, soit il passe sur nous. Dans ce dernier cas, les vents violents et la mer déchaînée briseront notre navire comme fétu, ou l'endommageront sérieusement.

En appareillant, on ne subit plus la force aveugle du cyclone : en observant les vents tournants, on peut choisir la meilleure route pour nous éloigner de lui et moins en subir la violence. De plus, une fois en mer, on a toute la place pour manœuvrer.

La fuite elle-même n'est pas conseillée. En partant vent arrière, on se retrouve directement dans l'œil du cyclone : pas de vent, certes, mais une mer abominablement démontée, et aucune route qui soit moins mauvaise qu'une autre.

Donc partir, appareiller, semble paradoxalement la meilleure décision à prendre lorsque la situation est incertaine et que le baromètre continue à descendre, même si l'on sait qu'il va y avoir des moments difficiles. Mais en appareillant, on a des chances de s'en sortir *vivant*.

Appareiller sera pour nous une manière de refuser le langage du pessimiste moderne : « Le monde marche mal, et il n'y a rien à y faire. »

Une chose est sûre (du moins, j'aimerais qu'à la fin de ce livre vous en soyez sûr) c'est qu'apprendre et retrouver le plaisir d'apprendre peuvent nous aider à supporter sans trop de dégâts la tempête ou le cyclone qui risque de nous frapper. Que trouver (ou retrouver) le goût d'apprendre, sous des formes infiniment variées, peut donner (ou redonner) le goût de vivre et de créer, de développer en confiance nos capacités, et de découvrir l'autre dans toute sa richesse. Et que cela peut aider à inventer une manière de vivre plus humaine, un système économique au service de chacun, un meilleur accord avec la nature.

Apprendre est universel. Apprendre est infiniment personnel. Savoir mieux apprendre et mieux transmettre nos connaissances peut changer le monde. Et nous y avons tous notre part.

Notes et bibliographie

NOTES

Chapitre 2

1. L'importance de la médiation a été particulièrement mise en évidence par l'Israélien Reuven Feuerstein. On pourra lire de Rosine Debray : *Apprendre à penser – Le programme Feuerstein : une issue à l'échec scolaire*, 1989, Eshel.

Les travaux de Feuerstein ont été complétés et prolongés dans le projet canadien d'Actualisation du Potentiel Intellectuel (A.P.I.), utilisé en particulier dans la prévention des échecs et des abandons scolaires. Cette approche est maintenant diffusée par l'association CREFEC, en France (42, rue Pierre-Demours, 75017 Paris) et au Canada.

2. Cette troisième partie sur les jeux est particulièrement redevable à un spécialiste indien du jeu, Sivasailam Thiagarajan. Voir *Les Jeux-Cadres de Thiagi*, de Bruno Hourst et Sivasailam Thiagarajan (bibliographie), et le site internet de Thiagi : http ://www.thiagi.com

3. D'après Sivasailam Thiagarajan, *ibid.*

4. En langue anglaise comme en langue française, les livres proposant des jeux à intégrer dans un apprentissage sont nombreux, mais pas forcément bien connus.

Chapitre 3

1. *Changements, Paradoxes et Psychothérapie* de Paul Watzlawick (bibliographie). Le problème des neuf points est tiré également de ce livre.

2. La solution du problème des neuf points est la suivante :

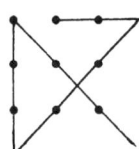

3. L'école de Palo Alto a développé le concept de « thérapie brève », permettant d'induire des changements durables chez des personnes ayant des problèmes psychologiques handicapants. Cela a conduit ce groupe de chercheurs à s'intéresser d'une manière plus générale aux phénomènes de changement. Voir *Changements, op. cit.*, et *Le Langage du changement*, de Paul Watzlawick, 1980, Seuil.

Chapitre 4

1. Au départ à travers la *Society for Accelerative Learning and Teaching* (SALT), qui est devenue dans les années 90 l'*International Alliance for Learning* (IAL). IAL : 1725 South Coast Highway Oceanside, CA 92054-5319, USA. Voir aussi la Society for Effective Affective Learning (SEAL), 37 Park Hall Road, East Finchley, London N2 9PT, Grande-Bretagne ; www.seal.org.uk

2. De très nombreux ouvrages théoriques et pratiques (en langue anglaise) en sont issus. On pourra s'intéresser en particulier aux ouvrages d'Eric Jensen, à ceux de Peter Kline (en particulier *The Everyday Genius*, 1988, Great Ocean Publishers, USA), de Colin Rose (en particulier *Accelerated Learning into the 21st century*, 1997, Delacorte Press, USA), à ceux de Bobbi DePorter.

3. Ainsi par exemple le Canada a testé un projet gouvernemental de formation de langue, qui s'est perdu dans les arcanes de la politique. Ce projet était dirigé par Gabriel Racle, auteur de *La Pédagogie interactive* (bibliographie).

4. Sur la description de différentes applications, voir en particulier *The Learning Revolution*, de Gordon

Dryden et Jeannette Vos, 1994, Jalmar Press, USA ; *The ACT Approach*, de Lynn Dhority, 1991, Gordon and Breach, USA ; *Accelerated Learning into the 21st century*, de Colin Rose (*op. cit.*) ; *Ten Steps to a Learning Organisation*, de Peter Kline.

5. Les quatre évaluations faites en Australie sur l'*Accelerative Learning Initiative* sont :

– *Accelerative Learning Program Evaluation*. New South Wales Department of School Education, Metropolitan West Region. *Draft*, 1994, sous la direction du Dr Alan Rice, *Director Teaching and Learning* du ministère de l'Education. Cette évaluation n'a jamais été rendue publique. Comme les trois autres, elle est globalement très positive.

– *Accelerative Learning, Program Evaluation*, Quality Assurance, août 1995.

– *Accelerative Learning : the teacher's perspective. Report of the research project : Accelerative Learning, study of an educational innovation*, by Scott Poynting and Greg Noble, University of Western Sydney-MacArthur, June 1995.

– *Evaluation of the Bede Polding College, Accelerative Learning Program (Yr 11)*, de Joseph Relich, mars 1994, University of Western Sydney-Nepean.

6. Préface de *The Everyday Genius*, de Peter Kline (*op. cit.*).

Chapitre 5

1. On peut rappeler l'expérience suivante : trois groupes de rats sont dans des cages. Dans la première, les rats ont de nombreuses occasions de stimulation, qui sont variées et changées souvent. Dans la deuxième, les rats peuvent voir ce qui se passe dans la première cage, mais n'ont aucun moyen propre d'actions. Dans la troisième, ils n'ont ni stimulations ni vue sur les autres cages. On constate au bout d'un certain temps que le cerveau des rats de la première cage (et uniquement de ceux-là) est bien plus développé que celui des rats des autres cages.

2. Glenn Doman a été un précurseur dans ce domaine, en s'intéressant dès les années 40 aux enfants ayant des lésions au cerveau. Outre des moyens de redonner une vie quasi normale à ces enfants, il a tiré de ses travaux des éléments particulièrement intéressants concernant le développement de l'enfant sain (bibliographie).

En ce qui concerne l'adaptabilité étonnante du cerveau à palier un traumatisme grave, elle semble nécessiter au moins deux conditions : la foi du patient et des personnes de son entourage en sa réussite, ainsi qu'un réapprentissage se calquant sur l'apprentissage du petit enfant. Ainsi, une forme de rééducation particulièrement efficace pour les hémiplégiques est de leur faire réapprendre en détail tous les mouvements de la petite enfance : se mettre à quatre pattes, ramper, s'asseoir, etc. L'utilisation d'imageries mentales guidées (dont il est question au chapitre 15) semble également un moyen particulièrement efficace : le malade peut par exemple imaginer des représentations symboliques fortes des réseaux de neurones, comme des chemins que l'on ouvre, que l'on débroussaille, que l'on nettoie, qui se relient à d'autres chemins, etc. On pourra lire par exemple l'histoire de Barbara, racontée par Peter Kline dans *The Everyday Genius, op. cit.*

Chapitre 6

1. Le fonctionnement de l'hémisphère droit semble s'apparenter au phénomène de l'holographie (théorie de Pribram). Il peut en effet reconstituer un ensemble à partir d'un élément mineur, il peut identifier instantanément un tout à partir d'une petite partie. C'est ainsi par exemple que nous pouvons reconnaître une personne de dos, ou au bruit de son pas, ou à un geste particulier. L'hémisphère gauche est très malhabile à cela : rien de plus difficile que de décrire une personne alors que, parmi cent, on la reconnaîtra instantanément.

2. Paul Watzlawick, *Le Langage du changement, op. cit.*

3. On trouve de très nombreux artistes, inventeurs, ou autres qui étaient ambidextres, et ce n'est sans doute pas par hasard. Léonard de Vinci pouvait écrire avec les deux mains à la fois. Le pianiste Samson François pouvait jouer à la fois l'hymne américain et l'hymne soviétique, chacun d'une main – en pleine guerre froide.

4. Certains rajoutent à ce schéma les lobes frontaux, que l'on peut considérer comme un quatrième cerveau. Ce cortex préfrontal est très différent du néo-cortex et semble être le siège privilégié de l'empathie (la connaissance intuitive de l'autre) et de la pensée sur soi.

5. Cela n'explique cependant pas le curieux et rarissime phénomène de ralentissement du temps où le film de la vie se déroule comme au ralenti, qui ne semble se produire qu'en situation de grand péril.

6. Cet aspect de disjoncteur est également appelé système inhibiteur de comportement, décrit en particulier par l'Américain J. Gray et le Pr Henri Laborit (Laborit, H., *Les Comportements*, 1979, Masson).

7. L'archétype, selon la définition qu'en donne Carl Jung, est une structure universelle issue de l'inconscient collectif. On trouve des archétypes dans les contes, les mythes et dans les productions imaginaires de tout être humain.

8. Créé par l'Anglais Tony Buzan sous le nom de *MindMap*, le topogramme a reçu de très nombreux

autres noms en langue anglaise (*Mindscape, MindCluster, MindChart, FlowChart, Learning Map,* etc.). Il a été présenté en français sous les noms de *Schéma heuristique* et de *Constellation d'idées*. Le mot *topogramme* comme traduction de *MindMap* a été imaginé par Michel Hourst. Pour en savoir plus sur le topogramme, on pourra lire : *Dessine-moi l'intelligence* de Tony Buzan et surtout *Mapping Inner Space*, de Nancy Margulies (bibliographie).

9. comme le logiciel *Mindmanager*, dont une version française est disponible.

Chapitre 7

1. *Les Intelligences multiples*, de Howard Gardner (bibliographie). Parmi les très nombreux ouvrages en langue anglaise sur les applications de la théorie de Gardner, on pourra lire en particulier les livres de David Lazear et de Howard Gardner.

2. Howard Gardner, *Reflexions on Multiple Intelligences – Myths and Messages*, dans la revue Phi Delta Kappa de novembre 1995.

3. Par exemple, les « simulations globales » de Jean-Marc Caré et Francis Debyser sont un outil d'apprentissage des langues étrangères particulièrement riche en « intelligences » (bibliographie).

Chapitre 9

1. Il semblerait que la mémoire à court terme implique essentiellement l'activité électrique du cerveau, et que la mémoire à long terme implique surtout les processus chimiques.

2. D'après *Making Connections*, de Renate Caine, 1994, Innovative Learning Publications, USA.

3. Cette version des mots clés est inspirée du système de mémorisation de Bruno Furst, repris par la Méthode Silva. La Méthode Silva, Cidex 16, 27490 Autheuil-Authouillet.

Chapitre 10

1. Voir *La Pédagogie interactive* de Gabriel Racle (bibliographie). Ce livre met bien l'accent sur l'importance de l'environnement dans un apprentissage.

2. De nombreux livres présentent des jeux coopératifs, par exemple *Jeux coopératifs pour bâtir la paix*, de Mildred Masheder (bibliographie).

3. D'après Peter Kline, *The Everyday Genius, op. cit.*

4. *Ibid.*

5. *Ibid.*

6. La véritable écoute de l'autre est particulièrement bien exprimée par cette phrase de Maurice Bellet : « Si je suis écouté, purement écouté, j'ai tout l'espace pour moi et pourtant il y a quelqu'un ».

7. D'après Peter Kline, *The Everyday Genius, op. cit.*

8. D'après *The Giraffe Classroom : Where Teaching is a Pleasure and Learning Is a Joy*, de Nancy Sokol Green, 1991, The Center for Nonviolent Communication, USA.

9. Ce que les spécialistes appellent l'évaluation formative, opposée à l'évaluation sommative.

Chapitre 11

1. Voir *La Pédagogie interactive*, de Gabriel Racle, *op. cit.*

2. Les dégâts causés par des défauts d'éclairement sur le système nerveux comme sur l'humeur mentale sont de même ordre de gravité que ceux qu'entraîne le bruit. On pourra lire *Le Yoga des yeux*, de Margaret Darst Corbett (bibliographie). Ce livre est une adaptation de la célèbre méthode Bates pour améliorer et conserver sa vision. On peut également rappeler qu'au Danemark, une loi impose que tout élève ou tout travailleur adulte puisse voir la nature à partir de son lieu de travail, d'où une profusion de fenêtres.

3. Les professeurs qui encouragent leurs élèves à boire de l'eau fréquemment ont remarqué que leur conduite générale s'améliore, les conflits diminuent et leur motivation augmente. Boire de l'eau est un moyen bon marché, simple et très efficace d'améliorer ses capacités à apprendre.

4. Mais il n'est pas question (déformation courante) de convaincre tous les enfants de manger un œuf le matin, en leur promettant une amélioration automatique de leurs résultats scolaires.

Chapitre 12

1. Cette idée sur la nécessité de former ses propres structures mentales peut être mal interprétée, en particulier en ce qui concerne l'éducation de l'enfant. Il est évidemment nécessaire d'imposer progressivement à l'enfant certaines structures (pour parler correctement une langue par exemple). Mais un juste équilibre entre liberté de découvrir par soi-même et structures imposées permet de bien mieux apprendre et d'en tirer un plus grand enrichissement. Piaget écrivait d'ailleurs : « Comprendre, c'est inventer », remise en cause radicale de tout mode d'enseignement linéaire et trop structuré. Laisser une assez grande liberté à l'enfant

dans la création de ses structures mentales peut également permettre à l'adulte de remettre en cause telle ou telle structure qu'il souhaite imposer : est-elle nécessaire ? Doit-elle être imposée ou proposée ?

2. D'après Sivasailam Thiagarajan, *op. cit.*

3. Cette partie est en bonne partie redevable aux travaux d'Eric Jensen, en particulier *The Learning Brain*, 1994, Turning Point Publishing, USA.

4. Voir par exemple *Former les nouveaux managers* – « *Problem-Based Learning* » : *une méthode novatrice pour développer les compétences*, de Florence Hunot, Éditions Liaisons, 2000.

5. D'après Sivasailam Thiagarajan, *op. cit.*

6. En particulier *Changements, op. cit.*

7. D'après Jon Pearson, *Drawing on The Inventive Mind, op. cit.*

8. Ces jeux sont décrits, parmi bien d'autres, dans *Les Jeux-Cadres de Thiagi*, de Bruno Hourst et Sivasailam Thiagarajan (bibliographie).

9. Cet équilibre hormonal est également différent en fonction du sexe.

10. En référence à Edward De Bono et à sa notion de « *lateral thinking* ».

Chapitre 14

1. Cette partie est particulièrement redevable à Carla Hannaford, auteur de *La gymnastique des neurones*, (bibliographie).

2. Des psychanalystes parlent volontiers de la violence à la télévision comme d'une catharsis nécessaire, c'est-à-dire que le spectacle de la violence nous libérerait de nos propres pulsions violentes. De nombreuses études, en particulier aux États-Unis, ont réfuté cette thèse : la violence télévisuelle et au cinéma est globalement néfaste, cela est maintenant largement prouvé.

3. Voir *Guérir envers et contre tout*, de Carl Simonton, Desclée de Brouwer, 1982.

4. Certains apprentissages ont besoin de stress, mais ce sont des cas très particuliers. Les personnes qui sont appelées à rencontrer des situations d'urgence doivent pouvoir répondre correctement et sans hésitation dans des cas d'urgence immédiate. C'est pour cela qu'on les confronte au stress et à la menace lors de leur entraînement.

Chapitre 15

1. La méthode Alexander est très populaire dans le monde anglo-saxon, et fait l'objet de nombreux ouvrages.

Moshe Feldenkrais a également exploré cette voie. Pour ce chercheur israélien, être plus attentif au fonctionnement de notre corps permet de prendre conscience de ses dysfonctionnements, et de réduire progressivement les tensions et les contractions inutiles qui se traduisent souvent en malaise ou en douleurs physiques (voir *Énergie et Bien-être par le mouvement*, 1993, Dangles).

2. Décider de changer de lieu (pour aller dans un lieu mieux adapté) est une démarche intéressante en soi. Elle est nécessaire pour des exercices de relaxation nécessitant place et mouvement, comme par exemple ceux décrits par Samy Boski dans son très bon petit livre *La Relaxation active à l'école et à la maison* (bibliographie). Mais on peut faire certains exercices pratiquement n'importe où : voir par exemple *La Gymnastique invisible*, de Michel Roy (bibliographie).

3. En milieu scolaire, l'association RYE (Recherche sur le yoga à l'école) fait depuis de nombreuses années un travail tout particulièrement intéressant. On pourra lire en particulier *Des enfants qui réussissent*, de Micheline Flak et Jacques de Coulon (bibliographie). Les exercices « La Respiration complète », « La Petite Salutation au travail » et « Un geste mesuré » sont adaptés de ce livre.

4. D'après *Le Yoga des yeux, op. cit.*

5. Le Japonais Itsuo Tsuda parle de l'Occidental comme d'un « triangle instable », un triangle sur la pointe : grosse tête en haut, petite respiration abdominale en bas (*Le Triangle instable*, 1980, Le Courrier du Livre).

6. *Guérir envers et contre tout*, de Carl Simonton, *op. cit.*

Chapitre 16

1. La psycho-acoustique qu'a développée Alfred Tomatis est maintenant connue dans le monde entier, et a fait l'objet de nombreux ouvrages (par exemple *L'Oreille et le Langage*, 1991, Seuil, *Les Troubles scolaires*, 1988, Ergo Press).

2. Le Japonais Suzuki est connu pour ses propositions d'initiation du petit enfant à la musique et par sa méthode pour apprendre un instrument de musique à un tout-petit.

Sur l'emploi de la musique dans un apprentissage, on pourra lire : *Accelerated Learning with Music*, de Terry Webb, 1990, Accelerated Learning Systems, USA, et *Introduction to the Musical Brain*, de Don Campbell, 1992, MMB Music, USA.

3. Un ensemble consonant est un ensemble de notes considéré dans la musique occidentale comme

agréable naturellement à écouter. Un accord de seconde mineure (dissonant) est par exemple : do-do dièse ; un accord de septième majeure : do-si ; un accord de quarte : do-fa ; un accord de quinte : do-sol.

4. Lynn Dhority, *The ACT Approach, op. cit.*

5. Cela se remarque tout particulièrement dans le fait d'écrire. La musique aide souvent les idées à surgir sans efforts et spontanément. Des professeurs ont noté que des élèves « qui n'ont rien à écrire » et ayant de grandes difficultés à structurer leurs phrases écrivaient facilement des phrases complètes et bien structurées avec l'aide de la musique.

6. Certaines personnes utilisent assez couramment de la musique dite « New Age » lors de concerts passifs. Si ce type de musique est particulièrement efficace pour se détendre (et s'endormir), elle ne crée généralement pas cette « détente concentrée » qui aide à apprendre en profondeur. La raison peut en être trouvée dans sa pauvreté harmonique et dans son manque de constructions musicales complexes.

Chapitre 17

1. Rudolf Steiner, Maria Montessori, Moshe Feldenkrais, Glenn Doman, Howard Gardner et beaucoup d'autres.

2. Des recherches récentes aident à expliquer comment le mouvement bénéficie directement au système nerveux. Les activités musculaires, en particulier des activités coordonnées, semblent favoriser la production de neurotrophines, des substances naturelles qui stimulent la croissance des cellules nerveuses et augmentent le nombre de connexions neuronales dans le cerveau.

3. L'expression *Brain Gym* est une marque déposée. Elle ne doit pas être confondue avec le titre d'un livre français : *Gym Cerveau*, de Monique Le Poncin, dont le principe est totalement différent (exercices intellectuels pour éviter un vieillissement prématuré du cerveau). Plusieurs livres de Dennison ont été traduits en français (bibliographie).

Sur les aspects théoriques du mouvement dans l'apprentissage et de la Brain Gym, on pourra lire *La Gymnastique des neurones, op. cit.*

4. *Journal des kinésiologues*, janvier 1996, Union française des kinésiologues, Grenoble.

5. *La gymnastique des neurones, op. cit.*

6. *Ibid.*

7. Revue de presse de l'Union française des kinésiologues, juin 1994, Grenoble.

8. *La gymnastique des neurones, op. cit.*

9. *Ibid.*

Chapitre 18

1. Sur les travaux de Lozanov, on pourra lire par exemple : *Suggestologie et Éléments de suggestopédie*, de Georgi Lozanov, 1984, Sciences et Culture, Montréal, et *Accelerating Learning : The Use of Suggestion in the Classroom*, d'Allyn Prichard, 1980, Academic Therapy Publications, USA.

2. Robert Rosenthal, *Pygmalion à l'école. L'attente du maître et le développement intellectuel des élèves*, 1971, Casterman.

3. *The PhotoReading Whole Mind System*, de Paul R. Scheele (bibliographie). *Learning strategies Corporation*, 900 East Wayzata Boulevard, Wayzata, Minnesota 55391, USA.

site internet : www.LearningStrategies.com

L'expression *PhotoReading* est une marque déposée.

Chapitre 19

1. Cette partie sur le conflit et la médiation s'appuie pour une bonne part sur le dossier *Médiation* (1993) de l'association *Non-Violence Actualité*, BP 241, 45202 Montargis cedex.

2. La médiation de proximité permet essentiellement de restaurer des liens entre voisins, en passant progressivement d'une ambiance faite de rumeurs, d'agressivité, voire de violence, à la prise de conscience qu'il est possible de vivre des moments paisibles ensemble, malgré les soucis de chacun. Et que chacun peut en tirer profit.

3. Sur ce sujet, on pourra lire *Pratiquer la médiation en pédagogie*, d'Annie Cardinet, 1995, Dunod.

4. Tom Roderick, cité dans *Médiation, op. cit.*

5. *Ibid.*

6. Docteur en psychologie clinique, Marshall Rosenberg est fondateur du Centre international pour la communication non violente : *The Center for Nonviolent Communication*, 3229 Bordeaux Street, Sherman, Texas 75090-1752, USA.

7. Ce décentrement, du « tu » au « je » rappelle le concept de « message-je » de Thomas Gordon.

8. D'après Peter Kline, *The Everyday Genius, op. cit.*

9. Citée dans le film d'Alain Resnais, *Mon oncle d'Amérique*.

10. Particulièrement bien décrite par Paul Watzlawick dans *Changements, op. cit.*

Chapitre 20

1. *The Everyday Genius, op. cit.*

2. Dans *Les Cheveux du baron de Münchhausen*, 1991, Seuil.

3. *Flatland*, d'Edwin A. Abbott (bibliographie).

4. D'après Eric Jensen *The Learning Brain, op. cit.*

5. De nombreuses pauses créatives présentées ici sont adaptées de *Drawing on the Inventive Mind, op. cit.*

6. De nombreux outils de « pensée décalée » ont été imaginés par l'Anglais Edward De Bono, très célèbre dans le monde anglo-saxon. Son concept de « *lateral thinking* » a trouvé de très nombreuses applications en pédagogie et dans le monde du travail, dans le monde entier.

7. *Six Thinking Hats* (bibliographie).

Chapitre 21

1. Il semble que le cerveau, via des neurotransmetteurs, récompense l'organisme tout entier et se récompense lui-même par ce sentiment intense de bien-être, lorsque ce qui est appris a été intimement compris, et prend sens.

2. Le projet du Dr Machado est en particulier décrit dans *J'apprends donc je suis : introduction à la neuropédagogie*, d'Hélène Trocmé-Fabre (bibliographie).

BIBLIOGRAPHIE

ABBOTT E., *Flatland*, 1996, Anatolia.

BANDLER, R., *Un cerveau pour changer. La PNL*, 1990, InterEditions.

BOSKI, S., *La Relaxation active à l'école et à la maison*, 1990, Retz.

BUZAN, T., *Dessine-moi l'intelligence*, 1995, Éd. d'Organisation.

BUZAN, T., *Une tête bien faite. Exploitez vos ressources intellectuelles*, 1979, Éd. d'Organisation.

CARÉ, J.M., et DEBYSER, F., *Simulations globales*, 1984, CIEP-Belc, Sèvres.

DARST CORBETT, M., *Le Yoga des yeux*, 1989, Marabout.

DE BONO, E., *Six Chapeaux pour penser*, 1989, InterEditions.

DENNISON, P., et G., *Le Mouvement clé de l'apprentissage (Brain Gym)*, 1992, Le Souffle d'or.

DOMAN, G., *J'apprends à lire à mon bébé*, 1978, Retz.

FILLIOZAT, I., *L'Intelligence du cœur – Rudiments de grammaire émotionnelle*, 1997, J.C. Latès.

FLAK, M., et DE COULON, J., *Des enfants qui réussissent*, 1985, Desclée de Brouwer.

GARDNER, H., *Les Intelligences multiples*, 1996, Retz.

HANNAFORD, C., *La gymnastique des neurones*, 1997, J. Granger

HOURST, B., et THIAGARAJAN, S., *Les Jeux-Cadres de Thiagi*, 2001, Éd. d'Organisation.

LA GARANDERIE, A. de, *Les Profils pédagogiques*, 1980, Le Centurion.

LEREDE, J., *Suggérer pour apprendre*, 1987, Clé International.

MACLEAN, P et GUYOT R., *Les Trois Cerveaux de l'homme*, 1990, Laffont.

MARGULIES, N., *Mapping Inner Space*, 1991, Zephir Press, USA.

MASHEDER, M., *Jeux coopératifs pour bâtir la paix*, 1989, Université de Paix de Namur, Belgique.

MEIRIEU, P., *Apprendre oui mais comment ?*, 1991, ESF.

POLIQUIN, L., *Notre fonction créatrice*, 1998, Gai Savoir, Belgique.

PEARSON, J., *Drawing on The Inventive Mind*, 1992 ; publié par l'auteur : P.O. Box 25367, Los Angeles, CA 90025, USA.

RACLE, G., *La Pédagogie interactive*, 1983, Retz.

ROY, M., *La Gymnastique invisible*, 1999, Amphora.

SCHEELE, P.R., *The PhotoReading Whole Mind System*, 1993 ; Learning strategies Corporation, USA.

TROCMÉ-FABRE, H., *J'apprends donc je suis : introduction à la neuropédagogie*, 1987, Organisation.

WATZLAWICK, P., WEAKLAND, J., et FISCH, R., *Changements. Paradoxes et Psychothérapie*, 1975, Seuil.

049252 - (I) - (1,5) - OSB 100 - CEZ - JME

Achevé d'imprimer sur les presses de
SNEL Grafics sa
rue Saint-Vincent 12 – B-4020 Liège
Tél +32(0)4 344 65 60 - Fax +32(0)4 341 48 41
mai 2005 – 34615

Dépôt légal : mai 2005
Dépôt légal de la 1re édition : 1997
Imprimé en Belgique